TERAPIA DO ESQUEMA NO CINEMA

OS FILMES E SÉRIES NA COMPREENSÃO DA PRÁTICA CLÍNICA

ORGANIZADORES
BRUNO LUIZ AVELINO **CARDOSO**
KELLY **PAIM**

PREFÁCIO
CARMEM BEATRIZ NEUFELD

TERAPIA DO ESQUEMA NO CINEMA

OS FILMES E SÉRIES NA COMPREENSÃO DA PRÁTICA CLÍNICA

Terapia do esquema no cinema:
os filmes e séries na compreensão da prática clínica

Copyright © 2023 Artesã Editora

É proibida a duplicação ou reprodução deste volume, no todo ou em parte, sob quaisquer formas ou por quaisquer meios (eletrônico, mecânico, gravação, fotocópia, distribuição na Web e outros), sem permissão expressa da Editora.

DIRETOR
Alcebino Santana

COORDENAÇÃO EDITORIAL
Michelle Guimarães El Aouar

REVISÃO
Maria Clara Regis

CAPA
Letícia Ribeiro Ianhez

PROJETO GRÁFICO E DIAGRAMAÇÃO
Conrado Esteves

T315

    Terapia do esquema no cinema : os filmes e séries na compreensão da prática clínica / organizadores: Bruno Luiz Avelino Cardoso ; Kelly Paim. – Belo Horizonte : Artesã, 2023.

    416 p. ; 23 cm.

    ISBN: 978-85-7074-082-3

    1. Psicoterapia. 2. Terapia do esquema. 3. Terapia Cognitivo-Comportamental . 4. Psicologia Clínica. I. Cardoso, Bruno Luiz Avelino. II. Paim, Kelly.

CDU 159.9

Catalogação: Aline M. Sima CRB-6/2645

IMPRESSO NO BRASIL
Printed in Brazil

📞 (31)2511-2040   💬 (31)99403-2227
🌐 www.artesaeditora.com.br
📍 Rua Rio Pomba 455, Carlos Prates - Cep: 30720-290 | Belo Horizonte - MG
📷 ⓕ /artesaeditora

OS MODOS DE *COPING* EVITATIVOS: UMA ANÁLISE DE "WANDAVISION" E "THE DIRT: CONFISSÕES DO MÖTLEY CRÜE" 261
Leonardo Wainer

"HOUSE" E "LÚCIFER": DEUS E O DIABO NA TERRA DA HIPERCOMPENSAÇÃO 281
Rodrigo Trapp

O CRÍTICO INTERNO DE UM REI: MODOS CRÍTICOS INTERNALIZADOS 313
Renata Campos Moreira de Souza Coelho
Marta Becker Engel de Melo Almeida
Rodrigo Trapp
Bruno Luiz Avelino Cardoso

LUCA E O MODO CRÍTICO (SOCIOCULTURAL OPRESSOR) INTERNALIZADO: CONTRIBUIÇÕES DA TERAPIA DO ESQUEMA PARA INTERVENÇÃO COM MINORIAS SOCIAIS 337
Bruno Luiz Avelino Cardoso
João Guilherme de Figueredo Campos

DESENVOLVENDO O MODO ADULTO SAUDÁVEL COM TOM KIRKMAN EM "DESIGNATED SURVIVOR" 361
João Guilherme de Figueredo Campos
Joana-D'ark Chaves Monteiro
Bruno Luiz Avelino Cardoso

ENTENDENDO O CASAL JACKSON MAINE E ALLY DE "NASCE UMA ESTRELA" 385
Kelly Paim
Betina Predebon

OS AUTORES 405

PREFÁCIO

Carmem Beatriz Neufeld[1]

A Terapia do Esquema tem ganhado cada vez mais notoriedade em nosso país. Muito dessa notoriedade refere-se, além das evidências para intervenções em demandas complexas, como os transtornos de personalidade, ao fato de que ela reconecta os terapeutas com a importância da relação terapêutica dentro do enfoque cognitivo-comportamental. Não que o enfoque não tenha dado essa importância, mas é comum, em nosso país, que as teorias cognitivo-comportamentais sejam acusadas (erroneamente) de desconsiderarem as emoções e/ou a relação terapêutica. Essas acusações definitivamente não poderiam ser atribuídas à Terapia do Esquema, uma vez que o enfoque experiencial e a importância da relação terapêutica são inegáveis.

Seguindo a célebre frase de Leonardo da Vinci: "A arte diz o indizível; exprime o inexprimível, traduz o intraduzível", a relação da psicologia em geral e da psicologia clínica em particular com as expressões artísticas sempre resultou em casamentos felizes. Geralmente, a arte consegue refletir as emoções e as experiências de uma forma tão singular que nos faltam as palavras para expressar tal conexão. Os filmes e séries são exemplos desses instrumentos poderosos de manifestação

---

[1] Professora Associada do Departamento de Psicologia da Faculdade de Filosofia, Ciências e Letras de Ribeirão Preto da Universidade de São Paulo. Fundadora e Coordenadora do LaPICC-USP. Livre Docente em Terapia Cognitivo-Comportamental (TCC) pela FFCLRP-USP. Doutora e Mestre em Psicologia pela PUCRS. Psicóloga pela URCAMP. Bolsista produtividade do CNPq. Presidente da ALAPCCO (2019-2022/2022-2025). Presidente fundadora da AESBE (2020-2023).

artística que nos auxiliam a compreender, a captar e a nos conectar com as vicissitudes humanas.

Neste livro, Bruno Cardoso e Kelly Paim se aliam a um time de expertos para nos levar nesta jornada por filmes e séries e explorar de forma delicada, mas potente, os conceitos da Terapia do Esquema sob uma ótica totalmente nova e reveladora. As três unidades do livro nos conduzem gentilmente, mas não sem emoção, pelos fundamentos da teoria, pelos domínios esquemáticos e, por fim, pelos modos esquemáticos. É impossível não se emocionar, identificar-se e se deixar tocar pelas narrativas dos personagens analisados e pela análise minuciosa que cada capítulo propõe.

Minha recomendação a cada leitor(a) é: entregue-se a esta descoberta de si, dos seus conhecidos, familiares e pacientes. Eles estão presentes neste livro por meio dos personagens analisados. Enfim, como um presente adicional, aproveite a jornada para se conhecer um pouco mais e aprender sobre a Terapia do Esquema.

APRESENTAÇÃO

Você, provavelmente, já identificou em si ou em algum paciente as características de determinado personagem e/ou história de filme/série. O cinema tem um grande potencial de despertar nossas emoções e nos fazer viajar em diversos enredos. Além do lazer proporcionado ao assistir narrativas diversas, os filmes e séries são fontes de conhecimento e reflexão. Por meio deles, podemos tanto ensinar novos conceitos e procedimentos técnicos na formação profissional, quanto auxiliar na intervenção com pacientes em diferentes contextos clínicos.

Como professores de cursos de graduação e pós-graduação, notamos o interesse de diversos alunos por recursos lúdicos que possam instrumentalizar a sua prática e facilitar a sua compreensão sobre os conceitos e estratégias adotadas nos modelos teóricos apresentados. A Terapia do Esquema (TE) é uma dessas abordagens que tem crescido consideravelmente ao redor do mundo, principalmente no Brasil, e que tem despertado a curiosidade dos alunos em como aplicá-la na prática. Enquanto uma abordagem que tem foco nas emoções, é possível identificar o quanto recursos audiovisuais podem trazer conexão emocional com os clientes. A identificação com os personagens já oferece um treinamento de empatia e entendimento das aquisições dos padrões esquemáticos – o que facilita o processo de psicoeducação e intervenção.

Tendo essas considerações em mente, pensamos em desenvolver este livro para alcançar o objetivo de auxiliar profissionais e/ou estudantes da TE na compreensão dos principais conceitos e estratégias de intervenção adotadas por essa abordagem. Por meio disso, será possível facilitar a psicoeducação em TE com pacientes em diferentes contextos. Pensamos em convidar diversos profissionais, referências nessa abordagem em nosso país, para escrever sobre: conceitos básicos da abordagem e os diferentes domínios e modos esquemáticos dispostos na literatura.

Na primeira parte, há dois capítulos introdutórios sobre os principais conceitos, por exemplo, o de esquemas, necessidades emocionais básicas, estilos de enfrentamento e temperamento. Por meio de diversos filmes, séries e músicas, há uma ilustração para o leitor sobre esses aspectos teóricos da TE.

Na segunda parte, cinco domínios esquemáticos são abordados em profundidade por meio de filmes e séries que ilustram a origem desses esquemas, as necessidades emocionais básicas que não foram supridas e, principalmente, quais estratégias de intervenção que poderiam ser utilizadas em TE para os esquemas desses domínios. A série "Anne with an E" e filmes como "Tim Maia", "Depois a louca sou eu", "A esposa", "Patch Adams", "O Grande Gatsby" e "Brokeback Mountain" são analisados trazendo *insights* clínicos para o profissional e/ou estudante compreender o processo da TE com os personagens principais.

Por fim, na terceira parte do livro, será abordado um dos principais conceitos da TE: o de modos esquemáticos. Poderemos compreender os diferentes modos esquemáticos, por meio de filmes e séries que destacam bem essa temática. Veremos os modos crianças na série "This is Us" e no filme "Era uma vez um sonho". Os modos de enfrentamento resignados em "Bom dia, Verônica"; os evitativos em "WandaVision" e "The Dirth: Confissões do Mötley Crüe"; os hipercompensatórios em "House" e "Lúcifer". Os modos críticos internalizados serão estudados por meio dos filmes "Luca" e "O discurso do Rei"; e o modo adulto saudável na série "Designated Survivor". O trabalho com modos esquemáticos também é ilustrado com o casal Ally e Jackson em "Nasce uma estrela".

Como organizadores e autores desta obra, ficamos animados em compartilhar com vocês um material com tanta riqueza de detalhes – que pode facilitar a sua prática. Também, estamos felizes pelas contribuições de cada autor nos capítulos deste livro, o que tornou a produção desta obra possível.

Desejamos a você uma boa leitura e um mergulho nos filmes e séries aqui apresentados. Que ao ler e assistir esses filmes e séries, vocês se conectem emocionalmente e estejam prontos para acolher a criança de vocês e fortalecer cada vez mais o seu adulto saudável.

Um forte abraço,

Bruno Luiz Avelino Cardoso & Kelly Paim

Parte I

FUNDAMENTAÇÃO

Capítulo 1
CONCEITOS CENTRAIS DA TERAPIA DO ESQUEMA: O QUE PODEMOS APRENDER COM FILMES, SÉRIES, QUADRINHOS E MÚSICAS?

Bruno Luiz Avelino Cardoso
Kelly Paim

> *"Esqueci da minha infância. Está enterrada no passado"*
> (Russ Duritz, no filme *Duas Vidas*)

OBJETIVOS DE APRENDIZAGEM

Ao final deste capítulo, é esperado que você seja capaz de compreender os conceitos de:

- Necessidades emocionais básicas;
- Domínios esquemáticos;
- Esquemas iniciais desadaptativos;
- Estratégias de enfrentamento;
- Modos esquemáticos;
- Reparentalização limitada;
- Confrontação empática.

O uso de filmes e/ou séries em processos de análise e intervenção psicológicas já é marcado na literatura (Cardoso & Barletta, 2018; Monteiro & Pereira, 2015). Produtos cinematográficos podem proporcionar, com certa proximidade, um recorte de diversas realidades. Por meio deles, as pessoas tendem a identificar aspectos pessoais que convergem com as características de determinados personagens e/ou das histórias de vida que esses vivenciaram. Muitas vezes, a conexão com memórias emocionais é obtida com filmes, séries ou músicas, ajudando, assim, o processo psicoterápico. O terapeuta pode explorar os recursos audiovisuais que fazem ou fizeram sentido emocional para o paciente, sendo possível também indicar novas opções que considere relevantes a partir das suas hipóteses sobre os esquemas do caso (Paim & Copetti, 2016).

A Terapia do Esquema (TE) é um dos modelos cognitivo-comportamentais que tem crescido ao longo dos últimos anos, inclusive, na comunidade brasileira. O interesse de clínicos e pesquisadores mostra a necessidade de sublinhar conceitos básicos de forma clara, tanto para o aprofundamento de novos estudiosos dessa estratégia psicoterápica, quanto para a consolidação dessa abordagem no cenário das psicoterapias.

Embora seja um modelo recente, originado na década de 90 (Young, 1990), com o objetivo inicial de intervenção em pacientes com transtornos de personalidade (Young et al., 2008), a TE já tem mostrado aplicabilidade com diversos públicos para além desse. Entre os dados encontrados na literatura, tem-se a aplicação a pacientes com quadros crônicos de depressão (Renner et al., 2013), transtornos alimentares (Simpson & Smith, 2020), problemas intensos nos relacionamentos (Paim & Cardoso, 2019; Simeone-DiFrancesco et al., 2015), entre outros.

A proposta conceitual da TE descreve os "esquemas iniciais desadaptativos" (EIDs) como padrões interpretativos que resultam em sofrimento aos indivíduos. Os EIDs se originam quando as necessidades emocionais básicas não são supridas (Rafaeli et al., 2011; Young et al., 2008). Todos os seres humanos possuem essas necessidades e, quando elas não são supridas adequadamente, a depender das características de temperamento de cada indivíduo, os esquemas surgem.

De acordo com Wainer (2016), didaticamente, pode-se compreender que o temperamento e a herança filogenética da espécie influenciam no quanto determinadas necessidades emocionais básicas devem ser supridas em cada pessoa pelo ambiente. Essas necessidades (sendo supridas ou não), alinhadas às experiências de vida continuadas (sejam traumáticas ou positivas) e às práticas parentais e culturais, originam os esquemas (iniciais desadaptativos ou adaptativos). Quando os esquemas são adaptativos, o indivíduo adotará estilos de enfrentamento adaptativos e terá mais resultados satisfatórios em suas interações, sejam pessoais ou interpessoais. Quando os esquemas são desadaptativos, o indivíduo utilizará de estilos de enfrentamento desadaptativos e, consequentemente, terá mais sintomas e prejuízos.

Todavia, no trabalho com pacientes com transtornos de personalidade (Rafaeli et al., 2011), principalmente, aqueles com transtorno de personalidade borderline, notou-se que ocorria a ativação de mais de um esquema ao mesmo tempo – em alguns casos, pacientes poderiam apresentar a ativação dos 18 esquemas. Para facilitar na psicoeducação e compreender mais profundamente esse processo de ativação esquemática, foi proposto o conceito de modos esquemáticos, que apresenta uma estrutura de intervenção apropriada a cada uma de suas facetas.

No decorrer deste capítulo, será descrito, brevemente, a partir da ilustração de alguns filmes, quadrinhos, séries e músicas, sobre os principais conceitos da TE, sejam eles: (a) necessidades emocionais básicas; (b) domínios, esquemas e estratégias de enfrentamento; (c) modos esquemáticos; (d) reparentalização limitada e; (e) confrontação empática. Destaca-se que não é objetivo esgotar a análise dos filmes aqui ilustrados, mas utilizá-los como exemplos para a construção da base conceitual aqui apresentada.

Características de Temperamento, Necessidades Emocionais Básicas e o Chapéu Seletor em "Harry Potter"

"Grifinória", "Sonserina", "Lufa-lufa" ou *"Corvinal"*. Qual a sua casa em *Hogwarts*?

Logo no início da saga *Harry Potter*, em *"Harry Potter e a Pedra Filosofal"*, é possível conhecer um artefato mágico que consegue mapear as características de temperamento (e necessidades) dos alunos de *Hogwarts* – chamado Chapéu Seletor. O Chapéu Seletor, assim que é posto na cabeça do aluno, consegue ler a vivência dele e as suas características, identificando a casa de *Hogwarts* a qual ele pertence. As quatro casas da Escola de Magia mais famosa do mundo dos bruxos têm características bem marcantes *(ver Tabela 1.1)* e, em muitos casos, é possível prever o comportamento dos bruxos a partir dessas características.

Tabela 1.1. Casas de Hogwarts e suas características

Casa de *Hogwarts*	Características
Grifinória	Corajosos, quebram regras para fazer o que acham certo, justos, agem por impulso, defendem os amigos sempre, determinados, aventureiros, não gostam de receber ordens.
Corvinal	Buscam conhecimentos de todas as formas, são muito criativos, costumam ter a mente aberta, são muito observadores, críticos, perfeccionistas, curiosos e questionadores.
Sonserina	Inteligentes, ambiciosos, determinados, buscam quaisquer meios para atingir os fins, ambiciosos e competitivos, têm um senso de autopreservação muito elevado, pensam muito e depois agem.
Lufa-Lufa	Amigos, familiares, leais, complacentes, tentam não fazer nada de errado, agem por uma causa nobre, são corajosos, são altruístas, são muito honestos, são pacíficos (mas não fogem de um conflito necessário).

Fonte: Baseado em Rowling (2000)

Os alunos de *Hogwarts*, em suas casas, apresentam características positivas e negativas e, ao longo da saga, é possível identificar como essas características operam em seus contextos relacionais. Frente a cada característica, que podemos considerar como "temperamental", há as necessidades que esses bruxos apresentam.

Traçando um paralelo entre as necessidades emocionais básicas, propostas pela TE, e as casas de *Hogwarts*, pode-se notar que os alunos da *Grifinória* precisam, principalmente, de limites realistas em relação a manter autocontrole frente aos impulsos. Muitas vezes, nota-se que os alunos dessa casa embarcam em aventuras que trazem prejuízos a eles e aos seus demais colegas. Os alunos da *Corvinal* precisam, principalmente, de escolhas espontâneas e lazer. Durante a saga, percebe-se que os alunos dessa casa podem ser extremamente críticos e perfeccionistas, o que pode causar uma sensação de não relaxamento. Os alunos de *Sonserina* também precisam de limites realistas, mas, no caso desta casa, no que se refere a considerar e ser responsável pelos outros. Por serem extremamente competitivos, dominadores e focados em si mesmos, durante o enredo, observa-se que eles acabam por se tornar antagonistas, trazendo grandes prejuízos ao contexto em que estão inseridos. Por fim, os alunos de *Lufa-Lufa* precisam de validação das necessidades e emoções, visto que, em muitos casos, podem se subjugar aos outros.

Além das três necessidades apresentadas anteriormente: (a) limites realistas; (b) escolhas espontâneas e lazer; (c) validação das necessidades e emoções; Young et al. (2008) também descrevem as necessidades de: (d) vínculos seguros; e (e) autonomia e competência. Nas casas de *Hogwarts*, estas necessidades também são observadas, principalmente por meio de seus personagens. *Harry Potter* apresenta fragilidade quanto aos vínculos estabelecidos. Isso porque, desde cedo, ele perdeu os pais e foi cuidado por uma família rejeitadora e que não fornecia o suprimento das suas necessidades emocionais básicas, especialmente de um apego seguro ao qual ele pudesse recorrer em muitos momentos. Já em relação à necessidade de autonomia e competência, o personagem Ron Weasley, por vezes, vê-se como um fracasso e incompetente quanto ao seu papel enquanto bruxo – indicando o não suprimento dessa necessidade. O ambiente supridor para Ron seria aquele em que as competências individuais são valorizadas e ampliam a autoconfiança dos filhos. Devido aos irmãos de Ron também serem bruxos, por vezes, Weasley se sente inferior a eles e aos seus colegas durante a saga.

Em resumo, compreende-se que cada ser humano tem suas necessidades emocionais básicas. O temperamento indica o quanto essas necessidades precisam ser supridas ao longo do desenvolvimento, a depender das características de cada pessoa *(ver mais sobre temperamento no Capítulo 2)*. As casas de *Hogwarts* indicam o temperamento – filogeneticamente herdado. Esse temperamento vai indicar o que os estudantes precisam ao longo de suas trajetórias na Escola de Magia. Os professores, colegas, pais, mães e cuidadores serão responsáveis por compreender esse temperamento e suprir, de forma adequada, as necessidades de cada aluno.

Domínios, Esquemas e Estratégias de Enfrentamento

Os esquemas são estruturas interpretativas compostas por cognições, memórias, emoções e sensações corporais que se desenvolvem na infância e na adolescência e que se mantêm ao longo da vida do indivíduo (Young et al., 2008). As necessidades emocionais básicas não supridas, aliadas aos outros fatores já expostos previamente, originam os EIDs. Young et al. (2008) organizaram didaticamente os 18 EIDs em cinco domínios esquemáticos *(Ver Tabela 1.2)*. Cada domínio corresponde a um conjunto de esquemas que são originados em contextos específicos, sendo eles: (a) Desconexão e Rejeição *(ver Capítulo 3)*; (b) Autonomia e Desempenho Prejudicados *(ver Capítulo 4)*; (c) Limites Prejudicados *(ver Capítulo 5)*; (d) Orientação para o Outro *(ver Capítulo 6)* e; (e) Supervigilância e Inibição *(ver Capítulo 7)*. Frente a cada esquema, o indivíduo pode adotar estratégias de enfrentamento para lidar com a ativação esquemática, sendo elas: resignação, evitação ou hipercompensação.

***Tabela 1.2.** Domínios, esquemas e estratégias de enfrentamento*

Domínios Esquemáticos: Etapas evolutivas do desenvolvimento, nas quais crenças e regras sobre tópicos específicos são estruturadas. Cada domínio esquemático corresponde à frustração de necessidades emocionais específicas. Os cinco domínios agrupam esquemas com a mesma origem.	
Desconexão e Rejeição (EIDs relacionados: 1 a 5)	Ligado à falta de ambiente seguro e estável, com vivências precoces de experiências sociais negativas, como abuso, frieza, rejeição ou isolamento social.
Autonomia e Desempenho Prejudicados (EIDs relacionados: 6 a 9)	Relacionado a experiências de superproteção e à falta de um ambiente encorajador da autonomia.
Limites Prejudicados (EIDs relacionados: 10 e 11)	Ligado ao ambiente exageradamente permissivo, tolerante ou indulgente.
Orientação para o Outro (EIDs relacionados: 12 a 14)	Refere-se a um ambiente de aceitação condicional. Foco excessivo para os desejos e sentimentos dos outros. Constante busca de obtenção de amor.
Supervigilância e Inibição (EIDs relacionados: 15 a 18)	Caracterizado pela dificuldade de autoexpressão, relaxamento e estabelecimento de relacionamentos íntimos em razão da ênfase excessiva na supressão dos sentimentos, dos impulsos e das escolhas espontâneas.

Esquemas Iniciais Desadaptativos:
Estruturas cognitivas interpretativas rígidas e desadaptativas, utilizadas de forma abrangente e sempre ligadas à forte ativação emocional. São 18 esquemas, distribuídos em cinco grupos (Domínios) de acordo com sua origem.

1. Privação Emocional	Sensação e crenças de solidão, desamparo e falta de compreensão.
2. Abandono	Crença de que perderá a pessoa amada e não suportará ficar só.
3. Desconfiança/Abuso	Expectativa de que os outros lhe farão algum mal intencional.
4. Defectividade/Vergonha	Crença de ser defeituoso, sem valor e indigno de ser amado.
5. Isolamento Social	Sensação de não pertencimento e diferença em relação aos outros.
6. Fracasso	Crenças de que o seu desempenho é inferior ao de seus pares.
7. Dependência/Incompetência	Crenças de ser incapaz de resolver problemas sozinhos.
8. Vulnerabilidade	Crenças de ser vulnerável a doenças e a possíveis catástrofes.
9. Emaranhamento	Sensação de não conseguir se individualizar dos pais e dos outros.
10. Grandiosidade	Crenças de ser superior às outras pessoas e de merecer privilégios.
11. Autodisciplina Insuficiente	Ênfase no alívio do desconforto à custa de realizações e cuidado.
12. Autossacrifício	Crença de que é preciso satisfazer os outros sempre.
13. Subjugação	Preocupação em agradar para não ser rejeitado ou retaliado.
14. Busca de Aprovação	Crença de que só terá valor se tiver a aprovação dos outros.
15. Inibição Emocional	Intensa inibição de sentimentos, ações e comunicação.
16. Padrões Inflexíveis	Crença de que é preciso sempre fazer e ser o melhor.

17. Negativismo/ Pessimismo	Foco extremo nos aspectos negativos da vida.
18. Postura Punitiva	Crença de que as pessoas precisam ser punidas por seus erros.
Estratégias de Enfrentamento: Respostas comportamentais desenvolvidas na infância para lidar com as emoções negativas das necessidades emocionais não supridas e, consequentemente, dos EIDs. Ao longo da vida, tornam-se inflexíveis, desadaptativas e mantenedoras dos esquemas.	
Resignação	Comportar-se de modo autoderrotista, aceitando e tornando-se complacente aos EIDs.
Evitação	Comportar-se de modo a evitar cognitivamente, emocionalmente e comportamentalmente estímulos ativadores ou que possam ativar os EIDs.
Hipercompensação	Comportar-se de modo exageradamente oposto ao EID como forma de obscurecê-lo.

Fonte: Paim, Cardoso, Algarves e Behary (2020, p. 79-80).

Esses conceitos podem ser observados em diversos filmes, séries, músicas e quadrinhos – além dos que são apresentados ao longo deste livro. Entre eles, no primeiro domínio: Desconexão e Rejeição, encontram-se as situações de privação emocional (incluindo de afeto, proteção, validação e empatia) vivenciadas por Rusty no filme "Duas Vidas", que proporcionam períodos de intenso sofrimento para o personagem – observado no decorrer de todo o filme. A sensação do abandono interpretada na canção de Fafá de Belém: "Abandonada". A desconfiança/Abuso experienciado na música "Vulnerable", de Selena Gomez, ao esperar por desfechos negativos na interação com o outro:

> *Se eu te desse cada pedaço de mim, eu sei que você poderia derrubá-los. Te dando uma chance, eu sei que você tiraria vantagem de mim assim que conseguisse. Se eu abrisse meu coração para você, eu sei que você poderia trancá-lo e manteria a chave para sempre em seu bolso [...].*

As sensações e crenças do esquema de defectividade/vergonha podem ser percebidas no filme "As Vantagens de Ser Invisível", em que o personagem Charlie experiencia insegurança, vergonha e desvalor ao iniciar os estudos em uma nova escola. O isolamento social no filme *"O Grinch"* – que apresenta características físicas diferentes do contexto ao qual vive e se percebe como não pertencente àquele ambiente devido a uma série de situações também aversivas.

No segundo domínio: Autonomia e Desempenho Prejudicados, pode-se notar o esquema de fracasso já no início da canção "Fix of You" de Coldplay:

> *Quando você tenta o seu melhor, mas não tem sucesso. Quando você consegue o quer, mas não o que precisa. Quando você se sente cansado, mas não consegue dormir. Preso em marcha ré. E as lágrimas começam a rolar pelo seu rosto. Quando você perde algo que não pode substituir. Quando você ama alguém, mas é desperdiçado. Poderia ser pior?*

A dependência/incompetência em "Minha Mãe é uma Peça" pode ser observada nos filhos superprotegidos pela mãe (Dona Hermínia), o que, na dinâmica familiar, gera a sensação de incompetência nos filhos, bem como a dependência funcional deles em relação à mãe. A vulnerabilidade ao dano/doença vivenciada por Eddy Kaspbrak no filme "It - A Coisa". O emaranhamento nos "Barnabys" na animação "Os irmãos Willoughby" – que apresentam uma dificuldade em se individuar enquanto pessoas separadas, sendo chamados, inclusive, pelo mesmo nome.

No terceiro domínio: Limites Prejudicados, observa-se o esquema de arrogo/grandiosidade no personagem do desenho em quadrinhos *"Jonny Bravo"*, que, por meio de uma série de estratégias hipercompensatórias, tenta impressionar e se destacar em relação aos outros. O esquema de autocontrole/autodisciplina insuficientes em "Garfield", um gato que tem dificuldades em manter autocontrole e autodisciplina para realizar suas tarefas e se alimentar de forma adequada.

No quarto domínio: Orientação para o Outro, percebe-se o autossacrifício na música "Não resisto a nós dois" de Wanessa Camargo ao destacar: *"mas é só te ver, para enlouquecer. Faço tudo o que você quer. Vou me arrepender depois, mas eu não resisto a nós dois"*. A subjugação que aparece em toda a música *"Cobaia"* de Lauana Prado, por exemplo:

"[...] quando for beijar alguém, testa esse beijo em mim. Antes de amar, meu bem, testa esse amor em mim. Me prenda, me abraça e não saia. Aceito esse emprego de cobaia". A busca de aprovação em "Applause", canção de Lady Gaga: *"eu vivo pelos aplausos, aplausos, aplausos [...] vivo de maneira que você torce e grita por mim, os aplausos, aplausos [...]".*

Por fim, no quinto domínio: Supervigilância e Inibição, observa-se a inibição emocional em Geralt of Rivia na série "The Witcher"; o personagem, constantemente, mostra a inibição de suas expressões emocionais, incluindo desejos, vontades, entre outras. Os padrões inflexíveis em Miss Trunchbull, diretora da escola, no filme *"Matilda"*, que se posiciona constantemente como inflexível e rígida quanto às regras e às tarefas, almejando sempre o perfeccionismo. O negativismo/pessimismo em toda a música "The Heaven Knows I'm Miserable Now" de The Smiths, que foca em diversos aspectos negativos ao longo da sua experiência de vida. A postura punitiva da Rainha Vermelha no filme "Alice no país das maravilhas", que acredita que os erros e/ou comportamentos desviantes daquilo que ela acredita como correto devem ser severamente punidos, tendo como ilustração a icônica frase: *"cortem as cabeças!".*

Frente aos esquemas, o indivíduo adota um estilo de enfrentamento. Ao resignar, o indivíduo aceita a situação e não busca alterá-la, tornando-se mais passivo e complacente. "Nós aceitamos o amor que achamos merecer". Essa frase do professor Anderson, do filme *"As Vantagens de Ser Invisível"*, evidencia a força da resignação ao esquema de defectividade. Um outro exemplo de resignação pode ser visto na música tema da telenovela "Gabriela", interpretada por Gall Costa: *"eu nasci assim, eu cresci assim e sou mesmo assim. Vou ser sempre assim. Sempre Gabriela".* Neste caso, compreende-se que há uma estagnação quanto ao seu estilo de vivência, sem flexibilidade para abertura a novas experiências, inclusive, de melhor ajustamento interpessoal. Outro exemplo, também musical, pode ser encontrado na canção *"Idiota"*, entoada por Jão. O personagem dessa música torna-se complacente à situação, mesmo que esteja em um contexto que traz desconexão emocional e não supre as necessidades emocionais dele. O personagem da canção declara:

> *vou te amar como um idiota ama, vou te pendurar num quadro bem do lado da minha cama. Eu espero enquanto você vive, mas não esquece*

que a gente existe. Eu vou te beijar como um idiota beija, vou me preparar pro dia em que você já não me queira, mas enquanto você não se cansa, eu vou te amar como um idiota ama.

Para finalizar, ele destaca: *"se eu me ferir no processo, eu me resolvo, tudo certo. Em qualquer sombra eu descanso".*

No caso da evitação, ocorre de a pessoa buscar, seja de forma cognitiva, afetiva ou comportamental, a esquiva das sensações e/ou experiências que podem ativar aquele esquema. Esse tipo de evitação pode ocorrer por meio do uso de bebidas, jogos e/ou outras estratégias que removam aquele estímulo desconfortável. Um exemplo pode ser observado no filme "Como ser solteira". A personagem Robin, na tentativa de lidar com os desconfortos emocionais e ativações esquemáticas que tem experienciado, recorre a estratégias de evitação, principalmente, por meio do uso compulsivo de bebidas alcóolicas e engajamento em práticas sexuais com pessoas, com as quais, no dia seguinte, ela não se lembra de ter acontecido.

Já quando em hipercompensação, a pessoa visa a agir de forma completamente oposta ao esquema na busca de ofuscá-lo. Uma ilustração dessa estratégia de enfrentamento pode ser vista com frequência na personagem Miranda Priestly em "O diabo veste Prada". A personagem se posiciona como superior constantemente nas suas interações com as demais pessoas. Pode-se hipotetizar que essa resposta é oposta ao que a Miranda realmente sente e pensa internamente. Contudo, para lidar com as possíveis sensações desconfortáveis, ela adota a hipercompensação.

Modos Esquemáticos

Uma das possibilidades de intervenção em TE é o trabalho com modos esquemáticos. Rafaeli et al. (2011) descrevem os modos esquemáticos como "estado emocional, esquemas e reações de enfrentamento predominantes que estão ativos para um indivíduo em um determinado momento" (p. 47). Young et al. (2008) destacam quatro conjuntos de modos esquemáticos: (a) modos criança (ver Capítulos 8 e 9); (b) modos de enfrentamento desadaptativos (ver Capítulos 10, 11 e 12); (c) modos críticos disfuncionais (ver Capítulos 13 e 14); (d) modo adulto saudável (ver Capítulo 15).

Nos modos criança, é possível identificar como as necessidades não atendidas ao longo do desenvolvimento podem desencadear sofrimento persistente nos indivíduos. Nesse caso, quando algum modo criança é ativado, a pessoa está protestando a sua falta. Os modos criança são inatos e podem aparecer de diversas formas no cotidiano e consultório, por exemplo: criança vulnerável, criança zangada, criança impulsiva, entre outras. Um filme que retrata bem a presença desses modos é "Rocketman", que se dedica a ilustrar as vivências do cantor inglês Elton John ao longo de sua carreira. Por vezes, nota-se a criança vulnerável de Elton, abandonada e negligenciada – carente de suas necessidades de vínculo seguro, proteção e cuidado. Além da Criança Vulnerável, nesse mesmo filme, observa-se outras demonstrações dos modos criança, como a criança impulsiva e zangada. Em determinado momento do enredo, é possível, inclusive, observar como seria uma possível estratégia de intervenção com cadeiras frente aos modos esquemáticos de John.

Em relação aos modos de enfrentamento desadaptativos, um dos filmes que consegue destacar bem o *"flip"* de modos entre uma parte vulnerável e um lado hipercompensatório é: "Cruella". Estella é uma garota inteligente, estilista, com muitas habilidades. Ela tem o foco em ser conhecida mundialmente no mundo da moda. Contudo, as experiências aversivas enfrentadas por Estella, incluindo de humilhação, ausência de reconhecimento e desprezo, somam para o fortalecimento do modo hipercompensatório de Estella, nomeado de *"Cruella de Vil"*. Cruella tem características completamente diferentes de Estella. Ela maltrata os amigos; tem um superfoco nas conquistas, mesmo que isso signifique perder alguns vínculos; e utiliza estratégias exageradas para chamar a atenção e buscar reconhecimento para ela. Esse modo aparece para tentar proteger Estella, contudo, a sua frequência é tão intensa que, por vezes, a real Estella acaba por "desaparecer", sobressaindo-se a Cruella.

Nos modos críticos disfuncionais, é possível verificar as vozes críticas que podem ser internalizadas pelas pessoas. Essas vozes podem ser derivadas tanto de pessoas próximas (familiares), quanto de pessoas mais distantes, como professores, colegas e, até mesmo, de um contexto sociocultural mais amplo e que não pode ser distinguido em apenas um representante. No filme "Palavras nas paredes do banheiro", é mostrada a vivência de um jovem com esquizofrenia, que escuta, em uma de suas alucinações auditivas, uma voz crítica que diz: que ele não merece viver, que os familiares não gostam dele, que ele é um peso para a família, entre outras. Essas vozes trazem conteúdos não verdadeiros e que só alimentam o sofrimento do personagem, o que, em seu caso psiquiátrico, faz com que ele se posicione contra pessoas que realmente gostam dele. Posto isso, é importante destacar que o modo de vozes críticas internalizadas não se restringe aos pacientes com transtornos como esquizofrenia. As vozes críticas se apresentam enquanto cognições que não têm função adaptativa e que apenas causam sofrimento. Por exemplo, no caso da Dra. Morgan Reznik, na série "The Good Doctor", que internalizou uma coletânea de cobranças de seu contexto familiar e que repercute diretamente em seu funcionamento laboral e interpessoal.

Por fim, o modo adulto saudável aparece como um "gerente" para os demais modos. Deve-se fortalecê-lo para que o indivíduo tenha mais desfechos positivos e saudáveis em suas interações. Entre as funções do adulto saudável, encontram-se atender as necessidades dos modos criança, combater os modos críticos internalizados, estabelecer relações saudáveis para o indivíduo e adotar práticas empáticas e (auto)compassivas. Um exemplo de personagens que, em muitos momentos, ativam o modo adulto saudável para lidar com uma mudança significativa em suas vidas são a Grace e a Frankie da série que é intitulada com os seus próprios nomes. Já na terceira idade, as duas passam pelo término dos casamentos e precisam reagir de forma assertiva diante de suas frustrações e dificuldades. As personagens experienciam autocompaixão e autocuidado, seguindo na direção das suas necessidades emocionais. As duas também se apoiam e conseguem ultrapassar diferenças. Frases de Grace e Frankie que demonstram o modo adulto saudável:

> *O que você está dizendo é que tem medo, porque as coisas vão mudar"; "É melhor parar de sonhar e aceitar o fato de que todas as coisas vão mudar"; "Ganhei mais um quilo hoje, mas acho que foi de conhecimento"; "Acho que um pouco de empatia e amizade podem ser uma boa ideia"; "Você deve pegar suas emoções, pressionar até virar diamante e jogar na pessoa com quem está brava. Depois, pode seguir em frente.*

Reparentalização Limitada e Confrontação Empática

A base técnica da TE consiste na reparentalização limitada e na confrontação empática, duas estratégias terapêuticas fundamentais da abordagem e que levam ao seu diferencial técnico (Rafaeli et al., 2011). Tanto a reparentalização limitada quanto a confrontação empática acontecem por meio da relação terapêutica, oportunizando uma experiência emocional transformadora ao indivíduo, com mudanças cognitivas, emocionais e interpessoais, mesmo naqueles com transtornos de personalidade (Wainer & Rijo, 2016).

O objetivo central desses recursos consiste em suprir as carências das necessidades emocionais não atendidas na infância e na adolescência, além de modificar estratégias de enfrentamento primitivas e ineficientes para a busca das necessidades emocionais na vida adulta. A relação terapêutica é instrumento que propicia os dois recursos terapêuticos em questão. Na reparentalização limitada, o terapeuta busca suprir as necessidades emocionais não atendidas do paciente, dentro dos limites de uma relação terapêutica. O paciente, dessa forma, aprende a validar, respeitar e receber o que um dia não recebeu dos seus cuidadores. Com isso, experimentando uma forma diferente de se relacionar, começa a buscar essas experiências reparadoras em outras relações e no seu próprio trato consigo mesmo.

No filme "Duas Vidas", o adulto Russ encontra a sua criança Rusty e entende que precisa voltar ao seu passado para entender os motivos pelos quais aquela criança estava ali. Ao se recordar de experiências importantes quando tinha 8 anos de idade, o adulto Russ pode se empatizar com o sofrimento e carências emocionais de Rusty, podendo, assim, validar, cuidar, proteger e dar afeto a sua criança. Esse é um exemplo de reparentalização limitada, o terapeuta mergulha na história do seu paciente e oferece à criança o que lhe faltou receber, sendo que isso ocorre em uma postura sistemática durante as sessões. O terapeuta está sempre atento em oferecer o que o paciente precisa.

A confrontação empática, recurso também utilizado na experiência relacional terapeuta/paciente, consiste em confrontar a eficiência de estratégias e/ou modos de enfrentamentos ao mesmo tempo em que acontece a compreensão empática sobre os motivos que levaram o paciente a agir de determinada forma (Andriola, 2016). Para que a empatia seja oferecida, é importante que o terapeuta mergulhe nas experiências do passado, entendendo como a criança se protegeu de carências de suas necessidades emocionais. Já a propriedade para a confrontação deve ser buscada pelo terapeuta quando este percebe estratégias de enfrentamento que servem para diminuir a dor esquemática, mas que distanciam o paciente das suas necessidades emocionais.

Para confrontar e conectar os pacientes, assegurando o vínculo terapêutico sem aumentar a resistência, é preciso trabalhar com uma postura autêntica e curiosidade persistente para dar sentido às reações defensivas. Em outras palavras, o terapeuta precisa entrar empaticamente na pele do paciente para tentar entender suas reações emocionais e comportamentos, levando em consideração as experiências que ele teve na vida (Behary, 2020).

Ainda no filme "Duas Vidas", a criança Rusty confronta o adulto Russ sobre suas escolhas de vida. A criança está frustrada por não ter casado, não ter um cachorro e não ser um piloto de avião, já que ter uma família e um cachorro era uma necessidade da criança que perdeu a mãe com 8 anos e conviveu com um pai deprimido. Uma possível confrontação empática para Russ seria:

> *Eu posso ver todo o sofrimento de uma criança vendo a mãe doente e lidando com falta de paciência; a indisponibilidade e a agressividade do pai, deprimido com toda a situação... Não poder contar com as figuras de apoio é algo desesperador para uma criança em sofrimento... e isso traz muito medo e desesperança sobre as relações. Mas, hoje, ficar evitando as relações íntimas para não sofrer, vai na direção da solidão e não supre a tua necessidade de apoio emocional e conexão.*

CONCLUSÃO

A TE é um modelo de psicoterapia integrador que, ao longo do seu desenvolvimento, consolidou conceitos específicos para uma atuação consistente com diversos públicos. O uso de filmes, séries, músicas e quadrinhos auxilia na compreensão desses conceitos de forma lúdica para os pacientes e/ou estudantes dessa abordagem teórica. Ao longo deste capítulo, foi ilustrado, a partir desses recursos, os conceitos de necessidades emocionais básicas, domínios esquemáticos, esquemas iniciais desadaptativos, estratégias de enfrentamento, modos esquemáticos, reparentalização limitada e confrontação empática.

Não foi objetivo do capítulo esgotar a análise dos recursos aqui sinalizados, mas utilizá-los como modelo para os conceitos discutidos. Conhecer sobre esses recursos facilita tanto a compreensão, quanto a psicoeducação sobre elementos que constroem a linguagem da TE. Trazer conceitos de forma palatável aos clientes e/ou estudantes facilita a adesão e possíveis intervenções que seguirão durante os processos, sejam eles de ensino e/ou psicoterápicos. Uma análise mais profunda sobre esses conceitos será discutida nos demais capítulos deste livro. Espera-se que o conteúdo aqui discutido incentive, de forma criativa e divertida, o conhecimento de terapeutas, clientes e/ou estudantes com interesse nessa abordagem teórica. E você? Quais filmes, séries e músicas que vieram a sua cabeça durante a leitura?

Indicação de músicas, filmes e séries que abordam direta e/ou indiretamente os conceitos explanados neste capítulo

Recurso	Nome	Conceitos abordados
Músicas	Sutilmente – Skank Dear future husband – Meghan Trainor	Necessidades emocionais básicas
	Inesquecível – Sandy e Júnior	EID: Abandono
	Eu tenho medo – Zé Vaqueiro Look what You made me do – Taylor Swift Sweet dreams (are made of this) – Eurythmics	EID: Desconfiança/Abuso
	Todo mundo vai sofrer – Marília Mendonça	EID: Privação Emocional
	Lonely – Akon	EID: Isolamento Social
	Fracasso – Fafá de Belém I'm a mess – Bebe Rexha	EID: Fracasso
	Fico assim sem você – Adriana Calcanhotto Neném – Gabi Martins	EID: Emaranhamento

Recurso	Nome	Conceitos abordados
Músicas	*Circus* – Britney Spears	EID: Arrogo/ Grandiosidade
	Bebi Liguei – Marília Mendonça	EID: Autocontrole Insuficiente
	Cobaia – Lauana Prado	EID: Subjugação
	Heart Attack – Demi Lovato	EID: Inibição Emocional
	Love the way you lie – Eminem feat Rihanna *Você me vira a cabeça* – Alcione	EID: Postura Punitiva
	Ta com papato – Papatinho, Anitta, Dfideliz	EID: Arrogo/ Grandiosidade
Animações	*Lippy e Hardy*	EID: Negativismo/ Pessimismo
	Divertidamente	Modos Esquemáticos
	Distante da árvore	Modos Esquemáticos
Filmes	"O diabo veste Prada" – personagem: Miranda Priestly	Estratégia de Hipercompensação
	"Her" – personagem: Theodore	Estratégias Evitativas
Séries	*After Life* – personagem Tony	Modos esquemáticos raivosos
	Succession	Modos esquemáticos

REFERÊNCIAS

Andriola, R. (2016). Estratégias terapêuticas: reparentalização limitada e confrontação empática. In: R. Wainer, K. Paim, R. Erdos, & R. Andriola (Orgs.). *Terapia cognitiva focada em esquemas: integração em psicoterapia* (pp. 60-71). Porto Alegre: Artmed.

Behary, W. (2020). The art of empathic confrontation and limit setting. In: G. Heath & H. Startup (Eds.). *Creative Methods in Schema Therapy: Advances and Innovation in Clinical Practice* (pp. 227-236). New York: Routledge.

Cardoso, B. L. A., & Barletta, J. B. (Orgs.). (2018). *Terapias cognitivo-comportamentais: analisando teoria e prática por meio de filmes*. Novo Hamburgo: Sinopsys.

Monteiro, J., & Pereira, N. (2015). Terapia de aceitação e compromisso (ACT) e cinema: proposta de intervenção a partir de "Frozen" "Parcialmente Nublado/Partly Cloudy". *Revista Brasileira de Terapia Comportamental e Cognitiva, 17*(2), 33-45.

Paim, K., & Copetti, M.E.K. (2016). Estratégias de avaliação e identificação esquemas iniciais desadaptativos. In: R. Wainer, K. Paim, R. Erdos, & R. Andriola (Orgs.). *Terapia cognitiva focada em esquemas: integração em psicoterapia* (pp. 73-87). Porto Alegre: Artmed.

Paim, K., & Cardoso, B. L. A. (Orgs.). (2019). *Terapia do esquema para casais: base teórica e intervenção.* Porto Alegre: Artmed.

Paim, K., Cardoso, B. L. A., Algarves, C. P., & Behary, W. (2020). Bases teóricas e aplicação da terapia do esquema para casais. In: B. L. A. Cardoso, & K. Paim (Orgs.). *Terapias cognitivo-comportamentais para casais e famílias: bases teóricas, pesquisas e intervenções.* Novo Hamburgo: Sinopsys.

Rafaeli, E., Bernstein, D. P., & Young, J. (2011). *Schema therapy: distinctive features.* Routledge: London and New York.

Renner, F., Arntz, A., Leeuw, I., & Huibers, M. (2013). Treatment for chronic depression using schema therapy. *Clinical Psychology: Science and Practice, 20*(2), 166–180.

Rowling, J. K. (2000). *Harry Potter e a pedra filosofal.* Rio de Janeiro: Rocco.

Simeone-DiFrancesco, C., Roediger, E., & Stevens, B. (2015). *Schema therapy with couples: a practitioner's guide to healing relationships.* Oxford: Wiley-Blackwell.

Simpson, S., & Smith, E. (2020). *Schema therapy for eating disorders: theory and practice for individual and group settings.* Routledge: New York.

Wainer, R. (2016). O desenvolvimento da personalidade e suas tarefas evolutivas. In: R. Wainer, K. Paim, R. Erdos, & R. Andriola (Orgs.). *Terapia cognitiva focada em esquemas: integração em psicoterapia* (pp. 15-26). Porto Alegre: Artmed.

Wainer, R., & Rijo, D. (2016). *O modelo teórico: esquemas iniciais desadaptativos, estilos de enfrentamento e modos esquemáticos.* In: R. Wainer; K. Paim; R. Erdos; R. Andriola (Orgs.). Terapia cognitiva focada em esquemas: integração em Psicoterapia (p. 47-63). Porto Alegre: Artmed.

Young, J. E. (1990). *Cognitive therapy for personality disorders: A schema-focused approach.* Sarasota, FL: Professional Resource Exchange, Inc.

Young, J. E., Klosko, J. S., & Weishaar, M. E. (2008). *Terapia do esquema: Guia de técnicas cognitivo-comportamentais inovadoras.* Porto Alegre: Artmed.

Capítulo 2

O FABULOSO DESTINO: AMÉLIE POULAIN VISTA PELA ÓTICA DO TEMPERAMENTO E DO APEGO

Ana Rizzon
Marcela Mansur Alves

> *"Estranho o destino dessa jovem mulher, privada dela mesma, porém, tão sensível ao charme das coisas simples da vida...".*

OBJETIVOS DE APRENDIZAGEM

Ao final da leitura deste capítulo, é esperado que você seja capaz de:

- Compreender como o apego e os aspectos estáveis de personalidade influenciam na circuitaria esquemática de Amélie Poulain;
- Identificar os limites e possibilidades dentro daquilo que é estável na personalidade da personagem;
- Observar como os estilos de apego se expressam nas relações adultas de Amélie.

Buscando compreender o desenvolvimento dos transtornos de personalidade, a Terapia do Esquema (TE) conseguiu explicar uma série de aspectos cruciais para a compreensão da personalidade normal e patológica. Esse entendimento foi possível a partir da articulação de elementos teóricos distintos, tais como a relação entre a biologia e a aprendizagem, os aspectos cronológicos do desenvolvimento da identidade e os efeitos continuados das experiências com cuidadores e figuras de afeto da família (Heath & Startup, 2020; Wainer, 2016; Young et al., 2008).

A construção da conceitualização é parte fundamental em um processo terapêutico efetivo. Esse entendimento é construído por meio da compreensão do temperamento, das necessidades emocionais e da capacidade do ambiente de atender ou não essas necessidades. Variáveis estas que refletem na formação dos esquemas iniciais desadaptativos (EIDs) que tiveram sua origem na infância até o final da adolescência (Heath & Startup, 2020; Young et al., 2008). Na complexidade de cada cliente, os comportamentos se revelam por meio dos estilos de enfrentamento e dos modos esquemáticos, conceitos intimamente ligados à base biológica expressa por meio do temperamento (Young et al., 2008).

A dupla terapêutica inicia uma jornada compartilhada na montagem do "quebra cabeça", que sintetiza em "imagens", os padrões que mapeiam o funcionamento da personalidade do cliente e delineiam possíveis caminhos a seguir. Assim se estrutura a compreensão, evidenciando o que naquele sujeito é personalidade, estável e estruturante, e o que é dor do agora. Um mapeamento eficaz compreende o cliente como pessoa e não apenas pelo viés de suas queixas e sintomas. Esse entendimento conciso aponta o estilo de reparação parental e os métodos de mudança alicerçados em uma compreensão empática consistente (Heath & Startup, 2020).

O capítulo está estruturado de forma a apresentar, inicialmente e de maneira breve, os principais conceitos que serão trabalhados na análise do filme, a saber: o modelo dos cinco fatores de personalidade em sua relação com o temperamento, o desenvolvimento de esquemas iniciais e os estilos de apego.

O Modelo dos Cinco Grandes Fatores da Personalidade, O Temperamento e Os Esquemas

Qualquer um dos principais estudiosos da personalidade, da atualidade, vai certamente afirmar, com algum grau de segurança, que a personalidade é um sistema de múltiplos componentes que interagem de forma dinâmica e que, dessa interação, emerge aquilo que nos diferencia e nos torna únicos do ponto de vista psicológico. Essa concepção de personalidade como sistema, ainda que compartilhada, não está livre de dissensos que se manifestam não apenas pela determinação da quantidade desses componentes e suas origens, mas também na forma como interagem ou se são mais ou menos conscientes e a relação desses com desfechos em diferentes esferas da vida (Deary et al., 2010).

Para os propósitos deste capítulo, será adotado como referência conceitual o entendimento de personalidade proposto pelo modelo dos cinco grandes fatores (CGF) e seu desenvolvimento ulterior, a Teoria dos Cinco Fatores (TCF) (McCrae & Sutin, 2018). O modelo CGF, ou *Big Five*, foi escolhido, porque ele representa a melhor tentativa de organizar, em termos de estrutura, os principais descritores que capturam variações quantitativas na personalidade entre os indivíduos. Não apenas os cinco traços propostos pelo modelo são consistentes em estudos realizados em diferentes amostras da população e instrumentos, como também parecem ser quase universais (Church, 2016; McAdams & Olson, 2010; McCrae & Terracciano, 2005). Uma busca rápida em duas das principais bases de dados científicos, a PsycInfo e a Scopus, usando o descritor *"five-factor model"* resulta em um número impressionante de 4.286 publicações (sendo 1.320 nos últimos cinco anos) e 4.620 publicações (1.727 nos últimos cinco anos), respectivamente. Esses números mostram o interesse da comunidade científica em compreender a teoria dos CGF.

Para além da relevância teórico-conceitual, o modelo dos CGF tem se mostrado importante quando se trata de pensar em desfechos na clínica, por exemplo, a aliança terapêutica. Ela é um componente essencial para avaliação e mudança dos esquemas (Young et al. 2008). Thiry (2020) destaca que a aliança terapêutica (o vínculo entre terapeuta e paciente e a concordância com as metas de terapia e as atividades propostas) é um dos principais determinantes dos resultados da terapia. O autor chama a atenção para o fato de que a aliança terapêutica não existe por si mesma, dependendo, portanto, da personalidade de pacientes e terapeutas e da influência que uma exerce sobre a outra.

O estudo realizado por Thiry (2020) aponta que a amabilidade, a abertura e a conscienciosidade são os traços que mais se associam a uma melhor relação terapeuta-cliente, sendo algumas facetas de cada traço mais importantes do que as outras. Complementarmente, Butcher, Suzuki e Samuel (2019) analisaram a relação entre os traços de personalidade propostos pelo modelo CGF e resultados terapêuticos, por intermédio de uma metanálise que incluiu 99 estudos originais, totalizando mais de cem mil participantes. Como resultados associados à terapia, os autores incluíram absenteísmo, aliança terapêutica, frequência às sessões, realização de tarefas de casa, estratégias de enfrentamento, redução de sintomas e melhora global. Os principais resultados encontrados por Butcher et al. (2019) apontam que baixos níveis de neuroticismo e altos níveis de extroversão, amabilidade e conscienciosidade estiveram associados a melhores resultados, com padrões de associações distintos de cada traço para cada resultado terapêutico. Importante salientar que os autores destacam a relevância dos traços de personalidade, mas consideram a necessidade de olhar para variáveis moderadoras dessa relação, tais como a duração do tratamento, o custo da terapia e a facilidade de deslocamento do paciente.

Tais resultados são elementos norteadores que facilitam o estabelecimento da sintonia na relação terapêutica, desculpabilizam o cliente em relação às suas dificuldades e elucidam sobre suas preferências (Bach et al., 2019; Heath & Startup, 2020; Young et al., 2008). Compreender o impacto das variáveis do temperamento norteia quanto a limites e a possibilidades do cliente, da sua entrega na relação terapêutica e do seu prognóstico clínico.

Falando mais detalhadamente do modelo CGF, na proposta de Costa e McCrae (1992), os cinco fatores (ou traços) são rotulados de neuroticismo, extroversão, amabilidade, conscienciosidade e abertura. Uma síntese descritiva dos cinco fatores está brevemente descrita no Quadro 2.1.

Quadro 2.1. Os cinco fatores do modelo Big Five

Fatores	Características
Neuroticismo	Tendência a experimentar emoções desagradáveis e diz da reatividade emocional do indivíduo.
Extroversão	Diferenças individuais na preferência e necessidade de estimulação física e social e na elevada sensibilidade a recompensas.
Amabilidade	Tendência à compaixão, ao altruísmo, à gentileza, à cooperação e à modéstia.
Conscienciosidade	Diferenças individuais em organização, comportamento direcionado a metas e senso de dever.
Abertura	Reflete as diferenças na tendência e explora novas ideias e experiências.

Nota. Fonte: Baseado em Costa e McCrae (1992)

Esses cinco traços de personalidade são mais comumente avaliados por meio de testes ou inventários de personalidade, especialmente, por meio das técnicas de autorrelato verbais, que são ainda as mais utilizadas em todo o mundo (De Pauw, 2017; Heath & Startup, 2020). Além dos autorrelatos, os traços de personalidade podem ser mensurados por meio de relato de informantes, entrevistas estruturadas ou semiestruturadas e técnicas de observação (para uma discussão sobre vantagens e desvantagens de cada uma dessas estratégias de avaliação ver Heath & Startup, 2020; Mansur-Alves & Martins, 2021). No Brasil, testes de personalidade são considerados como de uso exclusivo de profissionais psicólogos, e uma listagem completa dos testes com parecer favorável para uso está disponível no site do Sistema de Avaliação de Testes Psicológicos (SATEPSI) do Conselho Federal de Psicologia (CFP). Apenas para citar alguns exemplos, em se tratando de adultos, existem dois instrumentos amplamente utilizados, aprovados para uso pelo psicólogo para avaliação da personalidade com base no modelo CGF, a saber: o Inventário de Personalidade NEO PI-R e a Bateria Fatorial de Personalidade (BFP).

Os cinco traços de personalidade parecem ter forte base biológica, sendo considerados tendências básicas e disposicionais (McCrae & Sutin, 2018). As diferenças individuais nesses cinco traços seriam expressas em fenótipos intermediários e estariam associadas ao funcionamento diferencial de sistemas neurobiológicos que evoluíram com a espécie humana (DeYoung, 2015). Nesse sentido, já seria possível observar e distinguir os cinco traços na infância com relativa consistência, tornando desafiadora a distinção conceitual entre traços de personalidade e de temperamento.

Na verdade, os principais estudiosos do temperamento infantil afirmam que traços de personalidade e de temperamento seriam mais parecidos do que diferentes (Capsi et al., 2005; Caspi & Shiner, 2007). Do ponto de vista do desenvolvimento, os traços temperamentais apareceriam mais cedo, desde o nascimento, e representam as diferenças individuais na valência e intensidade da resposta emocional, nos níveis de atenção, no engajamento com o ambiente físico e social e na persistência e controle comportamental (Shiner, 2015). A maturação dos sistemas neurobiológicos possibilitaria a aquisição de novos repertórios, o que aumentaria e diversificaria a apresentação dos traços temperamentais iniciais, tornando-os um pouco mais semelhantes à configuração que conhecemos como cinco fatores. Assim, pois, a entrada na primeira infância coincidiria com uma complexificação dos traços e uma agregação maior de aspectos, aparentemente independentes, em características mais gerais. A título de exemplificação, em um bebê com elevado engajamento social, elevado entusiasmo e vigor, estaríamos observando as primeiras manifestações do que, mais tarde, será chamado de extroversão.

Faz-se importante salientar que os traços de personalidade são apenas uma parte da personalidade. Esta última é mais complexa e formada não apenas por características mais biologicamente determinadas, mas também de um sem-número de componentes que são decorrentes da interação dessas nossas tendências básicas iniciais com o ambiente, as quais são chamadas, de uma maneira mais ampla, de adaptações características (DeYoung, 2015; McCrae & Sutin, 2018). Esse é um ponto fundamental para o presente capítulo.

Os EIDs são modelos emocionais e cognitivos autoderrotistas. Se expressam com um padrão amplo e são relacionados à visão de si próprio e do mundo. Eles interferem no processamento da informação, tal qual lentes que colorem a realidade. A isso se somam emoções, sensações corporais, crenças e memórias (nem sempre acessíveis de forma explícita). Eles são desenvolvidos na infância e adolescência e elaborados ao longo da vida, dando forma às representações de si e das relações com o outro. Por serem disfuncionais em nível significativo, tornam os indivíduos psicologicamente vulneráveis ao desenvolvimento de diversas psicopatologias, tais como transtornos de personalidade ou transtornos emocionais graves (Young et al., 2003).

O esquema resulta do somatório entre temperamento inato e um ambiente insuficiente no suprimento das necessidades emocionais primárias. Podem ser fruto de um lar disfuncional extremado, mas também se originam de experiências em que as faltas primárias são costumazes (Young et al., 2003). Por exemplo, uma criança ansiosa, com elevada labilidade emocional e valência emocional negativa, que crescesse com pais ansiosos, em um ambiente controlador, poderia desenvolver um esquema de dependência, vulnerabilidade ao dano ou emaranhamento. Alguns estudos mais recentes têm apontado que variantes extremas de traços de personalidade são importantes para o entendimento do desenvolvimento de diversas psicopatologias, além de serem responsáveis por muitas comorbidades entre os transtornos mentais (Samuel & Widiger, 2008; Widiger et al., 2019). É possível, pois, hipotetizar que uma intensidade muito elevada nos traços de personalidade e em suas facetas aumentaria a probabilidade, dadas condições ambientais específicas, de desenvolver esquemas desadaptativos, e estes, por sua vez, estariam no cerne do entendimento de muitas psicopatologias.

Resultados de alguns estudos têm apontado que, de fato, traços de personalidade estão associados aos esquemas desadaptativos iniciais. Muris (2006), por exemplo, encontrou para uma amostra não clínica de adolescentes que o neuroticismo é um importante preditor de todos os cinco domínios de esquemas, enquanto traços como amabilidade e conscienciosidade estão associados a esquemas específicos, autossacrifício e padrões inflexíveis, respectivamente. Sava (2009), com uma amostra não clínica de universitários, e Thimm (2010), com uma amostra clínica de pacientes adultos, encontraram resultados semelhantes aos de Muris (2006), sinalizando que os traços de personalidade são parte importante do desenvolvimento dos EIDs.

A TE ancora-se na compreensão do temperamento, das experiências infantis e dos estilos de apego para compor a estruturação da circuitaria esquemática (Younk et al., 2008). Abarca a consequente manifestação no comportamento dos estilos de enfrentamento por meio das tendências ditadas pela base biológica temperamental (luta, fuga e paralização). Como os estilos de apego e os modelos interno de funcionamento (MIFs) contribuem nessa fabulosa equação?

Os Estilos de Apego

Para entender como funcionam os estilos de apego e quais são eles, é preciso mergulhar nas origens dos trabalhos de Bowlby e nos modelos internos de funcionamento (MIFs). Eles são representações fixadas na memória associativa, relativas às interações ocorridas com as figuras de apego. Os MIFs irão permitir ao indivíduo antecipar suas relações e interações conforme os próprios registros anteriores. Eles podem ou não evocar sensação de segurança, o que determinará a forma do sujeito de se relacionar consigo e com os outros (Mikulincer & Shaver, 2007).

É a partir do olhar do cuidador que a criança é apresentada ao mundo e aprende a explorar o ambiente. Segundo Bowlby (1998a), desde o nascimento, a dependência do bebê torna a figura de apego crucial para sobrevivência. A criança pequena não é capaz de se regular afetivamente, para isso precisa da figura de apego. Ela busca proteção frente a situações ansiogênicas, quando seu sistema de apego é ativado (Mendes, 2021; Mikulincer & Shaver, 2007). A regulação ocorre de fora para dentro, construindo o *self* e senso interno de segurança por meio da interação com o cuidador (Bowlby, 1998a). Um bom vínculo proporciona conexão com qualidade, encoraja habilidades, respeita as necessidades da criança e molda os comportamentos (Mendes, 2021).

Segundo Bowlby (1984b) e Ainsworth (in Marvin et al., 2016), a presença física e a acessibilidade da figura de apego frente às necessidades de suporte da criança são fundamentais para um vínculo saudável. A isso se soma a sensibilidade parental e a capacidade de resposta adequada frente aos sinais emitidos pela criança. Aisworth estudou intensamente a forma como se dava a separação e o posterior reencontro entre a criança e a mãe. A figura de apego é uma base segura para exploração do ambiente? A criança se "recarrega" dessa proteção no retorno da mãe? Qual o comportamento diante da ausência da mãe? Essas foram perguntas profundamente exploradas. A partir dessas pesquisas, os padrões identificados pela autora foram nomeados de estilos de apego e classificados em: apego seguro, apego inseguro-resistente e apego inseguro-evitativo (Ainsworth & Bowlby, 1991, Mendes & Pereira, 2018; Mikulincer & Shaver, 2016).

No *apego seguro*, encontram-se crianças ativas, interessadas nas brincadeiras e em explorar o ambiente. Protestam quando são separadas, mas recebem a figura de apego com entusiasmo e afeto. Elas utilizam o cuidador como base segura, a quem recorrem quando ansiosas ou para se preparar para uma nova investida exploratória. A sensibilidade, disponibilidade e comportamento coerente da figura de apego proporcionam lastro, promovendo segurança no vínculo. São os primórdios da construção interna e estruturante de que as necessidades de apoio serão atendidas, o que gera tolerância diante das separações e aumenta a capacidade de explorar o ambiente. (Ainsworth, 1985; Ainsworth & Bowlby, 1991; Bowlby,1984a; 1990; Main & Solomon, 1986).

A busca pela figura de apego e a concomitante resistência a ela caracterizam as crianças de *apego inseguro ansioso/resistente*. Estas têm sofrimento intenso perante a separação e podem protestar de forma exagerada. O choro e a raiva manifestam-se para evitar o afastamento e, de forma ambivalente, também aparecem no retorno do cuidador. A criança tem dificuldade de se regular emocionalmente com a mãe, demorando tempo considerável para ser acalmada. Revela uma necessidade quase permanente de estar em contato, gerando uma exploração do ambiente mais empobrecida e medo acentuado de pessoas estranhas. O cuidador pode apresentar falta de sintonia com as necessidades da criança, apresentando respostas que não geram segurança e estabilidade (Ainsworth & Bowlby, 1991, Mendes & Pereira, 2018; Mikulincer & Shaver, 2016).

No estilo de *apego inseguro evitativo*, a tranquilidade da criança perante a separação pode fazer com que seja descrita como "criança fácil". Elas não protestam e se acostumam facilmente a serem cuidadas por estranhos. São crianças que não demonstram o sofrimento sentido e, diante do retorno da figura de apego, seguem indiferentes e envolvidas em outras atividades. Exploram o ambiente sem utilizar a mãe como base segura, mostram-se demasiadamente independentes e interessadas em outros estímulos e pessoas. Esse estilo de apego pode estar relacionado a cuidadores emocionalmente distantes, rígidos e que rejeitam as buscas de conexão da criança. O que provoca desistência, consequente redirecionamento da atenção para o ambiente, provocando autossuficiência precoce e inadequada (Ainsworth & Bowlby, 1991; Main & Solomon, 1986; Main & Solomon, 1990; Simpson & Belski, 2016).

A Teoria do Apego é parte do aporte teórico que embasa a TE. O conceito de MIFs é compatível com o conceito de EIDs. Ambos os constructos se alicerçam a partir da interação da criança com as figuras de apego primárias e da capacidade dessa relação de satisfazer as necessidades emocionais básicas. Essas estruturas irão influenciar a percepção e o entendimento da realidade, a forma de agir sobre ela, a visão de si, dos outros e do meio circundante (Young et al., 2008).

Sinopse do filme "O Fabuloso destino de Amélie Poulain"

O enredo convida a assistir momentos da infância de Amélie e sua vida familiar. Filha de pais distantes e obsessivos, ela cresce isolada em um ambiente sem carinho. Para se adaptar à escassez emocional, ela usa a imaginação como refúgio. Na idade adulta, Amélie é solitária, sem relacionamentos amorosos, laços familiares nutritivos ou de amizade. Ela se sente *"diferente dos outros"* e se adapta à conhecida aridez, cultivando pequenos prazeres como *"observar detalhes que os outros não veem"*. Tudo muda quando ela encontra um *"objeto especial"*. Inspirada, ela decide que vai restituir o *"tesouro"* ao seu verdadeiro dono e, dependendo do resultado, vai resolver se deve interferir na vida das outras pessoas ou não. O sucesso na empreitada a invade de alegria junto a um *"desejo de ajudar toda a humanidade de repente"*. Amélie inicia sua jornada incapaz de compreender seus conteúdos internos e agir sobre eles. Ela parte da percepção da emoção do outro, passando a investir em ações de reparação para os personagens que a circundam. Eles vão revelando, quase que metaforicamente, as necessidades de conexão entre as "partes" ou modos da protagonista. O filme retrata de uma forma sutil a tentativa do ser humano de arrumar o externo em busca de uma reorganização do que é interno e doloroso. Amélie adentra essa trama em uma jornada de resgate de si e de seus lados esquecidos. Gradualmente, ela sente-se apta a olhar e enfrentar suas próprias dores, transformando o mundo que a cerca, enquanto resgata internamente as suas necessidades não atendidas.

Amélie: Como Temperamento e Estilo de Apego se Costuram em sua Circuitaria Esquemática

De acordo com Young, Klosko e Weishaar (2003), o temperamento da criança (ou seja, as disposições inatas iniciais) é fundamental para a compreensão do desenvolvimento de Esquemas Iniciais Desadaptativos (EIDs). A interação entre os traços temperamentais e as experiências que estimulam a aquisição dos esquemas favorecem o aparecimento desses padrões amplos e generalizados, usualmente não acessíveis à consciência.

As cenas e roteiro nos permitem inferir que Amélie seria uma pessoa com alta amabilidade. Isso fica evidenciado pelo interesse dela por ajudar e melhorar a vida das pessoas e trazer um pouco de otimismo e alegria a todos aqueles que convivem com ela. A sensibilidade aos sentimentos e vivências das pessoas é certamente uma característica importante na personalidade de Amélie, como pode ser evidenciado no seguinte trecho:

> *É dia 31 de agosto, às 4h da manhã, Amélie têm uma ideia luminosa, esteja onde estiver, ela vai procurar o dono da caixa de recordação e devolver o seu tesouro. Se ele se emocionar está decidido: ela vai começar a resolver a vida dos outros.*

Sua alta amabilidade é alicerce para seu esquema de autossacrifício (a necessidade do outro é a mais importante), provavelmente um esquema condicional à sua privação emocional ("não receberei aquilo que preciso emocionalmente") (Young et al., 2008). Essa parte da sua circuitaria esquemática parece ser uma das bases do seu funcionamento. Suas necessidades são projetadas nos alvos de sua ajuda.

Os esquemas de primeiro domínio estão intimamente ligados ao estilo de apego inseguro evitativo de Amélie, que parece seguir buscando preencher as lacunas da construção do *self* e a regulação emocional de fora para dentro. Ela supre suas necessidades por meio de uma espécie de jogo, em que a interação entre os personagens vai aumentando o senso interno de segurança da protagonista diante do desafio de um vínculo genuíno.

Com Dominique Bretodeau, que reencontra sua infância por meio da caixa de brinquedos, talvez busque encontrar a alegria de sua própria criança que cresceu em um ambiente tão árido emocionalmente. "Depois de entregar a caixa, Amélie de repente teve a sensação estranha de estar em harmonia com o mundo." - aqui acontece a experiência emocional corretiva, como se ela despertasse do seu isolamento, entendendo que nem todos são desconectados como seus pais. Essa epifania sentida a estimula a continuar com sua "ideia luminosa".

A vizinha Madeline Wallace passa a se sentir especial aos olhos do seu amado Adrian ao receber a suposta "carta perdida", artifício cuidadosamente elaborado por Amélie. *"Já te escreveram cartas assim mocinha? Não, não sou a doninha de ninguém."* Talvez ela veja, por meio de Madeline, *"uma alegria de cor alaranjada"* por se sentir amada. É possível que esse movimento fale da sua necessidade de pertencimento e de conexão amorosa, que são parte de seus esquemas de abandono e privação emocional.

A hipocondríaca Georgette encontra a paixão com Joseph por meio de uma teia bem tecida pela protagonista. Como se Amélie precisasse ver a conexão no outro para testar se é seguro, tal qual acontece na relação terapêutica em TE. O anão de jardim envia postais de diferentes lugares do mundo como um estímulo para que o seu pai Rafael Poulin se anime a viajar. No intuito de *"conseguir dar a esse homem asfixiado, o sopro de ar que ela conseguiu dar a tantos outros"*. Pode estar aí a expressão do seu desejo de despertar nele alguma emoção e aventura, algo que ela anseia viver. As fitas cassetes enviadas ao Sr. Dufayel mostram belezas do mundo para além do seu apartamento seguro. Movimento que Amélie vai edificando ao longo de sua jornada enquanto constrói sua saída da solidão.

Ela e o vizinho com "ossos de vidro" têm em comum o funcionamento evitativo, refugiando-se em uma realidade protegida e com gratificações particulares. Ao longo do filme, há abundância de movimentos que buscam atender, na necessidade do outro, suas faltas intrínsecas, sendo esse o foco de um montante robusto de sua energia vital. Tal comportamento é perpetuador do seu esquema de privação emocional, à medida que, por meio dos autossacrifícios, ela se conecta com suas reais necessidades com um lócus de percepção externalizado. Ela investe energia em artimanhas para trazer alegria a outros, como se não se autorizasse a direcionar esse movimento para si. No decorrer da narrativa, ela vai pouco a pouco dessensibilizando sua evitação, construindo vínculos, abrindo-se para assimilar experiências e descobrir emoções.

Amélie parece ter também nível médio superior de neuroticismo, que fica evidente pela ansiedade e medo diante de várias situações, por exemplo, o medo de falar sobre seus sentimentos de amor e parecer ridícula ou não ser correspondida. Comportamentos que sugerem a presença do EID de inibição emocional. Em alguns traços, evidencia-se o constrangimento e a vergonha em se mostrar e de ser negativamente avaliada. Importante destacar que o enredo do filme nos leva a pensar que essa tendência inata a ter instabilidade emocional mais alta certamente parece ter sido reforçada por um estilo parental ansioso, controlador, focado no dever, emocionalmente desconectado e mais suscetível ao estresse. Uma contingência infantil vulnerabilizante para esquemas de 1º, 2º e 5º domínios.

O perfil parental dos cuidadores de Amélie se caracterizava pela desconexão e pela incapacidade em lhe oferecer corregulação emocional. As tarefas eram encaradas com seriedade, demonstrando uma rotina com organização. A emoção é temida, algo a ser evitado. A exemplo disso, está o destino de seu peixe Cachalote. Ele foi liberto no canal de San Martin devido a ter se tornado "neurastênico e com constantes tentativas de suicídio". Movimento familiar que evidencia como situações que eliciam emoções são incômodas. Cachalote era o único "amigo" de Amélie em sua infância solitária. O seu apreço pelo peixe não foi considerado na equação para solucionar o problema. Mais um exemplo que ilustra sua privação emocional e seu provável esquema de abandono, mostrando o quanto a instabilidade emocional pode ser perigosa. Outro evento que nos faz pensar no esquema de abandono é a morte da mãe. Um trauma abafado por meio do protetor desligado, que provavelmente se estendeu da sua infância até o início da idade adulta. *"Os dias, os meses e depois os anos se passaram. O mundo exterior parecia tão morto que Amélie preferiu sonhar sua vida esperando ter idade para ir embora."* Aqui fica evidente a trama entre temperamento, estilo de apego e ambiente. Amélie foi uma criança solitária, cordata e não demandante. Uma menina que galgou sua autonomia dentro das possibilidades oferecidas, tal qual crianças com apego inseguro evitativo. A notícia televisiva da morte da princesa Diana e o consequente encontro da caixa do menino Bretodeau, a catapulta para o lugar em que ela se desconectou: a perda da mãe. É como se a emoção sentida a remetesse a um vislumbre de uma parte desconectada de si.

A postura punitiva é ilustrada quando Amandine ministra lições escolares para Amélie. A mãe se desestabiliza com o pequeno erro da filha. Esse EID aparece em cenas da infância, quando pune o vizinho durante o jogo de futebol por ter mentido para ela. Já adulta, o foco de seu esquema é o Sr. Collignon por destratar constantemente seu funcionário Lucien. Metaforicamente, ela, em alguns momentos do filme, mostra identificar-se com a figura do zorro, um herói astuto e defensor dos oprimidos.

> *Amélie tem 6 anos. Como toda menininha, ela gostaria de ser abraçada pelo seu pai. Mas ele nunca a toca a não ser para examiná-la 1x por mês. A menina emocionada com essa intimidade excepcional fica com o coração batendo como um tambor, por isso ele pensa que ela tem um problema no coração. Por causa desse problema, disse que Amélie não poderia ir à escola. Amélie tem aulas com sua mãe.*

Os pais a afastaram da convivência social pelo medo de perdê-la para uma provável doença na infância, além de terem sido pouco validadores dos desejos e sentimentos da filha. A interação entre os traços de personalidade de Amélie e as características do seu ambiente familiar favorecem a aprendizagem por modelagem e sugerem a presença do esquema de negativismo/pessimismo. *"Nino está atrasado. Para Amélie, só há duas explicações possíveis: 1ª ele ainda não encontrou a foto; 2ª não teve tempo de montar a foto, porque 3 bandidos fugidos de um assalto a banco o pegaram como refém."* Amélie teve uma infância marcada por adversidades e a perda da mãe. Como adulta, desenvolve um padrão comportamental marcado pelo controle e pela reflexão excessiva que objetiva minimizar consequências negativas.

A baixa extroversão fica evidenciada pelo retraimento social e a preferência por atividades menos estimulantes e mais solitárias (ela ama estar com ela mesma). Embora interessada em ajudar pessoas e ser sensível e responsiva às demandas dos outros (relacionado à sua alta amabilidade), Amélie não demonstra ter interesse em estar em grandes grupos, com muitas pessoas e ter muitos amigos, tampouco se interessa por estar em destaque e ser líder. Aqui, a alta amabilidade interage com a baixa extroversão. O prazer encontra-se na elaboração da jornada e no resultado do outro (alta amabilidade), não na valorização da personagem ou na gratidão expressada. Ela o faz anonimamente, não se envolve diretamente na ação (baixa extroversão), mas se sente remunerada em assistir o efeito de sua Conduta consonante com seu estilo de apego evitativo, temperamento de baixa extroversão e alta amabilidade.

> *O tempo não mudou nada. Amélie continua a se refugiar na solidão. Ela tem prazer em se fazer perguntas idiotas sobre o mundo que se espalha abaixo de seus olhos. Por exemplo: quantos casais estão tendo um orgasmo nesse exato instante?*

Também, nesse caso, a interação entre o traço e os eventos de vida são cruciais para a formação de esquemas e da personalidade como um todo. Novamente, o ambiente atua na mesma direção do traço, favorecendo o aparecimento de comportamentos relacionados à esquiva social e a um pobre repertório para lidar com situações sociais e pessoas. *"Ela nunca soube estabelecer uma relação com os outros. Quando era criança estava sempre só."* Ela segue uma rotina com prazeres solitários e pouca interação com as pessoas. A contingência infantil somada ao temperamento e ao estilo de apego resultam nos comportamentos acima descritos, que fazem supor a presença do esquema de isolamento social. *"Talvez, ela seja só diferente dos outros."* Soma-se a isso o estilo de apego evitativo que incitou sua autonomia e se caracteriza por uma visão positiva de si. *"Amélie não tem um homem em sua vida. Ela tentou uma vez ou duas, mas o resultado não foi à altura de suas expectativas. Em compensação, cultivou um gosto particular por pequenos prazeres."*

Os EIDs e os padrões de apego que são experenciados em idade precoce tendem a se perpetuar e serem confirmados conforme o indivíduo se envolve em situações reforçadoras por uma tendência a repetição dos modelos vividos (Sperling & Berman, 1994). *"Então, ela prefere se relacionar com alguém que não está presente do que aqueles que estão"*, diz o pintor, mostrando a Amélie a tendência a evitação de vínculos possíveis e a perpetuação dos seus MIFs e estilo de apego.

Para ir em direção à conexão, Amélie precisa se fantasiar, criar roteiros e histórias, não podendo ir diretamente em busca de uma figura que atenda suas necessidades. Seu primeiro encontro com o par romântico acontece no trem fantasma, uma metáfora interessante diante do medo de sentir, que é parte do estilo de apego inseguro evitativo. Ela vai conhecendo o par romântico aos poucos, descobrindo suas preferências, trajetórias e comportamentos, para, só assim, sentir-se segura para uma relação.

Outra característica de Amélie bastante evidente é sua alta abertura a experiências, especialmente as facetas relativas à abertura a ideias. Amélie é uma "sonhadora". Seu alto nível nesse traço fica evidenciado pelo interesse que ela tem em brincar com as ideias, explorar possibilidades e realidades alternativas. Também, é evidente o interesse por explorar seu mundo interior, seus sentimentos e a complexidade de suas reflexões e interação com a realidade. *"No cinema: eu gosto de me virar no escuro e olhar o rosto das outras pessoas e, também, gosto de reparar nos pequenos detalhes que ninguém nunca vê."* O seu ímpeto em ajudar as pessoas é materializado de forma estratégica e criativa.

Da mesma forma que os traços podem ser fator de vulnerabilidade para o aparecimento de quadros clínicos e esquemas desadaptativos, eles podem ser fator de proteção. Aqui, temos um bom exemplo desse potencial protetor dos traços de personalidade. A alta abertura de Amélie provavelmente impediu que ela sofresse demasiadamente com a situação de ter sido isolada da convivência com outras crianças na infância. A possibilidade e o interesse por fantasiar, imaginar, brincar com sentimentos, ideias e cenários favoreceram a construção de um mundo de possibilidades alternativas contra a difícil realidade de ter apenas a convivência dos pais para aprendizados e formação da identidade.

Por fim, o filme não nos permite afirmar com muita certeza qual o nível de conscienciosidade de Amélie. Em alguns trechos do filme, ela aparece como alguém com medo de assumir riscos e com alto senso de dever, o que caracterizaria uma pessoa com alta conscienciosidade. Por outro lado, em alguns momentos, ela aparece como um pouco desorganizada (os pertences pessoais e a casa) e distraída em seu mundo interno. Baseando-se nisso, seria mais seguro afirmar que o nível de conscienciosidade de Amélie nem é alto nem é baixo, seria moderado, levando a uma apresentação mais ampla e heterogênea de padrões comportamentais, cognitivos e emocionais relativos a esse traço.

Interessa destacar que os pais de Amélie possuem elevado nível de conscienciosidade: são metódicos, organizados, possuem uma preferência por rotina e elevado senso de dever no cumprimento de regras sociais. Por meio do enredo do filme, não fica claro até que ponto o estilo organizado e metódico de funcionamento dos pais lida com a conscienciosidade da filha. Contudo, fazendo uma análise das possibilidades de interação entre esses traços em pais e filhos para além da arte e ficção, esquemas relacionados com a defectividade, fracasso e busca de aprovação poderiam emergir em filhos cujas figuras parentais são extremamente exigentes, metódicas, sistemáticas e inflexíveis. Os parágrafos anteriores apresentaram uma tentativa de exemplificar a complexa interação entre estilos de apego, temperamento e esquemas desadaptativos iniciais, utilizando-se como referência a personagem principal do filme Amélie Poullain e seus interlocutores. Não obstante, justamente pela complexidade e múltiplas possibilidade de análise que o filme oferece, buscou-se sintetizar um pouco do que foi exposto, anteriormente, no Quadro 2.2.

Quadro 2.2. *Síntese ilustrativa do impacto do temperamento nas experiências precoces que estimulam a formação dos EIDs*

Experiência	Contingência	Influência do Temperamento	Exemplo
Frustração nociva das necessidades	A criança passa por poucas experiências satisfatórias ou convive com a escassez de sensações importantes, como estabilidade, compreensão e amor.	Define o nível das necessidades emocionais básicas.	A baixa extroversão fez com que Amélie tivesse preferência por ficar sozinha e buscasse menor grau de estimulação social. Fator protetivo para sua contingência infantil mais isolada.
Traumatização e vitimização	A criança é vítima ou é exposta a situações que geram danos.	Vulnerabiliza ou protege (resiliência). Diferentes temperamentos expõem, de forma seletiva, as crianças a diferentes circunstâncias na vida.	A alta amabilidade de Amélie faz com que a perda da mãe e a desconexão de seu pai eliciassem a ativação do Protetor desligado autoaliviador para sobreviver àquele ambiente de aridez afetiva.

Experiência	Contingência	Influência do Temperamento	Exemplo
Grande quantidade de experiências boas	Os cuidadores são demasiado indulgentes e/ou proporcionam em demasia o que seria saudável se moderadamente.	Influência nas inclinações.	Embora a Amélie não tenha vivido grande quantidade de experiências boas, sua alta abertura influenciou na sua tendência por inventar brincadeiras e, assim, sentir-se menos privada.
Internalização e identificação seletiva com pessoas importantes	A criança se reconhece seletivamente e introjeta pensamentos, sentimentos, experiências e comportamentos dos cuidadores.	Conduz o viés atencional, identificando as características que serão internalizadas.	Amélie tinha um nível de neuroticismo médio superior, tal qual seus pais, que se apresentava diante da ansiedade e medo no enfrentamento de situações novas.

CONCLUSÃO

Considera-se necessário pontuar que, quando se faz uma análise da interação entre os traços de personalidade e os eventos ambientais, não se deve considerar apenas a interação entre um traço e um evento. Para entender a formação dos esquemas e, certamente, da personalidade como um todo, é crucial que se leve em consideração que os traços e suas facetas estão interagindo entre si, às vezes potencializando, outras vezes anulando o efeito de um sobre o outro e de um sobre o ambiente. O filme serviu para ilustrar a aplicação de conceitos e possibilidades práticas advindas disso. Porém, o filme não é capaz de capturar toda a complexidade da formação da personalidade quando se trata do mundo real.

"Você não tem ossos de vidro. Você pode suportar a vida. Se deixar passar essa chance, seus ossos vão ficar tão fracos e quebradiços quanto o meu esqueleto."

Com esse estímulo de quem genuinamente tenta compreender a necessidade *da "menina com o copo de água"*, o Sr. Dufayel oferece vínculo seguro para que Amélie ultrapasse a sua barreira evitativa. Tal qual o terapeuta do esquema na relação terapêutica. Entendendo as emoções por de trás do sutil, traduzindo as necessidades expressas nas estratégias de enfrentamento e convidando a experimentar o desconhecido, amparado pelo vínculo de entrega recíproca. O caminho novo a ser trilhado e a possibilidade de reconstrução dos esquemas, rumo ao apego seguro, iniciam-se com coragem. Com beijos de reconhecimento e um convite para que ela seja "reconhecida" por meio do beijo do seu outro especial, no qual a protagonista espelha e reconhece sua própria criança sonhadora.

Como no mistério do homem das fotos que, no início do filme, é considerado um fantasma e passa a ser reconhecido como o técnico que conserta as máquinas que imprimem retratos. Amélie presenteia Nino com a dissolução do enigma, em que os fantasmas do passado desconectado já não assombram mais suas recordações. De fora para dentro, da falta para a compreensão, por meio da emoção. Da coragem que se estabelece quando os nós se travestem em laços. Na beleza da arte, está expressa a beleza da vida, em que o fabuloso destino acontece no norte do apego seguro.

Indicação de músicas, filmes e séries que abordam direta e/ou indiretamente os conceitos explanados neste capítulo

Recurso	Nome	Conceitos abordados
Música	*Gabriela*	Estabilidade dos EIDs e da estrutura da personalidade.
Filme	*Megarromântico*	Fruto de uma parentalidade carente de afeto e empatia, Natalie desenvolve como esquemas principais a privação, a defectividade e o negativismo/pessimismo. O enredo sugere um estilo de apego evitativo temeroso, que se expressa por meio de sua postura rejeitadora diante da possibilidade de se relacionar amorosamente aliada a uma visão negativa de self.

Recurso	Nome	Conceitos abordados
Série	Friends	Características de temperamento/personalidade de cada um dos seis amigos da série, baseadas na interação entre eles e suas famílias. Possível analisar, ainda, a maneira como os principais esquemas aparecem em alguns personagens e como os estilos de apego desenvolvidos na infância vão sendo modelos para entender os apegos nas relações posteriores.

REFERÊNCIAS

Ainsworth, M. D. S. & Bowlby, J. (1991). An Ethological Approach on Personality Development. *American Psychologist, 46* (4), 333-341.

Ainsworth, M. D. S. & Bowlby, J. (1991). An ethological approach to personality development. *American Psychologist, 46*(4), 333-341.

Bach, B., & Bernstein, D. P. (2019). Schema therapy conceptualization of personality functioning and traits in ICD-11 and DSM-5, *Current Opinion in Psychiatry, 32*(1), 38-49.

Bowlby, J. (1984a). *Apego e perda: Apego* (3. ed., vol. 1). São Paulo: Martins Fontes.

Bucher, M. A., Suzuki, T., & Samuel, D. B. (2019). A meta-analytic review of personality traits and their associations with mental health treatment outcomes. *Clinical Psychology Review, 70*, 51-63.

Caspi, A., & Shiner, R. L. (2007). Personality development. *Handbook of Child Psychology. Social, Emotional, and Personality Development: Volume 1.* New Jersey, EUA: Wiley & Sons.

Caspi, A., Roberts, B. W., & Shiner, R. L. (2005). Personality development: Stability and change. *Annual Review of Psychology, 56*(1), 453–484.

Church, A. T. (2016). Personality traits across cultures. *Current Opinion in Psychology, 8*, 22–30.

Costa, P. T., & McCrae, R. R. (1992). *Revised NEO personality inventory: Professional manual.* Odessa, FL: Psychological Assessment Resources.

De Pauw, S. (2017). Childhood personality and temperament. In T. A. Widiger (Ed.), *The Oxford Handbook of the Five Factor Model* (Vol. 1). London: Oxford University Press.

Deary, I. J., Weiss, A., & Batty, G. D. (2010). Intelligence and personality as predictors of illness and death: How researchers in differential psychology and chronic disease epidemiology are collaborating to understand and address health inequalities. *Psychological science in the public interest*, 11(2), 53-79.

DeYoung, C. G. (2015). Cybernetic big five theory. *Journal of research in personality*, 56, 33-58.

Heath, G., Startup, H. (Eds.). (2020). *Creative methods in schema therapy: advances and innovation in clinical practice*. New York: Routledge. Kindle.

Main, M., & Solomon, J. (1986). Discovery of a new, insecure disorganized/disoriented attachment pattern. In T. B. Brazelton, & M. W. Yogman (Eds.), *Affective development in infancy* (pp. 95-124). Norwoos: Ablex.

Main, M., & Solomon, J. (1990). Procedures for identifying infants as disorganized/disoriented during the Ainsworth Strange Situation. In M. T. Greenberg, D. Cicchetti, & E. M. Cummings (Eds.), *Attachment in the preschool years* (pp. 121-160). Chicago: University of Chicago Press.

Mansur-Alves, M., & Martins, P.S.R. (2021). *Avaliação da personalidade na infância e adolescência*. Em: M. Mansur-Alves, M. Muniz, D.S. Zanini, M.N. Baptista (Orgs). Avaliação Psicológica na Infância e Adolescência (pp. 259-276). Petrópolis: Vozes.

Marvin, R. S., Britner, P. A., & Russell B. S. (2016). Normative development: The ontogeny of attachment in childhood. In J. Cassidy & P. R. Sahver (Eds), *Handbook of attachment* (pp. 273-290). New York: The Gilford Press.

McAdams, D. P., & Olson, B. D. (2010). Personality development: Continuity and change over the life course. *Annual review of psychology*, 61, 517-542.

McCrae, R. R., & Sutin, A. R. (2018). A five-factor theory perspective on causal analysis. *European Journal of Personality*, 32, 151-166.

McCrae, R. R., & Terracciano, A. (2005). Universal features of personality traits from the observer's perspective: data from 50 cultures. *Journal of personality and social psychology*, 88(3), 547-561.

Mendes, M. A. (2021). *A Clínica do Apego: fundamentos para uma psicoterapia afetiva, relacional e experiencial*. Novo Hamburgo: Sinopsys Editora.

Mendes, M. A., & Pereira, A. L. S. (2018). Estratégias de regulação emocional em psicoterapia. In Federação Brasileira de Terapias Cognitivas, C. B. Neufeld, E. M. O. Falcone, & B. P. Rangé (orgs.). *PROCOGNITIVA Programa de Atualização em Terapia Cognitivo-Comportamental: Ciclo 5* (v.1, pp. 9-53). Porto Alegre: Artmed Panamericana. (Sistema de Educação Continuada a Distância).

Mikulincer, M., & Shaver, P. R. (2016). Normative development: the ontogeny of attachment in chilhood. In J. Cassisy, & P. R. Shaver (Orgs.), *Handbook of attachment* (pp. 507-33). New York: Guilford.

Mikulincer. M., & Shaver, P. R. (2007). *Attachment in adulthood: sctructure, dynamics, and change.* New York: Guilford Press.

Muris, P. (2006). Maladaptive schemas in non-clinical adolescents: relations to perceived parental rearing behaviours, big five personality factors and psychopathological symptoms. *Clinical Psychology and Psychotherapy, 13*, 405e413. https://doi.org/10.1002/cpp.506.

Samuel, D. B., & Widiger, T. A. (2008). A meta-analytic review of the relationships between the five-factor model and DSM-IV-TR personality disorders: a facet level analysis. *Clinical Psychology Review, 28*, 1326e1342.

Sava, F. A. (2009). Maladaptive schemas, irrational beliefs, and their relationship with the five-factor personality model. *Journal of Cognitive and Behavioral Psychotherapies, 9*, 135-147.

Shiner, R. L. (2015). The development of temperament and personality traits in childhood and adolescence. *Handbook of personality and social psychology, 4*, 85-105.

Simpson, J. A. & Belsky. J. (2016). Attachment theory within a modern evolutionary framework. In J. Cassidy & P. R. Shaver (Eds.). *Handbook of attachment* (pp. 910-116). New York: The Gilford Press.

Sperling, M. B., & Berman, W. H. (Eds.). (1994*). Attachment in adults: Clinical and developmental perspectives.* Guilford Press.

Thimm, J. C. (2010). Personality and early maladaptive schemas: A five-factor model perspective. *Journal of behavior therapy and experimental psychiatry, 41*(4), 373-380.

Thiry, B. (2020). Assessing the therapeutic alliance with the five-factor model: An expert-based approach. *Annales Médico-psychologiques, revue psychiatrique,* 178 (9), 913-919.

Wainer, R. O desenvolvimento da personalidade e suas tarefas evolutivas. In: R. Wainer, K. Paim, R. Erdos, & R. Andriola. (2016). *Terapia Cognitiva focada nos esquemas: integração em psicoterapia*. Porto Alegre: Armed.

Widiger, T. A., Sellbom, M., Chmielewski, M., Clark, L. A., DeYoung, C. G., Kotov, R., ... & Wright, A. G. (2019). Personality in a hierarchical model of psychopathology. *Clinical Psychological Science*, 7(1), 77-92.

Young J., Klosko, J. S., & Weishaar, M. E. (2008). *Terapia do esquema: Guia de técnicas cognitivo-comportamentais inovadoras*. Porto Alegre: Artmed.

Young, J. E., Klosko, J. S., & Weishaar, M. E. (2003). *Schema therapy: A practitioner's guide*. New York: Guilford Press.

Parte II
DOMÍNIOS ESQUEMÁTICOS

Capítulo 3
O DOMÍNIO DE DESCONEXÃO E REJEIÇÃO EM "ANNE WITH AN E"

Bruno Luiz Avelino Cardoso
Samily Natania Alves Meireles Aquino
Ana Carolina Silveira e Silva Streit

> *"A vida toda precisei lidar com a ideia de que não sou nada além de uma pessoa que pode ser passada adiante e que não sou capaz de contribuir em nada por ser menina. Mas acabei entendendo que sou a mesma pessoa o tempo todo. Agora, eu tenho quem me ame, mas quando eu não tinha não era porque eu não merecia. Ninguém além de você pode determinar o seu valor"*
> (Anne Shirley Cuthberth)

OBJETIVOS DE APRENDIZAGEM

Ao final da leitura deste capítulo, é esperado que você seja capaz de:

- Compreender a origem dos esquemas de primeiro domínio em Anne;
- Identificar como as experiências traumáticas vividas por Anne se relacionam à origem dos esquemas de primeiro domínio;
- Conhecer as principais estratégias de enfrentamento utilizadas por Anne diante da ativação de seus esquemas;
- Compreender a conceitualização do caso de Anne;
- Identificar figuras do convívio de Anne que contribuíram para seu processo de "cura" esquemática.

Os esquemas de primeiro domínio, Desconexão e Rejeição, são originados desde a tenra infância. É comum que muitos deles sejam instalados em etapas remotas do desenvolvimento, nas quais a criança ainda não desenvolveu a linguagem (em um período pré-verbal). Em função disso, é comum que, em alguns casos, a pessoa não consiga atribuir "descrições" e/ou elementos verbais e/ou conscientes que caracterizem os esquemas, mesmo enquanto adulta. Porém, ainda assim, a sensação e a memória emocional são vívidas e intensas, mesmo que não tenham a palavra como tradutora. "Eu entendo que sou assim, mas eu sinto um vazio que não consigo explicar", esta é uma frase clássica para alguns pacientes, especialmente, quando relatam sentir que precisam depender do outro para amenizar sua angústia ou vazio.

Um dos objetivos do processo terapêutico é resgatar as memórias emocionais por trás dessas sensações e auxiliar os clientes a atribuírem palavras a elas e às experiências de vida que as ativaram (Arntz & Jacob, 2013; Young et al., 2008). Quando o paciente consegue nomear o que sente, aprimora sua autoconsciência e pode adotar uma postura madura e responsável diante da sensação, por mais intensa que seja. Nomear suas sensações é libertador e um dos primeiros passos para a flexibilização dos esquemas.

O domínio Desconexão e Rejeição se refere às necessidades básicas não supridas de vínculo/apego seguro, proteção, amor e conexão. Com isso, estabelecer vínculos seguros e relações saudáveis e de confiança se torna um desafio, já que esse domínio envolve os esquemas de: (a) abandono, (b) desconfiança/abuso, (c) privação emocional, (d) defectividade/vergonha e (e) isolamento social. Cada esquema desse domínio também tem origens específicas que caracterizam essa estrutura cognitiva e emocional. No esquema de abandono, a instabilidade e imprevisibilidade costumam dar o tom daquela família. Já no esquema de desconfiança/abuso, é comum haver experiências de abuso, traição ou um ambiente de hostilidade. No caso do esquema de privação emocional, a frieza e a falta de afeto e conexão emocional são características, sendo um ambiente familiar com escassez de empatia, cuidados ou proteção. No esquema de defectividade/vergonha, a rejeição e a vivência de críticas exageradas fazem parte do contexto no qual a pessoa estava inserida. Por fim, no esquema de isolamento social, a necessidade de pertencimento não foi devidamente suprida, deixando o sentimento de não se adequar e de ser fundamentalmente diferente dos outros, portanto, isolado (Young et al., 2008).

Em comum a todos esses esquemas, está a vivência de experiências traumáticas e difíceis na relação com os cuidadores e outros vínculos importantes. Essas experiências hostis acabam por refletir nas relações futuras dessas pessoas, que podem vivenciar desde relacionamentos instáveis e frios emocionalmente, até mesmo, evitar relações íntimas (Young et al., 2008). Pode-se dizer que a base segura, como menciona Bowlby (1989), não foi suficientemente desenvolvida por essas famílias, que não proveram um espaço físico e emocional no qual fosse possível para aquela criança se sentir pertencente, nutrida, encorajada e confiante de que poderia retornar e receber assistência sempre que fosse preciso, mesmo depois de já ter saído para explorar o mundo.

Algumas falas são características nesses esquemas, por exemplo: "eu sinto que ninguém me compreende" (privação emocional); "me sinto inseguro nos relacionamentos" (abandono); "sinto que não me encaixo no contexto" (isolamento social); "sinto que tenho defeitos que afastam as pessoas de mim e fazem com que as pessoas não queiram nada comigo" (defectividade/vergonha); "não acredito que alguém realmente se importe comigo, quando demonstram, parece que não é de verdade, parece ser da boca pra fora" (desconfiança/abuso). A instabilidade e a incerteza costumam acompanhar pessoas com esses esquemas, já que muitas não tiveram experiências suficientes de relacionamentos de vínculos seguros e conexão emocional (Young et al., 2008). Para esses pacientes, em muitos casos, a relação terapêutica será a primeira experiência de apego seguro e confiança estabelecida em sua vida.

O terapeuta precisa ser habilidoso em construir uma base segura que permita que o paciente consiga se aproximar das vivências difíceis. Essa base segura deve permitir ao paciente segurança para confrontar essas vivências e fornecer encorajamento para que ele possa viver novas e diferentes experiências (Bowlby, 1989).

Crianças que tiveram cuidadores violentos ou instáveis, por exemplo, aprendem, desde pequenas, a minimizar os comportamentos hostis deles ao atenderem a seus desejos e ao fornecerem atenção. Os papéis se invertem como forma de garantir a sobrevivência dessas crianças no ambiente. A privação das necessidades e a exposição da criança a situações de abuso alimentam a sensação constante de insegurança. De acordo com a teoria do apego, a criança aprende a ver em si aquilo que a mãe (ou cuidador principal) é capaz de atribuir. Uma mãe que reconhece a criança como amada, importante e digna de cuidado, ensina a criança a também se ver dessa maneira. Por outro lado, uma criança que é negligenciada ou que, no lugar do reconhecimento, recebe rejeição ou humilhações passará a também se identificar por essa perspectiva (Bowlby, 1989). Os modelos de apego internalizados pelo indivíduo fornecerão um molde de referência para as novas relações que forem estabelecidas, sendo impostos e replicados se não forem substituídos por outros (Bowlby, 1989).

Em meio às necessidades não atendidas presentes no domínio de Desconexão e Rejeição, é que se insere este capítulo. Nesse sentido, busca-se auxiliar o leitor a identificar as origens dos esquemas de primeiro domínio em Anne (série "Anne With An E"), bem como relacionar as experiências traumáticas vividas pela personagem principal aos esquemas desse domínio.

Sinopse da série "Anne With An E"

> "Anne With An E" (2019) é uma série inspirada na trilogia de Lucy Maud Montgomery, que tem início com o livro *Anne de Green Gables*. A série conta a história de uma garota de 13 anos que se destaca por sua criatividade, extroversão, autenticidade e inteligência. Anne perdeu os pais muito cedo e passou parte de sua vida em orfanatos e lares adotivos, vivenciando situações difíceis de abuso e negligência. Vivendo em meio a tanta hostilidade, encontrar um "lar de verdade" passou a ser um dos maiores anseios de Anne. Em um determinado momento, Anne é adotada equivocadamente por um casal de irmãos Matthew e Marilla, conhecidos como *"os Cuthberts"*. Equivocadamente, pois eles queriam ter adotado um menino para ajudá-los nos trabalhos da fazenda, o orfanato envia Anne. Apesar de encontrar um novo lar, a menina se depara com uma jornada diferente, mas não menos desafiadora que a confronta com rejeição, preconceito e a coloca em confronto com situações do passado. Por outro lado, possibilita aceitação, conexão e acolhimento outrora não experienciados pela menina.

Resiliente como Uma Flor que Brotou no Asfalto: A Conceitualização do Caso de Anne

Anne cresceu em um ambiente hostil, no qual suas necessidades emocionais foram privadas e invalidadas de diversas formas. O abandono dos pais, a rejeição e a ausência de vínculos seguros marcam sua história. Ela teve como regras de vida a rejeição e a desconexão que se repetem em diferentes contextos, por meio de experiências traumáticas e emocionalmente intensas que deixaram uma lacuna significativa para o desencadear dos esquemas de primeiro domínio.

O abandono e a imprevisibilidade foram presentes em diferentes momentos de sua história, sendo a morte dos pais o primeiro grande marco, o que culminou em sua ida para um orfanato. Nesse local, Anne foi adotada e devolvida diversas vezes, reforçando esse cenário de instabilidade. Seus principais anos da infância foram nesse orfanato, no qual ela foi exposta a diferentes tipos de abuso, maus-tratos e negligência. O orfanato, por si só, tinha regras muito rígidas, fortemente religiosas, além de uma política de castigos severos e desproporcionais, sendo um terreno fértil para os modos críticos/punitivos *(ver mais sobre esses modos nos Capítulos 13 e 14)* e diferentes esquemas, em especial o esquema de desconfiança/abuso em função das diferentes violações de direitos. Além disso, o orfanato também foi um ambiente de frieza e injustiça, sendo um contexto para a origem do esquema de privação emocional na personagem.

Ao ser adotada por diferentes famílias, Anne sofreu abusos e muito estresse. Mesmo criança, Anne teve de cuidar de outras crianças, fazer tarefas domésticas, além de enfrentar xingamentos e a pobreza, reforçando os esquemas do domínio Desconexão e Rejeição. Durante a série, percebe-se que as vivências que Anne teve nas famílias adotivas são conteúdos frequente dos *flashbacks* que ela tem, assim como as ativações esquemáticas.

Anne também foi alvo de *bullying* e humilhações pelas colegas de orfanato. De forma injusta, suas características pessoais e inclinações naturais eram alvo de deboche por parte das outras crianças. Experiências tóxicas que a levaram a sentir que não era digna de amor ou que não era boa o suficiente para ser aceita ou mesmo respeitada, gerando, com isso, o esquema de defectividade/vergonha.

Durante o enredo, é possível considerar que Anne teve todas as necessidades de primeiro domínio severamente prejudicadas. Começando pela necessidade de vínculo seguro, frustrada pela ausência de figuras de apego seguro em toda a infância. A falta de alguém que ela pudesse contar, confiar e que zelasse e tivesse interesse genuíno por ela. Estabilidade e segurança também foram necessidades não atendidas em diferentes momentos da história de Anne. O ambiente hostil e emocionalmente perigoso do orfanato, repleto de *bullying* e incertezas, além das idas para famílias adotivas abusivas e exploradoras, o que impediu Anne de ter recebido segurança e estabilidade para crescer tranquila e protegida.

Outra necessidade não atendida foi a de validação e conexão emocional. Ao ser negligenciada no que precisava, a personagem teve de desenvolver recursos internos e buscar sozinha recursos para sua sobrevivência. Pertencimento, empatia e amor também faltam na história inicial de Anne, começando a aparecer no início da adolescência, quando sai do orfanato e é adotada por um casal de irmãos dispostos a oferecer um ambiente com alguma proteção.

A história da personagem gera sentimentos de compaixão e tristeza ao conectar tantas vivências difíceis em momentos de vida nos quais ela merecia ser preservada. Anne é uma menina que corajosamente vivenciava suas inclinações naturais de se identificar com poesia, leitura e criatividade. Tinha a esperança, o humor e a inteligência como recursos saudáveis que a ajudaram a desenvolver a resiliência necessária diante dos problemas.

O temperamento de Anne se caracteriza por uma alta abertura, sendo ela exploradora, corajosa, apreciadora de novas experiências e voltada a valores, a sentimentos e a fantasias. A abertura pode ser considerada na história de Anne como um ponto de funcionalidade em uma história de tantas idas e vindas. Outros aspectos do temperamento de Anne que se destacam são sua extroversão e amabilidade. A extroversão expressa a partir de sua capacidade de fazer aproximações e capacidade de se alegrar e aproveitar os bons momentos de conexão social que tem a oportunidade de vivenciar. Por fim, a amabilidade, na qual ela demonstra ser sensível ao sofrimento alheio, estar disponível para ajudar os outros e a cuidar, além da modéstia, confiabilidade e honestidade, traços que conectam Anne às suas principais relações quando é adotada pelos irmãos Mathew e Marilla.

Anne tem um perfil compatível com aqueles pacientes que geram muita conexão e empatia no terapeuta, mas que, ao mesmo tempo, deixam aquela sensação de *"por onde eu começo?"*, por terem muitas necessidades a serem supridas e muitas faltas ao longo de sua história. Seu lado mais saudável esteve sempre presente e precisaria ser uma âncora em meio a tantas faltas, ao mesmo tempo que os traumas se destacam como uma prioridade no tratamento e claro que, antes de qualquer passo, a construção de uma relação de vínculo seguro se faz prioridade em seu caso e nas peças de sua conceitualização.

As Origens dos Esquemas de Primeiro Domínio de Anne: As Vivências Traumáticas e Os *Flashbacks*

Pessoas com esquemas do domínio de Desconexão e Rejeição possuem dificuldade de construir conexões seguras e satisfatórias em suas relações interpessoais e costumam passar por experiências traumáticas logo nos primeiros anos de vida. Esses são pacientes que, em geral, acreditam que as necessidades fundamentais, como estabilidade, segurança, cuidado, amor e pertencimento, nunca serão devidamente supridas (Young et al., 2008). A falta da necessidade de conexão emocional é marcante nesse domínio, tanto no aspecto das relações íntimas quanto no aspecto da conexão social (Young et al., 2008). No caso de Anne, observa-se uma infância repleta de abusos, negligência e invalidação, que, juntamente com outros fatores, contribuem para a formação de esquemas desse primeiro domínio. A seguir serão detalhados os possíveis esquemas de Anne que se referem a esse domínio esquemático. Os esquemas de Anne interagem entre si e se potencializam, como ocorre com os esquemas em geral, mas, para facilitar a compreensão, eles serão descritos didaticamente de forma isolada.

O esquema de desconfiança/abuso em "Anne With An E"

No esquema de desconfiança/abuso, existe a expectativa de que as outras pessoas irão machucar, enganar, mentir e manipular ou "tirar vantagem" assim que possível. Nesse esquema, existe a percepção do dano como intencional ou resultado de negligências sem justificativas (Young et al., 2008). Em Anne, os abusos foram recorrentes em locais que deveriam proporcionar cuidado e proteção, a saber: orfanato no qual cresceu e, sobretudo, nos lares adotivos pelos quais passou. Diversos foram os abusos vivenciados por Anne, que vão desde maus-tratos aos diferentes tipos de violência, como física, psicológica, moral e sexual, com a exposição às relações sexuais de um dos casais que a adotou. Apesar de serem eventos ocorridos em períodos remotos da história de vida de Anne, ao longo da narrativa, ela revive esses eventos de maneira vívida, por meio de gatilhos que ativam as memórias traumáticas e causam na garota um profundo sofrimento e sensação de desrealização. A seguir, serão detalhadas algumas das vivências de Anne que foram geradoras ou ativadoras do esquema de desconfiança/abuso.

"Por que as piores lembranças são as mais insistentes?"

Durante uma viagem de trem, Anne vê um bebê chorando no colo de sua mãe. O choro do bebê a faz se reportar instantaneamente para um o tempo em que foi adotada por uma família que era desorganizada e hostil. O bebê no trem aciona seu esquema de abuso, gerando um disparo límbico que traz à tona as emoções e sensações corporais vivenciadas há anos. A memória acionada é de quando, ainda pequena, já era incumbida de realizar tarefas domésticas e de cuidar de todas as crianças mais novas da família, exigências e responsabilidades muito além do que uma criança tem estrutura para gerenciar. Além disso, sofreu diversos tipos de violência, com ênfase na violência física e psicológica.

A imagem mental ativada com o choro do neném é a de Anne tentando consolar um dos bebês da casa, que está chorando incessantemente, enquanto recebe um tapa no rosto, críticas, cobranças e xingamentos da mãe dos bebês. Na ocasião, mesmo Anne cuidando do bebê, a mulher pergunta se Anne ordenhou a vaca e, após a garota dizer que ainda não o fez, a mulher dá um tapa no rosto dela, tira o bebê dos braços da menina e diz: *"Quer que essas crianças morram de fome? Então, faça alguma coisa direito! Você só causa problemas, não passa de um monte de lixo miserável."*

A hostilidade da vivência fica evidente nessa cena, na qual os abusos sofridos se sobrepõem um ao outro. Ainda no trem, Anne fica com os olhos marejados e com a respiração ofegante. A ativação de esquemas reflete fisiologicamente em Anne, por meio de fortes emoções de medo e ansiedade e um intenso desconforto, que logo foi percebido pela passageira que estava ao seu lado e que, percebendo as reações emocionais e mudança de postura de Anne, pergunta se está tudo bem. Anne, então, responde: *"Eu gosto mais de imaginar do que lembrar. Por que as piores lembranças são as mais insistentes?"*. Quando se refere a preferir imaginar do que lembrar, fica evidente o quanto a imaginação foi sua companheira de vida e o quanto cumpriu seu papel de a ajudar a sobreviver diante de tantas adversidades. Ter vivido situações que colocaram em risco sua integridade ou mesmo sua vida exigiu-lhe o desenvolvimento de habilidades precoces e do seu organismo uma reação que combatesse a ameaça. As agressões físicas e verbais contribuem para fortalecimento dos esquemas não só de desconfiança/abuso como o de defectividade/vergonha que serão mais bem explicados nos tópicos posteriores. Após ser agredida, Anne permanece passiva e sai para cumprir as tarefas, ilustrando uma das principais estratégias de comportamento frente aos abusos sofridos: a resignação.

"Amigas de verdade?"

Durante sua infância no orfanato, Anne sofreu abusos por um grupo de meninas que criticavam sua aparência e sua preferência por utilizar a fantasia da princesa Cordélia e de inventar histórias. Essa era sua estratégia para lidar com a situação de abandono e os demais desafios de sua jornada. Uma cena que ilustra bem os efeitos a longo prazo dos abusos sofridos por Anne no orfanato é a de quando ela e Marilla recebem convite para tomar chá com as vizinhas. Na ocasião, Marilla recomenda a ela que se comporte bem e diz que a família tem duas filhas. Anne, já acostumada a assumir a função de cuidadora desde muito pequena, pergunta se precisarão que ela tome conta das crianças da casa, como se o convite tivesse sido feito a ela por causa dessa função, já resignada a ter que servir e cumprir o papel de cuidadora. Marilla diz que não se trata disso, explica que o chá foi um convite amistoso e que uma das meninas tem quase a idade de Anne. Marilla ainda afirma que caso Anne permaneça em *Green Gables* pode até ser amiga da vizinha. A menina permanece pensativa e pergunta: *"Amigas de verdade?"*. Com a possibilidade de interagir com uma garota de sua idade, Anne se conecta com a lembrança de suas "amigas" do orfanato, meninas que tiveram sucessivas atitudes abusivas com ela. Mentalmente, Anne relembra a cena de quando um grupo de meninas a forçou a ir ao porão, levando-a a força, cercando-a e encostando um rato morto no seu rosto, uma das meninas diz: *"Quer saber princesa Cordélia? Cansamos de você e de suas histórias estúpidas e mentirosas."* Depois disso, as meninas saem, e Anne fica no sótão sozinha chorando, abraçada com o ratinho. Rejeição, violência e injustiça ilustram cenas como essa que, mesmo diante de uma situação inofensiva do momento atual, o chá da tarde, Anne automaticamente é levada para a revivência da cena de violência da infância. A escassez de experiências positivas com amizades propiciou a Anne a falta de referências, levando a garota a acreditar que amizades são fonte de sofrimento e abuso e duvidando da possibilidade de construir uma relação saudável com a vizinha Diana. Indo ao chá, enquanto estão no trem, Anne permanece atônita e imersa em inúmeros sentimentos que são revividos com a ativação das memórias traumáticas do orfanato, está desligada da realidade e conectada aos seus pensamentos. Marilla percebe seu comportamento mais desligado e pergunta a ela se está tudo bem. A menina responde que sim e diz que no chá permanecerá calada como um rato, evidenciando a ligação que emocionalmente fez entre uma experiência e outra.

O esquema de abandono em "Anne With An E"

No esquema de abandono, existe a percepção de que os outros com quem a pessoa poderia se relacionar são instáveis e o abandonarão. Envolve a sensação de que pessoas importantes não serão capazes de continuar proporcionando apoio emocional, suporte e proteção devido à sua instabilidade e à sua imprevisibilidade (Young et al., 2008). Anne ficou órfã muito cedo, logo na primeira infância, e, durante muito tempo, não sabia o paradeiro de seus pais, fato que reforçava ainda mais o seu esquema de abandono, mediante a possibilidade de ter sido intencionalmente deixada no orfanato.

"Agora mesmo que não vão me deixar ficar"

Anne foi adotada por engano pelos *Cuthbert*, fato que gerou, inicialmente, conflito entre os irmãos e a necessidade de contratar um ajudante para auxílio nas tarefas da fazenda. Durante o café da manhã, Matthew falou sobre a possibilidade de trazer um garoto francês para auxiliar nas tarefas da fazenda (colheita). No mesmo instante, Anne se levanta da mesa abruptamente e afirma que sabe fazer muitas tarefas diferentes, na tentativa de não ser abandonada pela nova família: *"Eu sei ordenhar e cortar lenha. Sei lavar roupa, tirar pó, varrer e várias outras coisas. Não há limite para o que eu possa fazer se me derem a chance. Vou lavar a louça."* Enquanto fala, a menina começa a fazer uma série de tarefas, recolhendo as louças da mesa, em uma mistura de preocupação e hiperdemanda, entrando em seu estilo hipercompensatório em uma tentativa desesperada de lidar com a sensação de abandono. Marilla pede que Anne tenha cuidado com a chaleira que está quente, e a menina se dirige rapidamente à pia. Enquanto Anne coloca a água quente no depósito, Marilla começa a argumentar com Matthew e diz: "Ah, agora eu vejo claramente que essa sua ideia foi uma tolice. Você não pode criar uma família, parentes só os de sangue!". Ao ouvir as palavras de Marilla, ativa-se em Anne a imagem mental, na qual ela está diante da inspetora do orfanato e da Sra. Halmond. Nessa cena, a inspetora tenta convencer a Sra. Halmond a ficar com Anne, já que seu marido faleceu. A mulher se recusa e diz que vai morar com a irmã, portanto não terá necessidade de levar a menina consigo. A Sra. Halmond afirma que não precisa de mais uma boca para alimentar, e Anne de imediato implora pela adoção, afirmando que pode ajudar e ser útil. Já a Sra. Halmond retruca, afirmando: *"Não é da família. Já tenho parentes demais! Leve-a de volta, já decidi"*. Após lembrar dessa vivência de rejeição e ativar seu abandono, Anne se desconecta emocionalmente do que está fazendo naquele momento. Imersa em lembranças e desconectada do momento presente, Anne derruba no chão as louças e, rapidamente, desculpa-se: *"Agora mesmo que não vão me deixar ficar."* Marilla imediatamente retruca com rispidez: *"Eu nunca quis que ficasse"* - reforçando em Anne a experiência de abandono vivenciada. A combinação das emoções tristeza e ansiedade pode ser traduzida como o sentimento de "abandonado" (Farrell et al., 2014), comum com a ativação do esquema de abandono, que traz consigo o intenso medo de desamparo. Apesar de ter deixado evidente sua dor emocional, esse esquema pode ser difícil de ser expresso por meio de palavras quando é desenvolvido em crianças pequenas (Farrell et al., 2014).

"Eles não tinham um tostão, mas me amavam muito"

Anne vai com seu amigo Cole ao antigo orfanato de Anne. Na frente do orfanato (um local antigo e descuidado), o garoto comenta que o lugar parece mal-assombrado e pergunta a Anne quanto tempo ela ficou lá. Anne responde que foi e voltou depois que seus pais morreram e depois afirma: *"Eles não tinham um tostão, mas me amavam muito."* Anne se apega ao fato de que os pais a amavam, mesmo sem ter nenhuma informação a respeito deles, em uma ilusão romântica acerca dos pais, também como uma forma de lidar com o abandono e a falta de forma a não entrar em contato com a situação real. Ela diz que os pais morreram de febre quando ela tinha 3 meses de idade e, até os 13 anos, foi adotada, mas permanecia entre idas e vindas ao orfanato. No momento em que entra no orfanato, Anne começa a ter uma série de memórias dos anos que passou naquele contexto. Ao ter sido amada e perder os pais, Anne retrata a forma clássica do esquema de abandono: "tive, mas perdi". Contrastando com o esquema de privação emocional, no esquema de abandono, a conexão que não precede a perda.

O esquema de defectividade/vergonha em "Anne With An E"

No esquema de defectividade/vergonha, há a percepção de que se é defectivo, falho, inferior, mau, inútil ou não merecedor de amor quando está perto de pessoas que são importantes para si. Como consequência, esse esquema traz uma constante sensação de vergonha sobre si mesmo. O aspecto de si próprio que é percebido como defeituoso pode ser qualquer característica pessoal, por exemplo, se perceber muito carente, mau, feio, preguiçoso, burro, chato, estranho, entre outros. A pessoa percebe que tem algo de errado consigo mesma e que isso é algo que está no seu valor, algo que é de sua essência, não algo de seu comportamento, por exemplo. É um esquema que prejudica a autopercepção e a autoestima e que, geralmente, está ligado a vivências de críticas excessivas e a um ambiente invalidante (Young et al., 2008).

"Eu acho que as outras crianças gostariam mais de mim, se eu fosse bonita"

No café da manhã que antecede ao primeiro dia de aula, Anne afirma que sua maior preocupação na escola não é relacionada ao desempenho, mas sim às suas características físicas que podem interferir na aceitação que obterá dos colegas de sala:

> *Sabe qual é a minha preocupação primordial? É esse cabelo ruivo medonho! Esse cabelo ruivo horrível, ele é a ruína da minha existência. E*

as minhas sardas? Eu odeio as minhas sardas. Eu acho que as outras crianças gostariam mais de mim, se eu fosse bonita.

Em outra cena, Anne e suas amigas estão a caminho de um piquenique, felizes e espontâneas, quando alguns meninos se aproximam delas rindo e falando sobre calcinha. Essa palavra é gatilho para ela, levando-a de volta para uma cena no orfanato, em que sofria *bullying* das colegas – *"a bruxa mais feia! Nunca vão querer você..."*. Anne se desliga e fica anestesiada, deixando de vivenciar com as amigas a mesma animação que anteriormente estavam compartilhando. Logo na sequência, a cena continua e, em determinado momento, aparece ela, as amigas e esses meninos brincando de "verdade ou consequência", brincadeira de rodar uma garrafa e selecionar casais que são desafiados a responderem verdades ou fazerem outras consequências, como se beijar. Quando chega sua vez de girar a garrafa, um dos meninos, Billy, levanta-se e diz que vai sair da brincadeira para não correr o risco de ter que beijá-la. Instantaneamente, ela se conecta com a mesma cena do orfanato *"a bruxa mais feia! nunca vão querer você..."*. Triste, ela sai também da brincadeira, nitidamente impactada, revivendo a rejeição e a humilhação.

Outro episódio que também retrata o esquema de defectividade/vergonha é quando Anne está muito frustrada com sua aparência por não ser apreciada e aceita na escola. Ela decide comprar tinta para pintar seu cabelo ruivo. Ela encontra um vendedor de muitas quinquilharias pela rua e pergunta se ele tem algo que poderia deixá-la bonita, ele, então, oferece a tinta de cabelos para ela. Ela vai para casa, pinta seus cabelos, e a tentativa dá errado, deixando seus cabelos com um aspecto estranho. Em frente ao espelho, ela diz a si mesma que nunca mais vai se olhar no espelho, de tão feia que ela é. Logo em seguida, diz que vai se olhar sim, como uma penitência, evidenciando o esquema de defeito. Sua decepção e tristeza ficam explícitos nessa cena, na qual a falta de olhar e estima dos outros fazem com que ela não tenha um olhar de amor e aprovação sobre si mesma, reforçando sua sensação de desvalor. Outro momento que evidencia o esquema de defectividade/vergonha na personagem é quando, antes de dormir, Anne faz preces na esperança de "ficar bonita": *"Gracioso pai celestial, como o senhor lembra, eu venho fazendo orações constantes na esperança de que me faça ficar bonita quando eu crescer[...]"*.

O esquema de privação emocional em "Anne With An E"

A convicção de que suas necessidades emocionais não serão satisfeitas adequadamente é característica primordial do esquema de privação emocional. Quanto às variações de privação, ela pode ser de cuidados, de empatia e/ou de proteção (Young et al, 2008). Anne vivenciou as três formas de privação emocional, inicialmente, não recebendo atenção e afeto, sobretudo, nos primeiros anos de vida no orfanato. Posteriormente, a privação de compreensão e escuta tanto no orfanato quanto nos lares de adoção que a receberam e, por fim, a privação de direcionamento e orientação por parte dos adultos que estiveram presentes em sua infância.

Todas essas formas de privação contribuíram para a expectativa de Anne de que as suas necessidades emocionais nunca seriam supridas genuinamente. Essa experiência também se relacionou com esquemas condicionais presentes no repertório da garota, por exemplo, o de busca de aprovação/reconhecimento, quando a personagem busca excessivamente a aprovação e reconhecimento das pessoas que estão ao seu redor. As estratégias de enfrentamento como resignação e hipercompensação, como serão vistas a seguir, também são amplamente utilizadas por Anne como forma de tentar neutralizar o esquema de privação emocional. A falta de um adulto que fizesse o papel de bom pai ou de uma boa mãe na história de Anne fez com que ela não aprendesse o que fazer com seus sentimentos ou o que a tranquilizasse em momentos tão difíceis que vivenciou.

"Anne, suas lágrimas estão molhando as batatas"

Diana, Anne e Ruby preparam uma torta para Gilbert que acabou de perder o pai. Enquanto preparam a torta, a Sra. Josephine aparece e, logo em seguida, sai da cozinha. As meninas comentam sobre o mau humor da tia de Diana, e Ruby pergunta se ela é sempre mal-humorada, então, Diana responde que ela é sempre brava, mas que o mau humor piorou agora que ela está triste (Sra. Josephine está de luto).

Anne fica parada, começa a chorar e diz: *"Deve ser tão terrível perder a pessoa que você mais ama. E num suspiro, numa fração de segundos, a pessoa vai para sempre. E não há nada que se possa fazer para mudar isso ou trazê-la de volta"*. As lágrimas de Anne escorrem, e as meninas ficam olhando, até que Minnie May intervém: *"Anne, suas lágrimas estão molhando as batatas"*. Anne se desculpa e volta a fazer a torta. Anne tenta se esquivar de levar a torta a Gilbert, mas as meninas a convencem de ir e todas vão entregar a torta. Ao chegar na casa do garoto, Diana elogia as habilidades culinárias de Anne para Gilbert. Ao receber o elogio, Anne diz: *"É, mas eu seria uma péssima esposa"* e sai correndo.

Uma das estratégias de enfrentamento utilizadas por Anne é a evitação e, no caso do esquema de privação emocional, aparece como a evitação de relacionamentos íntimos (Young et al., 2008). Pode-se observar a utilização dessa estratégia em diversos momentos da série. Anne evita o contato com Gilbert a todo custo, mesmo quando o garoto se dirigia com gentileza e interesse. Na cena ilustrada acima, dizer que *"seria uma péssima esposa"* pode ser considerada como uma tentativa de Anne de desqualificar o momento de gentileza e elogio que recebe. Uma evitação que, no momento, contribui para a desconexão e que a médio prazo se torna uma evitação de qualquer possibilidade de interesse de Gilbert.

Outro momento que mostra a privação emocional em Anne ocorre quando Diana expressa que ama a amiga, mas Anne responde: *"Me ama? [...] Eu achei que gostasse de mim, mas me amar?"*. Anne, devido às sucessivas experiências aversivas que teve durante sua história de vida, de privação de afeto, de conexão e de empatia, não percebe que alguém possa, de fato, fornecer essas necessidades em direção a ela, o que é uma das características desse esquema.

O esquema de isolamento social em "Anne With An E"

Sentir-se diferente ou inadequado, principalmente por alguma característica física e/ou por questões culturais, é o aspecto central do esquema de isolamento social (Young et al., 2008). A sensação de não se sentir "parte" ou pertencente a nenhum grupo acompanhou Anne durante parte de sua infância e adolescência. Os cabelos ruivos e sardas eram características físicas marcantes de Anne e pouco comuns no seu ciclo de convivência. Essas características reforçavam essa sensação de não identificação, justamente pela ausência de representatividade em seu ciclo social. As aptidões de Anne para poesia, leitura e uso da imaginação na contação de histórias não eram partilhadas pelas garotas de seu convívio no orfanato e tampouco era reforçada pelos adultos.

Por isso, a maior parte de atividades relacionadas a essas aptidões era realizada por Anne sozinha, o que fortalecia ainda mais a sensação de solidão e não pertencimento. Além disso, o *bullying* vivenciado por ela também foi crítico no desenvolvimento desse esquema por ferir a conexão social com os pares que, ao invés de a aceitarem, a excluíram do grupo.

"Eu não me encaixo"

Enquanto está afastada da escola, Marilla atribui algumas pequenas tarefas a Anne e pede que a menina vigie uma torta que está no forno. Anne começa a fantasiar que é a princesa Cordélia e imitando a voz dos personagens diz: *"Como deve ser terrível estar a serviço de quem a negligencia ou a trata mal. Eu imagino que isso a faria se sentir pequena e inútil. E às vezes desesperada e sem confiança. Será que estes sentimentos desaparecem? (..)"*. Nesse momento, a cozinha se enche de fumaça, e Anne não percebe que a torta queimou, Marilla, ao chegar, assusta-se e chama a garota. Ambas começam a tentar tirar a torta do fogo e apagar a fumaça. Anne tenta se justificar dizendo que estava imaginando. Marilla, então, fala: *"Você não pode viver só de devaneios, estou criando você e sei o que é melhor. Está na hora de voltar para a escola"*. Nesse instante, Anne fica agitada e suplica que Marilla não a mande para a escola, Marilla permanece irredutível, e Anne disse que Matthew a entende e é um *"espírito irmão"*. Marilla insiste na ideia do retorno à escola e Anne diz: *"Eu não me encaixo"*. Anne sobe as escadas correndo e fica encolhida no canto da parede de seu quarto, enquanto tem vários pensamentos.

Uma Segunda Chance: Experiências Reparentalizadoras e A Vivência de Vínculos Seguros

Os esquemas são estruturas interpretativas estáveis e, por mais dolorosos e desadaptativos que sejam, proporcionam um sentimento de familiaridade. As características de autoperpetuação dos esquemas explicitam a complexidade de se chegar nos objetivos do tratamento em Terapia do Esquema (Farrell & Shaw, 2018; Young et al., 2008). A "cura esquemática" é um processo desafiador, uma vez que implica na modificação de crenças profundamente arraigadas, sobretudo, nos anos iniciais de vida, período relacionado ao domínio de Desconexão e Rejeição (Young et al., 2008). Nesse sentido, estratégias desadaptativas e de perpetuação esquemática são consideradas interferências negativas que contribuem para momentos de sofrimento emocional (Farrell & Shaw, 2018).

A flexibilização de esquemas implicaria na redução da intensidade das memórias traumáticas vinculadas aos seus esquemas, diminuição da carga emocional e sensações corporais associadas. Por fim, a adoção de estratégias de enfrentamento mais saudáveis e adaptativas (Young et al., 2008). Experiências reparadoras e que oportunizem a construção de verdades novas e mais positivas sobre si, sobre a vida e sobre as relações é, portanto, o propósito da Terapia do Esquema (Masley et al., 2012; Young et al., 2008).

No caso de Anne, experiências e relações que proporcionem estabilidade, afeto, amor e cuidado são primordiais para a modificação dos esquemas de primeiro domínio e para a construção de vínculos seguros. Ao longo de sua trajetória em *Green Gables*, algumas figuras e situações foram importantes para o atendimento dessas necessidades iniciais. A seguir, será destacado sobre as pessoas e situações que oportunizaram reparentalização e conexão para Anne de formas mais relevantes.

"Está tudo bem, ela é minha filha" (Matthew Cuthbert)

Em uma cena, Anne é acusada por Marilla de ter roubado seu broche. Marilla fica muito irritada e expulsa a menina de *Green Gables*. Algum tempo depois, o broche é encontrado na fazenda, e os *Cuthbert* ficam cientes da inocência de Anne. Matthew decide sair em busca da menina e a encontra na estação de trem, contando histórias e poesias em troca de dinheiro para a passagem. Quando se aproxima de Anne, a menina se esquiva e finge não conhecer Matthew, que insiste e diz: *"Anne me escute. Eu vim levá-la para Green Gables"*. A menina, então, responde: *"Para quê? Para me expulsarem quando bem entenderem? Eu sou minha própria família agora e só preciso de mim mesma"*. Anne continuou recitando os poemas, e Matthew não desiste. Um homem pergunta a Anne se ela está incomodada com a insistência de Matthew e ela responde que sim. Matthew, por sua vez, diz ao homem: *"Está tudo bem, ela é minha filha"*. A menina chora e abraça Matthew. Esta é uma cena que ilustra o quanto alguns momentos desafiadores podem servir de oportunidade. A mesma cena que ativa os esquemas de Anne também se torna uma cena de reparentalização para os esquemas de primeiro domínio da personagem quando existe espaço para a justiça e para o acolhimento. Ao ser chamada de filha, Anne recebe uma importante demonstração de sua importância.

Durante a noite, Marilla tenta organizar as finanças sozinha na sala. Anne aparece e se senta ao lado de Marilla, encostando a cabeça na mulher que retribui o gesto. Anne se oferece para ajudar com o entendimento das contas, e Marilla diz que precisará ir ao banco para entender melhor a situação. Anne se oferece para ir à cidade com Marilla: *"Eu vou com você. Mesmo que você não vá ficar comigo!"*, e Marilla responde: *"Não ficar com você? Você é uma Cuthbert para o bem ou para o mal. Não tem como escapar agora! E não precisa ir comigo"*. Após ouvir o que Marilla falou, Anne começou a chorar muito, e elas se abraçaram, ilustrando um momento de validação do vínculo seguro.

Em outra cena, Marilla e Matthew decidem dar seu sobrenome a Anne, que fica muito surpresa e feliz *"Querem que eu seja da família!"*. Eles brindam juntos, depois, Anne emocionada e trêmula assina seu novo sobrenome no livro da família: *"Com esta caneta, eu vos aceito, Matthew e Marilla Cuthbert, como minha família para sempre. Para chamá-los de meus e para ser de vocês para sempre."* O simbolismo do sobrenome e a confirmação do afeto se tornam veículo de apropriação do vínculo e do pertencimento. Anne não está mais sozinha e pode agora pertencer. Essa experiência de validação é contrastante para a menina que teve uma história de rupturas e frustrações. Ao invés de temer, Anne abraça corajosamente o novo, agradecida e de peito aberto ao gesto dos *Cuthbert*. O bom também pode assustar, mas, nesse caso, Anne pode ter o que sempre quis de olhos abertos e vestida em sua criança feliz: o sonho de ter sua família se tornava real.

"Eu acho que a Anne é incrível e corajosa" (Diana)

Os amigos também tiveram uma parte fundamental na reparentalização de Anne, em especial, os amigos Diana e Cole. Diana protagoniza uma das cenas na qual a casa de Ruby pega fogo e todos da vila correm para apagar o incêndio que se alastrava rapidamente. Anne percebe que as janelas e portas estavam abertas e decide entrar na casa e se arriscar para fechar os cômodos da casa, contendo o fogo.

Com o ocorrido, a família e os pais de Ruby decidem que a menina fique na casa dos *Cuthbert*, enquanto reconstroem a casa incendiada. A menina se recusa a ficar na mesma casa que Anne, chora e diz: *"Eu não quero ficar lá! Por que eu não posso ficar com a Diana? Eu nunca mais vou ter amigos, por favor não me obriguem."* Anne fica desapontada, mas Diana, que estava por perto, elogia Anne, dizendo: *"Não importa o que os outros pensam, Ruby. Só importa o que você pensa. Eu acho que a Anne é incrível e corajosa."*

"[...] A sua realidade é efervescente. É linda. E fez você ser quem é. Uma pessoa que vê e sonha coisas possíveis. [...] Você é incrível graças a suas experiências. Foi o que fez você ter tanta empatia e a mente mais criativa que eu já vi" (Cole)

Cole é outra pessoa do ciclo de Anne que fornece validação emocional e conexão. Durante a visita ao orfanato, Anne e Cole se deslocam até o porão no qual Anne subia escondida para escrever. Cole, então, encontra antigas cartas de Anne e começa a ler. No momento da leitura das cartas, Anne permanecia atenta aos detalhes do porão. Então, dirige-se a Cole agressivamente e fala:

> *Tudo isso é tão estúpido! Você não enxerga? Eu achava que fosse a princesa Cordélia. Eu passei a vida inteira aqui em completo delírio lunático absurdo. E agora eu não sei o que é real. Que outras mentiras eu contei para mim? E se os meus pais não estiverem mortos? E se eles tiverem me largado aqui, porque não me queriam mais? Eu não consigo me lembrar quem disse que eles me amavam! E se eu inventei tudo isto como inventei o resto? Eu sou tão tonta, isso é muito patético!*

Nesse momento, Cole se dirige a Anne e diz:

> *Não! Não é patético. Isso te salvou. Você ter usado sua imaginação para escapar desse lugar. A sua realidade é efervescente. É linda. E fez você ser quem é. Uma pessoa que vê e sonha coisas possíveis. Não só fantasias. Você é incrível graças a suas experiências. Foi o que fez você ter tanta empatia e a mente mais criativa que eu já vi.*

Nesse momento, Cole faz o papel de reparentalização com Anne. Como amigo, Cole também oferece a Anne pertencimento, validação e conexão emocional. Cole sofreu *bullying* e ataques homofóbicos na escola e se sentia diferente e deslocado, como se não pertencesse àquele mundo. Ele encontrou em Anne, inicialmente, o respeito, o acolhimento e a aceitação que não tinha das outras pessoas.

As situações descritas acima foram emocionalmente corretivas para Anne por diminuírem a ativação dos esquemas da personagem. Além de Cole e Diana, outras figuras também desempenharam papel importante na flexibilização dos esquemas de Anne (p. ex. Matthew e Marilla), funcionando como referência de apego seguro à menina.

Vinheta Clínica

Como já mencionado previamente, Anne é uma personagem que desperta empatia e compaixão dos telespectadores. Isso é consequência da combinação entre a amabilidade, enquanto um traço importante de sua personalidade, e de sua história de vida muito difícil. Porém, como seria se Anne fosse para a psicoterapia? A seguir, será ilustrado um possível trecho de atendimento com Anne.

Terapeuta: Anne, gostaria que você me ajudasse a entender uma questão. Há algumas semanas, eu percebo que quando eu lhe envio mensagens nem sempre você responde. Você já percebeu isso?

Anne: Não tinha percebido, às vezes, passa tão rápido a semana, e já me envolvo nas aulas que estou fazendo, são tantas coisas, a faculdade, os livros que estou lendo... ah, estou lendo um livro ótimo, é sobre a história de um...

Terapeuta: Deixe-me te interromper um pouquinho querida, estávamos falando sobre as mensagens... Eu acho importante entendermos juntas, podemos tentar?

Anne: Ah, podemos sim! Desculpa, eu sou uma tola mesmo...

Terapeuta: Não é tola não, você se empolgou contando do livro, eu entendo e quero muito te ouvir sobre isso, mas é importante para mim podermos entender sobre as mensagens. Tudo bem?

Anne: Tudo bem, tudo bem. Eu quero entender sobre as mensagens, eu fiz algo errado?

Terapeuta: Não fez nada errado, não, eu quero que a gente observe esse ponto, porque me importo com você e porque acho que pode ter a ver com algum daqueles esquemas que já vimos... O que eu percebi é que, especialmente, quando mando mensagens interessada em você ou querendo saber se você está bem, você não responde... Como é para você perceber que eu me importo em saber como você está?

Anne: É tão estranho saber disso, é tão estranho alguém que se importe em saber como eu estou. Importa para alguém como eu estou? A vida toda eu só estive, bem ou mal, não importava para ninguém. Quando você perguntou acho que não respondi porque eu não vi.

Terapeuta: Eu acredito, Anne, você não viu. É algo tão novo que nem passou no seu radar da percepção, né?

Anne: Isso! Exato. Eu acho que ignorei mesmo. Foi tão bom e, ao mesmo tempo, tão estranho.

Terapeuta: Eu entendo Anne... sabemos que sua menina não conheceu o olhar atento de alguém que realmente se interessava por ela...

Anne: Sim, isso eu conheço.

Terapeuta: Isso o que?

Anne: O olhar de desinteresse.

Terapeuta: Ah, Anne... eu sinto tanto por você conhecer esse olhar, você merecia tanto ter sido olhada e ter se sentido importante, que suas emoções importavam, que você importava.

Anne: Sim... (com olhos marejados)

Terapeuta: Eu sei que é novo e estranho, mas queria que você pudesse olhar para mim agora, porque quero te dizer algo muito importante: "Você importa muito para mim. Saber se você está bem ou não é algo que eu faço de todo coração, porque você me dá a honra de poder cuidar de ti. Nós estamos juntas agora, e eu estarei aqui contigo desejando que um dia essa sensação deixe de ser estranha".

Anne: (emocionada) Eu nem sei se mereço, mas eu sinto que você se importa, eu sinto. Obrigada por você me falar isso, quero até me beliscar.

Terapeuta: Se beliscar?

Anne: Quero me beliscar para saber que é verdade, como eu fazia quando era criança e tinha sido recém-dotada pela Marilla e pelo Matthew. Me beliscava para saber que era bom e era verdade.

> **Terapeuta:** Anne, querida, estou aqui com você, posso pegar na sua mão? Olha, é verdade. Isso que temos é real. Você me dá o presente de viver isso com você. Vamos guardar esse momento nas nossas caixinhas de memórias? O que acha?
> **Anne:** Vamos! Na caixinha das memórias mais preciosas.

Se Anne fosse uma paciente de Terapia do Esquema, um dos focos seria lhe fornecer um ambiente seguro para que experienciasse conexão emocional e incentivo. A menina que ela foi conheceu muitas injustiças que marcaram sua história, mas que não podem continuar ditando as regras no seu presente ou futuro. A relação terapêutica seria um recurso muito potente de atendimento de suas necessidades emocionais, de validação emocional e de fortalecimento de seus lados mais saudáveis, que foram resilientes o suficiente para que superasse tantas adversidades. Auxiliar Anne a perceber as suas realizações em relação a todas as superações e construir um espaço interno no qual ela possa se sentir de fato importante e amada seria um dos maiores objetivos e desejos de seus hipotéticos terapeutas.

CONCLUSÃO

A Terapia do Esquema é considerada uma abordagem efetiva para uma gama de questões e problemáticas. Nesse modelo integrativo, os esquemas organizam-se em domínios, sendo o de Desconexão e Rejeição um dos mais primários. Justamente por sua constituição ocorrer logo na primeira infância, os esquemas que fazem parte do domínio de Desconexão e Rejeição são conhecidos como "incondicionais", possuindo alta valência e a convicção por parte de quem os possui de que "independentemente do que aconteça", nada pode modificar a sensação esquemática, que se mantém mesmo com as evidências contrastantes a ela.

A personagem Anne Shirley Cutberth ilustra bem o domínio de Desconexão e Rejeição, tendo caraterísticas dos cinco esquemas correspondentes a ele. A protagonista da série possui uma história de vida marcada por abandono, invalidação, abusos, violências e negligência logo nos anos iniciais, fatores ambientais e de história de vida bastante característicos destes esquemas. Apesar de utilizar amplamente a estratégia de resignação nos momentos de maior ativação esquemática, Anne se vale da hipercompensação e evitação em muitas situações, aparentando otimismo e suprimindo emoções desconfortáveis. Algumas dessas caraterísticas são potencializadas por traços de seu temperamento, marcado pela extroversão, amabilidade e abertura.

A trajetória de Anne pode ser dividida em duas etapas: a primeira partilhada com pessoas que não ofereceram apego seguro e que possibilitaram sofrimento à garota, contribuindo para a constituição de esquemas disfuncionais e, consequentemente, gerando impactos em suas experiências emocionais e comportamentais futuras. A segunda, a partir da descoberta de figuras que possibilitaram apego seguro, estabilidade, validação, confiança e pertencimento como um antídoto para os esquemas tão doloridos de Anne. Com seus esquemas, modos e estratégias de enfrentamento, ela é a representação de muitas pessoas que possuem esquemas de primeiro domínio. Sua história marcada por sofrimento tão intenso na tenra infância contribui para reforçar o quanto experiências traumáticas impactam negativamente a saúde como um todo dos indivíduos.

Por outro lado, essa mesma trajetória instila esperança, pois mesmo não podendo apagar todo sofrimento do passado e carregando para sempre a pequena criança machucada dentro de si, Anne encontra, em *Green Gables*, o amor, o acolhimento, a aceitação e a validação que possibilitam a reparentalização, vivências de conexão emocional e desenvolvimento de estratégias mais adaptativas para lidar com seus esquemas. Anne aprende, por meio das conexões seguras, a acolher suas próprias dores, a abraçar suas imperfeições, a validar suas conquistas e a permitir se reconhecer como digna de amor.

Indicação de músicas, filmes e séries que abordam direta e/ou indiretamente os conceitos explanados neste capítulo

Recurso	Nome	Conceitos abordados
Músicas	The Middle (Gavin James) The heart wants it what it wants (Selena Gomes)	EID: Abandono/ Instabilidade
	The Middle (Gavin James) Não me ame tanto (Karina Buhr) Onde você mora (Cidade Negra)	EID: Privação Emocional
	I'm a mess (Bebe Rexha)	EID: Defectividade/ Vergonha
	Eu tenho medo – Zé Vaqueiro	EID: Desconfiança/ Abuso
Filmes	O Gambito da Rainha	EID: Desconfiança/ Abuso
	O Grinch	EID: Isolamento Social
Poesia	Despedida (Cecília Meireles)	Isolamento Social e Alienação

REFERÊNCIAS

Arntz, A., & Jacob, G. (2013). *Schema Therapy in Practice: An Introductory Guide to the Schema Mode Approach.* Wiley-Blackwell.

Bowlby, J. (1989). *Uma base segura: aplicações clínicas do apego.* Porto Alegre: Artes Médicas, 1989.

Farrell, J. M., Reiss, N., & Shaw, I. A. (2014). *The schema therapy clinician's guide: A complete resource for building and delivering individual, group and integrated schema mode treatment programs.* Malden: Wiley-Blackwell.

Farrell, J. M., & Shaw, I. A. (2018). *Experiencing Schema Therapy from the Inside Out: A Self-Practice/Self-Reflection Workbook for Therapists.* New York: The Guilford Press.

Masley, S. A., Gillanders, D. T., Simpson, S. G., & Taylor, M. A. (2012). A Systematic Review of the Evidence Base for Schema Therapy. *Cognitive Behaviour Therapy*, 41(3), 185–202.

Wainer, R., & Rijo, D. (2016). O modelo teórico: esquemas iniciais desadaptativos, estilos de enfrentamento e modos esquemáticos. In: R. Wainer, K. Paim, R. Erdos, & R. Andriola (Orgs.). *Terapia cognitiva focada em esquemas: integração em Psicoterapia* (p. 47-63). Porto Alegre: Artmed.

Young, J. E., Klosko, J. S., & Weishaar, M. E. (2008*). Schema therapy. A practioner's guide*. New York: Guilford Press.

Capítulo 4

O DOMÍNIO AUTONOMIA E DESEMPENHO PREJUDICADOS NO FILME "DEPOIS A LOUCA SOU EU"

Rafaela Petroli Frizzo
Luisa Zamagna Maciel
Kelly Paim
Bruno Luiz Avelino Cardoso

> *"Não vou deixar quem eu sou
> sabotarquem eu tenho que ser"*
> (Dani)

OBJETIVOS DE APRENDIZAGEM

Ao final da leitura deste capítulo, é esperado que você seja capaz de:

- Compreender as origens desenvolvimentais e padrões de funcionamento dos esquemas do domínio Autonomia e Desempenho Prejudicados;
- Identificar as estratégias de enfrentamento e os prejuízos na vida dos indivíduos afetados por esquemas desse domínio;
- Compreender, a partir da personagem principal do filme, como as estratégias de evitação e resignação influenciaram em seus comportamentos durante o enredo;
- Identificar as origens que influenciaram na dificuldade de construção de autonomia e senso de competência da personagem, bem como na sua dificuldade em se sentir adulta, capaz e individualizada de sua mãe.

O estímulo à autonomia e à construção do senso de identidade são tarefas evolutivas básicas que todos os indivíduos precisam receber. Uma vez que ocorrem falhas na obtenção de tais necessidades, o indivíduo poderá apresentar prejuízos em seu funcionamento e desenvolver estratégias desadaptativas para lidar com situações do cotidiano. O domínio Autonomia e Desempenho Prejudicados agrupa Esquemas Iniciais Desadaptativos (EIDs) que descrevem indivíduos com dificuldade de se comportarem de forma independente e que sigam na direção de seus próprios objetivos como o esperado para pessoas de sua idade.

Em geral, a dificuldade em se sentir competente se manifesta em situações em que o indivíduo precisa exercer autonomia, bem como desenvolver senso de competência e independência sobre si mesmo (Farrell et al., 2014; Lockwood & Perris, 2012). Há expectativas sobre si e o ambiente que interferem na capacidade de individualização, sobrevivência ou mesmo de ter um bom desempenho (Young et al., 2008; Wainer, 2008).

O perfil familiar desses indivíduos é caracterizado pela superproteção, o que transmite para a criança uma mensagem de que sozinhos não serão capazes de sobreviver, estimulando a dependência emocional e funcional do outro. Com algumas exceções, a família pode apresentar um comportamento extremo oposto, isto é, atuando de forma negligente com esses indivíduos, portanto, nesses casos, o sujeito passa a desenvolver uma dependência emocional e sensação de incompetência pela falta de orientação de seus pais e/ou cuidadores (Young et al., 2008).

Em muitas ocasiões, os pais/cuidadores podem sabotar a autoconfiança da criança, prejudicando o senso de autonomia e competência para lidar com situações adversas da vida. Adultos que passaram por essas situações em sua infância poderão apresentar dificuldades em acreditar na sua capacidade de enfrentar o mundo, sentindo-se incompetentes, ineficazes em lidar com suas questões e objetivos de vida (Cazassa & Oliveira, 2008).

Os EIDs que compõem o domínio Autonomia e Desempenho Prejudicados são: fracasso, dependência/incompetência, emaranhamento/*self* subdesenvolvido e vulnerabilidade ao dano e à doença. Embora exista uma base semelhante no que se refere à necessidade emocional não atendida de autonomia e competência, cada esquema possui particularidades nas suas origens e definições.

O esquema de fracasso tem sua origem em pais/cuidadores exigentes e críticos quanto à performance e/ou que faziam comparações desfavoráveis com irmãos ou outras crianças. Pais/cuidadores com alto desempenho e muito sucesso também podem gerar a sensação nos filhos de que nunca serão capazes de corresponder às expectativas. Outras possibilidades de origem da formação do esquema são: vivencias de dificuldades escolares e família que desencoraja o sucesso, que vivem uma resignação familiar à possibilidade de atingir metas profissionais. Tais experiências podem levar à formação do esquema em questão, que é definido pela sensação de que nunca terá um bom desempenho como o das outras pessoas, levando a crenças de que fracassou e que fracassará inevitavelmente (Young et al., 2008).

Já o esquema de dependência/incompetência é definido pela sensação de que não é possível sobreviver sozinho, pois o indivíduo sente que não é capaz de fazer as atividades diárias e resolver problemas cotidianos de forma independente. Sua origem, geralmente, é um ambiente superprotetor e controlador, embora também possa ser originário de um ambiente muito negligente, incapaz de oferecer uma base segura (Young et al., 2008).

O esquema de emaranhamento/*self* subdesenvolvido é caracterizado pela culpa e insegurança de se diferenciar da família de origem. Nesse sentido, o indivíduo não consegue saber quem realmente é e o que quer para a sua vida. As principais experiências formadoras desse esquema são: pais/cuidadores interferiram muito na vida do filho, tomando decisões por ele ou, até mesmo, pressionando quanto ao caminho a ser seguido; pais/cuidadores mantém uma relação de intimidade com os filhos que insinua um "pacto de lealdade"; pais/cuidadores tentam dar conta, por meio da vida dos filhos, de frustrações da sua própria vida (Young et al., 2008).

Por fim, o esquema de vulnerabilidade ao dano e à doença tem como emoção básica a ansiedade, havendo um exagero na interpretação do risco ao perigo e uma minimização da capacidade de enfrentamento. Segundo Young et al. (2008), existem três tipos de medos básicos: (1) catástrofe em termos de saúde; (2) catástrofes emocionais; (3) catástrofes externas. O senso de vulnerabilidade também é aprendido a partir do convívio com pais/cuidadores com o mesmo esquema. A origem se dá pela presença de figuras parentais muito ansiosas e superprotetoras. Outra possibilidade é a vivência de doenças e fragilidades físicas da própria criança ou de alguém próximo, o que favorece a aprendizagem vicária desse esquema.

O indivíduo utilizará de alguma estratégia de enfrentamento ao longo de seu desenvolvimento, sendo que essa fará a manutenção esquemática. É possível que uma pessoa utilize, ainda, todas as estratégias desadaptativas em algum momento da vida, ainda que se estabeleça um padrão. Como exemplo, uma pessoa que possui o perfil mais evitativo, de uma forma geral, utilizará mais frequentemente a evitação na perpetuação esquemática, porém, isso não a impede de adotar, em alguns momentos, estratégias de resignação e/ou hipercompensação. No *Quadro 4.1*, será descrita a característica de cada esquema presente no segundo domínio, bem como as três estratégias de enfrentamento desadaptativas que poderão ocorrer na perpetuação esquemática.

Quadro 4.1. *Esquemas, definições e estratégias de enfrentamento desadaptativas no domínio Autonomia e Desempenho Prejudicados*

Esquema	Definição	Resignação	Evitação	Hipercompensação
Fracasso	Percepção de que irá fracassar inevitavelmente.	Faz as tarefas com pouca dedicação ou de forma descuidada.	Evita desafios, especialmente profissionais e acadêmicos. Posterga as tarefas.	Torna-se uma pessoa muito produtiva, estimulando-se ininterruptamente.
Dependência/ Incompetência	Percebe-se como incompetente para lidar com as responsabilidades diárias.	Pede que os outros resolvam seus problemas e deixa que tomem todas as decisões.	Evita assumir novos desafios, por exemplo, aprender a dirigir.	Assume atividades muito difíceis sem pedir ajuda.

Esquema	Definição	Resignação	Evitação	Hipercompensação
Emaranhamento	O indivíduo necessita de um envolvimento emocional excessivo, bem como proximidade com uma ou mais pessoas significativas, em geral, vínculos familiares e amorosos.	Não contraria os pais. Aceitando o que dizem e permitindo que eles decidam por ele.	Evita tomar decisões sem consultar a família ou vínculos que considera importantes.	Distanciamento total da família.
Vulnerabilidade ao dano/doença	Apresenta um medo exagerado de ser atingido por alguma catástrofe (médica, emocional etc.) e de que não conseguirá resolver.	Lê obsessivamente sobre catástrofes em jornais e tenta prevê-las em situações cotidianas.	Evita ir a lugares que não pareçam totalmente seguros.	Age de forma negligente.

Nota. Fonte: Adaptado de Young, Klosko e Weishaar (2008)

Com base na compreensão dos esquemas desse domínio esquemático, encontra-se a protagonista do filme *"Depois a louca sou eu"*. Dessa forma, este capítulo visa trazer a compreensão da Terapia do Esquema sobre os esquemas relacionados a esse domínio e instrumentalizar terapeutas na sua compreensão teórica e prática no trabalho com esses pacientes, a partir do caso da personagem principal.

Sinopse do filme "Depois a louca sou eu"

> Dani lida com sintomas de ansiedade desde criança. Sua mãe, também muito ansiosa, acabava por intensificar os medos da filha. Já adulta, Dani passou a buscar tratamentos, pois a ansiedade a impedia de viver sua vida e seus sonhos. A mãe superprotetora e ansiosa sempre acaba por alimentar a dificuldade de autonomia e independência da filha. A jovem escritora vive em constante conflito interno, por um lado ela encanta a todos com seu talento que a torna uma brilhante escritora que conquista ótimas oportunidades, mas, por outro lado, tenta de todas as formas controlar seus medos e constantes crises de ansiedade, o que a leva a estratégias autoderrotistas. Os relacionamentos amorosos de Dani também acabam sendo prejudicados pelos medos constantes e pela sensação de que algo ruim irá acontecer. Ela tem dificuldade de se diferenciar da sua mãe e seguir novas escolhas.

Conhecendo a Personagem Dani

Dani é a protagonista do filme e, logo no início, é possível observar a extensa lista de sintomas relacionados à ansiedade que ela apresenta. Medos, angústias, antecipação do futuro, catastrofização, ataques de pânico e congelamento fazem parte do cotidiano da personagem que se encontra na faixa dos 30 anos. Os medos são intensos e generalizados, desde o medo de catástrofes mais importantes até aspectos do dia a dia, *"eu tenho medo da pia, do ralo, dos azulejos, da calçada"* (sic).

O filme retoma sua linha do tempo, marcada por muitos medos e ansiedade, desde pequena. Dani é filha única de pais que se separaram ainda quando ela era criança. Criada pela mãe e pelos avós maternos, a família tem um funcionamento familiar extremamente emaranhado. Ela passa a sua infância indo a curandeiras e a diversos rituais religiosos para tratar a ansiedade, porém, nunca foi levada a nenhum médico ou psicólogo nesse período.

É possível observar ainda que Dani sempre apresentou um temperamento mais ansioso e medroso (por exemplo, a situação em que possuía medo de encontrar uma barata na comida). É notável o quanto ela era uma criança que precisava de apoio e segurança de forma constante, tendência que permanece até a vida adulta, mantendo contato constante com a mãe e buscando asseguramento e apoio durante suas crises de pânico.

Conhecendo A Família de Dani e Possíveis Origens da Falha na Autonomia e no Senso de Competência

A família de Dani apresenta comportamentos e visões de mundo que corroboram para as dificuldades relacionadas à ansiedade e à dificuldade de autonomia de Dani. O avô era alguém que desinfetava tudo que a Dani iria tocar ou comer, usando a justificativa de evitar que ela ficasse doente. Ele aparentava sintomas de TOC e sintomas depressivos, que na família era chamado de "treco" e "bobeira". A avó também parecia sofrer de ansiedade, pois não quis ser madrinha de casamento, porque tinha medo de precisar ir ao banheiro durante a cerimônia.

A mãe de Dani, por sua vez, apresenta dificuldades importantes na individualização com Dani, sempre desencorajando a autonomia da filha. Ela reforça os comportamentos ansiosos da filha e invalida muitas ações na direção da autonomia. É possível perceber o uso de uma comunicação passivo-agressiva na relação da mãe com a filha, como exemplo, a frase: *"pode ir, querida, e abandonar a sua mãe aqui, está tudo bem"*, gerando culpa em Dani e dificultando que ela faça coisas longe da mãe. A mãe de Dani, visivelmente, apresenta-se como alguém bastante ansiosa e frágil também, tornando-se um modelo de estilo de enfrentamento evitativo para Dani desde pequena.

Em um determinado momento do filme, a mãe de Dani diz: *"Mamãe vai resolver todos os seus problemas"*. Nessa frase, pode-se notar o não incentivo à autonomia da protagonista do filme, assim como a dificuldade de deixar a filha se individualizar. O mesmo fenômeno ocorre quando ela afirma que irá cuidar da Dani sempre que ela está mal, que reforça os medos da filha e a incentiva a abandonar projetos que possam ser difíceis para ela. Todos esses comportamentos mostram falhas no atendimento das necessidades relacionadas ao Segundo Domínio, o que resultou na origem destes esquemas na protagonista, como pode ser visto em suas origens no *Quadro 4.2*.

Quadro 4.2. Os Esquemas de Dani e suas origens.

Esquema	Origem
Fracasso	Além da falta de incentivo familiar para que Dani acreditasse no seu desempenho, as evitações, devido à ansiedade, diminuíam ainda mais a autoeficácia dela.
Dependência/ incompetência	A superproteção da mãe, que desencorajava a autonomia da filha, constantemente dando a entender que Dani não tinha habilidades e saúde para lidar com as situações do dia a dia e com as experiências comum da vida.
Emaranhamento	A mãe de Dani em todo tempo se mostrou muito frágil e dava a entender que precisava muito da filha para se manter. Ela também estimulou profundamente a ideia de que Dani também precisava dela e sempre se envolveu demais com conselhos e opiniões nas decisões de filha.

Esquema	Origem
Vulnerabilidade ao dano/doença	A mãe e os avós de Dani deixavam explícitos os seus próprios medos e expressavam suas catastrofizações constantemente. Todos eram modelos de um funcionamento ansioso. A família a todo momento enxergou a ansiedade de Dani como um problema muito catastrófico e não buscou tratamento adequado.

Nota. Fonte: Os autores deste capítulo

Dani Vai à Terapia do Esquema

O tratamento para a personagem Dani, com enfoque na TE, poderia ser organizado em três momentos distintos: (1) fase de avaliação e conceitualização do caso, (2) fase de intervenção: cognitivas e vivenciais e, por fim, (3) fase de mudança: comportamental. Destaca-se que é fundamental levar em consideração o plano terapêutico de cada paciente.

Fase 1: avaliação e conceitualização do caso

Apesar de todos os EIDs do domínio de Autonomia e Desempenho Prejudicados terem a falta da mesma necessidade emocional basal, cada esquema irá se apresentar de acordo com as experiências emocionais do paciente, considerando o temperamento e as estratégias de enfrentamento às situações cotidianas de cada um. É papel do terapeuta realizar uma entrevista de anamnese completa para identificar quais foram as origens infantis do paciente, seus modelos parentais, bem como sua forma de enfrentamento diante de situações adversas da vida.

A fase inicial da avaliação é uma etapa na qual se utiliza as primeiras sessões para conhecer o paciente, bem como para avaliar os comportamentos apresentados na sessão, na relação terapêutica e nos primeiros acordos burocráticos relacionados ao contrato do processo. Pacientes com a necessidade de autonomia e de desempenho não satisfeitas podem apresentar mais insegurança com o primeiro contato, receio para falar e se posicionar, hesitação para afirmar algo sobre si e, até mesmo, referir-se por meio de falas terceiras, como: "minha mãe sempre fala que eu sou muito ansioso".

A construção da linha do tempo é uma estratégia interessante para utilizar com esses pacientes, estimulando-lhes para que possam estruturar a linha de forma independente, incentivando-os, desde o primeiro momento, a estarem ativos no tratamento *(ver Figura 4.1.)*. É importante ressaltar que, dependendo do nível de prejuízo funcional e força dos esquemas do segundo domínio, o terapeuta pode precisar, inicialmente, aceitar uma baixa autonomia e, consequentemente, uma tendência maior à dependência do terapeuta, pois esse processo pode ser crucial para a construção do vínculo (Paim & Copetti, 2016). Posteriormente, a autonomia deve ser estimulada como um objetivo terapêutico.

No caso de Dani, o filme inicia com ela trazendo as memórias de quando iniciaram suas crises de pânico. Exatamente como ocorre em um processo de terapia, nota-se que a paciente relembra de inúmeros episódios e é por meio da terapia que essas lembranças e informações são organizadas.

A primeira crise que tive foi quando eu estava viajando de avião sozinha pela primeira vez. Não, foi em uma festa quando pequena na qual eu me escondi e ninguém foi procurar por mim. Não, foi na minha festa de 30 anos em um bar, no qual eu cheguei e fui embora e fui a única que não foi em meu próprio aniversário. Não, acho que foi quando eu tinha 17 anos e tentei transar pela primeira vez. Ou foi quando eu tinha 18 anos e tentei de novo transar pela segunda vez? Acho que foi com 20, quando eu, enfim, transei pela primeira vez (sic).

Figura 4.1. Linha do tempo dos primeiros episódios de crise de pânico relatados por Dani

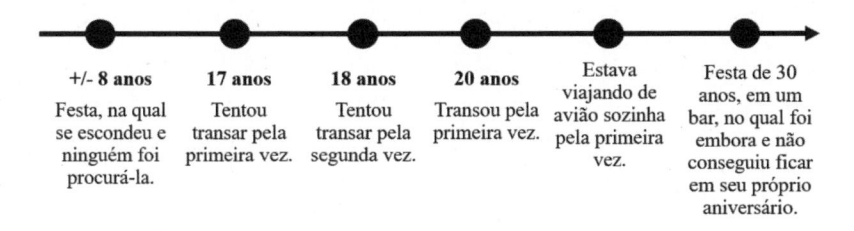

+/- 8 anos	17 anos	18 anos	20 anos	Estava viajando de avião sozinha pela primeira vez.	Festa de 30 anos, em um bar, no qual foi embora e não conseguiu ficar em seu próprio aniversário.
Festa, na qual se escondeu e ninguém foi procurá-la.	Tentou transar pela primeira vez.	Tentou transar pela segunda vez.	Transou pela primeira vez.		

Uma vez que as informações necessárias foram coletadas, o segundo passo é organizar a conceitualização de caso para, posteriormente, alinhar os objetivos, o plano de tratamento e iniciar a psicoeducação sobre os esquemas (Young, et al., 2008). No caso de Dani, seus objetivos são claros: *"eu quero me tornar uma adulta funcional. Quero sair de casa, viajar, casar e conseguir ter filhos"* (sic). Portanto, o plano terapêutico consiste na construção de autonomia, busca dos seus objetivos profissionais, diminuição da sensação de vulnerabilidade aos eventos estressores da vida, bem como a diferenciação da família de origem e estabelecimento de fronteiras mais bem definidas.

Os objetivos são ajustados a partir da avaliação e serão compreendidos de forma mais estruturada junto à etapa de psicoeducação. Na psicoeducação, busca-se resgatar as vivências infantis e as experiências que modelam e influenciam nos comportamentos ansiosos e na dificuldade em formar o senso de competência. É preciso que o paciente compreenda que essas experiências foram determinantes para que a criança não conseguisse enfrentar os medos de forma adequada, sendo muitas vezes reforçados os medos no próprio âmbito familiar (Farrell et al., 2014).

É importante que o terapeuta seja empático nesse processo e compreenda que o paciente pode apresentar dificuldade em falar de sua família e apontar aspectos negativos em sua criação, principalmente, quando há o esquema de emaranhamento. No caso de Dani, esse esquema dificulta que ela tenha clareza dos comportamentos mantenedores de seus medos e inseguranças por parte de sua mãe e a busca por este *insight* faria parte das metas do tratamento. Contudo, o terapeuta precisaria construir essa reflexão de forma gradual e socrática. Para tanto, um dos focos iniciais do início do tratamento, além da psicoeducação, será a relação terapêutica. Por intermédio dela, será possível mostrar ao paciente uma forma distinta de se relacionar, por meio do respeito às individualidades, incentivo à autonomia e à aceitação dos erros nas tentativas de aquisição de novos comportamentos e habilidades. A reparentalização principal buscará atender às necessidades emocionais não supridas para que, pouco a pouco, Dani possa sair das estratégias de enfrentamento resignada e evitativa para assumir comportamentos mais assertivos para si (Falcone, 2011).

Fase 2: intervenção - estratégias cognitivas e vivenciais

Uma vez identificado e delineado os esquemas do paciente, será elaborado um plano de tratamento adequado implementando estratégias de intervenção que estejam de acordo com o que o paciente precisa ser reparentalizado e/ou confrontado. A relação terapêutica irá potencializar todas as estratégias adotadas pelo terapeuta, encorajando o paciente a operar em um modo de enfrentamento saudável.

Estratégias cognitivas

Alguns dos objetivos das estratégias cognitivas, além de traçar objetivos da terapia, envolve trazer maior clareza ao paciente sobre seus EIDs e suas estratégias de enfrentamento, auxiliando-o a construir argumentações lógicas contrárias aos seus esquemas (Young et al., 2008). No processo terapêutico com Dani, antes de iniciar a fase vivencial, é importante psicoeducar sobre os esquemas que ela desenvolveu durante sua história de vida, as origens desses esquemas e em como ela passou a utilizar de certos comportamentos para lidar com as dores emocionais que eram acionadas em seu cotidiano.

Young et al. (2008) indicam, pelo menos, seis técnicas cognitivas no trabalho em TE que, geralmente, são utilizadas nesta ordem: (1) testar a validade de um esquema; (2) relativizar as evidências que sustentam o esquema; (3) avaliar as vantagens e desvantagens dos estilos de enfrentamento; (4) conduzir diálogos entre o "polo do esquema" e o "polo saudável"; (5) elaborar cartões-lembrete sobre o esquema; (6) preencher diário de esquema. Outras possibilidades de técnicas cognitivas, especificamente para os esquemas de segundo domínio, são apontadas por Schütz (2023) e algumas delas serão apresentadas no *Quadro 4.3* como possibilidade no tratamento da Dani.

Quadro 4.3. *Esquemas, técnicas cognitivas e breve descrição no tratamento com Dani*

Esquemas	Nome da técnica	Breve descrição de aplicação ao tratamento com Dani
Fracasso	Fortalecendo minha autoeficácia	Dani poderia identificar situações em que ela costuma se descrever como um fracasso e uma possibilidade alternativa de ação em que ela consegue ter eficácia lidando com essa mesma situação.
	Enfrentando os problemas para adquirir confiança	Com essa técnica, Dani identificaria: (a) as suas formas de lidar com os problemas, (b) como essas formas auxiliam na manutenção do esquema de fracasso, (c) os ganhos/perdas que ela tem ao agir sob controle desse esquema, (d) como poderia lidar de maneira mais saudável, (e) como mudar a maneira de lidar com problemas enfraquecendo o esquema de fracasso e (f) os benefícios em sua vida de agir como alguém eficiente.
Dependência/ Incompetência	Qual é a origem da minha dependência/ incompetência?	Por meio dessa técnica, Dani poderia identificar quais as origens do seu esquema, por meio da reflexão sobre: (a) as pessoas que cuidavam dela quando criança, (b) estilo que essas pessoas utilizavam com ela, (c) o possível motivo das pessoas agirem assim com ela e o que isso diz sobre essas pessoas, (d) como as pessoas lidam com ela na atualidade e (e) o que isso gera em sua vida atualmente.
	Exposição aos meus medos para desenvolver mais coragem	Nessa técnica, o terapeuta buscaria encontrar junto a Dani estratégias que facilitassem o manejo de seus medos, ela poderia escrever: (a) medos que tem, (b) como acha que os outros fornecem segurança para ela em relação a esses medos e (c) como pode praticar de forma autônoma essas estratégias de segurança.

Esquemas	Nome da técnica	Breve descrição de aplicação ao tratamento com Dani
Emaranhamento	Não precisamos tanto uns dos outros	Por meio dessa técnica, Dani refletiria sobre a sua relação emaranhada com a sua mãe. Alguns passos, além dessa identificação, seriam: razões pelas quais Dani mantém envolvimento excessivo com essa mãe (incluindo uma análise de custo x benefício desse emaranhamento) e quais as formas mais saudáveis de manter esse relacionamento com sua mãe de forma a respeitar a individualidade de cada uma.
	Mostrando para as pessoas a importância da independência	Nesse exercício, Dani refletiria sobre os benefícios da sua independência, como poderia mostrar isso para as pessoas emaranhadas a ela e o momento para fazer isso.
Vulnerabilidade ao dano/doença	Autorregulação da segurança	Com essa técnica, Dani poderia identificar que há previsões que as pessoas fazem que ampliam a sua insegurança, com isso, focar em seus recursos torna-se uma forma de lidar com esses desafios. A técnica envolveria identificar: (a) os riscos de vida no momento atual, no qual Dani vive, (b) os recursos pessoais de Dani para lidar com esses riscos e (c) o quanto os recursos da personagem são capazes de evitar que algo de ruim aconteça ou diminuir os danos, caso isso realmente ocorra.
	Quase nada do que penso é 100% verdade	Dani poderia, por meio dessa técnica, refletir sobre os pensamentos catastróficos que tem rotineiramente, listando os pensamentos ligados a preocupações e os reescrevendo de forma a compreender que um pensamento não é uma verdade absoluta.

Nota. Fonte: Os autores deste capítulo baseados nas técnicas apresentadas por Schütz (2023).

Estratégias vivenciais

Após o processo com as estratégias cognitivas, em que o paciente está mais consciente dos seus esquemas e estilos de enfrentamento, pode-se iniciar o processo de intervenção experiencial e emocional. Nessa fase do tratamento, ainda será utilizado elementos cognitivos, porém, será incorporado de forma sistemática o trabalho com imagens mentais e com diálogos de cadeira.

Exercício de acolhimento à criança vulnerável

No tratamento com Dani, seria possível, por meio da reparentalização limitada (Farrell & Shaw, 2018), acolher as necessidades do lado vulnerável da personagem, incluindo, principalmente, as necessidades de força e autonomia que não foram supridas em sua história de vida. Na vinheta clínica, a seguir, é ilustrada uma possibilidade de intervenção com foco nos esquemas do domínio Autonomia e Desempenho Prejudicados.

Vinheta Clínica

Terapeuta: Dani, eu gostaria de propor uma técnica na sessão de hoje. Podemos tentar?

Dani: Claro. O que for preciso para eu melhorar...

Terapeuta: Eu gostaria que você fechasse seus olhos e imaginasse que está saindo aqui do consultório e caminhando em uma rua deserta. Preste atenção nos sons a sua volta, nas paisagens e conecte-se com as sensações que essa experiência gera em seu corpo. À medida que você está caminhando, ao longe, você avista uma criança. Ela está sozinha e de cabeça baixa, olhando para o chão. Você se aproxima e ela está assustada e chorando. Ela se perdeu de seus pais. Você olha em volta e não encontra ninguém na rua, ela está sozinha. O que você enxerga na criança? O que ela está sentindo? O que ela está pensando? Você se aproxima para acalmá-la, se abaixa e diz a ela que irá ficar tudo bem. Pode dizer a ela, como se você realmente estivesse na cena. Quando a criança levanta a cabeça e olha nos seus olhos, você percebe que essa criança é você. Imediatamente, você abraça essa criança e oferece todo o conforto que ela merece e precisa. Diga a ela que você é uma adulta forte e saudável e que agora

> você vai protegê-la, que ela pode confiar em você, que vocês duas ficarão bem. Gaste o tempo que for preciso confortando essa criança, a sua criança. Quando você quiser, pode convidá-la para sair da rua e podem ir em direção ao caminhão de sorvete. Desfrutem desse momento juntas. Quando estiver pronta, pode abrir seus olhos.
>
> [Dani abre os olhos, e a dupla, terapeuta e paciente, discutem como foi para Dani se reconhecer nessa criança e se conectar com sua vulnerabilidade].

Carta para o esquema de emaranhamento

A carta aos pais é uma estratégia que pode ser utilizada como intervenção no trabalho com o esquema de emaranhamento/*self* subdesenvolvido (Farrel & Shaw, 2018). A partir da cena, na qual Dani consegue em seu tratamento expressar seus sentimentos para a mãe, pode-se sugerir que essa fala pudesse ser feita no processo de psicoterapia por meio de duas técnicas: a cadeira vazia e/ou a carta. A seguir, será descrito o texto literal do filme, mas estruturado a uma técnica de carta ao esquema de emaranhamento originado pela criação com a mãe.

> *Mãe, eu te amo muito, muito, eu sei que você sempre esteve ao meu lado, sempre esteve comigo para tudo. E sei que você é muito forte, mas que às vezes você é muito frágil, sabe? E daí eu sinto que eu te abandono. Toda vez que eu pego um avião, que eu vou para uma reunião, eu sinto que isso me afasta de você e isso é muito ruim.*
>
> *Eu te amo, eu estou com saudade de você, só que a gente é diferente, eu sou eu e você é você, tá mãe? Eu não te amo menos por isso, preciso que você saiba disso mãe. Se eu pudesse eu ficava o tempo inteiro, a vida toda ao seu lado, só que eu não posso. Eu não posso, porque eu preciso viver a minha vida. Eu preciso viver a minha vida, mãe.*

Técnicas de imagem com foco no esquema de fracasso

As Técnicas de imagens mentais são fundamentais para a reparentalização do esquema de fracasso (Farrel & Shaw, 2018). É importante que o terapeuta consiga defender o paciente das críticas familiares que foram responsáveis pela formação do esquema. Na vinheta clínica a seguir, há uma ilustração de possibilidade de aplicação dessa técnica com Dani.

Vinheta Clínica

Dani: Então, eu estou me sentindo muito mal essa semana. Não paro de me cobrar, acho que tudo que eu estou fazendo é uma porcaria. Sinto que nada do que eu fiz essa semana prestou.

Terapeuta: É aquela sensação do esquema de fracasso que falamos?

Dani: Sim, é a sensação de fracasso.

Terapeuta: Acredito que seja importante, Dani, olharmos melhor para isso. O que te parece fazermos um exercício para entendermos o que está acontecendo essa semana?

Dani: Pode ser...

Terapeuta: Perfeito. Quero te pedir para se sentar de forma confortável na cadeira e fechar teus olhos. Vou te pedir para me contar uma situação específica nesta semana que o teu lado crítico apareceu. O que te vem na cabeça?

Dani: Eu lembro de uma situação na qual eu enviei um e-mail sem anexo e fui embora do trabalho, desliguei o sistema e fui para casa. Era muito importante que esse anexo fosse enviado naquele dia. Cheguei em casa e me desliguei, deixei o celular carregando e fui tomar banho, cozinhar algo e ver televisão. Quando eu fui pegar o celular, meus chefes e editores haviam me ligado mais de 20 vezes e me sinalizaram que o e-mail não tinha o anexo!

Terapeuta: O que você sentiu naquele momento Dani?

Dani: Vergonha, medo, raiva de mim. Como pude ser tão burra? Como ainda não me demitiram? Esse erro era inadmissível!

Terapeuta: Dani, eu quero que tu te concentres nesses sentimentos. A sensação de vergonha, medo. A raiva de ti pelo teu erro. A sensação de ser burra. Amplie esse sentimento dentro de ti. Dissolva essa imagem e fique conectada com os sentimentos. Vá para uma cena, na tua infância, em que sentiu os mesmos sentimentos. Toma teu tempo, deixe tua mente te levar. E quando vier alguma cena na tua mente, me descreva.

Dani: Eu me lembrei de uma situação na qual eu não quis ir em mais um aniversário de criança, porque eu estava ansiosa, com medo. Eu tinha uns 8 anos. Eu estava no meu quarto, arrumada para sair de casa e me escondi debaixo das cobertas. Não queria ir de jeito nenhum. Normalmente, minha mãe entendia, dizia que eu não precisava ir, mas nesse dia ela ficou muito brava comigo. Me disse que eu era burra por não querer fazer amigos, que eu ia acabar sozinha. Disse que eu não ia deixar de ser desengonçada e depois ficaria mais difícil melhorar minhas habilidades de fazer amigos.

Terapeuta: Como você estava se sentindo?

Dani: Com muita vergonha. E com muita raiva de mim, por sentir tanto medo e não conseguir sair de casa. Por pensar que eu iria terminar a vida sozinha.

Terapeuta: Dani, eu posso entrar na imagem com você? Eu gostaria de falar com a tua mãe.

Dani: Sim, pode.

Terapeuta: Está bem. Eu quero que você me imagine entrando no teu quarto e ficando ao lado da cama, do teu lado. Eu fico entre você e a tua mãe. E eu vou conversar com ela, está bem?

Dani: Está bem...

Terapeuta: Dona Laura, a senhora não pode falar assim com sua filha. Você percebe o quanto ela está assustada? É claro que ela gostaria de ir ao aniversário, mas ela está com medo! E está tudo bem ela sentir medo. Não tem nada de errado com a Dani. Mas você falar com ela dessa forma, faz com que ela sinta que existe algo de errado com ela. Faz ela pensar que nunca vai melhorar e que vai ficar para sempre sozinha. Ela é só uma criança! Pensar nisso deixa ela com ainda mais medo e com raiva dela. E isso é injusto! Não se fala assim com uma criança. Não é certo deixá-la envergonhada por ter uma dificuldade. Todos nós temos dificuldades. O que a tua mãe responde, Dani?

Dani: Ela está se justificando, disse que você não sabe o quanto ela tem que ter paciência comigo e com as minhas dificuldades em socializar e que às vezes ela perde a paciência

Terapeuta (interrompendo a paciente): Dona Laura, a Dani tem todo direito do mundo de ter dificuldades, ela é só uma criança! Mas falar assim com ela não vai ajudar ou fazer com que ela se sinta mais segura. Se você sentir que vai perder a cabeça, saia do quarto e respire,

> afinal, você é a adulta da relação! Então haja como tal e não desconte na sua filha. E eu gostaria de ficar a sós com a Dani agora, vou te acompanhar até a porta. Dani, posso me sentar do teu lado?
>
> **Dani:** Pode sim
>
> **Terapeuta:** Dani, como você está se sentindo?
>
> **Dani:** Um pouco mais aliviada, mas ainda triste...
>
> **Terapeuta:** Dani, deixa eu te falar uma coisa. Presta bem atenção e olha bem no meu olho: não tem nada de errado com você. Você está com medo e isso é normal. Aniversários são situações que podem ser desafiadoras. Sua mãe não deveria falar assim com você. Ela está errada em falar aquelas coisas para você. E eu não vou deixá-la falar assim contigo, está bem? Você quer ficar em casa hoje?
>
> **Dani:** Hoje sim, eu sinto que eu não estou pronta ainda.
>
> **Terapeuta:** Está bem, então ficaremos aqui. E no próximo aniversário, quem sabe eu te ajudo e penso contigo em formas de conseguirmos enfrentar? Eu posso ir contigo e te ajudar quando você estiver mais insegura.
>
> **Dani:** Eu gostaria disso. Mas, hoje, eu prefiro ficar aqui.
>
> **Terapeuta:** Combinado, então! E eu vou ficar aqui contigo, pode ser?
>
> **Dani:** Pode.

Nesse processo vivencial, também é importante que o terapeuta ajude o paciente a se conectar com as experiências nas quais ele obteve sucesso. Para além de identificar os esquemas negativos, é importante enfraquecê-los e fortalecer os esquemas positivos (Louis et al., 2017), por exemplo, o esquema de autoeficácia, para que Dani se sinta capaz e eficaz em tomar suas decisões e seguir seus projetos de forma saudável. Na vinheta clínica a seguir, há um exemplo de possibilidade de aplicação dessa intervenção com Dani.

Vinheta Clínica

> **Terapeuta:** Dani, eu gostaria de te propor um exercício para que possamos enfraquecer ainda mais o teu esquema de fracasso. Gostaria de te pedir para fechar os olhos e se posicionar de forma confortável

na cadeira. A seguir, quero que você respire três vezes bem fundo e expire devagar... Agora, eu gostaria que você lembrasse de uma situação em que você tenha se sentido forte e com sucesso. Uma situação que possivelmente foi difícil, que trouxe inseguranças, mas que você conseguiu superar. Sem pressa, traga a primeira imagem que te vier à cabeça. Descreva essa situação: onde você estava, o que estava acontecendo nessa imagem, como você estava se sentindo?

Dani: Eu estou lembrando de uma situação no trabalho, no qual eu fiquei insegura quando um novo colega questionou aspectos da personalidade do personagem que eu havia construído na novela. Fiquei me sentindo insegura, inferior, uma farsa. Fiquei com vontade de chorar, ligar para minha mãe, tomar Rivotril.

Terapeuta: E o que você fez? Como foi a sua reação?

Dani: Eu me levantei da reunião e fui até o banheiro respirar. Eu respirei fundo por uns bons minutos e lembrei de algumas coisas que eu já havia pensado sobre essas situações. Lembrei que é muito difícil ser um funcionário novo e que ele deveria estar querendo mostrar serviço. Pensei que mesmo que ele questionasse alguns aspectos do personagem, isso não significava que estava ruim o meu trabalho. Tentei ponderar que ligar para minha mãe só iria contribuir para uma sensação de incompetência e que depois eu me sentiria infantil, provavelmente meu lado crítico viria com tudo.

Terapeuta: E o que você fez? Como a situação terminou?

Dani: Eu decidi não ligar para minha mãe. Eu decidi que eu iria ouvir de coração aberto às opiniões do colega sem me sentir julgada e que iria trazer todos os pontos que eu ponderava na construção desse personagem. Eu respirei até me acalmar o suficiente para voltar e não tomei o Rivotril. Decidi que iria esperar o final da reunião para decidir se tomava ou não depois.

Terapeuta: Me parece que você lidou de forma muito diferente de outros momentos na tua vida. Como você se sentiu ao fazer isso?

Dani: Muito bem, orgulhosa, leve, corajosa, capaz, boa.

Terapeuta: Gostaria de te pedir, Dani, para se conectar com esses sentimentos. Com a sensação de força e capacidade, com o sentimento de orgulho de ti... De ter se sentido corajosa. Mais leve. Contempla um pouco o teu comportamento e o efeito dessa escolha nas tuas emoções, na tua sensação de competência, na tua vida. Te permite sentir

> essas emoções. Ficar orgulhosa de ti. Talvez, até dar um sorriso de dever cumprido. Você sente que o teu lado saudável está forte dentro de ti nesse momento?
>
> **Dani:** Sim, sinto. Sinto de uma forma muito poderosa, me sinto forte.
>
> **Terapeuta:** Ótimo, você merece se sentir assim. Passou por uma situação difícil e foi muito bem. Eu estou orgulhosa. A tua criança está feliz por você ter cuidado dela. Fique mais um momento sentindo essas emoções agradáveis. Guarde essa sensação, guarde essa força dentro de ti. Essa força existe dentro de ti. E, devagar, quando quiser, abra os olhos no seu tempo...

Fase 3: mudança - comportamental

A terceira fase corresponde ao desenvolvimento de novas habilidades e à aquisição de estratégias mais adaptativas. Para o tratamento dos EIDs, é importante que o terapeuta incentive a autonomia e o enfrentamento, para isso, o terapeuta precisa ter sempre em mente a necessidade emocional que precisa ser suprida: autonomia e competência. O *Quadro 4.3.* ilustra as principais estratégias comportamentais considerando cada EID que poderiam ser aplicadas com Dani.

Quadro 4.3. *Estratégias Comportamentais com foco nos Esquemas.*

Esquema	Objetivos Terapêuticos	Estratégias Comportamentais
Fracasso	✓ Auxiliar os pacientes a sentirem que podem ter tanto sucesso quanto os pares; ✓ Aumentar o senso de competência; ✓ Estimular comportamentos que os direcionem a seus objetivos profissionais; ✓ Melhorar sua autoavaliação e percepção a respeito de seu sucesso; ✓ Aceitar limitações imutáveis em suas habilidades, sem que isso represente impossibilidade de sucesso.	✓ Manejo de contingências para auxiliar o paciente a ultrapassar as barreiras de realização dos planos de ações; ✓ Desenvolvimento de habilidades para o manejo da ansiedade, criação de autodisciplina (estratégias para diminuir a procrastinação).
Dependência/ Incompetência	✓ Aumentar o senso de competência; ✓ Reduzir necessidade de apoio constante dos outros; ✓ Parar de confiar nos outros em um grau não saudável; ✓ Aceitar os erros e vê-los como uma oportunidade de aprendizagem.	✓ Prescrição de planos de ações; ✓ Exposição gradual para diminuição de comportamentos de evitação e de resignação; ✓ Treino de habilidades sociais, principalmente resolução de problema e tomada de decisões.

Esquema	Objetivos Terapêuticos	Estratégias Comportamentais
Emaranha-mento	✓ Ajudar o paciente a manifestar suas preferências, opiniões, decisões, talentos e inclinações naturais legítimas; ✓ Auxiliar o paciente a não suprimir seu verdadeiro *self* e deixar de adotar a identidade de figuras parentais.	✓ Estimular comportamentos independentes, conforme preferências e inclinações naturais do paciente; ✓ Organização de ações a partir de suas preferências; ✓ Treino de habilidades sociais, principalmente da assertividade, para dar limites nas relações.
Vulnerabili-dade ao dano/doença	✓ Reduzir as estimativas das percepções da probabilidade de eventos catastróficos; ✓ Estimular percepções realistas da sua própria capacidade de os enfrentar; ✓ Ajudar no reconhecimento dos seus medos altamente exagerados; ✓ Diminuir as evitações ou hipercompensações do esquema.	Diminuição dos rituais e estratégias de segurança nas situações temidas; ✓ Exposição gradual das situações que geram ansiedade; ✓ Técnicas de controle da ansiedade, exercícios de respiração, meditação e cartões-lembrete.

Nota.Fonte: Os autores deste capítulo

O esquema continuará ativado se as estratégias desadaptativas se mantiverem. Assim, a mudança comportamental para estratégias adaptativas precisa ser estimulada. Técnicas de manejo de ansiedade seriam importantes para que Dani tivesse mais autoeficácia na exposição de situações ativadoras dos seus esquemas.

CONCLUSÃO

O presente capítulo teve como objetivo elucidar as tarefas evolutivas importantes no desenvolvimento de um indivíduo, dando ênfase a necessidade de autonomia e senso de identidade que não foi suprida no domínio esquemático de "Autonomia e Desempenho Prejudicados". Destaca-se a relevância de avaliar como essa tarefa foi cumprida na vida dos pacientes, pois, somados ao temperamento e a experiências negativas precoces, o não suprimento ou suprimento em demasia podem ser preditores do desenvolvimento de esquemas desse domínio. Algumas reflexões foram indicadas no decorrer do capítulo quanto às origens e aos enfrentamentos desadaptativos desses esquemas, sendo esses perpetuadores esquemáticos que impedem que os pacientes possam desenvolver seu lado saudável de forma satisfatória.

Neste capítulo, houve uma tentativa de ilustrar os prejuízos que os esquemas nesse domínio podem acarretar à personagem Dani. O filme traz exemplos de como a família pode contribuir negativamente para o desenvolvimento e perpetuação dos EIDs, bem como fornecer modelos pouco saudáveis para seus filhos/netos. A personagem Dani tenta fugir de seus padrões familiares, mas, muitas vezes, é arrebatada para manter o funcionamento do seu sistema familiar. Portanto, neste capítulo, há uma proposta de um modelo de intervenção para as nossas "Dani's" do consultório. Nessa intervenção, contempla-se a fase de avaliação do esquema, bem como uma conceitualização acurada para compreender as origens e os desdobramentos dos esquemas dos pacientes, após isso, há a implementação de intervenções cognitivas, experienciais e comportamentais, com objetivo de diminuir a valência das ativações esquemáticas e testar novas e adaptativas estratégias de enfrentamento para situações cotidianas. Por fim, ocorre a intervenção na fase de fortalecimento do lado saudável, incluindo as mudanças comportamentais para potencializar o tratamento dos pacientes. Espera-se que, com a leitura deste capítulo, novas reflexões e *insights* clínicos possam contribuir para a formação e prática de terapeutas do esquema.

Indicação de músicas, filmes e séries que abordam direta e/ou indiretamente os conceitos explanados neste capítulo

Recurso	Nome	Conceitos abordados
Filmes	O Discurso do Rei (personagem principal)	EID: Fracasso
	Pais e Filhas (personagem: Katie Davis)	EID: Emaranhamento
	Os irmãos Willoughby (personagens: Os Barnabys)	
	TOC TOC	EID: Vulnerabilidade ao dano/doença
	IT- A Coisa (personagem Eddie Kaspbrak)	
Série	This is Us (personagem: Kevin)	EIDs: Dependência/ incompetência e Emaranhamento.
Livro	"O livro que você gostaria que seus pais tivessem lido" (Philippa Perry)	Autonomia nas crianças e necessidades emocionais

REFERÊNCIAS

Cazassa, M. J., & Oliveira, M. S. (2008). Terapia focada em esquemas: conceituação e pesquisas. *Revista Psiquiatria Clínica*, 35(5), 187-195.

Falcone, E. M. O. (2011). Relação terapêutica como ingrediente ativo de mudança. In: B. Rangé (Org.). *Psicoterapias cognitivo-comportamentais: um diálogo com a psiquiatria* (2a ed., pp. 145-154). Porto Alegre: Artmed.

Farrel, J. M., & Shaw, I. A. (2018). *Experiencing Schema Therapy from the Inside Out: A self-practice/self-reflection workbook for therapists*. New York: The Guilford Press.

Farrel, J. M., Reiss, N., & Shaw, I. A. (2014). *The Schema Therapy Clinician's Guide*. New Jersey: Wiley Blackwell.

Lockwood, G., & Perris, P. (2012). A new look at core emotional needs. In M. V. Vreeswijk, J. Broersen, M. Nadort. *The wiley blackwell handbook of schematerapy: theory, research, and practice* (pp. 41-66). Wiley-Blackwell.

Louis, J. P., Wood, A. M., Lockwood, G., Ho, M. R., & Ferguson, E. (2017). Positive clinical psychology and schema therapy (ST): the development of the Young Positive Schema Questionnaire (YPSQ) to compliment the Young Schema Questionaire 3 short form (YSQ-S3). *Psychological Assessment.*

Paim, K., & Copetti, M. E. K. (2016). Estratégias de avaliação e identificação dos esquemas iniciais desadaptativos. In: R. Wainer, K. Paim, R. Erdos, & R. Andriola (Orgs.). *Terapia Cognitiva Focada em Esquemas* (pp. 67-84). Porto Alegre: Artmed.

Roediger, E., Stevens, B. A., & Brockman, R. (2018). *Contextual Schema Therapy: an integrative approach to personality disorders, emotional dysregulation, and interpersonal functioning.* California: Context Press.

Schütz, N. T. (2023). *Manual de técnicas em terapia do esquema.* Novo Hamburgo: Sinopsys.

Wainer, R. (2016). O desenvolvimento da personalidade e suas tarefas evolutivas. In: R. Wainer, K. Paim, R. Erdos, & R. Andriola (Orgs.). *Terapia Cognitiva Focada em Esquemas* (pp. 15-26). Porto Alegre: Artmed.

Young, J. E., Klosko, J. S., & Weishaar, M. E. (2008). *Terapia do esquema: guia de técnicas cognitivo-comportamentais inovadoras.* Porto Alegre: Artmed.

Capítulo 5
O DOMÍNIO DE LIMITES PREJUDICADOS EM "TIM MAIA: NÃO HÁ NADA IGUAL"

Joana-D'ark Chaves Monteiro

> *"Ora bolas, não me amole com esse papo de emprego. Não está vendo, não estou nessa. O que eu quero? Sossego"*
> (Tim Maia)

OBJETIVOS DE APRENDIZAGEM

Ao final da leitura deste capítulo, é esperado que você seja capaz de:

- Compreender as necessidades emocionais não atendidas de Tim Maia;
- Relacionar as experiencias de vida de Tim Maia que levaram ao desenvolvimento de esquemas do domínio de Limites Prejudicados;
- Identificar estratégias de intervenção para reparentalização limitada com o Tim Maia.

O domínio de Limites Prejudicados é relacionado à tarefa evolutiva de limites realistas, em que se espera que os pais e/ou cuidadores possam ser provedores das diretrizes da vida em sociedade, como base para um desenvolvimento moral satisfatório de seus filhos (Wainer, 2016). Nesse caso, quando faltam à criança definições claras e precisas a respeito de limites realistas, do direito alheio, das relações de reciprocidade, do desenvolvimento de empatia e do autocontrole para lidar com frustrações serão desenvolvidos Esquemas Iniciais Desadaptativos (EIDs), especificamente, de autocontrole/autodisciplina insuficientes e/ou arrogo/grandiosidade.

Os modelos parentais são a base para o desenvolvimento moral da criança e seu envolvimento em sociedade. Os indivíduos com EIDs do domínio de Limites Prejudicados advêm de famílias que perpassam a permissividade, a condescendência, a falta de orientação sobre o que é certo, deixando de estabelecer limites e disciplina. Além disso, o ambiente permissivo não fornece a aprendizagem de cooperação, de tolerância a frustração e de senso de responsabilidades. Em alguns casos, a família geradora de EIDs desse domínio estava muito envolvida com seus próprios interesses e não assumiu o papel de proporcionar condições emocionais orientadoras para a criança, incluindo a disciplina. Em outros casos, pode haver limites punitivos e com excesso de agressividade e de violência, sendo assim, a criança não tem uma referência saudável e assertiva para suprir a suas necessidades de limites realistas e afetivos (Young et al., 2008).

O não suprimento da necessidade de limites realistas gerará adultos que têm dificuldade em restringir seus impulsos e de postergar a gratificação em prol de benefícios a médio e a longo prazo (Wainer, 2016). No esquema de autocontrole/autodisciplina insuficientes, serão encontrados os indivíduos que não conseguem lidar com frustrações frente a demandas. Os indivíduos com esse EID se esquivam de situações ou de contextos em que necessitem assumir regras e responsabilidades ou ainda dos conflitos que lhe levem a ter que encarar tais possibilidades (Young et al., 2008). Eles também não expressam as emoções de maneira regulada e não conseguem postergar gratificações. Isso significa que, mesmo frente a um grande interesse em determinada situação, não praticarão esforços em sua direção, a menos que as gratificações sejam imediatas. É comum que pessoas com esse esquema violem algumas regras sociais de interesse coletivo e/ou de seu próprio interesse, agindo sem desempenhar autocontrole (Bach et al. 2018).

Young e colaboradores (2008) pontuam que há dois vieses nesse esquema: (1) o autocontrole, em que se percebe a ausência da habilidade de controlar a expressão das emoções e dos impulsos; (2) a autodisciplina, em que o que se destaca é a dificuldade em tolerar a frustração por tempo suficiente para cumprir determinada demanda ou atividade. Tais dificuldades podem trazer prejuízo nas diversas áreas da vida do indivíduo, pois traz dificuldades em todas as tarefas que indicam ganhos de longo prazo. Com isso, os objetivos de vida não são alcançados.

A busca por gratificações de curto prazo pode gerar descontroles (que, em alguns casos, pode envolver o abuso de substâncias e/ou alimentos) e explosões de emoções como raiva ou impulsividade. A falta de disciplina e autocontrole também podem gerar desmotivação para agir diante de uma tarefa que pode ser tediosa e rotineira, desorganização, procrastinação, ausência de concentração e atrasos.

Na relação terapêutica, é comum identificar a sensação de incomodo com a falta de controle que exercem em seus comportamentos. O terapeuta consegue ter empatia ao perceber que esses pacientes, muitas vezes, gostariam de ter autocontrole e autodisciplina, mas apresentam dificuldades em manter uma nova forma de funcionamento por muito tempo.

Já o esquema de arrogo/grandiosidade envolve a sensação de ser melhor e com mais direitos que os demais. Indivíduos com esse esquema consideram que todos estarão a sua disposição para dar conta das demandas que lhes forem ditas para tal. A sensação de onipotência e de merecimento é aquilo que mais acompanha esses sujeitos. Por se sentirem especiais, eles podem tratar aos outros sem equidade, sem empatia e com o foco voltado para seu próprio bem-estar (Farrell et al., 2014).

Indivíduos com o esquema de arrogo/grandiosidade tendem a não se importar com as necessidades alheias e, assim, podem machucar as outras pessoas. A dificuldade em empatia e o egocentrismo acabam por gerar muitas dificuldades nos relacionamentos interpessoais e, geralmente, as pessoas ao seu redor sentem que não são compreendidas.

É importante ressaltar que existem diferentes tipos de arrogo (Behary, 2011). No arrogo puro, houve a negligência dos pais em impor limites e regras aos filhos. Dessa forma, a criança se desenvolve com a sensação de que pode ter e fazer qualquer coisa que queira sem ter que passar pela avaliação ou interesse dos demais. A pessoa age como uma criança mimada que percebe o mundo como subalterno a si e com exclusivos merecimentos diferenciados dos demais. Lockwood e Perris (2012) pontuam que crianças que ganham tudo aquilo que querem, na hora que querem e do jeito que querem, inclusive, controlando os pais, podem desenvolver o estilo mimado de grandiosidade.

Também, existe o chamado arrogo frágil, decorrente da vulnerabilidade de sua criança defectiva e privada. Não se trata aqui de uma sensação de merecimento pura e simples, mas de uma necessidade de encobrir, por intermédio da hipercompensação, a dor dos esquemas subjacentes atrelados a ela, tais como defectividade e privação emocional (Young et al., 2008). Pessoas com arrogo frágil podem, inclusive, não ter conhecimento de seus esquemas subjacentes (geralmente do primeiro domínio esquemático), pois estes lhes foram encobertos por toda uma vida.

Existe ainda um outro grupo de indivíduos com um tipo de arrogo dependente, que se assemelha mais a um misto entre os dois tipos de arrogo citados anteriormente. A sensação no arrogo dependente é de que o mundo está a sua disposição e deve lhe servir. Eles se sentem no direito de depender dos outros e de que sejam cuidados por eles e se irritam quando os outros não o fazem. Nesse caso, há uma dependência de cuidados básicos, como alimentação, moradia e vestuário, tendo EIDs subjacentes, por exemplo, o esquema de dependência/incompetência A *Figura 5.1* descreve algumas das nuances específicas aos três tipos de arrogo (Behary, 2011).

Figura 5.1. Tipos de arrogo

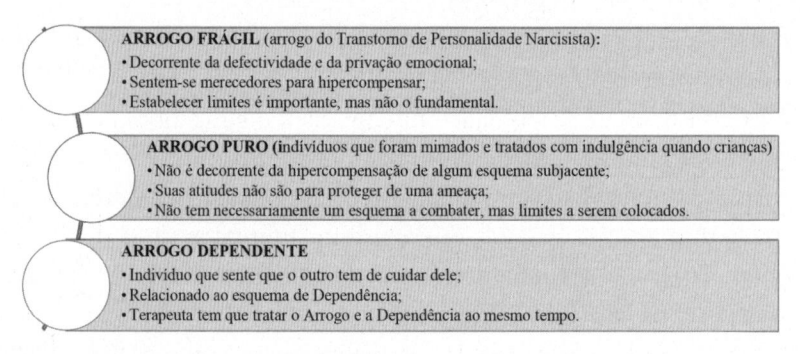

ARROGO FRÁGIL (arrogo do Transtorno de Personalidade Narcisista):
• Decorrente da defectividade e da privação emocional;
• Sentem-se merecedores para hipercompensar;
• Estabelecer limites é importante, mas não o fundamental.

ARROGO PURO (indivíduos que foram mimados e tratados com indulgência quando crianças)
• Não é decorrente da hipercompensação de algum esquema subjacente;
• Suas atitudes não são para proteger de uma ameaça;
• Não tem necessariamente um esquema a combater, mas limites a serem colocados.

ARROGO DEPENDENTE
• Indivíduo que sente que o outro tem de cuidar dele;
• Relacionado ao esquema de Dependência;
• Terapeuta tem que tratar o Arrogo e a Dependência ao mesmo tempo.

Nota. Fonte: Adaptada de Young et al. (2008)

Para o tratamento psicoterápico ser efetivo, é importante que o terapeuta diferencie o tipo de arrogo do seu paciente. Assim, o plano terapêutico estará na direção correta, já que cada tipo de arrogo exige um tipo de reparentalização distinto. O filme "Tim Maia: não há nada igual" mostra o funcionamento do esquema de arrogo e autodisciplina insuficientes no protagonista.

Sinopse do filme "Tim Maia: não há nada igual"

O Filme "Tim Maia: não há nada igual" é uma biografia baseada do livro "Vale Tudo – O Som da Fúria de Tim Maia", escrito pelo jornalista Nelson Motta, que foi produtor e amigo do cantor. Lançado em 2014, o filme traz a história do artista desde sua infância pobre e desconhecida no Rio de Janeiro até a sua morte aos 55 anos de idade. O enredo traça toda a trajetória e luta para se tornar cantor e narra sua vida nos Estados Unidos da América (EUA), incluindo sua prisão no país por roubos e por posse de drogas ilícitas. O filme também mostra o seu retorno ao Brasil, sucesso e quase decadência à retomada, desse que ainda é um dos maiores artistas da música brasileira.

Conhecendo O Nosso Paciente: Tim Maia

Sebastião Rodrigues Maia, mais conhecido como Tim Maia, nasceu em 1942 no Rio de Janeiro, e faleceu em Niterói, também Rio de Janeiro, no ano de 1998. De família pobre, Sebastião vendia marmitas aos 8 anos de idade para auxiliar na renda da família. Ele era o décimo primeiro filho de doze irmãos e perdeu o pai ainda aos 17 anos de idade.

Educado na igreja dos Capuchinhos, foi lá onde participou de seu primeiro grupo musical. Aos 15 anos, Maia já demonstrava seu talento quando montou sua primeira banda, intitulada *Os Sputniks*, da qual Roberto Carlos também fazia parte. Sua banda chegou a se apresentar em um famoso programa brasileiro na época, intitulado "Clube do Rock de Carlos Imperial", na extinta TV Tupi.

Após desentendimento com Roberto Carlos e pelo sucesso que ele passa a apresentar, Sebastião Maia decide procurar Carlos Imperial para carreira solo e muda o nome artístico para Tim Maia, mas não obtém sucesso. Decide, então, tentar a vida nos EUA, ainda com 17 anos. Sua mãe não lhe impede e, mesmo sem condições de viver fora, enecereda nessa tentativa. Nos EUA, Tim Maia trabalha em várias funções, inclusive, garçom, para se sustentar. Durante suas vivências, conhece o *Soul Music*, mas também a vida de drogas e, junto a alguns amigos, começa a cometer pequenos roubos, passando por quatro prisões até ser deportado ao Brasil.

Ao retornar ao Brasil, incorpora o que havia aprendido nos EUA sobre o *Blues* e o *Soul* em suas composições. A partir disso, entrou em uma gravadora e começou a fazer sucesso. Tim Maia gravou seu primeiro *Long-Play* (LP) em 1970 e outro já no ano seguinte, tornando-se um dos artistas mais reconhecidos nacionalmente. Em 1975, entra para uma seita conhecida como "Universo em Desencanto" e produz um novo álbum marcado pelas pregações do grupo, do qual eventualmente se desligou.

Com um histórico de atrito com gravadoras e o seu vício em drogas, bem como sua inconstância em shows e entrevistas, Tim Maia ganha reputação de um artista difícil de lidar. Em 1988, ele sente-se mal em um *show* e acaba sendo levado ao hospital, falecendo no dia 15 de março. No *Quadro 5.1* será apresentado um recorte da conceitualização de Tim Maia.

Quadro 5.1. Recorte da Conceitualização de Tim Maia

Informações Gerais
Nome do paciente: Sebastião Rodrigues Maia
Codinome: Tim Maia
Idade: 55 anos
Estado Civil: solteiro
Filhos: 2 (sexo masculino)
Profissão: Cantor, compositor
Origem Étnica: negro

Esquemas de Terceiro Domínio:
Autocontrole/Autodisciplina insuficientes
Arrogo/grandiosidade

Esquemas subjacentes:
Privação emocional
Defectividade/vergonha
Desconfiança/ abuso

Principais Problemas Atuais Decorrentes Do Terceiro Domínio

1. Separação
2. Perda de amigos
3. Poucas casas de show querem contratá-lo
4. 49 processos judiciais no período do filme
5. Perdas financeiras e de *status* social

Ativadores dos Esquemas (gatilhos)

Sempre que ativado nos esquemas incondicionais de defectividade, privação emocional e desconfiança/abuso:

Ver músicos de sua banda sem dedicação;

Percepção de que está sendo traído ou estão abusando de si;

Visualizar cena de abuso por figuras de autoridade;

Percepção de estar sofrendo racismo ou preconceito de classe;

Percepção de que outros de seu ciclo estão se saindo melhor;

Não ser reconhecido como os outros devido à aparência ou ao *status*.

Origens no Desenvolvimento

Decimo primeiro filho de uma família pobre. Trabalhou desde os 8 anos, tendo que renunciar a seus direitos infantis para arcar com as despesas da família. Foi educado em igreja católica, mas, na mesma época (8 anos), viu o padre assediando uma jovem da igreja e foi pago para não revelar. Apelido pejorativo de Tião Marmita (do qual não gostava). Por ser negro e pobre, queixa-se de que não recebia as mesmas chances que os demais. Não tinha físico o suficiente na infância para jogar bola (tinha sobrepeso). Na infância/adolescência, não tinha dinheiro para comprar seus instrumentos ou coisas que gostaria (por exemplo, um lanche). Pai falaceu quando tinha 17 anos. A mãe não demonstra colocar limites e necessitava do pai para isso.

"Sexo, Drogas, e... Drogas": A Falta de Autocontrole e Autodisciplina de Tim Maia

Ainda criança, Tim Maia teve como modelo os padres da escola em que estudava, que pagavam pelo seu silêncio por ele os ter visto abusando de mulheres na igreja. Tal fator já se mostrava contrário ao pregado pela igreja, gerando uma incongruência de princípios e ainda o abuso de poder exercido pela figura de autoridade maior em sua escola. O outro aspecto a se observar é como o infringir a regra poderia ser resolvido a partir do dinheiro.

Sebastião (Tião) demonstra desde muito cedo (já na infância) que tinha dificuldade em seguir regras, pois chegava a abrir as marmitas que deveriam ser entregues aos clientes e comer o conteúdo que lhe interessava. Na adolescência, ele começou a executar pequenos furtos, como discos de vinis de clientes das entregas. Além da dificuldade em seguir regras e em praticar o autocontrole, também é notado no personagem a falta de empatia quanto aos outros, por exemplo, não se incomodar caso o cliente ficasse sem a comida ou o vinil. Aparentemente, não havia consequências negativas para seus atos. Sua mãe expressa essa frequência de irregularidades, quando questiona Tim Maia, aos 17 anos: *"O que foi que tu aprontaste agora, Tião?"*. A postura da mãe era mais crítica do que educadora e cuidadora.

As explosões de raiva são bem comuns quando Tião está ativado no esquema de autocontrole/autodisciplina insuficientes e perpetuam-se com as mesmas estratégias de *coping*. Indivíduos que têm ativos esses esquemas apresentam comumente expressões exageradas de raiva e não colocam limites à sua criança indisciplinada. A *Tabela 5.1* ilustra a similaridade de ação desadaptativa do personagem.

Tabela 5.1. *Comparativo de estratégias de enfrentamento de Tim Maia frente à ativação esquemática*[1]

Idade	Cena	Esquema Ativado	Modo Ativo[1]	Ação
15 anos	Primeira apresentação com a banda da igreja. O parceiro está conversando com algumas garotas e negligencia afinar o instrumento. Quando Tião (rispidamente) lhe diz para fazê-lo, ele faz gesto grosseiro (estica o dedo).	Desconfiança/abuso; Privação emocional; Autocontrole/autodisciplina insuficientes.	Criança furiosa; Criança Indisciplinada; Impulsiva.	Pula em cima do parceiro e começa a brigar e a quebrar tudo o que encontra, inclusive, os instrumentos.

---

[1] Leia mais sobre os modos criança nos Capítulos 8 e 9.

Idade	Cena	Esquema Ativado	Modo Ativo[1]	Ação
15 anos	Primeira apresentação no programa de Carlos Imperial. Vê Roberto Carlos conversando com o apresentador para apresentação solo.	Desconfiança/abuso; Privação emocional; Autocontrole/Autodisciplina insuficientes;	Criança furiosa; Criança Indisciplinada; Impulsiva.	Arremessa em Roberto todos os pães que encontra, sem se preocupar, inclusive, se atingiria o apresentador ou outras pessoas. Parte para a briga, sendo contido por Wellington e Arlênio.

A dificuldade em autocontrole e disciplina é percebida e criticada por Carlos Imperial em dado momento no qual Tim vai procurá-lo por querer cantar solo, após ter perdido o controle e tentado agredir Roberto: *"De mais a mais, eu não gosto de esculhambação, entendeu? Vocês armaram a maior quizumba aí na porta da emissora. Jogaram até pão doce no para-brisa do carro. Uma delinquência total"*. Carlos Imperial apontava características claras do esquema de autocontrole/autodisciplina insuficientes em Tim Maia. Muitos pacientes no extremo do espectro desse esquema parecem com crianças sem uma educação adequada (Young et al., 2008). Esse perfil será encontrado em Tim durante todo o percurso do filme.

Tião aparenta não ter internalizado regras de convivência social e reciprocidade ou ainda de não ter desenvolvido o processo de empatia, que são características necessárias para lidar com frustrações ou restringir seus impulsos de modo a atingir objetivos de longo prazo. Assim, não consegue refrear-se e aguardar gratificações, fala desprovido de atenção ao conteúdo ou ao outro, não se restringe em refletir sobre seus atos. As ações impulsivas características nesse esquema podem ser descritas em Tim Maia na *Tabela 5.2*.

Tabela 5.2. Indicadores da Falta de Autocontrole e Autodisciplina

Idade	Situação	Esquema Ativo	Indicadores
15/16 anos	Carlos Imperial leva o grupo a uma apresentação de bossa nova no outro lado da cidade para apresentá-los a um novo ritmo que estava crescente.	Autocontrole/ autodisciplina insuficiente	Logo que chega ao local, queixa-se que parece um hospital; Reclama da quantidade de acordes do músico que está tocando, mesmo observando que não sabia tocar como este; Não tolera ficar na apresentação e avisa que vai embora; Antes de sair, pega comida na mesa do apresentador com a mão; Coloca salgados no bolso mesmo que essa não seja uma prática esperada no local.
17 anos	Viagem para os EUA	Autocontrole/ autodisciplina Insuficientes	Não tinha dinheiro para viagem e se integra a uma viagem de catequese dos padres para pegar carona; Viaja sem dinheiro para se manter no exterior, sequer poderia pagar o alojamento ou a refeição, contando com a possibilidade de encontrar alguém que o mantivesse; Não sabe falar inglês e novamente considera que alguém lhe ajudaria nesse quesito após estar nos EUA; Não tinha conhecidos e viaja para casa de alguém que foi patroa de uma conhecida de sua mãe (sem vínculo).

Idade	Situação	Esquema Ativo	Indicadores
17 aos 21 anos	Estadia nos EUA	Autocontrole/ autodisciplina insuficiente	Abandonou vários empregos por falta de paciência, de pontualidade, de de disciplina e de disposição em persistir na tarefa; Abandonou a família que lhe acolheu com afeto e com cuidados para viver nas ruas, infringindo leis; Passa a consumir drogas; Deixou de dar notícias à família, que pensava que ele havia morrido como indigente; Rouba um carro com alguns amigos para passear nos Estados Americanos; Comete uma sequência de roubos para se manter na viagem; É preso por roubo; É deportado para o Brasil.
21 anos	Retorno ao Brasil	Autocontrole/ Autodisciplina insuficientes	Assalta uma casa para conseguir dinheiro; É preso por 11 meses; Quando sai, viaja para SP e foge de uma pensão que estava devendo.

Ao se observar tais cenas, percebe-se o quanto Tim lidava com as situações com descaso ou mesmo sem senso de compreensão de qualquer regra social. A negligência que sofreu durante o aprendizado da empatia, da reciprocidade e de limites acompanhava-lhe durante sua vida adulta, fazendo-o agir como uma criança mimada em prol do que queria, independente das consequências de seus atos ou do interesse alheio.

A falta de disciplina de Tim Maia é clara na cena em que vai comprar o terreno de sua casa, pede para a proprietária informar aos vizinhos que vai ter muito barulho e que a festa vai rolar até tarde:

"Depois, a malandragem vai consumir um jererê que ninguém é de ferro. Bala 24 horas, mescalinazinha, uma aplicaçãozinha de leve, um uisquinho" (Tim Maia). O abuso de substâncias aparece como uma das estratégias de enfrentamento mais comum em Tim Maia desde o final da adolescência até o final de sua vida. Inicia por uma forma de manifestação do esquema de autocontrole e autodisciplina insuficientes e, mais tarde, passa a ser utilizada como forma de aliviar aquilo que estava sentindo.

Impensadamente, Tim Maia viaja com Janaína, sua esposa, e seu amigo Fábio para Londres e passa meses apenas gastando indisciplinadamente com excessos de drogas e o que chamava de "farras franciscanas", shows de *rock 'n' roll* e festivais de todas as variantes possíveis, utilizando diversos tipos de substâncias ilícitas. A consequência foi o decaimento de bem-estar global e a quase falência financeira. Decorrente da indisciplina que apresentava, não se preocupou em trabalhar ou em conter os gastos, dando vazão a todo e qualquer interesse de diversão que surgia durante a viagem.

Dessa forma, é possível observar em Tim Maia comportamentos impulsivos e indisciplinados em uma grande variedade de contextos: não cumprimento de horários no trabalho, excessos de raivas e descontrole de impulsos, furtos variados, colocações verbais agressivas e impensadas, ausência de responsabilização em seus atos, falta de intencionalidade em lidar com a frustração e adiar gratificação, busca de reforço imediato constante. Também, é possível observar, no filme, tentativas de hipercompensação do esquema de autocontrole/autodisciplina insuficiente e do esquema de arrogo/grandiosidade.

Já sendo cantor e compositor de sucesso, ele hipercompensa a indisciplina e a falta de autocontrole, além do arrogo, e se radicaliza a seita do *radical superior*. A partir daí, entrega o que tem aos necessitados. Nesse período, livrou-se das drogas, dos excessos de grosserias, dos rompantes de arrogo e assumiu um novo padrão comportamental por estar seguindo as orientações religiosas. Agia com calma, fala mansa, mudou o estilo musical para conteúdo de transformação interior, impactando, inclusive, a emissora que detinha seu contrato. Decai cada vez mais na condição financeira, nos shows e nos contratos.

Tal comportamento sustentou-se por dois anos apenas e desaparece instantaneamente quando presencia seu líder religioso cometendo abuso semelhante ao padre de sua infância. Nesse momento, abandona a seita, esquece qualquer disciplina e retorna às velhas atitudes de outrora, voltando a zona de conforto esquemática. Em seu caso, reassume o arrogo e a indisciplina de antes.

Uma outra cena mostra a necessidade extrema de ser contido. Sentindo-se impossibilitado de frear seus impulsos, pois não sabe fazê-lo, toma a única atitude que considera possível: ligar para a polícia fazendo uma denúncia anônima contra si, no intuito de ser pego em flagrante com o uso de drogas e arma e ser preso. No entanto, não consegue seu intento e a polícia não lhe prende devido ao seu *status* de celebridade.

Esses dois momentos mostram o movimento que Tim Maia realizou em sua vida na tentativa de buscar por ajuda. Ao se perceber impossibilitado de se autodisciplinar e controlar seus impulsos, mas ainda sem conseguir ter recursos pessoais para assumir tais dificuldades, ele usa de formas desadaptativas para solução dos problemas. Ele não sabia se conter, frear seus intentos, pôr-se limites e agir de forma saudável, buscando outros para que lhe fizessem isso por si, impondo-lhe regras e entregando-lhes recursos e normas.

Young e colaboradores (2008) destacam que muitos pacientes sentem esse esquema como fora de seu controle. Grande parte deles gostaria de ser mais controlado e disciplinado e pode continuar tentando e mantendo os esforços nesse sentido, apesar dos insucessos. Parece que Tim Maia, de uma forma desadaptativa, também queria um pouco mais desse autocontrole e disciplina.

Intervenções Possíveis em Terapia do Esquema Junto ao Paciente Tim Maia em Seu Autocontrole/Autodisciplina Insuficientes

Nos casos em que a criança não recebeu as orientações sociais necessárias para o envolvimento social, as técnicas cognitivo-comportamentais devem ser a primeira opção para gerar regras e compromissos, ensinando ao paciente a identificar que entre o impulso e a ação será necessário inserir um pensamento. Esses pacientes necessitam passar por tarefas de casa graduais para aprenderem a refletir a consequência de cederem aos impulsos. Durante a intervenção, também é importante ensinar ao cliente técnicas de controle das emoções e a habilidade de autocontrole.

É plausível ainda utilizar as técnicas vivenciais, como a de imagem mental e *roleplays* ou dramatizações, como um ensaio comportamental de como agir. Ainda é possível estruturar contingências para facilitar recompensas autodirigidas (p. ex. descanso, presentes, autoelogio) com objetivo de ajudar o paciente a sentir-se reforçado pelo seu empenho.

O foco da intervenção estará nos níveis cognitivo e comportamental. Afinal, a necessidade emocional genuína é a de orientação e a de limites, pois os pais/cuidadores deixaram de oferecer. Na *Tabela 5.3*, há um resumo das estratégias de intervenção que poderiam ser utilizadas com o paciente Tim Maia.

Tabela 5.3. Proposta terapêutica para o autocontrole/autodisciplina insuficientes do paciente Tim Maia

Estratégias cognitivas	Psicoeducação sobre esquemas e modos
Estratégias comportamentais	Atividades gradativas com baixo limiar de dificuldade, que devem ser ampliadas aos poucos: tarefas para se organizar, ser pontual, cumprir rotina, tolerar frustração, adiar gratificação, controlar impulsos excessivos, limitar emoções, cumprir os contratos de *shows* e eventos; Técnicas de relaxamento e meditação; Cartões lembretes sobre como se controlar, análise de evidências, vantagens e desvantagens no consumo de substâncias ilícitas.
Estratégias vivenciais	Imagens mentais para ensaio comportamental e imagem futura de autocontrole e autodisciplina; Dramatização de participação em *shows*, de assertividade, de comunicação.
Relação Terapêutica	Reparentalização limitada da ausência de envolvimento dos pais em sua orientação de regras, limites e reciprocidade.; Firmeza nas regras, nos limites e nas consequências para seus atos inadequados.

Nota. Fonte: Adaptado de Young et al. (2008)

Cada estratégia foi pensada no paciente Tim Maia, focando no esquema de autocontrole/autodisciplina insuficientes. Conforme o paciente prossegue no tratamento, as tarefas devem ser modificadas para o novo objetivo. É importante ressaltar que Tim Maia, provavelmente, tinha esquemas do primeiro domínio esquemático, mas, para fins didáticos, as intervenções aqui descritas terão foco nos esquemas do terceiro domínio esquemático. O exemplo a seguir mostra um possível diálogo com intervenções terapêuticas que vão na direção da reparentalização da necessidade de limites realistas. O terapeuta exerce um papel educativo no que se refere aos limites, mas não deixa de demonstrar afeto, cuidado e apoio.

Vinheta Clínica

Terapeuta: Tim, nós fizemos uma lista de dificuldades que você está tendo para manter a disciplina, inclusive, em muitas delas percebemos sua irritação quando tem que cumprir algo que não quer, como os muitos shows que faz. Não é isso?

Tim: É isso mesmo. Mas também é tudo muito chato e cheio de coisas que detesto fazer. Ter que aguentar essa chatice toda me cansa. Não tenho saco para isso.

Terapeuta: Sim, eu entendo. Mas também entendo que você já chegou a um ponto de estar perdendo muitas coisas importantes e muita gente querida por causa disso, não é? Percebe?

Tim: Eu sei, mas e daí?

Terapeuta: Tim, tudo isso deve ser um saco para você mesmo, já que não recebeu orientações de seus pais sobre como agir com as coisas que não tolerava. E ainda por sentir que ninguém te valorizava como merecia. Já conversamos um pouco sobre isso e até voltaremos a cuidar dessa sensação. Mas, agora, que tu és crescido, adulto, merece receber atenção e afeto do jeito certo. Hoje, que faz o que gosta que é compor e cantar, merece que as pessoas conheçam o compositor e cantor Tim Maia, talentoso, sensível como as letras que compõe e que pode cumprir um show completo na hora certa, dentre tantas outras coisas. E assim conseguir mostrar um lado "empoderado" sim, de valor, especial como cantor, mas que te permita manter vínculos com as pessoas que gosta, além de a excelente condição financeira que tanto gosta. Faz algum sentido para você?

Tim: Talvez faça, só não sei se terei saco para isso.

Terapeuta: Sei que não é tão simples para você, mas podemos começar devagar, aos poucos, com tarefas simples até acostumar-se. Assim podemos ir ampliando. No entanto, precisarei de algum empenho seu nesse início e durante todo o processo. Não posso fazer isso sozinha, então contarei com você. Ok?

Tim: Está bom. O que eu tenho que fazer?

Terapeuta: Tim, começaremos aos poucos. Não lhe digo que vai ser fácil, mas que será necessário. Pensei em iniciar por conseguir cumprir as agendas de shows, já que te traz tanto prejuízo quando falta. O que acha?

Tim: Está legal, até ia ser bom mesmo se eu conseguisse ir a todos e concluir minha agenda.

Terapeuta: Será ótimo e vamos trabalhar para que seja possível. Você me disse que ficava bem cansando de tantos shows e não conseguia curtir. E ainda que parava os shows na metade quando já estava exausto e de saco cheio. Pensei em iniciar ajustando sua agenda para seis shows mensais, já que seria dentro do que você me disse que daria para viver. Ok?

Tim: Mas será que assim vão mesmo me contratar? Vou passar fome.

Terapeuta: Claro que te contratarão e, ainda, não é possível que de forma alguma passes fome, pois irá cumprir sua agenda e será contratado para outros. Concorda?

Tim: Faz sentido.

Terapeuta: O que você acha de termos mais intervalos nos shows? Aqueles em que sua banda pode ficar tocando e você pode ir ao camarim dar uma pequena pausa. Também, elaboraremos cartões lembretes para ler nesses intervalos, que te motivarão a permanecer no show. Deixaremos gravados áudios lembretes sobre as vantagens de fazer um show completo que elaboramos na sessão anterior. E, logo após cada show concluído, você vai se presentear com algo que gosta muito. Não vale drogas ou bebidas, ok? Vamos decidir juntos o prêmio. Mas não quero que tenha que passar por tudo isso sozinho. Quero que me ligue se estiver achando muito difícil a tarefa.

> Quero estar contigo nesse momento. Agora me diga o que você acha de todas essas possibilidades e quanto você considera de 0 a 10 que poderão dar certo.
>
> **Tim:** Com essa vigilância toda talvez um 8 para dar certo. Parece que pode funcionar. Nunca pensei em organizar nada assim. Se eu conseguir fazer mesmo, vou até ter mais tempo para compor. Vou tentar.

"O Caminhão que Atropelou A Vida Tinha Meu Nome na Placa": O Arrogo/Grandiosidade de Tim Maia

Com oito anos de idade, Tião Maia começou a trabalhar entregando as marmitas feitas pelos pais. Por trabalhar nessa função, seus colegas praticavam *bullying* com ele, chamando-o de "Tião Marmita", apelido que gerava bastante desconforto em Maia. Por ser negro e de um bairro pobre, sentia-se à margem e chegou a pensar em jogar futebol para se destacar, mas, por não ter porte físico esbelto, percebia-se ainda sem tal possibilidade. Na compreensão do caso, considerando sua história de vida, é notado que o esquema de arrogo/grandiosidade vincula-se aos esquemas de defectividade/vergonha e a privação emocional.

Tião foi privado de boa parte de sua infância para ajudar com as demandas dos adultos, além de se sentir inferiorizado pelo seu perfil socioeconômico, por ser pobre e não ter dinheiro para comprar as coisas que almejava; físico, por não ter um corpo dentro dos padrões estereotipados culturalmente; e de raça, por sofrer as consequências sociais do racismo estrutural.

O esquema de defectividade/vergonha de Maia também traz base para o esquema de arrogo/grandiosidade, gerando a hipótese de um arrogo frágil (*Figura 5.1.*). Durante o enredo, é possível identificar que Tim mostra superioridade, mesmo em condição de pedir ajuda. Um exemplo disso é evidenciado na narrativa de Fábio sobre um trecho da juventude quando Tim vivia na Tijuca. Na ocasião, Maia foi ao Bar Divino e, conhecendo o dono Sandoval, pede água e, em seguida, um salgado que está exposto, de forma desadaptativa:

Tião: Ei, me dá esse salgado tristonho ai! Tu não vai vender isso mesmo. Alá, todo errado, cagado, desmembrado.

Sandoval: Tu é um pé de chinelo mesmo né, Tião?

Tião: 'Está certo. Eu estou fazendo um favor para tu, Sandoval.

Em seguida, um amigo aparece pedindo uma "Vaca Preta"[2], e Tião completa imediatamente:

Tião: Opa, o "chorinho"[3] é meu.

De acordo com Young e colaboradores (2008), o esquema de arrogo pode ser uma estratégia hipercompensatória dos esquemas de defectividade e privação emocional. Quando esse esquema está ativado, os pacientes podem agir de forma competitiva, grandiosa e abusiva. Nesse sentido, o esquema de terceiro domínio será apenas uma "máscara" ou barreira protetora para a dor real do defeito e da privação. Tim Maia apresenta em seu filme muitas cenas em que age com arrogo como sendo uma postura natural. Em algumas delas, é perceptível os esquemas de primeiro domínio ativados inicialmente, como ocorre na cena analisada na *Tabela 5.4*.

Tabela 5.4. Ativação esquemática de esquemas nucleares, secundários e estratégias de enfrentamento de Tim Maia

Situação	Esquema nuclear ativado	Esquema secundário ativado	Estratégia de enfrentamento
Fazendo shows e o ar-condicionado está desligado.	Privação emocional e Defectividade.	Arrogo; Autocontrole/ Autodisciplina insuficientes.	Usa palavrões e ironias com o público e produtores: *"Aos frequentadores dessa gloriosa sauna, meu cordial boa noite!"* Retira-se do palco e encerra o show.

---

[2] Bebida semelhante ao milk shake

[3] Resto que ficar no copo

Situação	Esquema nuclear ativado	Esquema secundário ativado	Estratégia de enfrentamento
O empresário que o contratou lhe procura no camarim para que volte ao show mesmo sem ar.	Privação emocional e Defectividade.	Arrogo; Autocontrole/ Autodisciplina insuficientes.	"[zangado] *duvido que se fosse o Roberto Carlos você fizesse isso. Aliás, o Roberto nem viria fazer um show aqui.*"
Empresário diz: Você sabe que eu posso te multar, não é?	Defectividade; Desconfiança/ Abuso.	Arrogo; Autocontrole/ Autodisciplina insuficientes.	"[zangado, desdenhoso] *defequei malandro. Defequei para tu, para teu contrato. Contrato de exploração de talento alheio.*"
Empresário: não vou mais te contratar.	Defectividade; Desconfiança/ Abuso.	Arrogo	"[zangado, desdenhoso] *me faz esse favor meu irmão. Velório, eu só canto se for no seu e nesse faço questão de cantar de graça. E mais, desse show aqui não vou te devolver um centavo.*"
"Você está me obrigando a te processar".	Defectividade; Desconfiança/ Abuso.	Arrogo	Ri debochado e confirma com a secretária que já tem 48 processos em seu nome e ele seria apenas o 49°.

Observa-se, durante quase todo o filme, que a privação emocional e a defectividade são dois esquemas incondicionais que ativam sua dificuldade de disciplina e estratégias de enfrentamento desadaptativas hipercompensatórias no cantor. Em seguida a elas, o esquema de arrogo e autodisciplina insuficientes vem à tona.

Analisando a cena apresentada na *Tabela 5.4*, é possível perceber o cantor totalmente autocentrado, não demonstrando qualquer tipo de empatia com o público que estava esperando para lhe receber, assim como não busca em si recursos mais eficazes e saudáveis para lidar com a frustração e dano. Ainda sequer se preocupa com as consequências de seus atos, como se nada tivesse ocorrido ou nada houvesse de ocorrer frente a tal comportamento. Esse formato de agir torna-se comum no estilo de vida do cantor e vem lhe trazer grandes prejuízos. Com o passar do tempo, a postura engrandecedora de Tim Maia vai lhe afastando dos amigos, da esposa e dos envolvimentos profissionais.

Intervenções Possíveis para O Esquema de Arrogo de Tim

Young e colaboradores (2008) apontam que, em pacientes que apresentam o arrogo puro, advindo da criança mimada, a parte central do tratamento é a colocação de limites, já que não há um esquema subjacente a ele, sendo uma outra possibilidade o diálogo entre a parte mimada e a saudável. Porém, esse não é o caso de Tim Maia, que mostra, em alguns momentos, como na *Tabela 5.4*, que tem necessidades emocionais subjacentes a esquemas de primeiro domínio. Seu tipo de arrogo se classifica como frágil, pois decorre de uma criança vulnerável defectiva e privada. Contudo, será foco o esquema de arrogo/grandiosidade de Tim Maia (uma forma de intervenção baseada em modos hipercompensatórios, incluindo o autoengrandecedor, pode ser acessada *no Capítulo 12*).

Tabela 5.5. Estratégias e técnicas terapêuticas para o arrogo de Tim Maia

Estratégias Vivenciais	Imagem mental de lugar seguro; Imagem mental para necessidade emocional; Imagem mental para reparentalização.
Estratégias comportamentais	Escolher indivíduos que possam estar dispostos a contato mútuo e a vínculo afetivo; Treinamento de habilidades sociais.
Estratégias cognitivas	Vantagens e desvantagens do arrogo; Registro de Pensamento disfuncional para corrigir distorções cognitivas; Seta descendente para as crenças subjacentes; Cartões lembretes; Registros de pensamentos e sentimentos para sessão.

Relação terapêutica	Não entrar em competição ou tentativa de impressionar o paciente para não entrar em embate;
	Terapeuta expressa, com tato, seus direitos quando o paciente violar, de modo que possa perceber, os limites necessários;
	Terapeuta demonstra vulnerabilidade para que o paciente possa observar o modelo que difere do seu;
	Terapeuta ajuda o paciente a se sentir amado pelo que ele é e não pelo que ele faz.

Nota. Fonte: Adaptado de Young et al. (2008)

No formato dessa intervenção, é possível ir ao encontro das necessidades emocionais reais dentro do arrogo. O processo psicoterápico oferece atenção, afeto e orientações justas, limites realistas como forma de cuidado, que lhe faltaram no seu desenvolvimento. O paciente precisa ser valorizado genuinamente por quem ele é, não pelo que ele faz (Wainer & Wainer, 2016).

A terapia é direcionada com o foco para que o paciente possa conseguir ir tomando boas decisões com melhor regulação emocional. Também, é esperado que o paciente use formas mais adequadas no convívio com o outro, sem que se prive de seus interesses, mas que demonstre empatia pelo outro e não apenas suas próprias vontades.

CONCLUSÃO

O terceiro domínio de tarefas evolutivas traz em seu cerne a aprendizagem de limites, regras e modelos sociais adequados a serem seguidos. Quando os cuidadores primários falham ou se abstêm de introduzir a compreensão da reciprocidade humana e empatia, pode-se ver surgir esquemas no domínio dos Limites Prejudicados: tanto o autocontrole/autodisciplina insuficientes quanto o esquema de arrogo/grandiosidade.

Na vida de Tim Maia, foram necessárias as estratégias possíveis ao seu dispor para sobreviver a dor emocional da falta de cuidado e de orientação. O que se percebe é a incongruência entre o talento na arte e a inabilidade na vida pessoal e profissional.

    Estratégias de enfrentamento de um domínio que solicita apenas a regra e o limite, quem dera tivessem sido passadas adequadamente para a completude do poeta. Quem saberá o que se passaria se não houvesse de irromper tantas batalhas? Pois, como mesmo o diria a bela criança que vagava sozinha no agigantado coração de Tim Maia: "*Quero amor sincero, isso é o que eu espero.*". Esse é o percurso que nosso solitário poeta traz em formas de compreensão para o domínio dos Limites Prejudicados.

Indicação de músicas, filmes e séries que abordam direta e/ou indiretamente os conceitos explanados neste capítulo

Recurso	Nome	Conceitos abordados
Série	*Lúcifer*	EID: arrogo/grandiosidade
Filme	*Steven Jobs*	EID: arrogo/grandiosidade
	The Dirt	EIDs: autocontrole/autodisciplina insuficientes
	Cazuza	

REFERÊNCIAS

Behary, W. T. (2011). *Ele se acha o centro do universo*. Rio de Janeiro: Best Seller.

Bach, B., Lockwood, G., & Young, J. E. (2017). A new look at the schema therapy model: organization and role of early maladaptive schemas. *Cognitive Behaviour Therapy, 47*(4), 328–349.

Farrell, J. M., Reiss, N., & Shaw, I. A. (2014). *The schema therapy clinician's guide: A complete resource for building and delivering individual, group and integrated schema mode treatment programs*. John Wiley & Sons.

Lockwood, G., & Perris, P. (2012). A new look at core emotional needs. In: M. van Vreeswijk, J. Broersen, & M. Nadort (Eds.), *The Wiley-Blackwell handbook of schema therapy: Theory, research, and practice* (pp. 41–66). Wiley Blackwell.

Van Vreeswijk, M., Broersen, J., & Nadort, M. (2012). *The Wiley-Blackwell handbook of schema therapy: Theory, research, and practice*. John Wiley & Sons.

Wainer, R. (2016). O desenvolvimento da personalidade e suas tarefas evolutivas. In: R. Wainer, K. Paim, R. Erdos, & R. Andriola (Orgs.), *Terapia cognitiva focada em esquemas: integração em Psicoterapia.* Porto Alegre: Artmed.

Wainer, R. & Wainer, G. (2016). O trabalho com os Modos Esquemáticos. In: R. Wainer, K. Paim, R. Erdos, & R. Andriola (Orgs.), *Terapia cognitiva focada em esquemas: integração em Psicoterapia.* Porto Alegre: Artmed.

Young, J. E., Klosko, J. S., & Weishaar, M. E. (2008). *Terapia do esquema: Guia de técnicas cognitivo-comportamentais inovadoras.* Porto Alegre: Artmed.

Capítulo 6
O DOMÍNIO DE ORIENTAÇÃO PARA O OUTRO EM "A ESPOSA", "PATCH ADAMS" E "O GRANDE GATSBY"

Suzana Peron
Isabela Pizzarro Rebessi

> *"Se algo não for do seu agrado, eu mudarei."*
> (Jay Gatsby)

OBJETIVOS DE APRENDIZAGEM

Ao final da leitura deste capítulo, é esperado que você seja capaz de:

- Diferenciar a apresentação dos três esquemas do quarto domínio e suas especificidades;
- Identificar possíveis estratégias de intervenção para o atendimento de necessidades nos esquemas de quarto domínio;
- Relacionar o medo do não atendimento das necessidades do outro à resignação ao esquema de subjugação no filme "A esposa";
- Identificar o impacto do foco excessivo no outro no esquema de autossacrifício no filme "Patch Adams - O amor é contagiante";
- Identificar comportamentos de resignação do esquema de busca de aprovação/busca de reconhecimento em "O Grande Gatsby";
- Relacionar o funcionamento da busca de aprovação no processo de autoestima e de gratificação em "O Grande Gatsby".

Segundo Young et al. (2008), os esquemas têm sua origem a partir de necessidades básicas não atendidas. Dentre as cinco necessidades emocionais básicas postuladas por esses autores, encontra-se a importância de liberdade de expressão, necessidades e emoções válidas. De acordo com a Terapia do Esquema, indivíduos que não têm essa necessidade atendida, a partir da interação de seu temperamento e experiências no ambiente primário, podem vir a desenvolver três esquemas iniciais desadaptativos – subjugação, autossacrifício e busca de aprovação/reconhecimento – que constituem o quarto domínio esquemático, denominado Direcionamento para o Outro.

No trabalho clínico, é essencial o olhar mais atento às formas de interação interpessoal, especialmente familiar, uma vez que a família, tradicionalmente, mostra-se enquanto o primeiro núcleo de interação dos indivíduos, o qual pode contribuir significativamente para que os esquemas do quarto domínio sejam desenvolvidos. Tipicamente, indivíduos que desenvolveram esquemas de subjugação, autossacrifício e busca de aprovação/reconhecimento tiveram experiências familiares marcadas pela aceitação condicional. Nessas famílias, muitas vezes, as crianças aprenderam que para conseguir afeto, atenção e aprovação, era necessário que elas restringissem as suas próprias necessidades em detrimento das necessidades dos outros. É possível que os pais e familiares apresentassem uma postura na qual suas próprias necessidades eram vistas como mais importantes do que as da criança (Wainer, 2016; Young et al., 2008). Ainda é comum que a criança tenha tido um modelo de submissão ao longo do seu desenvolvimento (Arntz, & Jacob, 2013).

Os domínios esquemáticos consistem em janelas temporais específicas nas quais as necessidades emocionais básicas do indivíduo precisariam ser atendidas, a fim de que esse possa desenvolver esquemas mentais saudáveis. A tarefa evolutiva correspondente ao quarto domínio consiste no respeito dos desejos e das aspirações próprias do indivíduo (Wainer, 2016). Caso essa tarefa não seja suprida satisfatoriamente ao longo do desenvolvimento da criança ou do adolescente, o indivíduo poderá desenvolver papéis sociais e pessoais nos quais há ênfase excessiva no atendimento das necessidades, solicitações, sentimentos e desejos alheios em detrimento de seus próprios, para evitar retaliação, obter aprovação e senso de conexão (Arntz, & Jacob, 2013;

Young et al., 2008). No geral, os esquemas desse domínio comumente são secundários aos esquemas do primeiro domínio (Desconexão e Rejeição - abandono/instabilidade, privação emocional, defectividade/vergonha, desconfiança/abuso, isolamento social/alienação). Esses podem se apresentar como uma estratégia de enfrentamento da rejeição e desconexão, por meio da submissão e busca de aprovação (Arntz, & Jacob, 2013).

A forma como cada um desses esquemas se mostra, na tentativa de atender a essa demanda de priorização do outro, difere em cada um deles. No esquema de subjugação, os indivíduos têm a tendência a se moldar e a se adaptar aos desejos e às necessidades alheias, até mesmo, quando estas não são diretamente explícitas, fazendo com que a pessoa busque deduzir ou adivinhar quais seriam as vontades do outro (Arntz, & Jacob, 2013). Essa busca pode ser expressa pela presença de comportamentos de obediência excessiva, pelo anseio em agradar e pela hipersensibilidade para situações nas quais se sente preso. A subjugação, nesse sentido, pode se apresentar de duas formas: subjugação de necessidades (supressão das próprias preferências, decisões e desejos) e subjugação das emoções (inibição das emoções, em particular a raiva) (Young et al., 2008).

Considerando os esquemas primários aos quais esse esquema está associado, pode-se destacar a defectividade/vergonha, desconfiança/abuso e o abandono/instabilidade. Nesse sentido, a entrega do controle de sua vida ao outro vem no intuito de não se sentir coagido, buscando evitar a raiva, a retaliação e o abandono. Ou seja, indivíduos que desenvolvem esse esquema conseguem perceber com certa facilidade o desconforto causado pela supressão das suas necessidades e desejos, mas, por causa do receio das consequências negativas em não estar à disposição do outro (ser deixado, ser abandonado ou ser punido), a expressão dessa insatisfação ou não acontece ou ocorre de forma pouco saudável e inadequada, via comportamento passivo-agressivo, episódios de descontrole, retirada do afeto, uso de substâncias, desenvolvimento de sintomas psicossomáticos (Roediger et al., 2018; Young et al., 2008).

Normalmente, os pacientes com esquema de subjugação apresentam dificuldade de se conectar e reconhecer as suas próprias necessidades e de exigir seus próprios direitos (Arntz, & Jacob, 2013). Durante a intervenção, é necessário que o indivíduo desenvolva as habilidades e a confiança para afirmar e expressar suas necessidades, sentimentos e desejos nos relacionamentos, mesmo quando esses diferem ou estão em conflito com outras pessoas significativas, sem medo de punição ou rejeição. O que também não significa que será estimulado a apresentar uma postura rígida e inflexível em todos os contextos, sendo necessário o desenvolvimento de flexibilidade e avaliação crítica das situações, fazendo com que esses indivíduos permaneçam abertos a concessões, quando pertinentes ao contexto (Lockwood, & Perris, 2012).

O esquema de autossacrifício tem como característica o foco voluntário e constante no atendimento da necessidade do outro (Arntz, & Jacob, 2013). Essa busca, normalmente, dá-se com o objetivo de não causar sofrimento ao outro, evitar a culpa por se sentir egoísta, manter a conexão com outros percebidos como carentes, ganhar autoestima e está associada a uma sensibilidade intensa ao sofrimento alheio (Young et al., 2008).

Contudo, ao sempre colocar a necessidade do outro em primeiro lugar, pode causar, a longo prazo, ressentimento em relação àqueles por quem a pessoa se sacrificou para cuidar (Roediger et al., 2018). O desconforto por perceber que o indivíduo abdicou das suas próprias necessidades para atender as do outro pode ser um processo longo e demorado, uma vez que, ao estar associado ao esquema primário de privação emocional, o autossacrifício dificulta a compreensão, a aceitação e a validação das próprias necessidades da pessoa, o que a mantém nesse funcionamento "altruísta" prejudicial.

Dessa forma, durante o processo de intervenção, é necessário que o indivíduo desenvolva as habilidades e a confiança para tratar as suas necessidades como tão importantes quanto as de qualquer outra pessoa. Assim, ao longo do processo, é buscado um equilíbrio saudável entre ter suas necessidades atendidas e ajudar aos outros, sendo que a culpa não deve funcionar como forma de inclinação para a expressão e a consideração pelas necessidades do outro (Lockwood, & Perris 2012).

Pessoas com esquema de busca de aprovação/reconhecimento colocam como extremamente importante causar uma boa impressão no outro. Para isso, é despendido muito tempo e energia no aprimoramento da aparência, do *status* social, do comportamento, da busca financeira, entre outros (Arntz, & Jacob, 2013). Há dois tipos de apresentação possível: a busca pela aprovação, na qual há o desejo e o investimento em se encaixar e ser aceito, e a busca pelo reconhecimento, na qual há o foco em ser aplaudido e admirado (Young et al., 2008).

Dessa forma, a pessoa busca aprovação, apreço, reconhecimento ou admiração às custas de suas necessidades pessoais (Roediger et al., 2018), não com o objetivo de ser o melhor, mas para receber a aprovação e a apreciação do outro. Dessa forma, sua autoestima é baseada nas reações dos outros, o que, por consequência, pode gerar uma sensação de "fraude", por não ser desenvolvido um *self* seguro e genuíno e pela aprovação alheia fornecer apenas uma gratificação superficial e passageira (Arntz, & Jacob, 2013; Young et al., 2008).

Normalmente, indivíduos que apresentam o esquema de busca de aprovação/ reconhecimento têm dificuldade de se conectar com suas próprias necessidades e desejos, uma vez que a opinião e a aprovação do outro sempre se mostram como primeiro plano (Arntz, & Jacob, 2013). Por isso, é necessário que seja desenvolvida a expressão genuína das emoções e a identificação e a ação a partir das inclinações naturais do indivíduo, ou seja, do desenvolvimento de seu valor intrínseco (Young et al., 2008).

A diferença fundamental entre esses três esquemas encontra-se no "objetivo final" do atendimento da necessidade e da busca da aprovação do outro. Na subjugação, o objetivo principal seria se adaptar e se resignar à vontade do outro, buscando a aprovação por medo ou tentativa de evitar as possíveis consequências de não o fazer e de não a ter. Enquanto no autossacrifício, o objetivo está em descobrir a necessidade ou os requisitos situacionais do outro e o atender o mais rápido possível, por ser sua responsabilidade ou ser o "certo" a ser feito, com a intenção de não machucar o outro, sendo comum a ocorrência da culpa quando se foca nas próprias necessidades. Já no esquema de busca de aprovação/ reconhecimento, não há o medo da punição ou do abandono, como na subjugação, e, também, essa busca não se dá pelo entendimento de que o outro seja frágil ou carente, como no autossacrifício, mas pela busca da aprovação do outro, como uma necessidade em si mesma (Arntz, & Jacob, 2013; Young et al., 2008). Neste capítulo, será apresentada a análise de três filmes para ilustrar a apresentação e compreensão do funcionamento dos esquemas de subjugação, autossacrifício e busca de aprovação/reconhecimento.

O Esquema de Subjugação no Filme "A Esposa"

> *"Minha ocupação? Eu faço reis."*
> (Joan Castleman)

Sinopse do filme "A Esposa"

> Joan Castleman é casada com um homem controlador (Joseph Castleman) e que não sabe como cuidar de si mesmo ou de outra pessoa. Ao longo de sua trajetória, Joan assistiu todos ao seu redor exultando todas as qualidades e realizações do marido, ao passo em que ela figurava como coadjuvante nas produções em que ela era a protagonista. Joseph está prestes a receber um Prêmio Nobel de literatura, o qual Joan, sua esposa, teve grande participação para isso. Contudo, ela não recebe os devidos créditos. Após 40 anos ignorando seus talentos literários para valorizar a carreira do marido, Joan decide abandoná-lo.

"Uma primeira-dama decente": a resignação de Joan

É comum que pacientes com o esquema de subjugação resignem ao esquema, sendo excessivamente obedientes, principalmente a figuras mais poderosas ou de autoridade. O estilo de enfrentamento da resignação ocorre quando o indivíduo age de acordo a confirmar seu esquema, aceitando-o como verdadeiro e, consequentemente, perpetuando-o (Young et al., 2008). Logo no início do filme, é possível observar este estilo de enfrentamento, quando durante o jantar de comemoração da vitória do Prêmio Nobel, Joan aparece conversando com uma amiga que, muito animada, pergunta sobre a viagem para receber o prêmio.

> *Amiga: Nossa, em dezembro vai estar congelante na Suécia! John vai te comprar um bom casaco de pelo?*
>
> *Joan: Acho que serei como qualquer primeira-dama e vou me virar com um casaco de pano mesmo.*

Nesse trecho, é visível a subjugação de necessidades apresentada por Joan. Ela deixa de lado sua vontade de um casaco adequado para suportar o frio da época e aceita "se virar" com um casaco de pano ou qualquer outra coisa que esteja disponível. O esquema de subjugação, em sua característica marcante, traz o entendimento de que as necessidades e sentimentos do indivíduo não são válidos ou importantes para os outros, o que fica evidenciado nessa fala.

Outro trecho que evidencia não só a resignação, como a necessidade básica não atendida por trás do esquema, é o momento em que Joan e Joseph estão se dirigindo para o ensaio de Joseph antes do recebimento do prêmio. O filho do casal, David, mostra-se muito chateado pelo fato do pai não o estar validando sobre sua escrita. Enfurecido, ele pede para não ir até a palestra e sai do carro. O diálogo a seguir ilustra a conversa subsequente entre Joan e Joseph, com Joan apontando sua necessidade de ter um aval do marido:

Joan: Acho que ele é talentoso.

Joseph: Então, você deveria dizer isso a ele.

Joan: Eu digo, mas não significa o mesmo do que se viesse de você.

Joseph: Ele não deveria precisar da minha aprovação para escrever.

Joan: Todos precisam de aprovação, Joseph.

Ao longo de todo o filme, Joan mostra-se extremamente zelosa e cuidadosa com o marido, mesmo quando se irrita com ele. Na cena em que eles chegam ao hotel em Estocolmo para a premiação, mesmo irritada com o fato de ele ter flertado com outra mulher, Joan mostra-se cautelosa com a higiene do marido, observando sua aparência e o atentando para a necessidade de escovar os dentes. Antes de dormir, ela se preocupa com o açúcar que ele consome, como está sua saúde física (chega a ouvir seu coração para se certificar de que ele não esteja com arritmia) e procura reforçá-lo constantemente pelo feito de ganhar o Prêmio Nobel, mesmo estando profundamente desconfortável e incomodada com a situação. Pode-se compreender que Joan subjuga suas necessidades, pois entende que, nesses momentos, as do marido são mais importantes e que, caso não as atenda, pode ser abandonada.

"Por favor, não me deixe!": o medo como motivação

Uma importante diferenciação do esquema de subjugação em relação ao de autossacrifício é de que, no primeiro esquema, a subjugação não é baseada no valor internalizado de ajudar aos outros, mas sim no medo de ser retaliado ou abandonado (Young et al., 2008). Ao longo do filme, algumas cenas mostram o medo de Joan de ser abandonada por Joseph.

Joan tem uma lembrança sobre seus tempos de faculdade, na qual estudava para ser escritora. Era reconhecida por seu talento na escrita, sendo notada por seu, então, professor Joseph, que acabou se tornando seu marido. Joseph era casado na época em que conheceu Joan e vivia uma relação conturbada com sua esposa. Joan estava sendo reconhecida por ele enquanto escritora e foi levada a um evento no qual uma mulher lhe disse que seus livros jamais seriam lidos ou publicados, porque os homens da época não permitiriam que uma mulher ocupasse tal espaço. Então, ela resolveu incentivar Joseph a publicar sua primeira obra, porém, ao ler o manuscrito, Joan percebeu que não estava bom e faltaram muitos elementos importantes para o texto. Ao dar esse feedback a Joseph, este ameaça deixá-la.

> *Joseph: Como pode me amar se acha que escrevo mal? Você não me respeita, não posso ficar com quem não me respeita. Não posso mais fazer isso.*
>
> *Joan: Ninguém vai publicar os meus livros e, mesmo que publique, ninguém os leria. Não sou cheia de grandes ideias como você. É você que tem algo a dizer, não eu. Por favor, não me deixe. Minha vida não tem sentido sem você, não me deixe!*

Após essa fala, em mais um exemplo de resignação ao esquema de subjugação, motivada pelo medo de ser abandonada, Joan propõe reescrever a obra de Joseph, que aceita a proposta. O livro é aceito e, assim, inicia-se um legado de sucesso, com Joan ocultando suas necessidades em prol das do marido cada vez mais. Joan renuncia um de seus maiores desejos, que é ser escritora, para favorecer o marido e colocá-lo em uma posição de superioridade; dessa forma, ele não a deixa.

Conforme as necessidades e sentimentos são subjugados, pode ocorrer o acúmulo de raiva que se manifesta por meio de sintomas psicossomáticos, comportamento passivo-agressivo, abuso de substâncias e, mais tipicamente, explosões (Young et al., 2008). Um dos exemplos de explosões que acontecem no filme é uma das brigas do casal, quando Joan percebe que Joseph seduziu a fotógrafa e quando ele confronta a esposa sobre sua postura de questioná-lo, Joan aponta que não importa o que ela esteja sentindo, porque a grande estrela do *show* é Joseph. Ao mesmo tempo, não o confronta por medo de sofrer alguma represália.

Outro exemplo de subjugação de sentimentos que Joan fez ao longo de sua história com Joseph foi ilustrado quando o casal volta para o hotel, após o discurso de Joseph ao receber o Prêmio Nobel. Anteriormente, Joan havia pedido para que ele não a mencionasse no discurso, porque não gostaria de ser vista como "a esposa sofredora". Ignorando os pedidos de Joan, Joseph faz o discurso, mencionando que gostaria de dividir a honra do prêmio com sua esposa, uma vez que ela sempre foi sua musa, fortaleza e a responsável por ele estar ali. Durante a cena, é possível notar o desconforto de Joan e, logo após o discurso, ambos saem da festa. No caminho para o hotel, ela pede o divórcio e ele diz que *'com certeza ela não vai deixá-lo'*. Joan diz que está farta dos casos dele, ao que ele aponta que se arrependeu. Ela, então, responde: *"Sim, vinha chorar no meu colo me implorando para que te perdoasse. E eu, de alguma forma, o fazia, porque você me fazia acreditar que meu talento era responsável por isso"*.

Ao final do filme, Joan acaba explodindo e dizendo que realmente não vai continuar na relação.

> *Joan: Não aguento a humilhação de segurar seu casaco, arrumar seus remédios e tirar as migalhas da sua barba. E ser jogada com as outras esposas para falar sobre alguma compra enquanto você diz a todos os bajuladores que sua esposa não escreve!*

Tal briga culmina em um ataque cardíaco em Joseph. Quando Joan percebe, vai em sua direção e procura ajudá-lo, ficando extremamente abalada ao perceber que ele tinha falecido. Mais uma vez, a subjugação é ilustrada quando Joan abandona todas as suas necessidades e sentimentos naquele momento e vai ao encontro do marido, desesperando-se com sua partida. Embora a preocupação de Joan com o marido seja válida dado ao contexto, percebe-se que, na cena, ela abandona toda a raiva e todos os argumentos levantados com ele no momento anterior e vai ao encontro do marido, estando totalmente disponível no momento, apesar de suas emoções.

Aspectos relativos à intervenção e à postura terapêutica para o esquema de subjugação

O objetivo geral do tratamento é mostrar ao paciente que ele tem total direito de expressar e vivenciar suas necessidades e sentimentos. Para tanto, também é necessário mostrar que essa expressão pode ser feita de maneira adequada ao contexto e ao momento em que ocorre, não sendo preciso "guardar para mais tarde" ou não se expressar, demonstrando comportamento passivo. Nesse âmbito, os pacientes também são estimulados a se envolverem em relacionamentos saudáveis com indivíduos que permitam essa expressão (Young et al., 2008).

Nas estratégias cognitivas, pode-se flexibilizar por meio do exame de evidências as expectativas negativas do paciente subjugado acerca das consequências de expressar suas necessidades. Também, é necessário fazê-los aprender que não é saudável guardarem para si seus sentimentos e suas necessidades, sendo natural expressá-los de forma adequada.

As estratégias vivenciais consistem em imagens mentais nas quais os pacientes possam expressar suas emoções e afirmar seus direitos com relação às figuras de autoridade. O terapeuta deve insistir no trabalho vivencial até que os pacientes consigam manifestar sua raiva, uma vez que, conforme dito anteriormente, indivíduos com o esquema de subjugação têm muita dificuldade em expressá-la e, quando o fazem, é por meio de comportamentos não adaptativos (Young et al., 2008). O propósito da expressão da raiva é fazer com que os pacientes se sintam fortalecidos e consigam estabelecer melhor seus limites pessoais. No caso de Joan, o terapeuta poderia investir em imagens mentais dela no início de seu envolvimento com Joseph, expressando sua raiva e desagrado pela postura dele. Não é mostrada no filme sua relação anterior com a família de origem, embora, provavelmente, houvesse padrões a serem investigados e abordados também nas estratégias vivenciais.

Por fim, boa parte das estratégias comportamentais consistem em auxiliar o paciente a escolher parceiros amorosos não controladores, que permitam a expressão de necessidades de forma ampla e saudável. Além disso, como consequência do esquema, é comum que os pacientes nem reconheçam suas próprias necessidades e seus sentimentos, uma vez que foram habituados a sempre atender aos outros. A terapia também deve ajudar nesse processo de desenvolvimento do *self,* auxiliando o paciente a identificar suas inclinações naturais. A relação terapêutica é recurso fundamental na intervenção para esse esquema, uma vez que o terapeuta deve criar um ambiente confortável e acolhedor para a expressividade emocional do paciente. Deve-se também incentivar o paciente a se colocar nas relações, inclusive, na própria relação terapêutica, podendo o terapeuta atuar como modelo para isso, por meio da confrontação empática. O terapeuta aponta ao paciente a necessidade de se colocar de forma assertiva nas relações e os prejuízos advindos da subjugação, porém sempre de forma acolhedora e permitindo que o paciente se expresse (Young et al., 2008).

Vinheta clínica para exemplificação da utilização da técnica de imagem mental para o caso de Joan Castleman

A seguir será apresentada uma vinheta clínica com uma possível intervenção para Joan Castleman, buscando auxiliá-la na expressão e validação da raiva, além de modelar possibilidades de uma confrontação assertiva com Joseph. Para descrição da intervenção, será narrada uma sessão com Joan após o momento de descoberta da indicação de Joseph ao prêmio Nobel de Literatura, uma vez que ela recupera imagens mentais do início do relacionamento e do seu envolvimento na escrita de Joseph. Essa sessão seria feita após Joan ter sido psicoeducada sobre seus esquemas e modos esquemáticos.

Vinheta Clínica

> **Terapeuta:** Joan, como foi para você receber a notícia da indicação de Joseph ao prêmio Nobel?
>
> **Joan:** Eu fiquei alegre no início, mas não consegui deixar de pensar que ali tem minha dedicação. Ele fez muitas coisas, ele tem o nome, mas sou eu ali também.
>
> **Terapeuta:** Certo, é muito bom que você consiga reconhecer sua participação em toda essa situação, Joan. Você se dedicou muito e é a sua escrita que está ali. Porém, imagino que outras emoções tenham surgido além da alegria...o que você sentiu quando pensou que ali está a sua dedicação também?

Joan: Não sei...eu me coloquei nessa situação. Eu precisava fazer isso por ele, ele precisava de mim.

Terapeuta: (tentando ativação emocional da raiva) Joan, me parece que há um lado seu que está invalidando algumas emoções ligadas a essa situação. Tente se lembrar do contexto todo, de como é a sua escrita ali...é a sua escrita, Joan, com o nome dele...

Joan: Quando soube da notícia, tudo o que ele fez foi começar a pular na cama e falar "eu fui indicado ao Nobel, eu fui indicado ao Nobel..." Sim, foi sim, graças a mim!

Terapeuta: Exatamente, Joan...o que sente ao pensar sobre isso?

Joan: Sinto raiva! Muita raiva! Desde sempre isso aconteceu, desde a época em que resolvi ajudar...ele levou todo o mérito!

Terapeuta: Joan, penso que podemos aproveitar essa expressão da raiva para fazermos um exercício de imagem mental...o que acha?

Joan: Pode ser...

Terapeuta: Gostaria de pedir para que você se sentasse confortavelmente na cadeira e fechasse os olhos, respirando bem fundo... procure ficar o mais confortável possível. Agora eu gostaria que você se imaginasse naquele seu lugar seguro, um lugar que lhe transmita paz, tranquilidade, segurança...quando estiver pronta, pode me descrever como é esse lugar?

Joan: (respirando profundamente) Estou no meu quarto, sozinha, sentada na cama. Está entardecendo, o clima está fresco e estou lendo um livro. O quarto está todo arrumado, consigo perceber que estou sozinha em casa.

Terapeuta: Ótimo Joan, aproveite essa sensação...

Joan: (permanece de olhos fechados e focando na imagem do lugar seguro)

Terapeuta: Agora eu gostaria de pedir para que se colocasse no momento em que você deu um feedback negativo a Joseph, antes de sua primeira publicação, quando disse a ele a necessidade de melhorar alguns pontos.

Joan: Certo...

Terapeuta: Você consegue dar a Joseph esse feedback novamente?

Joan: Sim. Joseph, a escrita está boa, porém alguns pontos precisam de melhora. Posso ajudá-lo se quiser.

> **Terapeuta:** Excelente...o que ele te respondeu?
>
> **Joan:** Ele me disse que acho que ele escreve mal, que eu não deveria estar com ele se acho que ele escreve mal... não é nada disso! Não tem a ver com isso, mas ele não entende! (aumentando o tom de voz)
>
> **Terapeuta:** Joan, o que você pode falar para ele?
>
> **Joan:** (em tom de voz alterado, com a raiva ativada) VOCÊ ESTÁ ERRADO! EU NÃO ACHO QUE VOCÊ ESCREVE MAL, MAS VOCÊ É ARROGANTE! NÃO TEM O DIREITO DE QUESTIONAR MEU SENTIMENTO POR VOCÊ! EU "ABRI MÃO" DE TUDO POR VOCÊ! EU ESTOU ME DISPONDO A AJUDÁ-LO EM TROCA DO SEU AMOR! ISSO NÃO É JUSTO!
>
> **Terapeuta:** Joan, como se sente depois de falar isso? Qual é a reação de Joseph na cena?
>
> **Joan:** (respirando fundo, com a voz embargada) Ele se virou e saiu... me sinto aliviada, porém com um certo medo da reação dele.
>
> **Terapeuta:** Certo Joan, excelente trabalho...gostaria agora que saísse dessa imagem e retornasse ao seu lugar seguro.
>
> **Joan:** (repete a imagem do lugar seguro)
>
> **Terapeuta:** Quando estiver pronta, pode abrir os olhos e voltar para cá. Como se sente depois desse exercício?
>
> **Joan:** Me sinto mais leve. Gostaria muito de ter dito isso para ele na época, gostaria de dizer isso para ele hoje.
>
> **Terapeuta:** Joan, é excelente que tenha expressado suas emoções. A raiva é perfeitamente coerente com a situação e é muito importante expressá-la. Pensando nisso, será que podemos procurar outras formas de expressá-la? A assertividade é uma habilidade importante de ser treinada, uma vez que entendemos e expressamos nossos sentimentos.

O intuito dessa técnica é ativar a emoção da raiva em Joan e auxiliá-la na sua expressão, mesmo que de forma agressiva na imagem. É importante que a raiva seja validada nesse momento e que Joan seja acolhida. Depois da imagem mental com essa cena do passado, o terapeuta pode investir em um treino de assertividade para que Joan consiga expressar seu desagrado de forma adaptativa e clara, conseguindo se posicionar melhor diante de Joseph. A técnica da cadeira vazia também pode ser utilizada nesse caso, com Joan colocando Joseph na cadeira vazia e dizendo a ele tudo o que tem vontade de dizer, para que consiga expressar suas emoções mais difíceis.

O Esquema de Autossacrifício no Filme "Patch Adams - O Amor É Contagioso"

> *"Eu quero ajudar as pessoas"*
> (Patch Adams)

Sinopse do filme "Patch Adams"

> Após uma tentativa de suicídio, Hunter "Patch" Adams se interna voluntariamente em um hospital psiquiátrico. Lá descobre, ao ajudar outros internos, que uma forma mais eficaz de ajuda é por meio do diálogo e da humanização, decidindo, nesse momento, que queria se tornar médico. Dois anos depois, Patch entra em uma universidade de medicina para se formar como um respeitável médico, destacando-se por suas boas notas e por seus métodos pouco ortodoxos em suas tentativas de ajudar os pacientes mais necessitados e de colocar a alegria em seus corações. Contudo, a classe médica, seus professores e vários de seus colegas questionam e desaprovam seus métodos, colocando em risco seu grande sonho de ser médico para poder ajudar as pessoas. Dessa forma, durante o enredo, é possível identificar o esquema de autossacrifício de Adams e o quanto esse esquema está vinculado ao senso de responsabilidade pelo bem-estar das outras pessoas.

"Eu quero ajudar as pessoas": a resignação de Patch Adams

O caso de Patch Adams mostra, assim como o caso de Joan, um exemplo de resignação ao esquema. Contudo, Adams resigna ao esquema de autossacrifício. Considerando esse esquema, percebe-se que o indivíduo se sente responsável pelo bem-estar dos outros e preocupa-se excessivamente com o outro em detrimento de suas próprias necessidades. Dessa forma, o paciente tende a apresentar comportamentos muito mais voltados ao outro do que para si próprio. Por exemplo, ele tende a escutar o outro ao invés de falar de si mesmo, ele cuida de outras pessoas, mas tem dificuldade de fazer tarefas para si mesmo, ele foca a sua atenção nas outras pessoas, mas se sente desconfortável quando falam dele (Young et al., 2008).

Durante o enredo, é possível identificar vários comportamentos adotados por Patch ao longo do filme que se caracterizam enquanto autossacrifício. No início do filme, é mostrado que Patch, após uma tentativa de suicídio, interna-se voluntariamente em uma instituição, o que mostra que ele percebia a sua própria necessidade de ser ajudado e cuidado. Contudo, ao longo do seu processo, ele tem a indicação médica para continuar em tratamento, mesmo assim ele escolhe interromper o seu tratamento com o objetivo de se tornar médico e poder ajudar outras pessoas que precisam. O filme traz poucas informações sobre Adams, mas é possível notar que ele sempre se mostra um ombro amigo ou um objeto de escuta para todos ao seu redor. Há uma constante demonstração de cuidado e de preocupação com os pacientes ou com colegas, mas não são percebidas muitas atitudes de autocuidado. Há ainda uma cena na qual Carin (uma das únicas mulheres na turma de medicina de Patch e, também, seu interesse amoroso no decorrer do filme) expõe sua admiração por ele, por tudo o que ele estava fazendo com a clínica e de como ela percebia a mudança das pessoas ao seu redor. Nesse momento, nota-se que ele aparenta estar encabulado e não faz questão de manter o foco da conversa em si mesmo.

Quanto ao fato de se sentir excessivamente responsável pelos outros, ao longo do filme, pode ser vista a preocupação de Patch e a sua decisão para a abertura de uma "clínica" para que ele e Carin possam atender e prestar ajuda a pessoas que não têm condições de conseguir auxílio em outros lugares. Em um momento do decorrer do filme, a personagem de Carin é assassinada por um dos pacientes que foi atendido por ela na clínica. Durante o atendimento, ela expressou preocupação e ressalvas sobre o comportamento do paciente, mas Patch incentivou que eles mostrassem compaixão com o moço, e o filme permite o entendimento de que é por esse motivo que ela decide atender o paciente na casa dele, quando este liga para a clínica e pede ajuda, o que culmina na morte da Carin. Adams sente-se responsável e culpado pela fatalidade, inclusive, duvidando de sua metodologia e questionando seu otimismo, fé nas pessoas e o fato de querer ajudá-las. No funeral de Carin, Patch fica a distância, até que todos vão embora, somente nesse momento, aproxima-se da lápide, declara novamente seu amor e pede perdão. Em conversa logo em seguida com o colega Truman, em que este o confronta por querer fechar a clínica após o falecimento de Carin, ele diz *"Eu a matei, Truman, eu ensinei a ela o remédio que a matou... Ela ainda estaria aqui se eu não a conhecesse"*.

"Tão perto, que a sua mão sobre o meu peito é a minha mão": o foco excessivo no outro

Frente a tentativa de impedir o sofrimento dos outros e a super focar na necessidade das pessoas, o indivíduo pode chegar a ser prejudicado pelo tanto que se dedica a esse objetivo (Young et al., 2008). Durante o filme, é possível destacar dois eventos que exemplificam riscos corridos por Patch para que ele pudesse ajudar pacientes da forma como ele avaliava como adequada. Antes de concluir o seu curso de medicina, Patch funda um instituto no formato de uma clínica em que ele, os amigos e alguns conhecidos passam a atender pacientes que não têm mais a quem recorrer. Contudo, ao realizar esse acolhimento e ajuda a essas pessoas, ele correu o risco de cometer o crime de exercer a medicina sem licença, o que o impediria de conquistar o seu sonho de se tornar médico. Outro momento específico ocorre quando o material médico da clínica acaba e Patch tem a ideia de roubar insumos do hospital universitário para conseguir abastecer a clínica, o que novamente o coloca em uma posição de correr risco de ser prejudicado ao tentar suprir a necessidade da clínica e, consequentemente, dos pacientes que a frequentam.

Outro aspecto interessante de ser apontado no esquema de autossacrifício é que frequentemente há a percepção de que "nunca basta" quando considerado o que poderia ser feito para ajudar o outro (Young et al., 2008). Além de identificar a importância de um atendimento mais humanizado e que considerasse o paciente não somente como um caso clínico, Patch chega ao ponto de almejar a mudança de todo o sistema médico por não considerar ser o suficiente apenas ele fornecer essa atenção, essa escuta e esse cuidado para os seus pacientes. Para ilustrar essa busca, destaca-se o seguinte diálogo do filme:

Professor: Ver você faz eu lembrar da minha juventude. Energético, desejando salvar o mundo. Parte dessa energia se dissipa. O sistema é assim. Não é perfeito, mas é o que temos.

Patch: Por que tem que ser assim? Por que não se pode mudar?

Nesse contexto, é importante fazer o contraponto entre a necessidade percebida de um atendimento médico mais humanizado e o esquema de autossacrifício em querer dar conta de tudo, sem considerar os próprios limites e necessidades de Patch. Uma frase marcante dita por Adams é *"o médico deve melhorar a qualidade de vida do paciente e não apenas adiar a morte."* Contudo, é também essencial fundamentar uma relação médico-paciente que seja humana e saudável para ambas as partes. Dessa forma, faz-se necessário olhar e tratar as doenças, assim como cuidar para que os pacientes se sintam felizes e esperançosos dentro do possível, sem, entretanto, desconsiderar os devidos limites dessa relação. O caso de Carin ilustra muito bem, dentro do enredo, a necessidade de limites específicos nas relações médico-paciente. Limites estes que também envolvem o bem-estar do próprio médico, para que este esteja atendido em suas necessidades para, assim, atender de maneira satisfatórias as necessidades de seus pacientes, permitindo, assim, que o doente se sinta mais feliz e o médico mais realizado. Especificamente no caso de Patch, para tentar atender aqueles que ele percebia não terem a quem recorrer, ele arriscou o seu diploma e a real possibilidade de ajudar as pessoas no futuro, uma vez que sem sua licença, que seria obtida após o término de seu curso, ele não teria possibilidade real de atuar como médico e atender as pessoas em necessidade de cuidados que ele almejava ajudar.

Aspectos relativos à intervenção e postura terapêutica para o esquema de autossacrifício

O objetivo da intervenção terapêutica para pacientes com esquema de autossacrifício é ajudá-los na afirmação dos seus direitos e necessidades e a estabelecer fronteiras adequadas em seus relacionamentos (Young et al., 2008). Por mais que tenham a ideia de serem mais "fortes" e precisarem de menos ajuda, os indivíduos com esse esquema são tão frágeis quanto aqueles que eles buscam ajudar, uma vez que, mesmo se sacrificando, suas necessidades não foram atendidas.

Além disso, é importante deixar claro para os pacientes com autossacrifício que há prejuízos pessoais significativos quando há renúncias sistemáticas de suas próprias necessidades. Ademais, por meio da relação terapêutica, é importante reforçar que esses clientes têm o direito de ter as suas necessidades atendidas quanto qualquer outra pessoa. Pode-se apontar também a capacidade de outras pessoas de conseguirem lidar com seus próprios problemas, de modo a não serem tão frágeis quanto os pacientes enxergam (Young et al., 2008).

No âmbito das estratégias cognitivas, o terapeuta pode auxiliar o paciente a identificar suas percepções exageradas acerca da fragilidade alheia, aumentando a consciência sobre suas próprias necessidades. Também, é necessário que o paciente se conscientize de outros esquemas que estejam subjacentes ao autossacrifício, como os esquemas de privação emocional, abandono ou defectividade, por exemplo. Deve-se destacar o evidente desequilíbrio entre dar e receber, pontuando que isso não é saudável para o paciente (Young et al., 2008).

As estratégias vivenciais consistem em auxiliar o paciente a expressar emoções subjacentes à privação emocional, como tristeza e raiva, pelo não atendimento de suas necessidades. Por meio de imagens mentais, o paciente deve confrontar as figuras de autoridade, apontando a injustiça de serem colocados nesse papel (Roediger et al., 2018; Young et al., 2008).

Sobre estratégias comportamentais, os terapeutas incentivam os pacientes a solicitarem o atendimento de suas necessidades e a pedirem ajuda, mostrando-se vulneráveis sempre que necessário. Também, são incentivados a buscarem parceiros que os fortaleçam e que não sejam excessivamente carentes e dependentes, cultivando relações saudáveis (Young et al., 2008).

Vinheta clínica para exemplificação da utilização da técnica de cadeiras para o caso de Patch Adams

A seguir será apresentada uma vinheta clínica com uma possível intervenção para Patch Adams, focando na confrontação do lado indutor de culpa e na validação do lado vulnerável. Será utilizada, para a descrição da intervenção, a hipótese de uma sessão realizada logo em seguida ao funeral de Carin, considerando um momento já de intervenção no processo terapêutico de Patch, em que ele já foi psicoeducado sobre os modos esquemáticos e já fez anteriormente o trabalho de cadeiras.

Vinheta Clínica

> **Terapeuta:** Patch, sinto muito em saber sobre o que aconteceu com a Carin, meus mais sinceros sentimentos, sei o quanto ela significava para você...
>
> **Patch:** Obrigado... mas acho que não mereço os seus sentimentos...
>
> **Terapeuta:** Acho que não entendi, Patch...por que você não mereceria que eu me preocupasse com você? Essa é uma situação muito dolorosa, e gostaria que você soubesse que estou aqui para você. Como você está se sentindo?
>
> **Patch:** Eu me sinto....eu me sinto culpado!!! Eu sou o responsável pelo que aconteceu com ela! Eu não mereço preocupação, é tudo minha culpa! Como eu disse para o Truman, se ela não tivesse me conhecido, ela estaria aqui agora!! Eu sou o responsável por ela ter morrido!! (tom de voz exaltado e choro)
>
> **Terapeuta:** Patch, eu consigo perceber o quanto você está sofrendo... acho que neste momento quem está falando é o seu lado General (pais indutores de culpa), não parece? Gostaria que fizéssemos o exercício com as cadeiras agora, tudo bem?
>
> **Patch:** (acena que sim com a cabeça)
>
> **Terapeuta:** (A terapeuta levanta-se e traz duas cadeiras para próximo de Patch, uma de cada lado) Patch, eu gostaria que o lado General se sentasse na cadeira a esquerda agora, tudo bem?
>
> **Patch:** (levanta-se e, em seguida, senta-se na cadeira a esquerda)
>
> **Terapeuta:** Obrigada. Agora, por que você diz que essa fatalidade é responsabilidade do Patch?
>
> **Patch (lado General):** Porque é tudo culpa dele! Se ele tivesse escutado quando ela disse que achava que ele era perigoso, nada disso teria acontecido!! Ele a matou... ele a matou!! (choro compulsivo)
>
> **Terapeuta:** Agora parece que o lado Solitário (criança vulnerável) está aparecendo, não? Você poderia se sentar na cadeira mais à direita agora, por favor?
>
> **Patch:** (levanta-se e troca de cadeira - Choro intenso)

Terapeuta: Você poderia me contar como você está se sentindo agora?

Patch (Lado Solitário): Eu...eu...estou quebrado...me sinto quebrado por dentro...vazio (choro)

Terapeuta: Eu consigo ver isso, eu consigo ver como você está sofrendo....

Patch (Lado Solitário): Eu...eu sinto tristeza...eu me sinto sozinho.... ela não está mais aqui comigo e eu sinto muito a falta dela!! (choro)

Terapeuta: (coloca a mão no ombro de Patch) Eu sei...eu sei o quanto você a ama e o quanto deve estar sendo muito doloroso não a ter mais perto de você...

Patch (Lado Solitário): É muita muita dor, não sei o que fazer....

Terapeuta: Eu sinto muito que eu não possa fazer muito por você nesse momento, a não ser estar aqui com você, mas eu gostaria de agradecer por você compartilhar comigo, é muito importante que você não se sinta completamente sozinho nessa situação... O que você precisa nesse momento?

Patch: Eu não sei... acho que preciso, que eu preciso de clareza sobre tudo isso... eu acho que eu preciso de suporte...

Terapeuta: Muito bem! Essas são necessidades muito importantes nessas situações, acho muito bom que você as tenha compartilhado comigo agora, obrigada! Patch, eu gostaria de falar um pouco com o lado General, agora, tudo bem se eu falar com ele?

Patch: (acena que sim com a cabeça)

Terapeuta: (em tom firme e claro olha para a cadeira correspondente) lado General, você percebe o quanto é injusto culpar o Patch por esse terrível acontecimento? Você consegue perceber o quanto ele está sofrendo e o quanto é doloroso perder alguém que amamos? Não é justo que além de toda a tristeza de não ter mais Carin ao seu lado, que ele ainda pense que ele foi o responsável por essa fatalidade! E eu não vou mais deixar que você diga isso para ele!! Os fatos foram uma consequência extremamente triste das ações daquele paciente. A Carin era uma mulher adulta, extremamente capaz e competente, ela tentou ajudá-lo, pois ela considerou que era o certo a ser feito por seu próprio julgamento e não porque Patch a obrigou ou a convenceu disso, ele não tem culpa do desenrolar das ações que aconteceram. Não é culpa dele!!

Terapeuta volta-se para o lado Solitário, e pergunta: Como você se sente ao ouvir isso?

Patch (lado Solitário): Um pouco melhor...um pouco mais leve... eu não queria que isso tivesse acontecido!! Eu não queria perdê-la. (choro)

Terapeuta: Com certeza, você a ama, você não faria nada de propósito para prejudicá-la ou machucá-la. E é por isso que você não é responsável pelo que aconteceu..., mas, mesmo assim, é normal e esperado que sintamos tristeza ao perder alguém querido e, também, é normal sentir raiva

Patch: Não é justo!! Ela é, era, uma pessoa boa!! Ela era a melhor pessoa!! Ela não merecia ter morrido dessa forma!!!

Terapeuta: Sim, ela realmente não merecia que isso tivesse acontecido, e tudo bem você sentir raiva do que aconteceu, está tudo bem se sentir assim...

Patch: Não é justo!!! (choro)

Terapeuta: (coloca novamente a mão sobre o ombro de Patch) Eu sinto muito... Patch, você é um homem amável e incrível, suas necessidades e seus direitos são válidos! São tão valiosos e justificados quanto o que de qualquer outra pessoa. É importante o que você sente e o que precisa. Eu estou aqui com você e vamos passar por isso juntos, ok? Você não está sozinho.

Patch: Obrigado... é muito bom escutar isso (choro)...eu me sinto um pouco mais "cheio" agora...

O Esquema de Busca de Aprovação/Busca de Reconhecimento No Filme "O Grande Gatsby"

"Obviamente, se algo não for do seu agrado, eu mudarei."
(Jay Gatsby)

Sinopse do filme "O Grande Gatsby"

> Nick Carraway é um jovem aspirante a escritor e contador que vai morar em Nova York na primavera de 1922. Ele muda-se para uma casa ao lado da mansão de um excêntrico milionário festeiro, Jay Gatsby. O milionário um dia o convida para participar de uma de suas mirabolantes festas, na qual Nick é apresentado a um deslumbrante mundo colorido e belo, regado a dinheiro, bebida, *status* e cheio de pessoas diferentes e interessantes. Essa beleza é só uma fachada que esconde algo do passado do próprio Gatsby. Após a guerra, ele busca ganhar dinheiro suficiente após ascender às categorias mais altas da sociedade, com o objetivo de fugir de um passado desafortunado e reconquistar sua amada. Contudo, quando volta para procurá-la, descobre que Daisy está casada com o rico e arrogante Tom Buchanan, o que faz com que Gatsby tente a qualquer custo se mostrar digno de seu amor.

"Obviamente, se algo não for do seu agrado, eu mudarei": a resignação de Jay Gatsby

Gatsby resigna-se ao seu esquema de busca de aprovação/reconhecimento ao criar toda uma construção acerca de si mesmo na busca de ser reconhecido e aprovado na sociedade de Nova York, de forma a agir para impressionar os outros a sua volta, dando ênfase exagerada ao *status,* à aparência, ao dinheiro e ao sucesso. Ao longo do filme, é possível identificar uma série de comportamentos que exemplificam esse processo. Pode-se citar os objetos materiais exclusivos e caros, que demonstram o dinheiro e *status,* que são exibidos e destacados pelo personagem ao longo de todo o filme, como: uma mansão na beira da baía; uma extensa equipe de funcionários; carros personalizados e chamativos; grandiosas e dispendiosas festas todos os finais de semana;

investimentos imobiliários; pianos feitos sob medida; músicos a disposição a todas as horas do dia e noite; camisas selecionadas exclusivamente para ele, dos mais diversos tipos; utensílios de última geração; entre outros. O sucesso e o poder podem ser representados por todas as manchetes e capas de jornal que destacam seus feitos e riqueza, todos os conhecidos poderosos e influentes que frequentam suas festas e outras locações na cidade e o policial que deixa de multá-lo ao saber de quem se tratava. Percebe-se como todos esses fatores e esforços parecem superficiais e supérfluos para Gatsby, que os conta como se estivesse realmente contando uma história para entreter seu interlocutor e faz a seleção de qual aventura contar a partir do que lhe parece mais interessante para seu ouvinte, evidenciando como essa postura se mostra como reflexo do que ele identifica como fatores importantes para a aprovação da sociedade, mas não parece expressar suas próprias necessidades e seus desejos.

"Era tudo por ela, a casa, as festas. Tudo": a (in)autenticidade de Gatsby

Com frequência, indivíduos que apresentam o esquema de busca de aprovação/reconhecimento tomam decisões importantes que não se mostram autênticas ou satisfatórias para o próprio indivíduo. Porém, essas, muitas vezes, são tomadas, uma vez que sua autoestima depende das reações alheias e não de suas próprias percepções (Young et al., 2008).

No filme, em vários trechos, é ressaltado o fato de que Jay havia construído a imagem de "alguém importante" com a intenção de impressionar Daisy, como é exemplificado nos trechos abaixo:

> *Nick: Era tudo por ela, a casa, as festas. Tudo.*
>
> *Jordan: Ele comprou a casa para estar perto dela. Deu aquelas festas esperando que ela aparecesse uma noite (...)*
>
> *Gatsby: Você (Daisy) estava presente o tempo todo, em cada ideia, em cada decisão. Obviamente, se algo não for do seu gosto, eu mudarei.*

Contudo, em outro momento, enquanto Gatsby compartilha com Nick sua real história, ele conta que havia pensado em como poderiam viver juntos com o baixo salário que ele recebia, pois queria estar junto a ela, sentia-se casado com ela. Porém, ao voltar de servir na guerra, pediu para que ela esperasse por ele, esperar que ele se tornasse "alguém importante", alguém que fosse digno de ficar com ela. Entretanto, ela acaba casando-se com Tom Buchanan, um rico magnata de Chicago.

> *Gatsby: Eu planejei minha vida com Daisy, tentando imaginar como poderíamos viver com meu baixo salário (...) pedi para que ela esperasse até eu me tornar alguém, mas ela...*

A partir disso, Gatsby busca desesperadamente sua ascensão ao mundo dos ricos e dos poderosos, inclusive, envolvendo-se em negócios obscuros para atingir seus objetivos. Após alguns anos, ele sai em todas as capas de revista, nas quais era ressaltada sua surpreendente riqueza, visão para negócios, festas, eventos, gastos exorbitantes e poderosas conexões com figuras influentes. Contudo, ao se abrir com Nick, declara se sentir vazio, o que pode ser identificado como evidência de que apesar do esforço para a aprovação alheia, tudo aquilo não era capaz de fornecer uma gratificação real e duradoura, como ocorre comumente com pessoas com o esquema de busca de aprovação/reconhecimento (Arntz, & Jacob, 2013). Segue um exemplo de fala do filme que ilustra esse entendimento:

> *Gatsby: Eu pensei por algum tempo que eu tivesse muitas coisas, mas a verdade é que estou vazio, acho que é por isso que eu invento coisas sobre mim mesmo...*

Com relação à autoestima de Jay, é percebido que esta parece bastante associada ao que ele percebe da avaliação do outro. Em vários trechos, é percebido que ele tenta checar, confirmar ou garantir que as reações alheias a algo que diz respeito a ele sejam favoráveis e não parece confiar em suas próprias percepções. Um exemplo desse tipo de comportamento de Jay é a cena em que ele convida Nick para ir até a cidade conhecer um amigo que pode comprovar tudo sobre a sua história para Nick, com seu carro amarelo, exclusivo:

> *Gatsby: Qual é a sua opinião sobre mim afinal? (em tom de preocupação)*
> *Nick: Minha opinião?*
> *Gatsby: É... sua opinião. Não quero que tenha a impressão errada pelas bizarras acusações que deve ter ouvido. (...) Vou te levar para almoçar*

e apresentá-lo a um dos homens de negócio mais ilustres de Nova York (...), e ele vai confirmar tudo o que eu falei e atestar o meu bom caráter. Achei que deveria saber algo sobre a minha vida. Não queria que pensasse que ... bem, não queria que achasse que eu era um zé-ninguém.

Outro exemplo é a cena do chá da tarde na casa de Nick, em que Daisy é convidada e será a primeira vez que eles se reencontram. Gatsby manda que seus funcionários reformem o jardim e decorem a casa toda com excesso de flores, bolos e decorações, sendo que momentos antes do horário combinado ele começa a questionar Nick, aparentando estar receoso:

Gatsby: Fizeram um bom trabalho, não acha?

Nick: Lindo.

Gatsby: Acha que está exagerado?

Nick: Está como você quer.

Gatsby: Também acho (com aparente insegurança).

"Cale a boca! Cale a boca!!Cale a boca!": a hipersensibilidade à rejeição de Jay Gatsby

A presença do esquema de busca de aprovação/reconhecimento também pode estar associada a uma hipersensibilidade à rejeição. Isso acontece, uma vez que as pessoas com esse esquema percebem seu valor e sua autoestima a partir da aceitação do outro, o que faz com que, no caso de serem rejeitados, a ativação emocional do esquema apareça e as respostas emocionais desproporcionais venham à tona (Young et al., 2008).

O melhor exemplo do filme para ilustrar esse processo é a cena na qual estão todos em um quarto de hotel no Plaza e Gatsby e Tom começam uma discussão para decidir quem seria o real objeto de amor de Daisy e a real fonte da riqueza de Jay. Nessa cena, Tom começa a atacar Gatsby, sua história e sua origem e a refutar as crenças de Gatsby sobre o amor de Daisy. Durante a discussão, é perceptível a crescente irritação e desconforto de Gatsby, enquanto percebe que Tom não o aceita, e quando Tom aponta todas as diferenças entre eles e Gatsby, ele parte para um confronto físico, assustando todos os presentes na sala. A seguir é descrito um breve recorte do clímax da cena:

Tom: "Daisy, você não vê quem esse cara é? Com sua casa, suas festas e suas roupas chiques? Só serve de fachada para que um gângster explore gente respeitável.

Gatsby: De respeitável, meu velho, você só tem o dinheiro. Agora, tenho tanto quanto você. Portanto, somos iguais.

Tom: Oh, não. Não. Somos diferentes. Eu sou. Eles são. Ela (Daisy) é. Somos todos diferentes de você. Veja bem, nós nascemos diferentes. Está no nosso sangue. E nada do que você diga, faça, roube ou sonhe pode mudar isso. Uma garota como a Daisy nunca...

Gatsby: "Cale a boca! Cale a boca!!Cale a boca!!Cale a boca!!Cale a boca!! (enquanto agride Tom) (...)

Gatsby: Minhas sinceras...minhas mais sinceras desculpas ...Parece que eu perdi o controle (diz ao tentar se recompor diante de todos, que se mostram horrorizados com a cena).

Tom: Isso mesmo, senhor Gatsby, mostre-nos seus belos modos de Oxford..." (em tom de deboche).

Aspectos relativos à intervenção e à postura terapêutica para o esquema de busca de aprovação/busca de reconhecimento

Objetivo da intervenção focada no esquema de busca de aprovação/reconhecimento é ajudar o paciente a se conectar com o seu *self* genuíno, expressando emoções autênticas e agindo de acordo com suas inclinações naturais, encontrando, assim, o seu valor intrínseco (Young et al., 2008). Para isso, é possível se utilizar de diversas técnicas dentro do escopo cognitivo, comportamental, vivencial e a partir da relação terapêutica.

No aspecto cognitivo, pode-se utilizar a psicoeducação de necessidades emocionais básicas com o intuito de ajudar o paciente a identificar suas próprias necessidades, uma vez que essa dificuldade é uma característica comum de pacientes com esse esquema. Técnicas que busquem auxiliar o paciente a identificar os prejuízos, nos quais a busca incessante por aprovação se apresenta, também se mostram importantes nesse contexto, pode-se utilizar a técnica de vantagens e desvantagens, ponderar as consequências a curto, a médio e a longo prazo no caso da manutenção desses comportamentos. É possível considerar também o *continuum* cognitivo com o objetivo de ajudar o paciente a modular essa tendência, uma vez que esse comportamento, quando equilibrado com a autorrealização, pode trazer recompensas interpessoais positivas. Ainda, a identificação e flexibilização de possíveis distorções cognitivas, como "só tenho valor se as pessoas me admirarem", "Só vou ser aceito se as pessoas me derem sua aprovação". O uso do cartão lembrete também se mostra uma estratégia útil, uma vez que, por causa dos ganhos secundários desse esquema, pode ser muito difícil abrir mão dessas estratégias no início (Young et al., 2008).

No aspecto vivencial, pode-se ajudar o paciente a identificar e a atender ao seu lado vulnerável. Pode-se revivenciar episódios de busca de aprovação/reconhecimento com os pais na infância e expressar suas próprias necessidades naqueles momentos, considerando o que ele queria que os pais tivessem feito, o que ele realmente gostaria de ter feito naqueles momentos. Também, pode ser útil realizar a reparentalização por meio de imagens nas quais o paciente não foi validado e acolhido ao expressar suas verdadeiras emoções e desejos. O trabalho com as cadeiras também pode trazer resultados positivos. Nesse caso, pode-se colocar na cadeira o lado que busca aprovação/reconhecimento e em outra o lado vulnerável para que esses lados busquem compreender o lado da busca de aprovação/reconhecimento e como esse lado tem um efeito no lado vulnerável. Com o desenvolvimento do processo terapêutico, pode-se acrescentar o lado saudável nesse diálogo e explorar qual o efeito desse lado no lado vulnerável em situações anteriormente dominadas pelo lado da busca de aprovação/reconhecimento. Também, é possível colocar no diálogo o lado vulnerável e o lado saudável para que este valide, acolha e aceite o lado vulnerável, sendo comum que o terapeuta faça a modelação desse movimento (Roediger et al., 2018; Young et al., 2008).

Com relação à intervenção no âmbito comportamental, é importante ajudar o paciente a tolerar a desaprovação alheia, descobrir seus reais interesses por meio de experimentos comportamentais e de agenda de tarefas prazerosas. Também se pode buscar formas diferentes de gratificação que não seja a busca da aprovação do outro (Young et al., 2008).

A relação terapêutica também tem papel importante no processo. Esse perfil de paciente pode não trazer conteúdos importantes para a sessão para não desapontar ou ainda não compartilhar situações que sejam percebidas como insucessos, por isso, é importante estar atento a esses movimentos (Young et al., 2008). Ainda, é essencial que o terapeuta valide o bem-estar emocional do paciente mais do que aspectos de *status* e sucesso, validando, assim, as reais necessidades e emoções do paciente. No filme, esse processo pode ser exemplificado pela última frase que Nick diz para Gatsby: "*Jay, (...) você vale mais do que todos eles juntos*".

Vinheta clínica para exemplificação da utilização de técnica de imagem no caso de Jay Gatsby

A seguir, será apresentada uma vinheta clínica com uma possível intervenção para Jay Gatsby, focando na conexão entre um acontecimento do presente com uma situação de origem do esquema no passado com a reparentalização da criança vulnerável. Será utilizada, para a descrição da intervenção, uma sessão realizada logo em seguida a cena em que Gatsby confronta Tom, no quarto de hotel, com relação ao amor de Daisy. Será considerado que Gatsby já fez exercícios de imagem em momentos anteriores da terapia e que já está habituado ao processo da técnica.

Terapeuta: Jay, aconteceu alguma coisa? Você parece mais agitado do que de costume hoje...

Jay: Aconteceu algo terrível...uma situação horrível aconteceu ontem...

Terapeuta: Você gostaria de me contar mais sobre isso?

Jay: Ahh... ontem, ontem eu me encontrei com a Daisy e algumas outras pessoas no hotel, estava muito quente e queríamos nos refrescar...e o Tom estava lá, e algumas outras pessoas também...E em um momento, eu olhei para Daisy e vi nos olhos dela que aquele seria o momento, que naquele momento ela contaria para ele que nunca o havia amado e que sempre me amou...(pausa)

Terapeuta: E como as coisas aconteceram?

Jay: Não foi como eu esperava...não foi como deveria ter sido... (colocando as mãos nos cabelos e a cabeça abaixada)

Terapeuta: Está tudo bem Jay, você pode ir me contando com calma, está tudo bem, estou aqui com você.

Jay: Ela não disse!! Ela não disse que sempre me amou!!! Ela disse que ela o tinha amado!!! Não era para ter sido assim!! ELA TINHA QUE TER DITO QUE AMAVA SOMENTE A MIM!! ELA TINHA QUE TER DITO QUE ELE NUNCA SIGNIFICOU NADA PARA ELA!!! (Levantando-se da poltrona e falando em um tom de voz alto e desesperado)

Terapeuta: Sinto muito Jay... sei o quanto saber que ela o ama é importante para você... Você poderia me contar como você se sentiu quando ela não disse o que você precisava ouvir?

Jay: Eu... Eu... Eu me senti...nada... (sentando-se na poltrona novamente) eu senti como se eu não valesse nada, como se nunca tivesse sido importante para ela...como se eu não importasse... (choro contido)

Terapeuta: Você se sentiu como se você fosse um nada..., que você não era importante... que ela não te amava... (repetindo em um tom suave e calmo)

Jay: Sim...sim...como se nada do que eu fiz tivesse valido a pena, como se ela não se importasse, como se ela não me amasse...

Terapeuta: Jay, você poderia me dizer se naquele momento você sentiu algo diferente no seu corpo?

Jay: Acho que sim...me senti vazio..., mas, ao mesmo tempo, como se o meu peito estivesse apertado... como se... como se eu estivesse gelado... e como se eu fosse pequeno perto daquelas pessoas, insignificante.... mas, em seguida, senti meu corpo quente, meu corpo parecia estar fervendo... e foi então que eu comecei a gritar com ele, a mandar ele calar a boca... eu me descontrolei completamente... foi humilhante... (novamente abaixa a cabeça entre as mãos e chora)

Terapeuta: Jay, eu gostaria que pudéssemos fazer um exercício de imagem agora, você aceitaria?

Jay: Sim... pode ser...

Terapeuta: Eu gostaria que você se sentasse de forma confortável na cadeira e que você fechasse os olhos (espera que ele siga as instruções). Agora, eu gostaria que você fixasse essas emoções que você está sentindo... a tristeza... a raiva... a sensação de ser pequeno... de ser insignificante... (aguarda alguns segundos para que ele possa se conectar com essas emoções). Eu gostaria agora que você se deixasse levar pelas suas memórias e que você identificasse alguns momentos

Jquando você era pequeno, em que você tenha se sentido da mesma forma ou de forma parecida com a que você está se sentindo... você pode me sinalizar quando surgiu uma lembrança, ok?

Jay: (Após alguns segundos, Jay, acena com a cabeça)

Terapeuta: Ótimo...você poderia me descrever o que você está vendo, por favor?

Jay: eu estou na sala de casa, eu acho que eu tinha por volta de uns 6 ou 7 anos... estou sozinho... meus pais ainda estão fora trabalhando no campo, ainda estava de dia, e eles só voltavam ao anoitecer...eles não tinham ajuda, eles não tinham dinheiro para ter outras pessoas para ajudar... eu acho que eu tinha acabado de voltar da escola...

Terapeuta: O que você está fazendo?

Jay: Estou sentado no pé da mesa da cozinha... estou encolhido e chorando...

Terapeuta: O que tinha acontecido para você estar chorando?

Jay: Os outros meninos da sala não tinham me deixado brincar junto a eles... eles estavam jogando bola... um deles tinha ganho uma bola de couro nova e eles estavam jogando do lado de fora da sala, no recreio...

Terapeuta: Por que eles não o deixaram brincar junto?

Jay: Quando eu cheguei perto para brincar, eles me ignoraram... eu pedi para brincar junto, para ver a bola e eles continuaram a brincar como se eu não estivesse ali... um deles até virou para os outros para perguntar se eu não podia jogar também, mas eles disseram que "gentinha" não podia brincar, que aquela era uma bola de gente de verdade, e deram risada... eles disseram "Deixa ele ai, daqui a pouco ele vai embora ... tanto faz...vamos jogar!

Terapeuta: E como você se sentiu?

Jay: a sensação foi de ser invisível...como se eu fosse um nada...como se eu não devesse estar ali... e daí fiquei parado... olhando... e meus olhos encheram de lágrimas, mas eu me forcei a não chorar... e voltei correndo para casa e quando cheguei, não consegui mais segurar...

Terapeuta: Jay, você acha que você conseguiria me imaginar ao seu lado nessa cena? Tudo bem se eu estiver nessa cena com você?

Jay: Acho que sim...

Terapeuta: Eu gostaria, Jay, que você me visse na sua frente, abaixada e colocando as minhas mãos nos seus ombros. Você consegue me ver?

Jay: consigo...

Terapeuta: Jay, eu quero que você saiba que o que esses meninos estão fazendo é algo muito errado! Você merece estar brincando e se divertindo tanto quanto qualquer outra criança aqui! Eles não são melhores do que você de forma alguma! Você merece brincar junto! Você também é gente! Você merece aproveitar e se divertir, simplesmente porque você gosta de jogar bola! (tom de voz muito calmo e gentil). E eu não vou mais deixar que eles te excluam e te deixem sentindo como se você não estivesse aqui, ok? Como você está se sentindo?

Jay: um pouquinho melhor, ninguém nunca disse essas coisas para mim assim antes...

Terapeuta: Jay, quero que você saiba que você é um menino muito especial, que independentemente de você ter ou não uma bola ou um brinquedo caro, você é divertido, inteligente, engraçado e que é sempre muito bom estar junto a você. Eu gosto muito de você, sabia? Eu acho você um menino maravilhoso, do jeitinho que você é, e não pelas coisas que você tem ou não tem.

Terapeuta: Tem alguma coisa que você acha que gostaria agora?

Jay: eu... eu quero brincar de bola...

Terapeuta: Você gostaria que eu brincasse junto com você?

Jay: (acena que sim com a cabeça)

Terapeuta: Jay, na imagem, você consegue me ver levantando e estendendo as mãos na sua direção?

Jay: consigo...

Terapeuta: Jay, eu gostaria muito que você pudesse brincar de bola comigo. Você gostaria de brincar comigo?

Jay: sim...

Terapeuta: Eu quero agora que você nos veja na imagem brincando, correndo, nos divertindo...você consegue ver?

Jay: (acena que sim com a cabeça)

Terapeuta: Como você está se sentindo agora? (direcionado à criança da imagem)

Jay: feliz...estou me sentindo feliz por estar brincando...

Terapeuta: Ótimo! Você pode permanecer brincando por quanto tempo você quiser, ok? Quando sentir que é a hora, então você pode abrir os olhos...

CONCLUSÃO

Ao longo do capítulo foram apresentadas as análises de três filmes com o objetivo de exemplificar a apresentação dos esquemas do quarto domínio. Para isso, foram selecionadas histórias que permitissem a observação do funcionamento de processos de resignação dos esquemas de subjugação, autossacrifício e busca de aprovação/reconhecimento nos personagens principais. O objetivo dessa escolha foi no sentido de auxiliar o profissional a diferenciar os comportamentos de resignação nesses esquemas e, consequentemente, ajudar no processo de avaliação e intervenção, uma vez que, na prática clínica, esses esquemas frequentemente acabam tendo apresentações muito próximas e que podem dificultar sua identificação no processo de avaliação.

Buscou-se também apresentar uma breve síntese de estratégias de intervenção, pertinentes a cada um dos esquemas e ressaltar suas especificidades dentro de cada característica da técnica e da relação terapêutica aplicada a cada um deles. Dessa forma, espera-se contribuir com um norte, mas não há a pretensão de esgotar as estratégias possíveis de intervenção, uma vez que a Terapia do Esquema é uma abordagem tão rica e atenta às especificidades e às necessidades de cada cliente.

Indicação de músicas, filmes e séries que abordam direta e/ou indiretamente os conceitos explanados neste capítulo

Recurso	Nome	Conceitos abordados
Música	Não precisa mudar - Banda Eva	Busca de aprovação/reconhecimento
	Russian Roulette - Rihanna One more night - Maroon 5 Cobaia - Lauana Prado	Subjugação
	I'd come for you - Nickelback From this moment - Shania Twain	Autossacrifício

Recurso	Nome	Conceitos abordados
Filme e Série	*Casamento Grego* *500 dias sem ela* *A maldição da mansão Bly*	Subjugação
	Grease - Nos tempos da brilhantina *Aos 13* *Meninas malvadas* *De repente 30*	Busca de aprovação/ reconhecimento
	Erin Brockovich - Uma Mulher de Talento	Autossacrifício

REFERÊNCIAS

Arntz, A., & Jacob, G. (2013). *Schema therapy in practice: An introductory guide to the schema mode approach*. Oxford: Wiley-Blackwell.

Lockwood, G., & Perris, P. (2012). A new look at core emotional needs. In: M. E. van Vreeswijk, J. Broersen, & M. Nadort (Eds.), *The Wiley-Blackwell Handbook of Schema Therapy: Theory, research and practice* (pp. 41-66). Malden: wiley-Blackwell.

Roediger, E., Stevens, B. A., & Brockman, R. (2018). The Schema Model - Mapping the badlands. In: E. Roediges, B. A. Stevens, & R. Brockman, *Contextual schema therapy: An integrative approach to personality disorders, emotional dysregulation & interpersonal functioning* (pp. 25-38). Oakland, CA: Context Press.

Wainer, R. (2016). O desenvolvimento da personalidade e suas tarefas evolutivas. In: R. Wainer, K. Paim, R. Erdos, & R. Andriola (Orgs.), *Terapia cognitiva focada em esquemas: Integração em psicoterapia* (pp. 15-26). Porto Alegre: Artmed.

Young, J. E., Klosko, J. S., & Weishaar, M. E. (2008). *Terapia do Esquema: Guia de técnicas cognitivo-comportamentais inovadoras*. Porto Alegre: Artmed.

Capítulo 7
O DOMÍNIO DE SUPERVIGILÂNCIA E DE INIBIÇÃO EM "BROKEBACK MOUNTAIN"

Décio Zanoni Júnior
Jeanine Rolim de Moura Meier

> *"Eu não sou nada, eu não estou em lugar algum"*
> (Ennis Del Mar)

OBJETIVOS DE APRENDIZAGEM

Ao final da leitura deste capítulo, é esperado que você seja capaz de:

- Compreender como as dinâmicas sociais apresentadas no conceito de homofobia internalizada e na teoria sobre estresse de minoria contribuem na formação e desenvolvimento dos esquemas do domínio Supervigilância e Inibição;
- Identificar as origens e repercussões dos esquemas de inibição emocional, padrões inflexíveis, negativismo e postura punitiva na dinâmica esquemática de Ennis del Mar;
- Identificar estratégias de manejo clínico e intervenção com base na Terapia do Esquema.

A frase, apresentada no início do capítulo, do personagem Ennis del Mar, vivido por Heath Ledger em "Brokeback Mountain", resume o que ele sente em relação à sua vida, após vinte anos em uma relação afetivo-sexual com Jack, interpretado por Jake Gyllenhaal. Relação esta influenciada por sua dinâmica esquemática, caracterizada pela evitação e supressão de emoções, de sensações e de suas necessidades emocionais básicas.

Para a Terapia do Esquema (TE), os complexos e dinâmicos processos entre o temperamento, as necessidades emocionais básicas e as interações sociais, desde tenra idade, contribuirão para o desenvolvimento da matriz de significados (esquemas) que o indivíduo utilizará para compreender e agir sobre a sua realidade interna e externa (Farrel & Shaw, 2018; Pellerone et al., 2017; Roediger et al., 2018; Shute et al., 2019; Lockwood & Shaw, 2012; Rafaeli et al., 2011; Young et al., 2008). Assim, para que os esquemas em seus respectivos domínios esquemáticos se desenvolvam, a criança e/ou adolescente terá vivências com pessoas significativas que envolvam a frustração nociva das necessidades emocionais básicas, por exemplo: traumatização ou vitimização, excesso de indulgência ou falta de limites, identificação seletiva com pessoas significativas e internalização de aspectos (cognitivos, emocionais e comportamentais) dessas identificações, sendo o temperamento a base na qual tais experiências irão incidir (Young et al., 2008).

Dessa forma, vários são os caminhos possíveis que levam a pessoa ao desenvolvimento dos esquemas e aos estilos de enfrentamento, sendo importante ressaltar que uma mesma experiência contínua pode levar à formação de esquemas em mais de um domínio esquemático. Segundo Young et al (2008), no Domínio da Supervigilância e Inibição, focos deste capítulo, as experiências encontradas durante a infância e/ou adolescência são relacionadas principalmente à frustração, à traumatização, à identificação seletiva e à internalização, marcadas por repressão da espontaneidade e da ludicidade.

Nesse domínio, as crianças e/ou adolescentes aprendem que suas relações interpessoais com as pessoas significativas são ameaçadoras, exigentes, críticas e punitivas, que não há razão para brincar nem se divertir, assim, entendem racionalmente e emocionalmente que precisam ficar vigilantes para não cometer erros ou expressar suas necessidades e seus desejos naturais. Na idade adulta, acreditam e sentem que, caso cometam erros ou expressem essas necessidades novamente, os eventos que deram início aos esquemas desse domínio podem se repetir. Assim, continuam a vivenciar a realidade, na qual esses esquemas se desenvolveram, em uma tentativa incansável de evitar falhas ou erros, por meio do estado de alerta, de regras e suprimindo suas necessidades emocionais básicas (Arntz, & Jacob, 2013; Bamelis et al., 2011; Fassbinder & Arntz, 2019).

Na idade adulta, as pessoas com esquemas desse domínio tendem a cumprir as regras que aprenderam e internalizaram que não as permitem buscar a felicidade, relaxar, aprofundar seus relacionamentos íntimos e cuidar da sua saúde. O domínio da Supervigilância e Inibição é formado por quatro esquemas: negativismo/pessimismo, inibição emocional, padrões inflexíveis e postura punitiva (Young et al, 2008).

Para Young et al. (2008), quando o esquema de negativismo/pessimismo está presente, a pessoa acredita que, em sua vida, somente é possível vivenciar sofrimento, morte, perda, decepção, traição, fracasso ou conflito. Essas pessoas acreditam e sentem que cometerão erros capazes de destruir suas vidas, por exemplo: colapso financeiro, perdas graves, humilhação social, flagrante em uma situação ruim ou perda de controle. Apresentam-se constantemente tensos, preocupados, com queixas múltiplas e indecisos (Arntz & Jacob, 2013; Farrel & Shaw, 2018; Rafaeli et al., 2010; Roediger et al., 2018).

A origem desse esquema pode estar ligada à internalização seletiva de características de uma figura significativa que apresentava esse esquema ou por vivências de perdas importantes de pessoas significativas, *status* social ou financeiro (Young et al., 2008). Nessas situações, a criança sofreu adversidades e aprendeu que as "coisas sempre irão dar errado" e que "se algo ruim acontecer" elas são as responsáveis. É importante ressaltar que esse esquema pode ter se desenvolvido como um estilo de enfrentamento hipercompensatório da privação emocional, quando a pessoa apresenta queixas como forma de obter empatia, carinho ou proteção (Young et al., 2008).

No esquema de inibição emocional, as interações sociais são marcadas pela vergonha em situações de agressões perpetradas por figuras de autoridade. Existiu crítica, repressão e controle quando a criança expressava suas emoções e suas necessidades relacionadas à espontaneidade, ao divertimento e ao prazer. O resultado é a desvalorização dessas experiências, bem como o desenvolvimento de crenças de que essas expressões são estúpidas, desnecessárias ou imaturas (Arntz & Jacob, 2013; Farrel & Shaw, 2018; Rafaeli et al., 2011; Roediger et al., 2018). Outro caminho na formação e desenvolvimento desse esquema é quando a criança cresce em ambiente familiar no qual as figuras de autoridade demonstram emoções intensas e de difícil compreensão e manejo para ela, dessa forma, entendendo as emoções como algo a se temer, por serem ameaçadoras e perigosas (Young et al., 2008).

Em um estudo realizado por Dimaggio et al. (2018), sobre controle excessivo, inibição emocional e perfeccionismo (fenômenos presentes nesse domínio esquemático) relacionados aos Transtornos da Personalidade, é ressaltado que a inibição emocional, entendida como controle exacerbado sobre as emoções e suas expressões, pode cumprir funções diferentes dependendo do Transtorno da Personalidade. Na personalidade evitativa, por exemplo, ele tem a função de proteger o indivíduo das consequências sociais de exibir emoções, ao passo que no Transtorno de Personalidade Obsessiva-Compulsiva a pessoa pode pensar e sentir que é moralmente inapropriado expressá-las. Já no Transtorno de Personalidade Paranoide, as pessoas temem que se expressarem o que pensam e sentem outras pessoas poderão usar tais informações contra elas, utilizando de trapaças ou humilhações.

A marca do esquema de padrões inflexíveis, segundo Young et al. (2008), é o esforço contínuo para atingir padrões internalizados de desempenho, o que resulta em sentimentos de pressão constante e criticismo em relação a si e aos outros, perfeccionismo e regras rígidas acerca do que é certo em muitas áreas da vida e preocupação com tempo e eficiência. Esse esquema pode se desenvolver por internalização de figuras de autoridade que exigiam e estabeleciam objetivos altos com relação ao desempenho da criança e que eram extremamente exagerados, por exemplo: desempenho acadêmico, artístico, esportivo, entre outras possibilidades, e ao não os alcançar ela era criticada e exigida ainda mais, internalizando esse modelo para realizar suas hiperexigências na idade adulta.

Já o esquema de postura punitiva envolve a ideia de que a imperfeição humana deve ser punida e os erros são imperdoáveis. Young et al (2008) destacam que ele "é a voz do fogo e enxofre: sem coração, frio e desdenhoso: carente de suavidade e de compaixão. Uma voz que não ficará satisfeita até a punição de quem errou" (p. 236). Pessoas que experienciam esse esquema, com frequência, acreditam que todos, incluindo elas próprias, devem ser severamente punidos por seus erros. Geralmente, apresentam-se como moralistas e intolerantes.

Esse esquema tem suas origens principalmente na internalização do tom de voz utilizado pelo cuidador (punitivo e acusatório) em suas relações com a criança. A postura punitiva costuma associar-se a outros esquemas, principalmente de padrões inflexíveis e o de defectividade/vergonha, nos quais o indivíduo se pune por não ter alcançado seus objetivos ou se pune por acreditar ser possuidor de algum defeito (Arntz & Jacob, 2013; Farrel & Shaw, 2018; Rafaeli et al., 2011; Roediger et al., 2018; Young et al., 2008).

Em suma, o domínio de Supervigilância e Inibição é caracterizado pela inibição, controle, hipercriticismo e punição com o objetivo de seguir regras e suprimir a busca de eventos que proporcionem sensações relacionadas ao prazer, espontaneidade, divertimento e relaxamento. (Young et al. 2008). No decorrer deste capítulo, será discutido sobre o filme "Brokeback Mountain", indicando como os esquemas desse domínio estão presentes nos personagens.

Sinopse do filme "Brokeback Mountain"

> "O Segredo de Brokeback Mountain" (2005) narra a história de dois homens, Ennis del Mar (Heath Ledger) e Jack Twist (Jake Gyllenhaal), que se conhecem no verão de 1963 no estado de Wyoming (USA) durante um trabalho de pastoreio de ovelhas e sentem-se atraídos sexualmente e afetivamente um pelo outro. Eles vivem um relacionamento amoroso e sexual durante vinte anos, marcado pelas experiências de Ennis del Mar na construção de sua identidade sexual.

Análise da Dinâmica Esquemática de Ennis Del Mar Referente ao Domínio da Supervigilância e Inibição

Contexto sócio-histórico: algumas reflexões

O filme inicia-se em 1963, período pré-internet e seu acesso à informação, nesse ano também não havia ocorrido a "revolução de Stonewall" em Nova York (USA), marco para a comunidade LGBTQIA+ com relação a seus direitos e à visibilidade, comemorado todos os anos no dia 28 de junho como dia internacional do Orgulho LGBTQIA+ (Adelman, 2000). Nessa época, a homossexualidade ainda era considerada um transtorno mental pelo Manual Diagnóstico e Estatístico da Associação Psiquiátrica Americana e pela Classificação Internacional de Doenças elaborada pela Organização Mundial de Saúde, das quais seria excluída somente em 1973 e 1990, respectivamente (Drescher, 2015, 2014; Russo, & Venâncio, 2006; Toledo & Pinafi, 2012).

Nesse contexto histórico/social, entende-se que a pessoa homossexual é compreendida como um ser humano "anormal ou imoral" de acordo com o padrão sexista e heteronormativo da cultura, possuidor de um desvio de conduta, objeto de julgamento moral, político, religioso e/ou de cura de uma doença mental. Para Drescher (2014), ao analisar a partir da perspectiva transcultural a população LGB (Lésbicas, Gays e Bissexuais), entende-se que parte dessas pessoas se encontram em um grupo minoritário e são objetos de preconceito, violência e exclusão social, assim como acontece com as vítimas de xenofobia. Entretanto, diferente destas, em que se pode encontrar modelos de enfrentamento e aceitação na família, pessoas LGB dificilmente os encontram, experenciando a homofobia/bifobia tanto fora quanto dentro de seu sistema familiar.

Sem um lugar de segurança e proteção, essas pessoas aprendem, com fins defensivos, a esconder sentimentos e pensamentos que podem ser inaceitáveis para aqueles ao seu redor e passíveis de críticas e/ou punições. Concomitante à necessidade de esconder sua orientação sexual, a pessoa LGB pode utilizar de desprezo, preconceito, aversão e ódio a si. Quando, na idade adulta, podem vivenciar novamente essa violência tanto no contexto social (bi/homofobia) quanto internamente (bi/homofobia internalizada). Essa forma de se relacionar com sua orientação sexual foi conceituada em 1972 por Weinberg como homofobia internalizada (Bhugra, 2010).

Embora o desejo sexual comece a emergir na adolescência, com as mudanças físicas, neurológicas e hormonais pelas quais a criança passa, a construção dos significados culturais e sociais são internalizados anteriormente a essa descoberta (Santrock, 2014; Shaffer & Kipp, 2012). Exatamente como acontece com Ennis, aos nove anos de idade, quando é levado por seu pai para ver uma cena de violência e morte de uma pessoa por ser homossexual. Provavelmente, naquela ocasião, ele não saberia ou sentiria desejo sexual pelo mesmo sexo, mas a vivência pela qual passou foi armazenada como um trauma em suas memórias e, posteriormente, utilizada como base para a atribuição de significados quando ele descobre o seu desejo sexual pelo mesmo sexo.

Assim, entende-se que a relação de Ennis com sua sexualidade pode ser compreendida pelo conceito de estresse de minoria, desenvolvido por Meyer (2003), e associada ao conceito de homofobia internalizada.

Dessa forma, pressupõe-se que, devido aos processos sociais de rejeição, preconceito, violência e agressão, que parte das pessoas LGB vivenciam, elas internalizam a bi/homofobia sofrida, ocultando sua orientação sexual para evitar as consequências sociais de aceitá-la. Essas estratégias evitativas são utilizadas ao perceber o ambiente como ameaçador e, ao utilizá-las, evita-se a estigmatização que ocorre no ambiente externo. Porém, devido ao processo de internalização, a pessoa fica vítima de si própria, em que o algoz nesse caso é a bi/homofobia que fora, por ela mesma, internalizada. Esse modelo teórico é utilizado na literatura e nas pesquisas que tentam explicar de que forma a socialização baseada no heterossexismo contribui como estressores específicos para pessoas LGB e o impacto em sua saúde mental (Meyer, 2015; Pachankis & Safren, 2019; Pachankis et al., 2015).

Parte das pessoas LGB experienciam em seu desenvolvimento vivências que envolvem punições, exigências, rejeições, críticas, agressividade e violência contra seus desejos e impulsos naturais. Essas vivências, após serem internalizadas, orientam-nas (consciente e/ou inconscientemente) nas relações consigo próprias e com as outras pessoas, sob o tom da negação de si, exigências "humanamente impossíveis", controle e punição, regras morais e/ou religiosas rígidas ao invés de contentamento, espontaneidade, divertimento, prazer e compaixão (Cardoso et al., 2022; Young et al., 2008). Sendo assim, ao descobrirem sensações e emoções relacionadas a sua orientação sexual, podem tratar a si e/ou a outros de forma rejeitadora, humilhante, punitiva e violenta, reproduzindo o ambiente no qual foram desenvolvidos os significados do que é ser LGB (Pachankis et al., 2008; Toledo & Pinafi, 2012).

O aprendizado da bi/homofobia internalizada e das dinâmicas socias apresentadas na teoria do estresse de minoria é similar às características descritas por Young et al. (2008) no desenvolvimento dos esquemas no Domínio de Supervigilância e Inibição. Esses esquemas influenciam o processamento posterior das experiências externas e internas e molda a forma como a pessoa se relacionará com os outros na idade adulta, o que leva os indivíduos a recriarem as condições da sua infância que foram danosas, assim, "mesmo que a descoberta de uma orientação LGB não seja perigosa nas circunstâncias atuais da vida da pessoa, ela deve ter sido no passado" (Drescher, 2014, p. 22).

Análise da memória relatada por Ennis relacionada ao desenvolvimento dos EIDs de inibição emocional e postura punitiva e a relação com sua orientação sexual

Um contexto familiar e sociocultural opressor, no qual parte das pessoas LGBTQIA+ estão inseridas, perpassa toda a vida de Ennis Del Mar e está presente nas suas escolhas e nas decisões da relação entre os protagonistas. Isso é mostrado implicitamente em um momento do filme no qual Ennis relata um evento de seu passado para que, por meio dessa alegoria, o espectador possa observar como esse evento definiu o desenvolvimento posterior dos significados que o personagem construiu sobre sua orientação sexual. Percebe-se, ainda, seu padrão evitativo e as funções dos EIDs de negativismo/pessimismo, inibição emocional e de postura punitiva que o impedem, não por sua culpa, de aceitar o que sente por Jack e realizar escolhas que poderiam levá-lo a uma vida com menos isolamento e solidão, diferente do mostrado no final do filme quando ele abraça as camisas usadas pelo dois no primeiro encontro em Brokeback, guardadas por Jack durante vinte anos.

A memória em questão é narrada por Ennis em uma conversa entre os dois no segundo encontro que acontece quatro anos após eles se conhecerem. Nesse diálogo, Jack propõe que os dois poderiam ter um rancho e morar juntos, demonstrando que deseja ter uma relação mais próxima e íntima. Proposta a qual Ennis afirma ser impossível por ambos terem compromissos com suas famílias, advertindo Jack de que se essa "febre" (referindo-se ao que sentem) pegá-los de novo no lugar errado, eles estarão mortos.

No primeiro motivo dado por Ennis, pode-se pensar no esquema de autossacrifício, por exemplo, se a sua motivação estivesse ligada a não ser o responsável por causar dor em sua família; mas, em seguida, ao falar sobre o temor de sofrer violência que culmine em morte, caso eles desrespeitem o padrão social heteronormativo, entende-se que não abandonar a família é uma forma de evitar entrar em contato com o que realmente deseja. O esquema de inibição emocional entra em ação avisando-o para ficar permanentemente vigilante e controlar o que sente, assim como a expressão desse sentir, pois qualquer descuido pode levá-lo novamente a vivenciar o que passou na infância e, dessa vez, como a própria vítima (Young et al., 2008).

O filme mostra, a partir da perspectiva de Ennis, a memória de quando ele é levado aos nove anos de idade, junto ao seu irmão, para ver o corpo de um homem considerado a "piada da cidade" por ser gay. Tal homem fora içado pelo pênis até arrebentar por aceitar sua orientação e morar com outro homem. Quando o filme retorna para o momento presente, Ennis, ainda sob efeito dessa memória, diz a Jack que o terror ao qual foi submetido funcionou, por isso eles não podem morar juntos, mas poderiam se encontrar às escondidas esporadicamente.

Essa memória considerada autobiográfica e definidora do *self* "são as bases da identidade do indivíduo, fornecendo uma sensação de estabilidade e continuidade, podendo ser positivas ou negativas" (Stopa, 2009). No caso de Ennis, trata-se de uma memória considerada negativa, por aprisioná-lo em sua infância, associada a altos níveis de emoção, como a cena demonstra. Este tipo particular de memória definidora do *self* confirma ou define quem a pessoa é, sendo imprescindíveis para as estratégias vivencias na Terapia do Esquema (Hayes & Wijngaart, 2020; Simpson & Arntz, 2020).

Para Young et al. (2008), as memórias relacionadas a eventos adversos e traumáticos contidas em um esquema que envolvem abuso, abandono, negligência ou rejeição são codificadas e armazenadas no sistema amigdaliano na forma de emoções e sensações corporais. Ao entrar em contato com situações que possuem propriedades semelhantes aos eventos armazenados que levaram ao desenvolvimento dos esquemas, essas emoções e sensações corporais automaticamente são ativadas.

Na cena na qual a esposa de Jack conta a Ennis como ele morreu e que a sua morte ocorreu devido a um pneu que estourou em seu rosto enquanto ele o trocava, a dinâmica esquemática de Ennis lhe mostra Jack sendo brutalmente assassinado por três homens. Mesmo não sendo esse o motivo relatado. Aqui, pode-se observar que sua mente fez uma ponte imediata entre essa perda no presente e a experiência vivida na infância (Hayes & Wijngaart, 2020; Simpson & Arntz, 2020).

Análise do esquema de postura punitiva apresentado por Ennis del Mar

Comumente, pessoas com o esquema de postura punitiva adotam uma perspectiva dicotômica sobre o que é certo e/ou errado, e o que entendem como errado, imoral ou pecado, em si ou nos outros, deve ser punido severamente, assim, o perdão é extremamente difícil para essas pessoas. Segundo Young et al. (2008), esse esquema não permite a imperfeição humana e tem dificuldade de sentir qualquer empatia e compaixão por si próprio ou por outras pessoas devido ao seu caráter punitivo. Em última instância, a punição tem o objetivo de suprimir qualquer forma de espontaneidade, divertimento, alegria e prazer, por entender que ações que levem a nutrir essas necessidades são erradas, imorais, pecaminosas, ameaçadoras.

Young et al. (2008) destacam que uma das associações que o esquema de postura punitiva pode fazer é com o esquema de defectividade/vergonha. Essa associação pode ser observada quando Ennis entende e sente sua orientação sexual como uma imperfeição e, assim, impossível de ser aceita por ele ou por outras pessoas (defectividade/vergonha), o que se liga ao esquema de postura punitiva para suprimir o que ele sente no primeiro encontro sexual com Jack.

Na conversa posterior a essa noite, Jack, ao observar o desconforto e a evitação de Ennis, diz a ele que o que fizeram não importa e que ninguém viu, mas este responde que nesse momento o que importa é que *"ele viu"*. Prosseguindo em sua autopunição, Ennis diz a Jack que ele não é *"queer"*, termo que, naquela época, era utilizado de forma pejorativa e homofóbica ao se referir a homens gays, que, ao descobrirem sua orientação sexual, significam-na como errada, anormal e imoral, o que demanda evitação e punição dos significados contidos nela.

Como visto previamente, essa dinâmica entre vergonha, evitação e punição é encontrada tanto na literatura sobre homofobia internalizada quanto na teoria do estresse de minorias. As experiencias que crianças e adolescentes têm na relação com pessoas significativas em suas vidas contribuem para o desenvolvimento dos esquemas em seus domínios (Young et al., 2008).

Análise com foco no esquema de inibição emocional apresentado por Ennis del Mar

No início do filme, Ennis chega ao lugar em que o dono do rebanho de ovelhas irá entrevistá-lo para o trabalho, logo após, chega Jack, que vai em sua direção para estabelecer contato social. Nesse momento, Ennis abaixa a cabeça intencionalmente, evitando contato visual e desencorajando-o a se aproximar. A evitação de contato social presente na dinâmica esquemática de Ennis pode ser relacionada a esquemas de vários domínios (Young et al., 2008), por exemplo, acreditar que possui alguma falha que será descoberta caso seja conhecida por outra pessoa (defectividade/vergonha) ou ainda se sentir fundamentalmente diferente de outras pessoas, tendendo a se isolar (isolamento social), bem como manter distância por acreditar que as pessoas podem mentir e/ou enganá-lo (desconfiança/abuso).

Enquanto o filme transcorre, observa-se que seu padrão evitativo se relaciona a um padrão mais amplo de estratégias relacionadas à evitação de sentimentos e de emoções nas relações interpessoais, bem como ao controle sobre seu próprio comportamento, fenômenos presentes nas descrições dos esquemas do domínio de Supervigilância e Inibição (Young et al., 2008). A partir disso, é possível compreender que comportamentos similares topograficamente podem ser uma resposta ligada a esquemas diferentes e que esquemas diferentes podem ter topograficamente o mesmo comportamento.

A dinâmica esquemática de Ennis em relação a sua orientação sexual começa a emergir quando ele e Jack têm o seu primeiro encontro sexual. Assustado e confuso, nosso protagonista resiste a entrar em contato com que sente e tenta afastar seu companheiro para não perder o controle sobre suas emoções. Todavia, tal era a intensidade do sentir que sua evitação se rompe, entregando-se ao desejo. Apesar disso, o sexo é feito sem afeto, em seu aspecto fisiológico e com um toque de sadismo por parte de Ennis. Já no segundo encontro sexual, o próprio Ennis vai até Jack com afeto, cuidado e a necessidade de tocar e ser tocado.

Na manhã seguinte ao primeiro encontro, Ennis vai embora do acampamento sem dizer uma palavra em um claro conflito entre suas necessidades emocionais que travam um embate e sua inibição emocional. Esse esquema aparece em outra cena, na qual, após uma conversa, Jack diz a Ennis que ele havia acabado de falar mais do que nas duas semanas anteriores que eles estiveram juntos, quando afirma ter, na verdade, falado mais que em todo o último ano, encerrando rapidamente a conversa.

Ennis não se deixa conhecer, devido à evitação em falar sobre si, suas emoções e suas necessidades, demonstrando que seu padrão inibido e supercontrolado estão presentes em sua personalidade antes de se envolver com Jack e antes da descoberta de sua sexualidade. As pessoas com inibição emocional, frequentemente, parecem controladas, tristes e reservadas (Young et al., 2008), características centrais presentes na vida de Ennis em toda a narrativa do filme.

Após quatro anos do encontro em Brokeback, Jack envia um cartão postal para Ennis e os dois marcam um encontro. Quando juntos, ao indagá-lo sobre o que ele sente sobre os dois, Ennis responde de maneira distante e fria que *"não sabe"*. A expressão "não sei" é uma das características desse esquema que, frequentemente, está associado a uma percepção das emoções como ameaçadoras ou humilhantes (Young et al., 2008), assim, ao alegar desconhecer, a pessoa está protegendo-se de suas consequências.

O "não saber" de Ennis, quando questionado, também pode refletir o conflito e a confusão entre suas emoções e sensações enquanto seus esquemas de postura punitiva e negativismo/pessimismo, que estão em ação concomitantemente ao de inibição emocional. Isso foi demonstrado no filme enquanto ele espera a chegada de Jack para esse encontro (ele fica de vigia na janela, visivelmente agitado, enquanto fuma e bebe constantemente), experencia suas emoções e sensações de maneira intensa, apresentando dificuldade em exercer o autocontrole exigido por esses esquemas.

Pode-se também observar o esquema de inibição emocional atuando na relação de Ennis com sua esposa, por exemplo, em seu divórcio, que acontece após a cena de uma noite em que estão tendo uma relação sexual e ela lhe diz que está usando métodos contraceptivos. Ele, então, afasta-se imediatamente dela dizendo que a deixará em paz a partir desse momento, demonstrando que o sexo com sua esposa tem a função exclusiva de reprodução em detrimento do contentamento, da espontaneidade e do prazer nessas relações (Young et al., 2008).

Análise do esquema de negativismo e pessimismo apresentados por Ennis

Ennis, desde o início, mostra-se triste, reservado, constrito e ensimesmado. Características estas que se acentuam até o final do filme, quando relata ter perdido seus pais na infância em um acidente de carro, o que o deixou, ele e seus irmãos, sem lar e sem suporte financeiro. perdas como essas em idade precoce é um dos caminhos que podem ser percorridos na formação e desenvolvimento do esquema de negativismo/pessimismo, conforme descrito pelo modelo da Terapia do Esquema (Arntz & Jacob, 2013; Farrel & Shaw, 2018; Lockwood & Shaw, 2012; Rafaeli et al., 2010).

Observa-se esse esquema agindo, principalmente, na cena em que Ennis espera ansiosamente pelo parceiro e quando indagado por sua esposa sobre a sua agitação, ele lhe diz que acredita que talvez Jack não venha. Em outro momento, na cena em que Ennis explica para Jack as razões para não morar juntos, Jack o indaga sobre o que fariam com o que sentem e Ennis responde que *"duvida que dê para fazer alguma coisa e que não tem como sair da vida em que vive"*.

A desesperança face ao suprimento de suas necessidades emocionais básicas é um dos fenômenos apresentado por esse esquema (Young et al., 2008) e é perceptível em Ennis quando afirma não haver o que possa ser feito a cada cena que Jack, novamente, fala sobre a possibilidade de um futuro juntos. Entende-se que o esquema de negativismo/pessimismo faz com que a pessoa apresente um foco generalizado e permanente nos aspectos negativos da vida, independente do que se faça, não há esperança de um desfecho melhor (Young et al., 2008).

Esquema de padrões inflexíveis em Ennis del Mar

Segundo Young et al. (2008), o esquema de padrões inflexíveis "é a sensação de que se deve dispender grande esforço para atingir elevados padrões internalizados, com vistas a evitar a desaprovação ou vergonha, resultando em sentimentos de pressão constante e atitude crítica em relação a si e aos outros" (p. 34). Assim, o perfeccionismo é uma característica definidora desse esquema e geralmente associado ao que a pessoa entende como desempenho profissional (Rafaeli et al., 2010).

O esquema de padrões inflexíveis não se mostra com tanta força na dinâmica esquemática de Ennis, como os outros três anteriores, entretanto, pode-se identificá-lo no início do filme em uma conversa entre Jack e Ennis, após este último ter perdido os mantimentos. Nesse diálogo, Jack lhe diz que eles podem matar uma ovelha para se alimentar, contando que, no ano anterior, as tempestades mataram 20% do rebanho. Ele, por sua vez, preocupa-se excessivamente que o contratante fique sabendo e eles tenham problemas, concluindo que *"as ovelhas são para cuidar, não para matar"*. Essa cena mostra a rigidez de Ennis com o cumprimento de regras, pois, apesar de ser ilegal, ele mata um alce para comerem, mas se negou a fazer o mesmo com uma ovelha, já que fora contratado para protegê-las.

Em outros momentos, pode-se observar Ennis justificando para Jack ou para sua família que seu trabalho o impede de que eles fiquem mais tempo juntos. Não fica claro se essa forma de falar sobre seu desempenho no trabalho é uma estratégia de evitação com o objetivo de permanecer em sua dinâmica de solidão ou se realmente o desempenho em seu trabalho tem essa prioridade, configurando-se, assim, como padrões inflexíveis.

As necessidades emocionais básicas do domínio supervigilância e inibição

Como visto, uma das funções dos esquemas do domínio Supervigilância e Inibição é não permitir que a pessoa tenha acesso a sensações relacionadas à felicidade, à espontaneidade, ao lazer e ao divertimento (Young et al., 2008). A dinâmica esquemática apresentada por Ennis, durante todo o filme, apresenta características descritas nesse domínio antes mesmo de conhecer Jack, que são perpassadas pela temática da orientação sexual e seus significados construídos socialmente, internalizados e ativados quando se apaixonam. Porém, há uma parte de Ennis que encontra a satisfação dessas necessidades na relação amorosa, o que pode ser visto na cena em que esboça um de seus poucos sorrisos quando Jack imita um *cowboy* de rodeio.

Após a segunda noite em que dormem juntos, os dois aparecem se divertindo e brincando um com outro, nesse momento pode se ver a parte de Ennis que sente prazer, alegria e espontaneidade ao estar com Jack. Necessidades estas que aparecem novamente satisfeitas na cena em que os dois se encontram após quatro anos, na qual ele demonstra alegria pelo reencontro e, espontaneamente, beija-lhe. Nesse mesmo encontro, os dois se divertem pulando nus no lago e, à noite, Ennis olha para o céu e sorri, relatando ao companheiro estar orando em agradecimento.

É possível observar que, nesses momentos, ele não suprime suas sensações e emoções e se autoexpressa com espontaneidade, divertimento, alegria e prazer. Entende-se que ele não está sob o controle da supervigilância e inibição, deixando emergir sua parte feliz e nutrida emocionalmente que estava sufocada pelos esquemas desse domínio.

Intervenção com Base na Relação Terapêutica em TE

Em uma realidade cinematográfica alternativa, Ennis entraria em contato com suas perdas e seu luto ao abraçar as camisas que ele e Jack usaram no primeiro encontro em "Brokeback Mountain" e prometeria que faria algo para tornar sua vida significativa, sendo um de seus primeiros passos procurar ajuda psicoterapêutica. Na fase inicial do trabalho psicoterapêutico, na Terapia do Esquema, as primeiras cinco ou seis sessões, compreendem os objetivos propostos por Arntz (2012) e Young et al. (2008):

a) Familiarizar-se com o paciente;
b) Compreender as razões do paciente para procurar terapia, bem como suas expectativas sobre o processo psicoterápico;
c) Anamnese e entrevista diagnóstica, questionários específicos da Terapia do Esquema;
d) conceituação de caso e Psicoeducação sobre a Terapia do Esquema.

Dessa forma, ao receber Ennis Del Mar, seriam dedicadas algumas sessões à captura de suas necessidades emocionais não atendidas adequadamente, aos seus esquemas atualmente ativados, assim como (e entrelaçado aos passos anteriormente descritos) à consolidação da aliança terapêutica, especialmente, mediante sua dificuldade em confiar no outro e em seu posicionamento condenatório. Imprescindível pontuar que a conceituação de caso *(item d)* perpassa todo o processo terapêutico do paciente, sendo "construída" ao longo desse (Young et al., 2008).

Observação: destaca-se que este capítulo se refere, exclusivamente, aos esquemas que compõem o Domínio de Supervigilância e Inibição, portanto, os esquemas dos demais domínios, possivelmente presentes no personagem Ennis, foram, intencionalmente, desconsiderados pelos autores e, consequentemente, os problemas atuais, os ativadores desses esquemas, suas origens e comportamentos (de resignação, evitação e hipercompensação), além dos modos relevantes. Todos os aspectos relacionados aos demais domínios esquemáticos estão contemplados nos demais capítulos desta obra *(Capítulos 3 a 7)*, assim como um modo esquemático específicos a minorias sexuais e de gênero *(Capítulo 14)*, que também pode ser visto em Cardoso et al. (2022).

Dada essa fase inicial de avaliação, sugere-se que, ao adentrar na fase da mudança propriamente dita, seja proposta uma estratégia vivencial de imagem mental, a partir da memória de infância importante relatada por Ennis. Pode-se entrar na imagem remota em si para um fim de reparentalização ou de confrontação à figura punitiva do pai ou ainda pode-se partir dela e das sensações e emoções que a compuseram, migrando a situações de sua vida atual que despertam sensações e emoções similares, buscando, assim, identificar os elementos ativadores dessas dores esquemáticas infantis. O mesmo pode ser feito na direção inversa: partir de um relato presente do paciente, migrando ao passado em busca de vivências que tenham despertado as mesmas respostas emocionais e comportamentais (Hayes & Wijngaart, 2020; Simpson & Arntz, 2020; Stopa, 2009).

Como todo trabalho psicoterapêutico em TE, esse também apresentaria ao terapeuta diversos caminhos a serem tomados no direcionamento na fase de intervenção (Young et al., 2008). A escolha por um desses caminhos em detrimento (ou adiamento) de outro deve ser determinada pela forma como o fenômeno se organiza naquele determinado momento no *setting*, pelo perfil do terapeuta (que influenciará sua decisão) e pelo grau de consolidação da aliança terapêutica entre paciente/psicólogo, dentre outros fatores.

No trabalho com imagens mentais evocadas a partir da memória da infância/adolescência, um dos objetivos é que o paciente compreenda emocionalmente que o que fizeram a ele foi errado e que ele não tem culpa pelo que aconteceu, além de mobilizar reações de raiva contra as internalizações que representam a crítica e a punição. De acordo com Young et al. (2008), essa é uma estratégia bastante comum em pacientes que desenvolveram o esquema de inibição emocional, postura punitiva e padrões inflexíveis, pois ainda que também seja uma emoção, a raiva o coloca supostamente menos vulnerável que a tristeza diante dos outros.

Assim, ao mostrar-se agressivo, talvez o paciente esteja em um esforço cognitivo e emocional para esconder mais uma vez sua profunda dor. É possível ver tal estratégia em algumas cenas de Brokeback Mountain, em especial, após a segunda metade do filme, quando Jack e Ennis têm uma discussão, e este último tenta agredir fisicamente o seu companheiro quando ele tenta abraçá-lo. Jack insiste em abraçar

Ennis que, sem conseguir escapar e tampouco golpeá-lo, entrega-se a um choro tomado de tristeza.

Com o objetivo específico de ressignificar as memórias de infância de Ennis, mediante o avanço do tratamento na imagem mental, pode-se convidar o próprio paciente para entrar na cena, dirigindo-se à criança (Hayes & Wijngaart, 2020; Simpson & Arntz, 2020; Stopa, 2009). Possivelmente, para que isso seja possível, essa imagem deve ser visitada anteriormente, quantas vezes se fizer necessário, com o mesmo intuito de reparação. Entretanto, nessas práticas anteriores, a pessoa do terapeuta era quem entrava na cena, acolhendo, validando e protegendo a criança vulnerável na memória, de forma a reparar as necessidades básicas de segurança, vínculos seguros e proteção, desatendidas em sua vivência real infantil (Arnz & Jacob, 2013; Hayes & Wijngaart, 2020; Simpson & Arntz, 2020).

Ainda com o objetivo de reparentalização referente ao processo psicoterapêutico do paciente fictício Ennis Del Mar, Lockwood e Samson (2020) descrevem a respeito da especificidade reparadora da relação terapêutica e demonstram formas para a promoção de experiências emocionais corretivas na relação terapeuta-paciente. Ou seja, formas de potencializar, nessa relação, o processo de cura esquemática. Para tanto, os referidos autores cunharam o conceito de Padrões Parentais Positivos (PPPs) que, de forma simples, explicam-se como um conjunto de comportamentos, tom de voz, emoções, atitudes, crenças e valores que, por suas qualidades, contrapõem àqueles comuns aos padrões inadequados de parentalidade que, como sabemos, contribuem significativamente na formação de respostas esquemáticas desadaptativas. Como resultado dos estudos descritos por Lokwood e Samson (2020), foram categorizados sete PPPs, visando à satisfação das necessidades emocionais básicas com resultados positivos para a saúde mental:

> 1. **Nutrição emocional e amor incondicional**: Composto por três subgrupos: Nutrição Emocional, Amor Incondicional e Força e Orientação. O Subgrupo Nutrição Emocional, por sua vez, subdivide-se uma vez mais em quatro outras instâncias: Apego profundo, carinho, disponibilidade diurna e noturna e, por fim, abertura.

2. **Ludicidade e abertura emocional**: amplificação do afeto positivo por intermédio do lúdico; uma figura parental (real ou terapeuta) brincalhona e espontânea.

3. **Apoio à autonomia**: ser acreditado e visto como capaz de ter sucesso em metas desafiadoras.

4. **Concessão de autonomia**: Ter a liberdade de ser o autor de sua própria vida.

5. **Confiabilidade**: Estar presente e confiável para fornecer orientação e apoio.

6. **Valor intrínseco**: Fornecer orientação na busca dos objetivos de vida. significativos, enquanto permanece fiel a si mesmo e justo e respeitoso com os outros.

7. **Confiança e competência**: ser e parecer confiante e competente como figura parental.

Observação: importante esclarecer que os estudos que levaram a esses conceitos foram realizados com base nas memórias adultas de como é ser uma figura parental (pai e mãe reais), o que leva os PPPs a diferir da conhecida reparentalização limitada em Terapia do Esquema, posto que esta sim fora baseada na relação terapeutas-pacientes.

Aplicando, brevemente, alguns dos PPPs acima descritos, ao caso específico de Ennis Del Mar, pode-se afirmar, por exemplo, que seria produtivo que seu terapeuta atentasse especialmente a propiciar, ao longo de sua relação com o paciente, o PPP de nutrição emocional e amor incondicional, em especial no subgrupo "apego profundo" (Lockwood & Samson, 2020). Isso poderia se dar, por exemplo, por meio do direcionamento do terapeuta a gerar diversas e repetidas experiências de segurança, nas quais sua sensibilidade seja respeitada. Dessa forma, ao promover a Ennis a experiência de sentir-se profundamente compreendido, dar-se-ia uma reorganização processual de seu sistema neurobiológico em contrapartida ao funcionamento desse, baseado, até então, nas variadas situações traumáticas vividas, de desrespeito à sua sensibilidade e insegurança vincular.

Ainda tomando como base o PPP de nutrição emocional e amor incondicional (Lockwood & Samson, 2020), o terapeuta poderia atentar para o subgrupo "disponibilidade diurna e noturna", por meio de pequenos gestos que comunicassem tal disponibilidade a Ennis. Por exemplo, poderiam ser combinados contatos extras entre as sessões, seja por meio telefônico ou e-mail, a fim de promover no paciente a vivência da sensação de estar na mente (e cuidado) do terapeuta para além dos momentos em que está diante dele, considerando o fato de Ennis não ter nenhuma outra figura reparadora de convivência quando procura ajuda terapêutica. Obviamente, aqui, seriam respeitados os limites éticos e profissionais cabíveis.

No que diz respeito à "abertura", ainda no PPP de nutrição emocional e amor incondicional (Lockwood & Samson, 2020), seria oportuno atentar ao tempo demandado por Ennis para expressar suas emoções. No próprio filme, ele admite claramente a Jack sua dificuldade em falar de si ou de conteúdos emocionais de modo geral, o que podemos supor ser um padrão em nosso paciente fictício. Sendo assim, seria muito bem-vinda a abertura do terapeuta ao, em respeito a isso, oferecer algum tempo extra nas sessões, por exemplo, ou em respeitar os silêncios sem grandes intervenções por entendê-los como uma tentativa legítima de proteger-se da dor imbuída nas narrativas que virão. Outra postura de abertura nesse caso seria também uma autorrevelação sobre sua dificuldade em abordar suas próprias dores ao iniciar o processo psicoterapêutico enquanto paciente.

O "amor incondicional" (Lockwood & Samson, 2020), por sua vez, poderia ser comtemplado na leveza do terapeuta face aos possíveis erros de Ennis consigo mesmo, com os outros ou ainda com o terapeuta. A experiência de continuar sendo amado por ele depois de ter errado lhe permitirá compreender-se enquanto digno de amor por quem é e não por aquilo que faz mediante à expectativa alheia. Um espaço emocional no qual o amor permanece, lugar este raramente ou talvez nunca por ele visitado.

Por fim, no caso de Ennis, entende-se ser adequada a presença dos princípios da "concessão de autonomia" (Lockwood & Samson, 2020), como padrão parental positivo a ser adotado pelo terapeuta. Isso garante uma postura de respeito, sem replicar a agressão, provavelmente, outrora vivida de invasão ao seu direito de escolha, o que requer tolerância e não julgamento do terapeuta. Isso poderia ocorrer, por exemplo, na escolha do terapeuta pela intervenção a ser aplicada.

Embora se tenha consciência da importância e eficácia das estratégias vivenciais, um paciente como Ennis, dada seu alto grau de Inibição Emocional e perfil temperamental, pode não gostar da forma mais ativa dessas técnicas, o que acarretaria a ineficácia delas para esse paciente em especial. Seria adequado, então, buscar outras formas de atender às necessidades de progresso do paciente, sem tirar de si o protagonismo de seu processo terapêutico. Por vezes, a nutrição de uma necessidade específica (como a de autonomia, no caso de Ennis) sobrepõem-se ao possível ganho com uma vivência em um determinado período do processo.

Ainda de acordo com o PPP de "concessão de autonomia" (Lockwood & Samson, 2020), seria apropriado que, durante o exercício com a imagem mental dolorosa da infância de Ennis, por exemplo, o terapeuta acolhesse o sentimento que ele demonstrasse face a representação internalizada de seu pai, ainda que tal sentimento não fosse a raiva que supostamente "deveria" estar presente diante da postura violenta tida com o filho. Isto é, por mais que uma emoção (ou a falta dela) no paciente durante uma estratégia vivencial cause estranheza, enquanto terapeutas com PPP, deve-se lhe conceder autonomia, deixando-o no poder autoral do seu caminho emocional, sem buscar insistentemente algo tido pelo terapeuta como mais profundo (ainda que na melhor intenção de progresso).

CONCLUSÃO

Como visto, grande parte das pessoas LGB, passam por dinâmicas sociais marcadas por preconceito, violência, exclusão, punição e, por vezes, morte. Esses processos sociais podem acontecer tanto dentro quanto fora da família e são semelhantes aos descritos por Cardoso et al. (2022) e Young et al. (2008) na formação e no desenvolvimento dos esquemas do domínio da Supervigilância e Inibição.

Dessa forma, entende-se que, ao utilizar o modelo da Terapia do Esquema com a população LGB, o terapeuta necessita compreender que esses processos relacionados à sexualidade são nucleares para a compreensão das respostas dadas à realidade em que a pessoa está inserida. A análise do filme teve como objetivo colaborar com reflexões, estudos e pesquisas em relação ao universo LGB e Terapia do Esquema, uma vez que, para essa abordagem, a história de desenvolvimento do indivíduo é a matriz para a avaliação e intervenções cognitivo-comportamentais.

Indicação de músicas, filmes e séries que abordam direta e/ou indiretamente os conceitos explanados neste capítulo

Recurso	Nome	Conceitos abordados
Músicas	*This is me* – Keala Settle	EID: Inibição Emocional
	Perfect – Alanis Morissette	EID: Padrões Inflexíveis
Série	*Fronteiras do Universo* – personagem Marisa Coulter	EIDs: Padrões inflexíveis, postura punitiva e Inibição Emocional
	Game of Thrones – personagem Tywin Lannnister	
	House – personagem House	
Filmes	*O Diabo veste Prada* – Miranda Pristley	
	Pequena Miss Sunshine – personagem Jack	EID: Negativismo/ Pessimismo
	As Horas – personagem Virginia Wolf	
	As Horas – personagem Laura Brown	EIDs: Negativismo/ Pessimismo; Inibição Emocional

REFERÊNCIAS

Adelman, M. (2000). Paradoxos da identidade: a política de orientação sexual no século XX. *Revista de Sociologia e Política*, 163-171.

Arntz, A., (2012). Schema Therapy for Cluster C Personality Disorders. In: M. Van Vreeswijk, J. Broersen e M. Nadort (Eds.), *The Wiley-Blackwell Handbook of Schema Therapy: Theory, Research and Science* (pp. 41-66). Malden:Wiley-Blackwell.

Arntz, A., & Jacob, G. (2013) *Schema therapy in practice: an introductory guide to the schema mode approach*. Malden: Wiley-Blackwell.

Aron, E. N., Aron, A., & Davies, K. M. (2005). Adult Shyness: The Interaction of Temperamental Sensitivity and an Adverse Childhood Environment. *Personality and Social Psychology Bulletin, 31*(2), 181–197.

Bamelis, L.L., Renner, F., Heidkamp, D., & Arntz, A. (2011) Extended Schema Mode conceptualizations for specific personality disorders: an empirical study. *Journal Personality Disorder,* 25(1), 41-58.

Bhugra, D. (2010). Homophobia: A Review of the Literature. *Sexual and Relationship Therapy,* 25, 456-464.

Cardoso, B. L. A., Paim, K., Catelan, R. F., & Liebross, E. (2022). Minority stress and the inner critic/sociocultural oppressive schema mode among sexual and gender minorities. *Current Psychology,*

Drescher J. (2015). Out of DSM: Depathologizing Homosexuality. *Behavioral sciences, 5*(4), 565–575.

Drescher J. (2015). Queer diagnoses revisited: The past and future of homosexuality and gender diagnoses in DSM and ICD. *International Review of Psychiatry,* 27(5), 386-95.

Drescher, J. (2014). O que tem em seu armário? In: J. Levounis, J. Drescher e M. Barber (Orgs.) *O livro de casos Clínicos GLBT* (pp. 21-34). Porto Alegre: Artmed.

Dimaggio, G. et al. (2018). The problem of overcontrol: Perfeccionismo, emotional inhibition, and personality disorders. *Comprehensive Psychiatry,* 83, 71-78

Farrell, J. M., & Shaw, I. A. (2018). *Experiencing Schema Therapy from the Inside Out a Self-Practice/Self-Reflection Workbook for Therapists*. New York/London: Guilford Press.

Fassbinder, E., & Arntz, A. (2019). Schema Therapy with Emotionally Inhibited and Fearful Patients. *Journal Contemporary Psychotherapy, 49,* 7–14.

Hayes, C., & Wijngaart R. V. D. (2020) Imagery Rescripting for childhood memories. In: G. Heath & H. Startup (Eds.), *Creative Methods in Schema Therapy: Advances in Clinical Practice* (pp.76-90). Abington:Routledge.

Lockwood, G., & Samson, R. (2020). Understand and Meeting Core Emotional Needs. Em G. Heath e H. Startup (Eds*.), Creative Methods in Schema Therapy: Advances in Clinical Practice* (pp.76-90). Abington:Routledge.

Lockwood, G., & Shaw, I. (2012). Schema Therapy and the role of joy and play. In M. Van Vreeswijk, J. Broersen, & M. Nadort (Eds.), *The*

Wiley-Blackwell Handbook of Schema Therapy: Theory, Research and Science (pp. 209–227). Malden: Wiley-Blackwell.

Meyer, I. H. (2015). Resilience in the study of minority stress and health of sexual and gender minorities. *Psychology of Sexual Orientation and Gender Diversity,* 2(3), 209-213.

Meyer, I. H. (2003). Prejudice, social stress, and mental health in lesbian, gay, and bisexual populations: Conceptual issues and research evidence. *Psychological Bulletin,* 674-697.

Pachankis, J. E., Goldfried, M. R., & Ramrattan, M. E. (2008). Extension of the rejection sensitivity construct to the interpersonal functioning of gay men. *Journal of Consulting and Clinical Psychology,* 76(2), 306–317.

Pachankis, J. E., & Safren, S. A. (2019). Adapting evidence-based practice for sexual and gender minorities: The current state and future promise of scientific and affirmative treatment approaches. Em J. E. Pachankis & S. A., Safren (Eds.). *Handbook of evidence-based mental health Practice with Sexual and Gender Minorities* (pp. 3-24). New York: Oxford University Press.

Pachankis, J. E., Cochran, S. D., & Mays, V. M. (2015). The mental health of sexual minority adults in and out of the closet: A population-based study. *Journal of Consulting and Clinical Psychology,* 83(5), 890-900.

Pellerone, M., Iacolino, C., Mannino, G., Formica, I., Zabbara, S. M. (2017). The influence of parenting on maladaptive cognitive schema: A cross-sectional research on a group of adults. *Psychology Research and Behavior Management,* 10, 47-58.

Rafaeli, E., Bernstein, D. P., & Young, J. (2011). *Schema therapy: Distinctive features.* New York/London: Routledge.

Roediger, E., Stevens, B. A., Brockman, R. (2018). *Contextual Schema Therapy: An integrative approach to personality disorders, emotional desregulation, and interpersonal functioning.* Oakland: New Harbinger Publications.

Rothbart, M. K. (2012). Advances in temperament: History, concepts, and measures. Em M. Zentner & R. L. Shiner (Eds.), *Handbook of temperament* (pp. 3–20). New York: Guilford Press.

Santrock, J. W. (2014). *Adolescência.* Porto Alegre: Artmed

Simpson, S., & Arntz, A. (2020). Core principles of imagery. In: G. Heath & H. Startup (Eds.), *Creative Methods in Schema Therapy: Advances in Clinical Practice* (pp.76-90). Abington: Routledge.

Shaffer, D. R., & Kipp, K. (2012). *Psicologia do desenvolvimento: Infância e adolescência* (2. ed.). São Paulo: Cengage Learning.

Shaw, I. (2020). Spontaneity and play in Schema Therapy. In: G. Heath & H. Startup (Eds.), *Creative Methods in Schema Therapy: Advances in Clinical Practice* (pp.76-90). Abington: Routledge.

Shute, R., Maud, M., &McLachlan, A. (2019) The relationship of recalled adverse parenting styles with maladaptive schemas, trait anger, and symptoms of depression and anxiety. *Journal of Affective Disorders, 259*, 337-348.

Stopa, L. (2009) *Imagery and the Threatened Self: Perspectives on Mental Imagery and the Self in Cognitive Therapy.* Abington:Routledge.

Russo, J., & Venâncio, A. T. (2006). Classificando as pessoas e suas perturbações: a "revolução terminológica" do DSM III. *Revista Latino-americana de Psicopatologia Fundamental, 9*(3), 460-483.

Toledo, L. G., & Pinafi, T. (2012). A clínica psicológica e o público LGBT. Psicologia Clínica, *24*, 137-163.

Young, J. E., Klosko, J. S., & Weishaar, M. E. (2008). *Terapia do esquema: guia de técnicas cognitivo-comportamentais inovadoras.* Porto Alegre: Artmed.

Parte III

MODOS ESQUEMÁTICOS

Capítulo 8
APRENDENDO A RECONHECER OS MODOS CRIANÇA POR MEIO DA SÉRIE "THIS IS US"

Rossana Andriola

> *"Tenha cuidado porque um filho*
> *pode repetir ou corrigir os erros do pai"*
> (Jack Pearson)

OBJETIVOS DE APRENDIZAGEM

Ao final da leitura deste capítulo, é esperado que você seja capaz de:

- Identificar o conceito de cada modo criança por meio dos três personagens principais da série "This Is Us", os irmãos: Kevin, Kate e Randall;
- Treinar o raciocínio clínico tanto na identificação desses modos, quanto na diferenciação e manejo;
- Identificar possíveis faltas emocionais e temperamento que auxiliaram na formação dos esquemas contidos no modo criança vulnerável;
- Reconhecer a ativação dos modos criança na vida adulta em paralelo com a origem na infância.

A infância foi um conceito por muito tempo negligenciado nas esferas sociais. A noção de infância é uma ideia recente, que se consolidou a partir do clássico estudo "História Social da Criança e da Família" (1978) de Philippe Ariès. Foi a partir dos trabalhos desse autor que se abriu espaço para pesquisas, categorizando esse novo objeto chamado infância em *descoberta, invenção, conceito, natureza, sentimento e consciência*. Embora a criança sempre tenha existido, a visão era baseada somente na idade e na subordinação que deveriam ter, não levando em consideração as singularidades que ela apresenta. As diferenças cruciais para outras fases do desenvolvimento só se tornaram reais há pouco tempo. Consequentemente, houve atrasos em relação a políticas públicas e a pesquisas, impactando na esfera psicológica também (Cruz & Guareshi, 2004).

Embora existam estudos psicológicos anteriores sobre essa fase, até pouco tempo, pouco se sabia sobre o poder da infância no desenvolvimento humano e social. É nela que as principais tarefas evolutivas precisam ser cumpridas para que possa se desenvolver de forma emocionalmente saudável (Caminha, 2019; Wainer, 2016).

Em Terapia do Esquema (TE), a infância tem um espaço especial. Embora a TE origine também do campo da Terapia Cognitivo-Comportamental, ela debruça-se firmemente sobre a influência das experiências infantis para a construção do ser. Esse enfoque ocorre, principalmente, porque tem foco em tratar padrões disfuncionais, leia-se transtornos de personalidade, casos refratários e caracterológicos. Por consequência, investiga e atua na formação desses padrões que se constituem na infância, despendendo um bom tempo tanto em conceitualização quanto no tratamento (Hawke et al., 2013; McGinn & Young, 2012).

Para tanto, a TE mergulha na Teoria do Apego (Ainsworth & Bowlby, 1991), buscando formular o conceito de vínculos saudáveis, capazes de prover as necessidades emocionais intrínsecas dos filhos pelos cuidadores primários. Portanto, o início do preenchimento emocional parte da base segura bem-estabelecida, gerando vínculo e segurança para que as outras necessidades sejam satisfeitas. Em parte, os esquemas são formados da mesma forma que Bowlby postula os modelos internos de funcionamento, originando-se da interação mãe-bebê (ou outra figura de apego significativa). Nessa relação, a mãe deve conseguir perceber as necessidades emocionais do bebê e atendê-las (Young et. al., 2008).

Desse modo, o ser humano passa por etapas evolutivas primordiais que precisam ser cumpridas para se constituir emocionalmente saudável, essas iniciam ao nascer e se consolidam antes da vida adulta. Em cada fase, há uma necessidade emocional principal que precisa ser satisfeita, por exemplo, na primeira parte da vida, o bebê precisará de proteção e vínculo seguro, adiante precisará estabelecer sua autonomia, subsequentemente, apresentará outras demandas (*vide capítulos da Parte*

I deste livro). Entretanto, nem sempre o ambiente, por meio dos cuidadores relevantes, consegue satisfazer essas necessidades e estabelecer o apego seguro, o qual é indispensável. Sendo assim, uma união entre temperamento e ambiente não supridor acaba por formar esquemas iniciais desadaptativos (EIDs). No modelo da TE, são instituídos dezoito esquemas juntamente com suas estratégias de enfrentamento disfuncionais (Young et al., 2008). Devido à complexidade de identificar e tratar esquema por esquema em pacientes graves (com ativação alta de quase todos os esquemas), o conceito de Modo Esquemáticos foi se delineando (Farrell & Shaw, 2014).

Os modos esquemáticos (ME's) se constituem por ativações simultâneas de esquemas, estados emocionais e respostas de enfrentamento em um determinado momento. Eles podem ser adaptativos ou desadaptativos, ou seja, congruentes com a situação/ambiente ou incongruentes. Os ME's são divididos em: modos criança *(ver também capítulo 9)*, modos de enfrentamento disfuncionais *(capítulos 10, 11 e 12)*, modos críticos internalizados *(capítulos 13 e 14)* e modo adulto saudável *(capítulo 15)*. cada um deles tem uma forma e função específica, apresentando-se de acordo com gatilhos eliciados no indivíduo (Jacob et al., 2015).

Os modos criança, foco deste capítulo, subdividem-se em: criança vulnerável, criança zangada, criança impulsiva/indisciplinada e criança feliz. Esses modos se constituem na infância e acabam sendo levados à vida adulta, ativando-se em determinados momentos. Todo indivíduo nasce com a capacidade emocional de desenvolver esses diferentes modos infantis, mas será o ambiente que eliciará a expressão ou não deles (Flanagan et al., 2020).

Nesses modos, a maneira infantil de perceber e reagir ao mundo está presente, o adulto que está com um modo criança ativado tem dificuldade de conter suas emoções e impulsos, assim como uma criança teria. Logo, são experimentadas fortes emoções que nem sempre estão congruentes com os gatilhos ambientais, pois são guiadas pelos esquemas subjacentes (Jacob et al., 2015).

Sobretudo os modos crianças são preciosos para essa teoria, visto que o cerne da TE é decodificar as necessidades emocionais não atendidas na infância para, após isso, satisfazê-las, podendo ressignificar memórias dolorosas e cicatrizar a ferida emocional responsável pelo funcionamento desadaptativo. Todo esse processo só é possível mediante ao recurso essencial da relação terapêutica: a Reparentalização Limitada, que ocorre, principalmente, quando o paciente se encontra em um modo criança. Ressalta-se que, quando esses modos são ativados na vida adulta, o indivíduo entra em um estado emocional que se assemelha a uma criança, com expressão mais infantil do afeto e necessidades, exigindo maior cuidado e possibilitando maior conexão (Andriola, 2016).

Portanto, conhecer mais sobre esses modos é se ater ao núcleo dessa engrenagem, explorando o terreno fértil para o nascimento e perpetuação de esquemas, modos esquemáticos e estratégias de enfrentamento disfuncionais. Para que esse caminho rumo ao entendimento dos modos criança fique mais prazeroso e esclarecedor irá se fazer uso de um recurso audiovisual amplamente difundido: uma série de televisão - "This Is Us" – por meio de alguns dos principais personagens (os irmãos Kevin, Kate e Randall).

Sinopse da série "This is Us"

"This Is Us" (2016) é uma série dramática que conta a história de uma família em diversas linhas de tempo. Em cada episódio, presente, passado e futuro se cruzam, fazendo o expectador entender o contexto histórico de uma determinada situação. A família Pearson é constituída pelo pai Jack (Milo Ventimiglia), a mãe Rebecca (Mandy Moore) e três irmãos: os gêmeos Kevin (Justin Hartley) e Kate (Chrissy Metz) e Randall (Sterling K. Brown). Este último, embora tenha nascido no mesmo dia dos gêmeos, é adotivo. Randall foi entregue ao Corpo de Bombeiros pelo pai biológico no mesmo dia em que Kate e Kevin nasceram. Deveria haver um terceiro irmão gêmeo que não sobreviveu ao parto, então Rebecca e Jack decidiram adotar Randall, sendo considerado uma providência divina para essa perda. A história foca, principalmente, no cotidiano desses três irmãos e em como as situações infantis influenciam quem eles são atualmente. A série tem grande apelo emocional e facilita transportar alguns conceitos, já que faz um paralelo entre a infância e a vida adulta. Um aspecto temporal importante a se ressaltar é que a narrativa da série se assemelha aos atendimentos psicológicos. Nas primeiras temporadas, a família Pearson tem um "quê" de perfeição, pais extremamente

> atenciosos e supridores, assim como os pacientes muitas vezes apresentam seus pais nas sessões iniciais. Conforme vai se conhecendo os protagonistas, suas falhas vão aparecendo, tornando-os mais humanos. Ademais, os personagens apresentam um tom um tanto real, facilitando a empatia e conexão emocional, dessa forma a aprendizagem sobre os constructos fica facilitada.

Modo Criança Vulnerável

A criança vulnerável é a janela de acesso às emoções e sensações provenientes dos principais esquemas do paciente, nela se encontram as memórias infantis associadas às feridas emocionais. Beira à redundância explicitar a relevância desse modo, pois é por meio dele que a Reparentalização Limitada é possibilitada, um dos principais recursos de tratamento da TE. Ou seja, para que o terapeuta possa oferecer o antídoto parcial na cura esquemática, é necessário conhecer os esquemas e, por consequência, as necessidades emocionais não atendidas, para, então, poder satisfazê-las, e isto só ocorre quando a criança vulnerável está presente. Quando isso acontece, há uma ativação emocional importante, a qual é imprescindível para reparar os esquemas, melhor dizendo, ressignificar as memórias doloridas. É aí que toda a transformação acontece (Flanagan et al., 2020).

Nesse modo, estão presentes sensações e sentimentos que, muitas vezes, tornam-se difíceis de serem explicitados em palavras. Esses, inclusive, podem ser decorrentes de experiências anteriores ao acesso à linguagem e à capacidade de acesso à memória. Embora o paciente não consiga traduzir em palavras, ele sente. Segundo Damásio (2018), os *seres humanos são seres emocionais* que pensam e não o contrário. E é por isso que o *insight* afetivo é tão almejado no tratamento de funcionamento arraigados, pois é a partir dele que o processo de mudança inicia. Em resumo, o *insight* afetivo é crucial e, ao mesmo tempo, difícil de atingir (Weertman, 2012).

Logo, grande parte das técnicas desenvolvidas em TE tem como objetivo principal trazer à tona essa criança ferida, para que o terapeuta possa validá-la, acolhê-la e ampará-la, ou seja, reparar suas necessidades.

É importante ressaltar que essa criança só existe e só permanece dentro do adulto, porque ela não teve a necessidade emocional atendida na infância. Os pais/cuidadores importantes não conseguiram prover aquilo que ela precisava. Então, ao longo de sua história, pautada pelas estratégias infantis disponíveis, surgem outros modos esquemáticos que têm, por intuito principal, proteger essa criança. Esses acabam tendo essa funcionalidade por algum tempo e acabam por protegê-la realmente. Porém, terminam por usar essas ferramentas indiscriminadamente, pois são as únicas que elas conhecem. Assim, o remédio torna-se o veneno: o adulto cresce sem aprender estratégias mais funcionais, congruentes com a situação e fase da vida (Farrell & Shaw, 2014).

Essa ferida emocional fica cada vez mais escondida, abrigada no fundo do baú do sofrimento, pois expô-la causaria um grande desconforto. Logo, pacientes com funcionamentos crônicos podem ter várias camadas de proteção, leia-se estratégias de enfrentamento disfuncionais e/ou modos esquemáticos. Tudo isso, porque a dor e a vulnerabilidade desse modo podem ser extremamente desconfortáveis. Nesse sentido, muitas vezes, necessita-se de uma grande engenharia para acessar a criança vulnerável do paciente. É frequente que se trabalhe inicialmente os modos esquemáticos que impedem o surgimento dessa criança antes mesmo de conhecê-la. Consequentemente, quando essa conexão é permitida, há uma contratransferência genuína do terapeuta. Inerentemente, o desejo de cuidar de suas necessidades emerge naturalmente. Como o paciente se apresenta de forma mais infantilizada nesse modo, o desamparo e a vulnerabilidade dessa criança ativam a vontade de cuidá-lo. Desde que os esquemas do terapeuta estejam bem trabalhados e não interfiram na conexão, a sensação de que há um ser vulnerável frente a ele, que precisa de seu conforto, é orgânica (Nadort et al., 2012; Wainer & Wainer, 2016).

Quando essa criança está ativada pode apresentar sentimentos disfóricos, sentir-se desamparada, ansiosa, sozinha, triste ou amedrontada, como um ser indefeso que está conectado com as dores que emanam dos esquemas associados. Esse quadro impele o sujeito a buscar a ajuda do terapeuta de forma mais infantilizada. os esquemas mais comuns nesse modo são: abuso/desconfiança, abandono, privação emocional, defectividade, isolamento social, dependência/incompetência. vulnerabilidade ao dano, emaranhamento e negatividade/pessimismo. É habitual que haja pelo menos um esquema de primeiro domínio nesse modo (Young et. al., 2008).

Por conseguinte, mediante essa ativação, a tarefa do terapeuta será prover a necessidade que não foi suprida, por meio da reparentalização limitada. Essa ferramenta pode ser utilizada no aqui-agora, satisfazendo as faltas na relação terapêutica ou a partir de imagens mentais, retornando ao passado. Nas imagens mentais, retornara-se a uma cena da infância que representa a origem de um esquema, revivendo-a de forma reparadora. Em um primeiro momento, o terapeuta pode entrar na cena, munido da relação terapêutica saudável e bem instituída e fornecer aquilo que o paciente precisa, seja proteção, segurança, afeto, validação ou cuidado, aquilo que o esquema direcionar. Em momentos posteriores, o próprio paciente poderá ter um adulto saudável, bem-estabelecido, e ele mesmo prover as necessidades emocionais a sua criança. Dessa forma, a memória originária é ressignificada, gerando um alívio esquemático. Essa exposição elucida um pouco da importância desse modo e como ele pode ser o núcleo do processo terapêutico em TE, não por acaso esse modo se apresenta no centro dos mapas de modos existentes (Farrell & Shaw, 2014; Weertman & Saeger, 2012).

Com base no acesso à criança vulnerável, por intermédio das estratégias de tratamento, é possibilitado o *insight* afetivo, o que pode se demonstrar como um grande diferencial da teoria. Portanto, o paciente sempre terá esse modo criança, não importa o quanto ele está encoberto por estilos de enfrentamento e modos disfuncionais (McGinn & Young, 2012).

Um dos passos para o tratamento de modos esquemáticos é nomeá-los, esse ato auxilia o paciente a externalizá-lo e entender que suas atitudes são frutos desse lado dele e não propriamente dele como um todo. No modo em questão, o nome dado sempre fará alusão aos principais esquemas associados ou as emoções decorrentes deles. Por exemplo, pode-se chamar de "criança abandonada" a criança vulnerável de um paciente que tem o esquema de abandono como central em seu funcionamento, como é o caso do Transtorno de Personalidade Borderline, em que essa é sua criança típica. Contudo, também pode se associar o nome ao estado/sentimento mais determinante do esquema, como a "criança solitária" presente no Transtorno de Personalidade

Narcisista, que tem o esquema de privação emocional, no qual sente-se sozinho, sem ninguém que possa cuidá-lo, entendê-lo, dar-lhe afeto, e a defectividade, sentindo-se, assim, rejeitado e não merecedor de amor (Behary, 2011; Lobbestael et al., 2008). Portanto, só depois do encontro com a criança vulnerável do paciente é que o terapeuta do esquema preenche as suas necessidades e os torna aptos para o próximo passo de enfrentamento, que é a mudança comportamental.

A criança solitária - Kevin

Kevin é o irmão gêmeo que define o esquema de privação emocional, no qual o indivíduo sente-se solitário, privado de suas necessidades emocionais, faltando-lhe atenção, entendimento, cuidado, carinho, empatia ou orientação. Nesse esquema, há uma sensação de não poder contar com a ajuda do outro (Jacob et al., 2015).

Em muitos momentos de sua infância, Kevin competia a atenção com o irmão Randall. Ele sentia que Randall tinha atenção por ser diferente, adotado. Ao mesmo tempo, Randall se destacava nos estudos, colocando um foco positivo em si, sendo muito validado por isso. Kevin também sentia que Kate tinha mais atenção, já que, por apresentar sobrepeso, sentia-se diminuída, fazendo com que os pais a acalentasse. Kevin entendia que a mãe era mais ligada ao irmão e o pai tinha uma conexão forte com a irmã, então pouco sobrava para ele, ou seja, não se sentia importante para nenhum dos pais. Há uma cena que demonstra essa privação na primeira temporada da série, em que a família está em um clube e Kevin quase se afoga na piscina, nenhum dos pais percebe a iminência do afogamento, pois estão envolvidos com os problemas de Randall e Kate.

Na fase adolescente, Kevin começa a chamar a atenção por sua beleza e por seu talento no futebol americano e entende que essa é uma forma de obter a atenção. Nesse momento, é possível enxergar o esquema de busca de aprovação se formando, sendo esse condicional à privação emocional. A busca de aprovação se encontra no domínio "orientação para o outro" *(ver Capítulo 6)* e expressa-se por meio da importância da aprovação e do reconhecimento de outros em detrimento de suas próprias. Pessoas com esse esquema acabam por dar muita ênfase à aparência e ao *status*, buscando ser aceito ou admirado. Kevin busca ter atenção por meio desses artifícios, logo esse esquema surge para aliviar a dor do esquema primário, a privação, esse é um exemplo de esquema condicional em que um surge para lidar com outro.

O sucesso no futebol americano se tornou um importante ponto de conexão com seu pai Jack, o que reforçou seu esquema de busca de aprovação. A partir do esporte, Kevin finalmente começou a ter atenção esperada, entretanto, um acidente abreviou sua carreira, ativando novamente a criança vulnerável privada. Com o fim da carreira promissora, essa ferida emocional ficou exposta, demonstrando que além da privação emocional, sentia-se rejeitado e sem um talento especial para ser amado, revelando o esquema de defectividade também, embora com uma ativação menos intensa do que o primeiro.

Para aliviar essa dor e não expor sua vulnerabilidade, Kevin utilizou o modo protetor autoaliviador, fazendo uso da bebida e de analgésicos para se anestesiar emocionalmente. A transgeracionalidade dos padrões pode ser notada aqui, já que o pai e o avô de Kevin eram alcoolistas, utilizando igualmente o álcool para lidar com suas dores emocionais.

O protetor autoaliviador é um modo de enfrentamento evitativo que utiliza comportamentos compulsivos para fugir de emoções desagradáveis provenientes dos esquemas, ou seja, serve para ocultar a criança vulnerável. É comum o paciente abusar de substâncias, dormir ou trabalhar em excesso, apresentar compulsões (jogos, sexo, internet) (Young et.al, 2008, *ver mais no Capítulo 11*).

Um esquema não é formado somente pelo ambiente não supridor. Quando a história remete ao Kevin bebê, pode-se notar que entre os três irmãos, ele era o que chorava mais, exigia mais atenção desde o nascimento. Na quinta temporada da série, isso fica bem claro, mostrando como Kate e Randall dormiam facilmente, enquanto Kevin ficava horas chorando, gerando angústia em Rebecca e Jack para acalmá-lo. O temperamento é um fator que deve ser atentado na formação de esquema, uma mesma situação pode formar esquemas diferentes dependendo da predisposição do indivíduo (Green & Balfour, 2020).

Sua privação aparece em vários momentos na vida adulta, busca atenção por meio do trabalho como ator, novamente apresentado a dupla privação emocional e busca de aprovação. Ao mesmo tempo, esse funcionamento acaba por perpetuar outros esquemas referidos como a Defectividade, já que não se sente um bom ator e acaba por não ter a atenção desejada. Além disso, Kevin se sabota nos relacionamentos amorosos, tendo dificuldade em estabelecer intimidade e compromisso. Ele não se sente bom o suficiente como namorado, como ator, como irmão, demonstrando sentir-se defeituoso.

Em alguns momentos, pode-se notar a hipercompensação da privação, principalmente quando Kevin exige atenção exageradamente de Kate, fazendo com que ela viva a vida dele. Devido ao seu vício em álcool, Kevin leva toda família a uma sessão de terapia (por causa de uma internação por alcoolismo) e expõe o quanto se sente não atendido em suas necessidades (principalmente, em termos de atenção e compreensão), causando um grande desconforto familiar, pois a família o enxerga como alguém que não tem necessidades emocionais, já que tem sucesso profissional, beleza etc. Dessa forma, há um reforçamento da busca de aprovação, deixando-o cada vez mais solitário nessa posição (perpetuação).

Há alguns momentos reparentalizadores na história de Kevin, um deles ocorre quando a cunhada Beth (esposa de Randall) mostra se importar com ele, validando e tentando protegê-lo de um relacionamento em que sente que ele pode se machucar. Outro momento importante é toda família comparecer na pré-estreia de um filme seu e se emocionar com sua atuação, fazendo com que ele tenha a atenção desejada e se sinta valoroso.

A reparentalização limitada é uma ferramenta que se desenvolve por intermédio da relação aqui-agora entre terapeuta e paciente, assim como por intermédio da reencenação de uma cena/memória do passado que contribuiu para originar o esquema, ou seja, em que faltou uma necessidade emocional básica. Das duas formas o objetivo principal é fornecer aquilo que o paciente não teve, satisfazer essa necessidade emocional (Andriola, 2016). No processo terapêutico de Kevin, os elementos reparentalizadores que suprem suas necessidades são, principalmente: a atenção, o cuidado, a valorização e a aceitação (preenchendo os déficits presentes nos esquemas de privação emocional e defectividade).

Em termos de intervenção, o terapeuta poderia acessar o modo criança vulnerável de Kevin por meio de imagens mentais e ir à cena em que Kevin está na piscina quase se afogando e nenhum dos pais percebe, pois estão focados nas necessidades de Kate e Randall (lembrando que esta é meramente uma exemplificação, quem irá determinar a cena é a ativação do paciente). Nesse caso, a tarefa do terapeuta seria reparentalizar, entrando em cena e suprindo a necessidade de Kevin de ser cuidado, que poderia se materializar em: entrar na piscina e trazê-lo para um lugar seguro ou mesmo incentivá-lo a enfrentar o medo, orientando-o a encontrar uma forma de ir ao lugar seguro da piscina, ou seja, estando atento a ele (essa ação dependeria do pedido do pequeno Kevin, o que ele gostaria que o terapeuta fizesse/dissesse para se sentir melhor).

Por meio da experiência reparadora, os principais esquemas de Kevin (contidos em sua criança vulnerável) tenderiam a enfraquecer, facilitando o fortalecimento de seu modo adulto saudável. Ao perder a valência dos esquemas de privação emocional e defectividade, consequentemente, os esquemas condicionais esmoessem (leia-se busca de aprovação, no caso de Kevin). Ao mesmo tempo, a necessidade de se proteger diminui, estreitando as barreiras do seu modo protetor autoaliviador, já que sua ferida emocional está sendo curada.

A criança inferior – Kate

Kate é a única filha mulher, sua referência principal era sua mãe, logo cresceu idolatrando-a. Entretanto, havia diferenças importantes entre as duas e, como Rebecca era vista como "perfeita" na família, essa premissa teve um grande impacto para Kate. Por mais que a mãe tentasse fazer com que ela se sentisse validada, o simples fato de Rebecca ser como era já era suficiente para Kate se sentir inferior. Comparava-se com a mãe em todos os aspectos: tamanho das roupas, beleza da voz (já que queria ser cantora como a mãe), beleza física, o amor e admiração que recebia de Jack, entre outros.

Soma-se a isso o fato de sofrer *bullying* na escola devido ao seu sobrepeso, e o esquema de defectividade foi se originando. Sua facilidade biológica em acumular peso também foi um fator que facilitou essa comparação injusta, dando maior espaço para o esquema se formar. Em muitos momentos, a vergonha, emoção fortemente associada ao esquema, é aparente, fazendo com que ela se esconda e desista de situações que poderiam ser contrárias ao esquema, ou seja, em que ela teria aceitação e validação.

Pessoas que apresentam Defectividade sentem-se inferiores, não bons suficientes, não merecedores de amor. Atribuem defeitos a si mesmo, que podem ser desde estéticos até de caráter, os adjetivos que usam para se definir são, na grande maioria das vezes, negativos. Desvalorizam-se frequentemente e terminam por se conectar com pessoas que reforçam isso (perpetuação). Sentem-se rejeitados, inseguros e acabam por ser demasiadamente críticos consigo mesmos. Também, é comum a fuga de intimidade para que o outro não possa conhecer o que considera seu verdadeiro eu, isto é, um ser defeituoso (Young & Klosko, 2019).

Na adolescência, Kate se envolveu com um namorado mais velho, muito abusivo que reforçava a crença de que ela não era boa o suficiente, perpetuando, assim, seu esquema. A principal estratégia para lidar com as emoções provenientes desse esquema foi comer. Seu pai contribuiu em parte para desencadear esse processo disfuncional, pois criou um elo entre eles por meio da comida, levando Kate para tomar sorvete sempre que sentia que ela estava triste.

Há uma cena de Reparentalização importante em que a Kate adulta repara a Kate criança, isso acontece no momento do nascimento de seu primeiro filho. O modo adulto saudável de Kate fala para sua criança que ela precisa se sentir merecedora, que ela tem um futuro bonito pela frente e que precisa deixar essas dores e culpas para trás. Após, Kate muda sua atitude, diminuindo a ativação do esquema de defectividade na história.

Em relação ao processo terapêutico, é importante notar que Kate compara-se muito com sua mãe desde criança, sendo ela a única referência feminina próxima. Nesse sentido, seria importante Kate aceitar suas diferenças em relação à mãe de maneira a não as inferiorizar ou as menosprezar, ou seja, percebendo que o diferente não precisa ser inferior. Do mesmo modo, auxiliar Kate a se conhecer (suas fraquezas e potencialidades), longe do parâmetro que criou, a mãe. Já que Kate apresenta o seu modo adulto saudável em alguns momentos, este poderia ser fortalecido por meio da técnica das cadeiras, colocando de um lado a sua criança vulnerável defectiva, comunicando como se sente e de outro lado seu modo adulto saudável, auxiliando-o a encontrar o seu valor.

A criança não pertencente — Randall

Randall é o único filho adotivo na família, embora os pais se esforçassem para que ele se sentisse igual, era nítido que havia diferenças intrínsecas ao fato de ser de uma etnia diversa da etnia do resto da família. Ele se sentia diferente por ser afrodescendente em uma família de caucasianos, sendo impactado por contrastes próprios de sua ascendência. Era um dos únicos alunos afro-americanos no colégio que frequentava. Compensava essa sensação de não pertencimento tentando ser o melhor possível nos estudos.

Randall buscou incessantemente encontrar suas origens, tentando saciar a sensação de não fazer parte. Esse sentimento é típico do esquema de Isolamento Social, no qual o indivíduo acredita ser inerentemente diferente do outro, sentindo-se de fora, alienado do grupo. Diferentemente da defectividade, nesse esquema, o sujeito não entende a exclusão como falta de valor, simplesmente, sentem-se diferentes, nem menos, nem mais. Desse modo, acabam por apresentar sentimentos de solidão também. É um esquema comum em superdotados, membros de famílias famosas ou que se distinguem da comunidade, pessoas que pertencem a minorias étnicas, sobreviventes de traumas, integrantes de uma classe social muito superior ou muito inferior em relação ao seu entorno (Young et al., 2008). Nas origens desse esquema, estão fatores como: sentimento de não se assemelhar em relação a outras crianças por alguma característica observável; vítima de rejeição ou humilhação; família distinta da comunidade circundante; sentir-se diferente das outras crianças, mesmo dentro da própria família; familiares apresentam alguma doença psiquiátrica grave; ou família se muda constantemente, sem estabelecer raízes, logo, nunca faz parte (Jacob et al., 2015).

Para lidar com esse sentimento de não pertencimento, surge o esquema de padrões inflexíveis, o qual coloca metas rígidas e exageradas em termos de desempenho. Randall busca se destacar para tentar ser alguém no grupo e fazer parte. Ao mesmo tempo, continua buscando se aproximar de pessoas semelhantes e, até mesmo, de sua família biológica.

Com os Padrões Inflexíveis bem estabelecidos em sua personalidade, pressiona-se excessivamente, gerando extrema ansiedade. Já na primeira temporada, Randall sofre com crises de pânico, tanto na infância quanto na vida adulta. Nesse esquema, o indivíduo pode apresentar perfeccionismo, buscando atingir padrões de realizações muito altos ou até inatingíveis. A pressão e competitividade são sentimentos comuns do esquema, por consequência, a ansiedade pode fazer parte do quadro também (Young et al., 2008).

Não fica claro no caso de Randall, mas esses esquemas podem estar acompanhados de defectividade. Entretanto, ele refere se sentir superior em termos cognitivos em alguns momentos, considera-se um bom pai, fatores que vão na contramão desse esquema.

Na quinta temporada da série, Randall consegue se reparentalizar, buscando cada vez mais um grupo em que se sente pertencente e conectando-se com suas raízes. Em uma cena específica, tem uma conversa imaginária com sua mãe biológica, uma espécie de reparentalização, em que a mãe diz o quanto gostava dele e que ele podia seguir sua vida sabendo que era parte de algo, que foi amado.

O esquema de isolamento social tem pouca responsividade ao trabalho na relação terapêutica. Na verdade, o terapeuta poderá servir de modelo para enfrentamento de situações de pertencimento. Por conseguinte, a autorrevelação pode ser um recurso valioso.

No caso de Randall, há memórias de infância que demonstram a origem desse esquema, por exemplo, na escola, quando ele percebeu que quase não havia pessoas da mesma raça. Em processo terapêutico em TE, poderia se propor um exercício de imagem, no qual o auxiliaria a buscar pertencimento com grupos de diferentes formas: pela raça, pela inteligência, por afinidades etc. Nas últimas temporadas, Randall fica mais atento a essa sua necessidade e decide procurar um terapeuta negro, o que, no contexto dele, pode ter sido uma ótima estratégia para se sentir mais pertencente. Esse fato mostra que o terapeuta tem limitações, que nem sempre é possível dar o que o paciente precisa, mas que sempre há uma saída, nem que seja o encaminhamento. Particularmente para ele, o importante é que se sinta amado por meio da conexão e pertencimento.

Modo Criança Zangada

A raiva é a principal emoção quando este modo está ativado. Na verdade, esse sentimento serve como um farol que sinaliza a existência de uma necessidade não atendida encoberta. Esse modo se fez presente na infância, buscando fazer valer seus direitos por meio de comportamentos raivosos, essa foi a forma que a criança tentou ser, minimamente, ouvida.

Quando ativada, ela apresenta atitudes pautadas pela fúria, podendo ser hostil verbal ou não verbalmente. Essa é uma reação natural de uma criança que está em uma situação desagradável em que suas necessidades primordiais não estão sendo preenchidas e ela busca apontar essas faltas. É como ela declara à sua figura de apego a frustração de suas necessidades. Também, pode apresentar comportamentos explosivos, equiparados a uma criança birrenta. A presença desse modo indica sofrimento, embora possa parecer ofensivo. É uma forma infantil de comunicar desconforto emocional. Nele, podem estar presentes os esquemas de abandono, abuso/desconfiança, privação emocional, subjugação ou qualquer um dos esquemas que estão presentes em sua criança vulnerável (Young et al., 2008)

Logo, a criança zangada pode ser a chave para o acesso às necessidades não atendidas ou à criança vulnerável desde que o terapeuta saiba identificar e, subsequentemente, utilizar estratégias adequadas para lidar com ela. No entanto, a raiva presente em sessão pode ser um grande gatilho para os esquemas do terapeuta. É importante lembrar que os esquemas do terapeuta devem estar trabalhados para que não interfiram no processo. Ao mesmo tempo, a resposta furiosa pode ser grande momento da terapia, pois ela comunica uma insatisfação, logo, mensagens valiosas podem estar contidas nessa expressão raivosa (Nadort et al., 2012).

Ao se deparar com a criança zangada, o terapeuta deve suportar a expressão emocional exacerbada do paciente e proporcionar um ambiente seguro para que ele a manifeste. Nesse sentido, auxilia-o a extravasar essa emoção e, em sequência, fazê-lo pensar qual a forma mais funcional de expô-la para que não sofra as consequências desagradáveis dessa atitude. A próxima tarefa será entender qual necessidade pode estar oculta nesse sentimento, perguntas do tipo: – tem algo que eu possa dizer/fazer para você se sentir melhor? – ajudam a identificar qual a necessidade não atendida está escondida na atitude raivosa (Gasiewski & Behary, 2020).

Alguns autores têm proposto um espectro de raiva contido na criança zangada. em termos de intensidade crescente de raiva, ter-se-ia a criança obstinada/teimosa, seguida da criança zangada no centro do *continuum* e a criança enfurecida/raivosa ao final (com o mais alto nível de raiva). Portanto, as criança obstinada/teimosa e a criança enfurecida/raivosa seriam subformas da criança zangada, que demarcam a intensidade da emoção (Arntz &Jacob, 2013).

Uma das maiores dificuldades apresentadas pelos terapeutas do TE é distinguir esse modo infantil de um modo hipercompensatório, no qual a raiva esteja presente. Realmente, é necessário conectar-se e conhecer o paciente para fazer essa distinção. Entretanto, há algumas formas de discernir entre um e outro. Embora no modo criança zangada, a raiva apareça de uma forma mais infantilizada, quase como um grito de ajuda, o principal diferencial é que ela acoberta uma necessidade não atendida, por trás do discurso raivoso, é possível sentir que há um pedido. No caso dos modos hipercompensatórios, eles são ativados para fugir de uma emoção desagradável, ou seja, surgem como uma cortina de fumaça para que não se acesse a dor de um esquema ativado (Wainer & Wainer, 2016)

Em suma, esse modo infantil precisa de um espaço seguro em que os pacientes sejam convidados a expressar suas frustrações e necessidades advindas de experiências emocionais dolorosas. O terapeuta deve compreender empaticamente e validar essa raiva, ligando-a às necessidades e diferenciando-as das experiências infantis com os pais/cuidadores.

A criança zangada de Kevin

A criança zangada de kevin se revela intensamente na presença de randall. na infância, kevin sentia que não tinha tanta atenção quanto o irmão, sentia-se injustiçado por ser exigido ou não notado em suas necessidades, demonstrando atitudes birrentas, irritadiças como uma criança obstinada/teimosa. Por trás da raiva, o esquema de privação emocional fica nítido e essa era forma que tinha para demonstrar o sentimento de injustiça. Os pais, muitas vezes, demonstravam que não o entendiam, não compreendiam o porquê de Kevin estar bravo, reforçando ainda mais esse sentimento. Logo, Kevin mostrava sua raiva e se afastava de todos.

Como adulto, esse modo se manifesta em momentos em que sente que não tem a atenção devida, por exemplo, na sessão de terapia que ocorre em sua internação, na qual não se sente ouvido. Na quinta temporada da série, sua criança zangada aparece novamente com Randall, por não se sentir importante e atendido, Kevin agride verbalmente

Randall, dizendo que gostaria que ele não tivesse nascido, assim teria mais atenção dos pais.

A criança zangada de Kate

Kate apresentava sua criança zangada na infância, principalmente, na presença da mãe, com a qual se comparava, ativando o esquema de defectividade. Em alguns momentos, demonstrou sua raiva de forma irônica e irritadiça com a mãe. Na adolescência, falava para a mãe o quanto tinha engordado em tom raivoso, esperando que ela a ajudasse a enfrentar esse sentimento de defeito. Entretanto, a mãe busca não tocar no assunto "peso" com medo de repetir a sua mãe crítica e cobrar Kate demasiadamente.

Na vida adulta, esse modo é ativado principalmente com a mãe, na primeira e segunda temporada da série, Kate reage exageradamente na maioria das interações com a mãe, sendo irônica e agressiva verbalmente. Essa atitude raivosa chega a chamar a atenção do marido Toby, por ser incongruente com as situações. Na verdade, Kate está tentando fazer valer uma necessidade infantil.

Nesse modo esquemático, é importante que a raiva possa ser aceita, isto é, estimulada a ser expressa, provendo um espaço terapêutico validador, já que ela é a mensageira de uma necessidade emocional não satisfeita. Logo, seria funcional estimular que Kate expusesse a sua raiva em sessão, validando-a empaticamente. Em sequência, a auxiliasse a entender a lacuna afetiva contida nesse sentimento, podendo conectar-se com sua vulnerabilidade. Só assim, ficaria facilitado o percurso rumo ao processo curativo de sua dor esquemática. Todo esse processo possibilitaria que Kate entendesse e fizesse valer suas necessidades, comunicando-as de forma mais funcional.

Modo Criança Impulsiva/Indisciplinada

Esse modo criança pode ser responsável por muitas ativações do terapeuta, já que age de forma a desconsiderar o outro, por consequência, o terapeuta também. Quando esse modo está ativado, o indivíduo atua de forma impulsiva, desconsiderado limites alheios. Dessa forma, pode se colocar em situações de risco, para si e para os outros, devido ao seu baixo controle de impulsos. Muitas vezes, é comparado a uma criança mimada, que pede suas necessidades de forma urgente (Farrell & Shaw, 2014; Vallianatou & Mirovic, 2020)

Alguns autores separam a criança impulsiva da criança indisciplinada, pois pode haver a presença mais de uma do que de outra (Van Genderen et al., 2015). Na primeira, o conteúdo mais pertinente é a impulsividade (o colocar-se em risco), já na segunda a baixa persistência em atividades fica mais nítida. Entretanto, é comum que essas duas características ocorram juntamente, além disso, nas duas crianças, os mesmos esquemas estão ativados, logo, elas foram agrupadas (Wainer & Wainer, 2016).

Seu principal objetivo é saciar seu desejo, não se preocupando com consequências advindas dessa satisfação, pois não consegue tolerar nenhuma frustração. Apresenta desconforto em tarefas que exijam maior esforço, considerando-as chatas ou enfadonhas. Portanto, a desistência é um fator comum nesse modo, ou seja, é usual que tenham iniciado vários projetos durante a vida, mas não finalizaram nenhum (Jacob et al., 2015).

Por conseguinte, quando ativado em sessão, o paciente pode desistir precocemente de qualquer técnica, faltar e se atrasar demasiadamente, incitando a tolerância do terapeuta. Nesse modo, estão presentes os esquemas de arrogo/grandiosidade e autodisciplina/autocontrole insuficientes, portanto, faltaram limites realistas para essa criança. Logo, o terapeuta precisa estar munido da capacidade de dar limites afetivos para esse paciente, provendo a necessidade que não foi atendida na infância (Young et al., 2008).

Na presença desse modo, o terapeuta deve validar os sentimentos da criança, entendendo a razão pelo qual eles surgem e, ao mesmo tempo, conduzi-lo a tolerar que seus desejos não sejam atendidos de forma imediata, demonstrando as vantagens dessa atitude (Wainer & Wainer, 2016). Nesse processo, um importante recurso terapêutico é a autorrevelação. Explicitar uma história de vida do terapeuta que houve alguma vantagem em suportar uma sensação desagradável a curto prazo em detrimento de uma conquista a longo prazo, pode fazer com que ele se motive, visualizando a possibilidade.

Aos poucos, o terapeuta abastece o paciente de ferramentas para que possa lidar com a emoção desagradável de não ter suas vontades supridas instantaneamente. Com isso, demonstra que os relacionamentos evoluem quando há reciprocidade e respeito, motivando-o para respeitar os limites dos outros com a finalidade de construir relações preenchedoras.

A criança impulsiva/indisciplinada é comumente encontrada no Transtorno de Personalidade Borderline, tendo um componente impulsivo de risco importante. Um artifício que pode ser utilizado na contenção desses impulsos é o cartão de enfrentamento (confeccionar frases que auxiliam o paciente a controlar seus estímulos em momentos de maior ativação). Para isso, o paciente deve ter em mente quais os seus principais gatilhos e em quais momentos deve ter esse cartão disponível para não sucumbir (Young et al., 2008). Atualmente, utiliza-se muito os recursos tecnológicos disponíveis, dessa forma, tanto terapeuta quanto paciente podem gravar áudios que auxiliam a não ceder ao ímpeto. A voz do terapeuta pode ter um componente emocional confortador, que ajuda nesse processo.

A criança mimada de Kate

Jack e Rebecca não sabiam estabelecer uma conversa franca com Kate sobre seu peso e suas dificuldades com a mãe. Rebecca fugia de assuntos que contrariassem Kate. Jack tinha dificuldade de impor alguns limites.

Para compensar os sentimentos de inferioridade de Kate, o pai, muitas vezes, a mimava. Trazia o sorvete como fonte principal de afeto e carinho (conforto), não conseguindo estabelecer parâmetros saudáveis para suas vontades, mesmo que Rebecca lhe pedisse. Na vida adulta, Kate age de forma impulsiva com a mãe querendo que ela satisfaça seus desejos de forma imediatista. Sua indisciplina também aparece no comportamento de comer, embora o ato de comer muitas vezes fosse um protetor autoaliviador, sua indisciplina fazia com que ela não conseguisse persistir em programas que a ajudassem nessa questão. Ainda desistiu da faculdade precocemente e de outras atividades que exigissem mais dela, como a carreira de cantora.

O modo criança impulsiva/indisciplinada precisa de limites, no caso de Kate, esse modo foi amplamente reforçado pelo pai Jack. Após o falecimento dele, aumentou a dificuldade em confrontar esses comportamentos impulsivos/indisciplinados relacionados à comida, tornou-se custoso associá-los a algo disfuncional, já que ficaram ligados à memória de momentos agradáveis com o pai. Ao mesmo tempo, a mãe (em decorrência da morte de Jack) aumentou sua permissividade com Kate, justamente por não saber lidar com seu luto.

Dessa forma, o luto dificultou ainda mais esse processo, logo uma intervenção que poderia ser proposta é uma Carta ao Pai, na qual Kate poderia escrever sobre a importância que ele teve e tem em sua vida, ao mesmo tempo em que percebe a dificuldade dele de lidar com sua frustração e como isso fez com que ela também tivesse poucas ferramentas para enfrentá-la, podendo pedir permissão ao pai para crescer, sem que isso signifique gostar menos dos momentos com ele.

Modo Criança Feliz

Nesse modo, há uma alegria autêntica devido ao preenchimento das necessidades emocionais da criança. Nenhum dos esquemas desadaptativos está ativado, portanto, sente-se amada, pertencente, compreendida, conectada com seus sentimentos, ou seja, longe das dores provenientes dos esquemas (Flanagan, Atkinson & Young, 2020).

As memórias associadas a esse modo são intensamente agradáveis, visto que é um modo funcional. Nele, está presente a autoconfiança, a diversão, a leveza da vida. Agem de forma autônoma e espontânea, envolvendo-se em atividades infantis que a deixam feliz (Farrell & Shaw, 2014).

Quando o adulto ativa esse modo pode realizar coisas engraçadas ou brincar como uma criança, apresentando o riso solto e alegria infantil. Quanto mais esse modo esteve presente na infância, mais protegido emocionalmente estará esse indivíduo, ao mesmo tempo que o contrário também é verdade. Pacientes graves têm poucas memórias de se sentir no modo criança feliz. Estabelecer um repertório de atividades que ativem e fortaleçam esse modo pode ser uma meta terapêutica, podendo também facilitar o processo de desenvolvimento do modo adulto saudável. Para tanto, o paciente deve aprender a reconhecer quando está atuando nesse modo, tentando se manter mais tempo nele (Jacob et al., 2015).

Criança feliz Kevin - Quando me sinto importante

É possível ver o modo criança feliz em Kevin em algumas situações em que ele sente que tem a atenção de um dos pais. Isso ocorre quando Jack o acompanha nas viagens para os jogos de futebol americano. Na quinta temporada da série, é demonstrado o quanto foi importante essa atitude, fazendo com que Kevin se sentisse preenchido, uma criança feliz.

Na vida adulta, esse modo aparece algumas vezes quando recebe alguma atenção e reconhecimento. Em algumas cenas, é possível ver uma alegria infantil quando ganha um papel interessante no cinema, sentindo-se visto ou quando se aproxima de algum astro, sentindo-se importante.

Criança feliz Kate - Quando me sinto merecedora de amor

O modo criança Feliz de Kate revela-se principalmente na presença do pai. Ela consegue se sentir amada, aceita e importante para ele. Em algumas cenas, é possível enxergar a felicidade de brincar e passear com Jack.

A Kate adulta demonstra seu lado feliz nas brincadeiras com o marido Toby, a cumplicidade dos dois faz com que tenham códigos próprios de piadas e de divertimentos. Ela se sente amada e aceita por Toby, o que facilita que esse modo venha à tona.

Criança feliz Randall - Quando me sinto pertencente

Randall demonstra esse modo na infância quando encontra pessoas que se assemelham a ele, um exemplo típico está na primeira temporada, quando Jack e Rebecca levam os filhos a um clube com piscina e lá ele encontra outras pessoas da mesma etnia. Naquele momento, ele se desgruda dos estudos e brinca com os novos amigos de maneira alegre e infantil.

Esse modo se manifesta na vida adulta quando se sente pertencente a algo, como quando ele adotou sua terceira filha e ela começou a demonstrar que se sentia em família. Na terceira temporada da trama, pela primeira vez, ela demonstrou carinho por ele, dando-lhe um presente em seu aniversário (que, por si só, já ativa esse modo em Randall), ele reage de forma autêntica e infantil, como uma criança feliz. Os principais sinais de que Randall entrou nesse modo é quando ele inicia com suas dancinhas, gerando sorrisos em todos que o cercam.

CONCLUSÃO

A Terapia do Esquema é uma teoria integrativa, a qual incorpora diferentes abordagens por um fio condutor único. Dessa forma, apresenta-se como uma abordagem aberta a inovações, facilitando que o terapeuta utilize processos criativos para colocá-la em prática. Por conseguinte, o uso de personagens de cinema tanto para ensinar conceitos da teoria quanto para psicoeducar pacientes torna-se um recurso valioso.

Nesse sentido, procurou-se facilitar o raciocínio clínico do terapeuta por meio de exemplos mais próximos da realidade, percebidos nos protagonistas da série "This Is Us". Ao analisar a série como um todo, temporada após temporada, pode-se notar tanto os esquemas e modos se formando, quanto a busca dos indivíduos por se desenvolver emocionalmente. A série auxilia no entendimento das origens e das perpetuações de padrões disfuncionais, por meio de recortes da vida dos três irmãos.

Mediante a essas histórias de vida, é possível entender o impacto que a infância pode ter na vida de uma pessoa. Ela se torna o principal reduto definidor de padrões disfuncionais. Ao mesmo tempo, sinaliza que, por mais que os pais tenham boas intenções, nem sempre conseguirão suprir as necessidades emocionais de seus filhos. Por consequência, quanto mais os pais/cuidadores entenderem sobre as necessidades infantis, maior será a chance de que se formem adultos saudáveis. Dessa forma, programas que trabalhem orientação aos pais e medidas de prevenção são cada vez mais urgentes, evitando com que padrões disfuncionais possam se formar.

Indicação de músicas, filmes e séries que abordam direta e/ou indiretamente os conceitos explanados neste capítulo

Recurso	Nome	Conceitos abordados
Filme	*Duas Vidas*	Modo Criança Vulnerável
		Modo Criança Zangada
	Rocketman	Modo Criança Vulnerável, Criança Impulsiva/Indisciplinada, Criança Zangada
Série	*Girlboss*	Modo Criança Impulsiva/Indisciplinada

REFERÊNCIAS

Andriola, R. (2016). Estratégias terapêuticas: reparentalização limitada e confrontação empática. In: R. Wainer, K. Paim, R. Erdos, & R. Andriola (Orgs.), *Terapia cognitiva focada em esquemas: integração em Psicoterapia* (pp. 67-84). Porto Alegre: Artmed.

Ainsworth, M. S., & Bowlby, J. (1991). An ethological approach to personality development. *American psychologist, 46*(4), 333.

Ariès, P. (1978) *História social da infância e da família*. Tradução: D. Flaksman. Rio de Janeiro: LCT.

Behary, W. (2011). *Ele se acha o centro do universo*. Rio de Janeiro: Best Seller.

Gasiewski, J. & Behary, W. (2020). Beyond the angry child. The New Jersey/New York City Institute for Schema Therapy and The Cognitive Therapy Center of New Jersey.

Caminha, R. M. (2019). *Darwin para terapeutas:* socialização, emoções, empatia e psicoterapia. Novo Hamburgo: Sinopsys.

Cruz, L., & Guareschi, N. (2004). Sobre a psicologia no contexto da infância: da psicopatologização à inserção política. *Aletheia,* (20), 77-90.

Damásio, A. (2018). *A estranha ordem das coisas*: origens biológicas dos sentimentos e da cultura. São Paulo: Companhia das Letras.

Farrell, J. M., Reiss, N. & Shaw, I. (2014). *The Schema Therapy Clinician's Guide*. Chichester: Wiley.

Flanagan, C., Atkinson, T., & Young, J. (2020). *An Introduction to Schema Therapy*: origins, overview, research status and future directions. In: Heath, G. & Startup, H. (Eds). Creative Methods in Schema Therapy (pp. 1-16). New York: Routledge.

Green, T. C. & Balfour, A. (2020). *Assessment and formulation in Schema Therapy*. In: Heath, G. & Startup, H. (Eds). Creative Methods in Schema Therapy (pp.19-47). New York: Routledge.

Hawke, L. D., Provencher, M. D., & Parikh, S. V. (2013). Schema therapy for bipolar disorder: A conceptual model and future directions. *Journal of Affective Disorders*, 148(1), 118–122.

Jacob, G., Genderen, H. & Seebauer, L. (2015). *Breaking Negative Thinking Patterns*: A Schema Therapy Self-Help and Support Book. Chichester: Wiley Blackwell.

McGinn, L. K. & Young, J.E. (2012). Terapia focada no esquema. In: Salkovskis, P. M. (Ed). *Fronteiras da Terapia Cognitiva* (pp. 179-200). São Paulo: Casa do Psicólogo.

Nadort, M. H., Van Genderen, H,. & Behary, W. (2012*). Training and Supervision in Schema Therapy.* In M. van Vreeswijk, J. Broersen, & M. Nadort (Eds.), *The Wiley-Blackwell handbook of schema therapy:*Theory, research, and practice (pp 453-462). Chichester: Wiley.

Lobbestael J, Van Vreeswijk MF, Arntz A. (2008). An empirical test of schema mode conceptualizations in personality disorders. *Behavior Research and Therapy, 46*(7), 854-60.

Weertman, A. (2012). The use of experiential techniques for diagnostics. In M. van Vreeswijk, J. Broersen, & M. Nadort (Eds.), *The Wiley-Blackwell handbook of schema therapy*: theory, research, and practice (pp. 101-110). Chichester: Wiley.

Weertman, A. & Saeger, H. (2012*).* Assessment for schema therapy. In: M. van Vreeswijk, J. Broersen, & M. Nadort (Eds.), *The Wiley-Blackwell handbook of schema therapy:* theory, research, and practice (pp. 91-100). Chichester: Wiley.

Vallianatou, C. & Mirovic, T. (2020). Therapist schema activation and self-care. In: Heath, G. & Startup, H. (Eds.). *Creative Methods in Schema Therapy* (pp.253-266). New York: Routledge.

Wainer, R. (2016). O desenvolvimento da personalidade e suas tarefas evolutivas. In: R. Wainer, K. Paim, R. Erdos, & R. Andriola (Orgs.), *Terapia cognitiva focada em esquemas: integração em Psicoterapia* (pp.15-26). Porto Alegre: Artmed.

Wainer, R. & Wainer, G. (2012). O trabalho com os Modos Esquemáticos. In: R. Wainer, K. Paim, R. Erdos, & R. Andriola (Orgs.), *Terapia cognitiva focada em esquemas: integração em Psicoterapia* (pp. 147-168). Porto Alegre: Artmed.

Young. J. E. & Klosko, J.S. (2019). *Reinvente sua vida.* Novo Hamburgo: Synopsis.

Young, J. E, Klosko, J. S., & Weishaar, M. E. (2008). *Terapia do esquema: guia de técnicas cognitivo-comportamentais inovadoras.* Porto Alegre: Artmed.

Capítulo 9

O QUE ACONTECE NA INFÂNCIA NÃO FICA NA INFÂNCIA: OS MODOS CRIANÇA EM "ERA UMA VEZ UM SONHO"

Jacqueline Nobre Farias Leão

> *"Nós somos nossas raízes, mas todos os dias escolheremos quem nos tornaremos. Minha família não é perfeita, mas me tornou quem sou e me deu chances que nunca tiveram. O futuro, seja qual for, é nosso legado compartilhado."*
> (D.J.)

OBJETIVOS DE APRENDIZAGEM

Ao final da leitura deste capítulo, é esperado que você seja capaz de:

- Identificar o modo criança feliz e estimular a sua manifestação de espontaneidade;
- Identificar e trabalhar com o modo criança vulnerável;
- Identificar e trabalhar com o modo criança raivosa;
- Identificar e trabalhar com o modo criança indisciplinada;
- Identificar e trabalhar experiências de abuso.

O modelo psicoterápico integrativo da Terapia do Esquema (TE) preconiza que os esquemas iniciais desadaptativos (EIDs) resultam de experiências tóxicas vividas na infância, fundamentalmente, em função de a criança não ter sido suficientemente nutrida nas suas necessidades emocionais por suas figuras de cuidado (Young et al., 2008). O bebê humano leva quase vinte anos para se tornar adulto. Segundo Ascari (2021), o indivíduo passa 87 mil horas cercado por suas figuras parentais desde o momento em que nasce até o final da sua primeira década de existência. Sob o ponto de vista evolucionista, o período da infância do ser humano é muito mais longo, lento e sensível do que o de qualquer outra espécie. Sob o ponto de vista evolucionista da TE, essas 87 mil horas constituem o mais importante período de formulação dos esquemas desenvolvidos no indivíduo, a partir das suas experiências relacionais e do atendimento ou não de suas necessidades básicas.

Os EIDs reúnem informações, tais como sensações, pensamentos automáticos, memórias inconscientes e conscientes, crenças e a emoção, todas resultantes das experiências desconfirmadoras do não atendimento das necessidades emocionais da criança. O conjunto de registros mnêmicos consiste em padrões que são ativados quando situações na vida adulta remetem o indivíduo a memórias e a situações passadas, nas quais houve essas faltas (Leão, 2020, Rafaeli et al., 2011, Young et al., 2008).

A ideia de que todas as crianças têm as mesmas necessidades emocionais básicas está no coração da TE: vínculo seguro (aceitação, segurança, estabilidade e cuidado); autonomia, competência e senso de identidade; expressão das emoções; e limites realistas; espontaneidade e lazer são as necessidades emocionais elencadas, cujo atendimento propicia o desenvolvimento fisiológico, emocional e psicológico saudável ao indivíduo (Rafaeli et al., 2011; Simpson & McIntosh 2020; Young et al., 2008).

Os principais conceitos da Terapia do Esquema, tais como EIDs, estilos de enfrentamento, modos esquemáticos e reparentalização limitada nascem da compreensão do que acontece com a criança privada a partir dessas necessidades, das estratégias de enfrentamento que desenvolve para sobreviver a essas experiências ameaçadoras e do papel do terapeuta como uma figura nutridora dessas faltas durante o processo psicoterápico. Assim, o foco em TE são as emoções indelevelmente registradas durante essas experiências tóxicas vividas pela criança do paciente, em que reside o núcleo dos seus esquemas. Ao trazer a emoção nuclear do esquema para o *setting* terapêutico, ativamos memórias relativas às experiências traumáticas e presentificamos o que a TE denomina como o estado relacionado com essas memórias: modo criança vulnerável do paciente.

O fato de a criança ser totalmente dependente dos seus principais cuidadores por um tempo tão longo abre caminho para suas vulnerabilidades, já que o universo psicológico do indivíduo depende do ambiente emocional no qual está inserido. O estado emocional da criança é manifestado por meio de modos inatos. Quando suficientemente atendida nas suas necessidades e assegurada por figuras parentais empáticas e emocionalmente disponíveis, a criança funciona em seu modo adaptativo denominado criança feliz – a manifestação do estado de espontaneidade, segurança e bem-estar produzidos por essa experiência.

Quando a criança vivencia situações emocionalmente tóxicas, ela manifesta o seu modo criança vulnerável e/ou o modo criança raivosa. A criança raivosa é a manifestação da raiva causada pelo não atendimento das necessidades emocionais da criança vulnerável e a tentativa, a partir do protesto, de atrair a atenção das figuras de apego, para que possam perceber e nutrir a criança vulnerável.

Esses modos infantis são estados universais da mente que todas as crianças têm o potencial de manifestar quando em experiências envolvidas com o medo, a tristeza e a raiva – emoções desencadeadas ante a falta de atendimento das necessidades emocionais (Reubsaet, 2021; Young et al., 2008). A criança vulnerável está associada a sentimentos depressivos ou ansiosos, tais como vergonha, tristeza, ansiedade e ameaça. Além desses estados de vulnerabilidade e raiva, a criança pode também agir de maneira impulsiva ou apresentar falta de disciplina ou falta de foco, manifestando o modo criança indisciplinada ou criança impulsiva, mediante raiva, impulsividade e postura desafiadora. A impulsividade faz com que o indivíduo se comporte sem considerar as consequências de seus atos (Jacob et al., 2015).

Criança Vulnerável

O modo criança vulnerável dá-se quando o indivíduo se sente rejeitado, excluído ou pressionado. Nessas situações, as necessidades básicas de segurança, autonomia e conexão são solapadas pela ativação dos esquemas. O modo criança vulnerável pode ser ativado por situações simples e cotidianas e manifestam os sentimentos de solidão, desamparo e desamor. Quando os modos criança são ativados, o paciente apresenta uma forte carga emocional, reproduzindo a mesma emoção experimentada nas situações da infância que causaram as mesmas emoções. Na *Tabela 9.1.* abaixo, consta a relação dos modos criança e suas emoções:

Tabela 9.1. *Modos criança e suas emoções*

Modo	Terminologia	Emoção	Terminologia Alternativa
Modo criança	Criança vulnerável	Tristeza, ansiedade, medo, vergonha, desamparo, dependência, abuso, humilhação, solidão, abandono, maus-tratos.	Criança abandonada Criança abusada Criança humilhada Criança solitária etc.
	Criança zangada/ raivosa	Irritação, raiva.	-
	Criança impulsiva/ indisciplinada	Merecimento.	-
	Criança feliz	Espontaneidade, amor, segurança, confiança.	

Nota. Fonte: Baseado em Ascari (2021) e Jacob et al. (2015)

Somente a partir da manifestação da emoção das crianças vulneráveis dos pacientes, ou seja, do contato com suas emoções mais profundas, o terapeuta pode oferecer uma experiência emocional corretiva por meio da reparentalização limitada. Quando o paciente se apresenta em outros modos esquemáticos, é tarefa do terapeuta transpor esse estado para o modo criança vulnerável e, então, levar o paciente ao núcleo emocional dos esquemas ativados. A experiência emocional corretiva propicia ao paciente uma experiência advinda da relação terapêutica, na qual ele terá a possibilidade de ressignificar, cognitiva e emocionalmente, as experiências tóxicas vivenciadas na infância (Alexander & French, 1965) e, por consequência, baixar a valência da emoção dos EIDs. Para que isso possa acontecer no processo psicoterapêutico, é fundamental que o terapeuta compreenda as mensagens implícitas que são registradas quando as necessidades emocionais não foram atendidas, para que possa evag-las de maneira assertiva, possibilitando ao paciente um senso de que suas necessidades emocionais são importantes e que ele tem o direito de receber apoio, afeto, empatia e de ser incondicionalmente aceito por ser quem ele realmente é.

O trabalho em TE consiste em clarificar e desenvolver a habilidade do paciente de identificar as origens dos seus esquemas, as razões do desenvolvimento das suas estratégias defensivas de enfrentamento e dos padrões disfuncionais desenvolvidas a partir dos EIDs. O objetivo final da TE é baixar a valência emocional dos esquemas e fortalecer o modo adulto saudável do paciente. O trajeto do processo: a identificação dos esquemas e dos modos esquemáticos que resultaram nos padrões inflexíveis e disfuncionais na vida do indivíduo busca, imprescindivelmente, estabelecer conexão entre esquemas, modos, sintomas e as emoções e necessidades básicas não nutridas. Para tal, o terapeuta dá ênfase à história de vida da infância e da adolescência do indivíduo e de suas relações com as figuras de apego.

O filme "Era uma vez um sonho", baseado em uma história real, traz-nos a oportunidade de acompanhar seu personagem principal no resgate das memórias da sua infância e da sua adolescência, transcorridas em uma cidade do interior dos Estados Unidos da América (EUA), em meio a um ambiente emocionalmente instável e disfuncional. É possível visualizar todos os seus modos criança, ativados a partir das situações emocionalmente tóxicas, nas quais suas necessidades básicas não foram atendidas. Neste capítulo, serão apontados os modos criança, sua relação manifesta com situações de não atendimento das necessidades emocionais e como fazer a reparentalização limitada quando esses modos estão ativados. Ao final do capítulo, ao analisar o filme sugerido como um caso clínico, você será capaz de identificar e trabalhar com os modos criança.

Sinopse do filme "Era uma vez um sonho"

> A história de D.J. Vance, baseada no seu livro autobiográfico, traz o relato de uma infância e juventude vividas em meio a uma família de classe operária emocionalmente disfuncional: a mãe, Bev, viciada

> em heroína, emocionalmente instável e abusiva, passa a vida entre relacionamentos abusivos. D.J. tem uma irmã mais velha e uma avó, Mamaw Vance, uma figura de apego importante, que passou grande parte de sua vida casada com um homem alcoolista e abusivo. A narrativa transita entre sua infância em Ohio (EUA) e, 14 anos depois, sua luta por encontrar uma possibilidade de estágio durante sua formação em Direito na Universidade de Yale, para assim manter a relação estável e saudável construída com Ucha, sua namorada. Em meio à possibilidade de perder o tão esperado estágio, por ser chamado a voltar para socorrer sua mãe que está passando por mais uma recaída no vício, D.J. tem uma avalanche de memórias que o levam a refletir sobre seus problemas de vida.

Identificando Os Modos Criança Vulnerável

Uma das etapas do trabalho psicoterapêutico em Terapia do Esquema é a psicoeducação das necessidades básicas, esquemas e modos. A consciência dos esquemas, das suas origens e dos modos esquemáticas desenvolvidos nessas situações traz para a consciência todo o processo inconsciente gerado pelos EIDs. Cumpre identificar os modos criança e possibilitar que o paciente reconheça seus estados de vulnerabilidade e as necessidades subjacentes aos seus esquemas e modos. Estar consciente da própria criança vulnerável, por qual razão ela é ativada, em que situações e com que pessoas isso costuma acontecer, quais necessidades emocionais não estão sendo atendidas é primordial para que o paciente possa buscar suas necessidades emocionais de maneira assertiva, pelo seu modo adulto saudável. As seguintes perguntas contribuem para a identificação do modo criança:

- Em que situações a criança vulnerável aparece?
- Quais são os gatilhos que ativam esse modo?
- Quais emoções estão presentes?
- Quais pensamentos surgem quando esse modo está ativado?
- Quais sensações corporais são observadas?
- Quais memórias ou imagens estão associadas a esse modo?
- Como o paciente se comporta quando está com esse modo ativado?

Quais as necessidades emocionais não atendidas que ativaram esse modo?

Um fator importante para identificar a ativação do modo criança vulnerável é o fato de que a intensidade das emoções negativas que estão presentes, normalmente, é desproporcional aos incidentes que provocam. Outro sinal de ativação desse modo é a necessidade urgente de asseguramento. O pensamento dicotomizado entre "preto ou branco" que divide o mundo em duas partes – bom ou ruim – é outro indicativo de que esse modo pode estar presente.

A identificação do modo criança e das necessidades não atendidas que ativaram esse modo esquemático é imprescindível para que a reparentalização limitada seja feita de maneira assertiva e efetiva. O personagem D.J. nos traz a possibilidade de observar alguns modos criança, como será visto a seguir.

D.j. e Sua Criança Vulnerável Humilhada

Cena: A criança vulnerável humilhada de D.J. aparece em duas cenas do filme: em uma das cenas da infância do personagem e em outra cena da vida adulta. Isso decorre de sua origem pobre e por fazer parte de uma comunidade reconhecida nos Estados Unidos como "rednecks", que pode ser traduzida como "caipira". Esses dois marcadores sociais atravessam a vida de D.J., fazendo com que experimente o preconceito e a humilhação. Na primeira cena, quando está nadando no rio e um grupo de garotos o ataca e humilha; e na segunda cena, quando D.J., já adulto, é humilhado por um grupo de colegas estudantes da Universidade que participam de um jantar com os diretores de grandes escritórios de advocacia, todos concorrendo a uma vaga de estágio.

A humilhação é uma experiência dolorosa, e a vergonha é o sentimento dominante. A criança vulnerável humilhada se sente inferior, deficiente, ruim, indesejada e indigna de amor, atenção e do respeito dos seus pares. Esses sentimentos, característicos desse modo, são originados de situações vividas na infância, relacionadas com comentários desaprovadores e desvalorizadores ou com tratamento humilhante. Essas vivências podem gerar o esquema de defectividade/vergonha.

A criança vulnerável humilhada pode ser reparentalizada em trabalhos de imagem que trazem a cena de humilhação. O terapeuta leva o paciente a reviver a cena de humilhação em um trabalho de imagem; quando a criança vulnerável é ativada, a reparentalização deve ser facultada. No início do tratamento, quando o adulto saudável do paciente ainda não se acha fortalecido, o terapeuta pergunta se o paciente pode trazer para cena uma figura de apego na qual confia para evage-la; ou pede permissão para entrar na cena e evage-lo. Quando o paciente está com o adulto saudável mais fortalecido, é possível fazer trabalhos de imagem ou de cadeira, estimulando um diálogo entre o adulto saudável e a criança humilhada, no qual o adulto saudável do paciente reparentaliza a sua criança humilhada, como no exemplo a seguir:

Vinheta Clínica

Terapeuta: D.J. gostaria de propor um trabalho em cadeira. Visualize o "D.J. caipira" na cadeira à sua frente. Observe quantos anos ele tem, como está vestido, a expressão do seu rosto.

D.J.: Ele tem nove anos. Está vestido com roupas simples e velhas, está descalço. Ele tem o olhar sempre voltado para baixo.

Terapeuta: Pergunte o que ele está sentindo e peça para ele explicar o que aconteceu.

D.J.: pergunta, e o terapeuta pede que ele sente na cadeira da criança humilhada, para responder.

D.J.: "Sinto vergonha. Estou nadando no rio e um grupo de garotos está dizendo que sou um caipira. Eles me batem e dizem que eu não tenho o direito e estar aqui. Estão zombando e rindo de mim".

Terapeuta: Por favor, agora sente na cadeira do D.J. adulto e repita para o D.J. humilhado o que vou dizer. O paciente repete as palavras do terapeuta:

D.J.: "D.J. caipira, você é uma criança maravilhosa, amorosa, inteligente e corajosa. O fato de sua família não ter dinheiro não o diminui em nada. Você é muito valoroso e amado. Ter nascido no interior faz com que você tenha valores importantes. Eu sempre estarei ao seu lado para evage-lo e evag-lo do quanto você é especial".

O terapeuta pode orientar o adulto saudável na reparentalização da criança vulnerável, modelando o paciente e fortalecendo o seu adulto saudável até que ele possa fazer isso por conta própria. Terapeuta e paciente irão finalizar o trabalho e discutir sobre as emoções suscitadas durante o trabalho e seu resultado para o paciente.

D.J. e Sua Criança Vulnerável Abusada

Cena: D.J. e Bevely estão no carro, voltando para casa. A criança é agredida ao comentar com a mãe o que outra pessoa havia falado sobre o comportamento dela. A mãe, no modo ataque, culpabiliza-o por não ter se tornado o que poderia ter sido em razão da maternidade. Agressiva e emocionalmente descontrolada, dirige o carro perigosamente e ameaça D.J. Verbaliza que vai provocar a própria morte para que ele perceba a sorte que tem por tê-la como mãe. D.J. fica apavorado e xinga a mãe, que o agride fisicamente. Acreditando que sua mãe quer eva-lo, D.J. consegue sair do carro, corre em busca de socorro e é acolhido por uma senhora cuja casa ele invade em busca de proteção.

Experiências de abuso emocional, físico ou sexual são traumáticas e causam danos emocionais indeléveis. Crianças que têm essas experiências vivem essas situações tóxicas de maneira prolongada e repetida, em constante ameaça e estado de alerta. Passam a desconfiar de que podem ser maltratadas a qualquer momento. Por essa razão, observam constantemente os sinais de possível descontrole e agressão que possam ser percebidos nos abusadores. O modo criança abusada, que sente vulnerável ao abuso, está relacionado ao esquema de desconfiança e abuso e ao não atendimento das necessidades básicas de estabilidade, proteção e segurança.

O trabalho com trauma naturalmente requer que o paciente entre em contato com a situação traumática, contudo, é importante proteger o paciente da rememoração do momento exato do ato traumático até que ele tenha fortalecido seu adulto saudável de maneira que possa enfrentar o abusador e proteger sua criança vulnerável. Por essa razão, o terapeuta deve interromper a rememoração no primeiro momento em que a emoção do trauma surge, momentos antes de o ato traumático ser revivido. A partir de então, promove a reparentalização da criança abusada, protegendo-a. O trabalho experiencial com a criança abusada só pode acontecer quando o vínculo terapêutico se acha estabelecido como uma base segura para o paciente. A partir de técnicas de imagem ou de cadeira, o paciente revive a cena traumática.

Vinheta Clínica

> **Terapeuta:** D.J., essa tem sido uma semana muito difícil para você. Percebo que sua energia está baixa. Gostaria de propor um trabalho, baseado nessa memória que você acabou de trazer dos momentos na sua infância, em que sua família toda se reunia na casa da sua bisavó.
>
> **D.J.:** Eram momentos tão bons... Sim, acho que pode ser importante para mim nesse momento.
>
> **Terapeuta:** Por favor, feche os olhos, relaxe seu corpo e leve sua mente até a casa da sua bisavó, na qual você passava os verões na infância. Descreva a imagem que chega.
>
> **D.J:** Estou na frente da casa e toda a família está aqui. Minha bisavó ouve o culto no rádio, meus tios estão conversando e rindo, meus primos brincando e minha mãe colocando nossas coisas no carro.
>
> **Terapeuta:** Quantos anos você tem? O que você está fazendo?
>
> **D.J.:** Tenho nove anos, estou pegando minha bicicleta para ir tomar banho no rio.
>
> **Terapeuta:** O que você está sentindo?
>
> **D.J.:** Estou muito feliz. Adoro estar aqui com eles. Me sinto seguro nesse lugar e com meus tios.

Quando essas experiências ocorrem nas relações parentais, o tratamento do trauma, abuso e violência é mais complexo, porque envolve não somente memórias de abuso e dor, mas também afetos e crenças culturais e religiosas que geram dificuldades ainda maiores para o paciente entrar em contato com a dor, a raiva e a culpa. Para trabalhar casos de violência interpessoal, Kellogg (2015) sugere o trabalho de cadeira, utilizando uma ou mais cadeiras para dar voz às emoções ocasionadas pelo trauma.

Enquanto o adulto saudável do paciente ainda não está fortalecido, o terapeuta assume o papel de falar com o abusador. Nesse caso, uma cadeira será usada para representar o abusador e a outra para representar o paciente. O terapeuta confronta o abusador, e o paciente escuta. O terapeuta deixa claro para o perpetrador do trauma que o que ele fez foi errado. Também fala com o paciente, deixando claro que ele não tem culpa ou responsabilidade alguma pelo que aconteceu.

Para trabalhar a ambivalência de emoções existentes em alguns casos, quando há memórias de traumas, mas também de momentos de felicidade com relação ao abusador, o autor sugere o trabalho de diálogo de vozes internas: uma cadeira para dar voz à raiva, outra para dar voz ao afeto; uma cadeira para dar voz à raiva, outra para dar voz ao medo. Uma terceira cadeira pode ser usada para que o paciente valide as suas emoções, exemplificado na *Figura 9.1*.

Figura 9.1. Distribuição das cadeiras no exercício sobre ambivalência de emoções no trauma do abuso

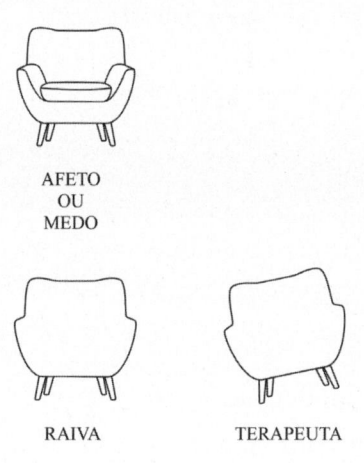

AFETO
OU
MEDO

RAIVA   TERAPEUTA

D.J. e Sua Criança Impulsiva/Indisciplinada

Cena: Bevely era uma mulher instável nos seus relacionamentos. Durante a adolescência, D.J. acompanhou a história amorosa da mãe, mudando de casa e tentando adaptar-se a cada um dos novos recomeços da mãe. Quando a mãe decide mais uma vez casar, D.J. a acompanha e passa a dividir o quarto e os amigos com o filho do novo marido da mãe. D.J. passa a conviver com garotos que usam drogas, não estudam e são arruaceiros. D.J. começa a ter comportamentos impulsivos e inconsequentes. Em uma das cenas do filme, D.J. está com os amigos em casa, e todos estão fazendo uso de maconha. De repente, um deles sugere que o grupo invada um galpão. Nesse momento, D.J. tem a ideia de roubar o carro da família para que o grupo vá até o galpão. A invasão é feita, e o grupo de garotos quebra o que encontram pela frente até que, com a chegada da polícia, seus amigos conseguem fugir e abandonam D.J. Ele é levado para a delegacia, de onde é resgatado por sua avó. Esse é um momento decisivo na vida de D.J. Sua avó, compreendendo a negligência materna de Bevely e percebendo o padrão de falta de limites repetido no comportamento do neto, assume a responsabilidade e leva D.J. para morar com ela. Com esse cuidado, muda o rumo da vida de D.J.

O modo criança indisciplinada é caracterizado por comportamentos e ações que partem das suas vontades, sem consideração pelas consequências dos seus atos para si ou para as outras pessoas. Quando esse modo está ativado, a preguiça, a distração e a postura de não querer ser importunado se unem à procrastinação. A criança indisciplinada tem uma postura mimada, não se responsabiliza por nada e não faz o que precisa ser feito. Qualquer tarefa não prazerosa é rejeitada (Steavens & Roedger, 2017; Young et al., 2008).

Em alguns casos, a criança indisciplinada vem acompanhada de uma criança mimada, cujas figuras parentais não limitaram e foram negligentes quanto à orientação e ao estímulo a desafios adequados e razoáveis. Falta de responsabilidade, desafios e obstáculos impedem a criança de desenvolver a resiliência, tornando difíceis tarefas que exigem escolhas ou a resolução de problemas. A falta dessas habilidades interfere na autoconfiança e no desenvolvimento do adulto saudável do indivíduo. Essas dificuldades podem dar origem a uma postura desafiadora e obstar os relacionamentos na vida adulta desses indivíduos.

O modo criança impulsiva/indisciplinada precisa ser reparentalizado a partir da orientação, do limite e da confrontação empática, como mostra a vinheta clínica a seguir.

Vinheta Clínica

Terapeuta: D.J., você está me contando que, ao saber que sua mãe teve uma recaída, mesmo estando em meio a uma seleção de estágio muito importante, você imediatamente entrou no carro e foi para Ohio. Essa atitude impulsiva colocou em risco não somente a possibilidade de conseguir um trabalho que viabilize o pagamento da sua graduação, mas também colocou em risco a possibilidade de se mudar para Nova Iorque – algo tão importante para sua relação com sua namorada. Isso poderia ter comprometido não somente sua vida profissional, mas também seu relacionamento. Nós já conversamos sobre o modo criança impulsiva, e eu gostaria de propor um trabalho de cadeira para que possamos compreender melhor o seu modo criança impulsiva, que você nomeou como o "D.J. que não pensa". Eu gostaria de evagetá-lo, pode ser?

Eu convido o D.J. que não pensa a sentar nessa cadeira e peço que você entre em contato com ele.

Terapeuta: D.J. que não pensa, quero agradecer a você a oportunidade de evagê-lo um pouco mais. Gostaria de saber quantos anos o D.J. tinha quando você passou a fazer parte da vida dele e qual a sua função na vida do D.J?

D.J. que não pensa: Ele tinha 11 anos quando eu cheguei. Ele não tinha amigos; minha função era fazer com que ele fosse parecido com os garotos com quem ele tinha amizade.

Terapeuta: Eu imagino que, naquela época, fosse importante fazer o que quisesse, fazer escolhas sem pensar. Hoje, o D.J. é adulto, está terminando um curso de Direito, tem uma namorada que é uma pessoa muito importante na vida dele. Hoje, qual é a sua função na vida do D.J.?

D.J. que não pensa: Acho que hoje eu mais atrapalho do que ajudo. Ele quase perdeu o estágio por minha causa.

Terapeuta: Como você acredita que tenha contribuído para que isso quase acontecesse?

D.J que não pensa: Eu fiquei com preguiça de mandar o currículo, fui procrastinando e o prazo foi quase perdido. Depois, eu fui impulsivo em ir a Ohio, quando minha mãe teve a recaída. A entrevista era no outro dia, e eu poderia ter perdido. Eu fui correndo a Ohio e, por fim, não consegui resolver nada e precisei dirigir a noite toda para não perder a entrevista. Cheguei exausto, minha performance na entrevista foi afetada por isso.

> **Terapeuta:** É muito importante que você tenha consciência do quanto esses comportamentos podem comprometer a vida do D.J. Eu gostaria de saber o que faz você ser ativado. Você sabe quais são os gatilhos?
>
> *Os seguintes questionamentos são fundamentais no trabalho com esse modo:
>
> • O que ativa o modo (gatilhos)
> • Quais sentimentos estão presentes quando ele está ativado?
> • Quais pensamentos tendem a surgir?
> • Quais memórias estão associadas a esse modo?
> • Quais sensações corporais estão presentes?
> • Como é o comportamento usual desse modo?
>
> Ao final, o terapeuta agradece e valida a disponibilidade para a entrevista. O terapeuta convida o paciente a voltar ao sofá e, nesse momento, pede para ele entrar em contato com seu adulto saudável, para que possam trabalhar as questões envolvidas com as consequências do modo criança impulsiva/indisciplinada: vantagens e desvantagens, como o adulto saudável pode entrar em ação para evitar as consequências desse modo etc.

D.J. e Sua Criança Raivosa

Cena: Bevely precisa fazer exame *antidoping* para manter seu emprego. Por estar mais uma vez fazendo uso de drogas, pede para que D.J. faça xixi no coletor de urina do exame. Nesse momento, a criança raivosa de D.J. é ativada e ele fica furioso com a Mãe. Bevely diz a D.J. que essa será a última vez que vai fazer esse pedido. D.J. fica furioso: *"Você sempre diz isso! É mentira!"*.

O modo criança raivosa traz uma carga emocional de raiva intensa, fúria, frustração e impaciência, porque as necessidades emocionais da criança vulnerável não foram atendidas. O modo criança raivosa entra em ação para proteger a criança vulnerável, protestando furiosamente e tentando fazer com que as necessidades da criança vulnerável sejam atendidas (Young et al., 2003). A partir da ativação dos esquemas de abandono, abuso, privação emocional ou subjugação, entre outros, o paciente responde com uma raiva muito intensa e pode agredir ou ter fantasias de impulsos violentos. Quando D.J. entra na criança raivosa, esse modo está protestando enfurecidamente contra a negligência, a instabilidade, a vulnerabilidade e a insegurança que sua mãe constantemente provoca na sua criança vulnerável.

A criança raivosa reivindica o direito de ter suas necessidades básicas atendidas, mas faz isso de maneira agressiva e desadaptativa. Quando o indivíduo está funcionando nesse modo, sua primeira sensação pode ser a de se sentir forte e poderoso, contudo, essas sensações podem ser seguidas pelos sentimentos de vergonha ou a explosão emocional causada pela raiva pode ser seguida pelos sentimentos de tristeza e abandono. Esse padrão causa sérios problemas à vida relacional e profissional do paciente (Stevens & Roediger, 2017).

A raiva advinda de situações de injustiça ou do não atendimento das necessidades emocionais é legítima e precisa ser expressa e validada. É preciso conhecer a origem desse modo na história de vida do paciente, os gatilhos que ativam o modo, as memórias mentais relacionadas a esse funcionamento e as necessidades que não foram atendidas. É necessário deixar a emoção do modo raivoso ser ventilada e transpor a criança raivosa para o modo criança vulnerável, para que a reparentalização limitada possa acontecer. A cena a seguir, de D.J. com a mãe, ilustra esse modo.

Vinheta Clínica

Terapeuta: Você está me relatando essa situação com sua namorada, na qual você atuou com muita raiva, enfurecido por ter sentido que ela foi injusta e não correspondeu àquilo que havia ficado acordado entre vocês. Eu gostaria que você entrasse em contato com essa emoção e trouxesse uma imagem da sua infância ou adolescência na qual essa emoção esteja presente.

D.J.: Estou na casa da minha avó, e minha mãe chega. Ela está nervosa, porque vai precisar fazer um exame antidoping. Ela precisa fazer esse exame para continuar contratada no hospital em que trabalha. Pode que eu faça xixi no coletor de urina. Precisa me pedir para fazer isso, porque está usando drogas.

Terapeuta: O que sente ao ouvir isso?

D.J.: Estou furioso! Ela sempre faz isso. Promete que não vai usar drogas, mas nunca está "limpa". Eu sempre tenho que eva-la a mentir. Eu não quero fazer isso, estou furioso com ela!

Terapeuta: Eu posso entender que isso o deixe com muita raiva. D.J. Você pode dizer à sua mãe o porquê de você está furioso com ela? Se você puder, olhe para ela e diga.

D.J.: Mãe, eu estou furioso com você! Você me prometeu que não ia mais usar drogas, que não ia mais me pedir para fazer isso. Eu não vou fazer isso mais uma vez.

Terapeuta: O que sua mãe responde?

D.J.: Ela está dizendo que ela tentou, mas não conseguiu.

Terapeuta: Diga à sua mãe o que está sentindo e por que está se sentindo assim.

D.J.: Mãe, estou com ódio de você. Você sempre está em problemas e mentindo para mim, me obrigando a fazer coisas erradas, como essa. Você só traz problemas para casa.

D.J. muda o tom de voz e a postura corporal. Com voz chorosa continua: Estou sempre com medo do que possa acontecer. Você devia tomar conta de mim e não eu tomar conta de você. Nós sempre estamos em problemas por sua causa.

O terapeuta percebe que houve uma mudança no paciente: o tom de voz raivoso passou a ser um tom de voz choroso; a postura corporal acompanha essa mudança, fazendo com que os ombros se fechem; a cabeça está abaixada. D.J. está em contato com a dor provocada pela negligência da mãe e por se sentir injustiçado. Já que tem o direito de ser cuidado e protegido. Sua criança vulnerável foi ativada. Esse é o momento em que o paciente pode ser reparentalizado.

Terapeuta: D.J., imagine que estou entrando nessa cena e estou me dirigindo a você. Estou agora na sua frente. Olhe para mim. Imagine que sua mãe está isolada por um vidro e que, a partir de agora, ela não pode ver ou ouvir o que vamos falar. D.J., eu percebo o quanto é doloroso o que você está sentindo agora; estou aqui para cuidar de você. Me diga o que está precisando nesse momento.

D.J.: Não quero fazer o que ela está pedindo, não quero continuar a sentir medo.

Terapeuta: Estou aqui para cuidar de você e não vou permitir que você faça o que não é justo. Vou dizer à sua mãe que você não vai

> participar disso e que ela precisa buscar outra pessoa para resolver o problema dela, vou até ela agora para lhe dizer isso. Você vai poder ouvir, ok?
> **Terapeuta:** Olá, Bevely. Sou Jacqueline e estou aqui para dizer que o D.J. não vai fazer o que você está pedindo. Pedir ao seu filho que se submeta a essa situação e resolva um problema criado por você não é justo. D.J. é um adolescente e precisa ser cuidado. Você é uma pessoa adulta e vai encontrar outra maneira de resolver seu problema.
> **D.J.:** o que sua mãe está dizendo?
> **D.J.:** Ela está com raiva, mas concorda.
> **Terapeuta:** Bevely, eu peço a você que me deixe a sós com D.J, por favor.
> **D.J.:** o que a sua mãe faz?
> **D.J.:** Ela vai embora.
> **Terapeuta:** Agora, estou indo ao seu encontro. Como você está se sentindo?
> **D.J.:** Mais aliviado, mas ainda com medo.
> **Terapeuta:** D.J., estou aqui para evage-lo e cuidar de você. Quero eva-lo a um lugar seguro. Nós sabemos que lá nada pode acontecer a você, lá você estará totalmente seguro. Você gostaria de ir?
> **D.J.:** Sim.
> O terapeuta leva a criança vulnerável ao lugar seguro do paciente, certifica-se de que a criança está se sentindo segura e finaliza o trabalho de imagem. Depois de finalizado o trabalho de imagem, o terapeuta trabalha com o paciente todas as questões relativas ao conteúdo dessa experiência.

D.J. e Sua Criança Feliz

Cena 1. A família está mais uma vez reunida. D.J. está mais uma vez com sua mãe, avós, tios e primos na casa da sua bisavó, na qual passava todos os verões durante a infância. A imagem é de uma casa simples, em Jackson, Kentucky – estado que se localiza no sudoeste norte-americano. A família é pobre, e D.J. aparece em uma cena alegre, pegando sua bicicleta e pedalando pelas colinas para ir até o rio tomar banho. *"Cuidado com as cobras"*, adverte o tio. A sua criança feliz está presente, protegida e alegre.

A espontaneidade e o lazer são fundamentais, tanto para a preservação da saúde mental quanto para o desenvolvimento de habilidades como a criatividade, a capacidade de solucionar problemas, de comunicar necessidades e desejos, de ser espontâneo e se relacionar com pares. Brincar é essencial para o bem-estar emocional, cognitivo, físico e social do ser humano (Jacob et al., 2015; Shaw, 2021). Pessoas com alto grau de modo criança vulnerável tipicamente têm o modo criança feliz pouco desenvolvido.

A criança feliz se sente amada, aceita, conectada, nutrida, protegida, compreendida, orientada, validada, autoconfiante, incluída, otimista e competente. Assim como na infância, é importante que os pais amplifiquem e regulem o prazer do brincar e da espontaneidade na criança. O terapeuta deve estimular e orientar o paciente a integrar o senso de espontaneidade e lazer na sua vida. Isso pode ser feito por meio de técnicas que expandam as sensações de prazer, alegria e espontaneidade vivenciadas pelo paciente ou, quando esse teve uma pobre experiência nesse sentido, incluir atividades de lazer em sua vida e desenvolver seu senso de humor.

O modo criança feliz é caracterizado pela alegria, pelo lúdico e pela espontaneidade; trata-se de uma meta importante em TE. A relação terapêutica, norteada pelo terapeuta como um modelo de criança feliz, é importante para que o paciente possa experimentar esses estados emocionais e brincar com comportamentos bem-vindos, adequados, estimulantes e saudáveis.

As memórias de momentos em que a criança feliz do paciente esteva presente na infância ou em outro momento de sua vida podem ser trazidas em trabalhos de imagem, com o objetivo de colocar o paciente em contato com sua criança feliz e expandir as sensações de prazer e alegria, como sugerido a seguir:

Vinheta Clínica

Terapeuta: D.J., essa tem sido uma semana muito difícil para você. Percebo que sua energia está baixa. Gostaria de propor um trabalho, baseado nessa memória que você acabou de trazer dos momentos na sua infância em que sua família toda se reunia na casa da sua bisavó.

D.J.: Eram momentos tão bons... Sim, acho que pode ser importante para mim nesse momento.

Terapeuta: Por favor, feche os olhos, relaxe seu corpo e leve sua mente até a casa da sua bisavó, em que você passava os verões na infância. Descreva a imagem que chega.

D.J.: Estou na frente da casa e toda a família está aqui. Minha bisavó ouve o culto no rádio, meus tios estão conversando e rindo, meus primos brincando e minha mãe colocando nossas coisas no carro.

Terapeuta: Quantos anos você tem? O que você está fazendo?

D.J.: Tenho nove anos, estou pegando minha bicicleta para ir tomar banho no rio.

Terapeuta: O que você está sentindo?

D.J.: Estou muito feliz. Adoro estar aqui com eles. Me sinto seguro nesse lugar e com meus tios.

Terapeuta: D.J., quero que ponha toda a sua atenção nessas emoções: na felicidade, na alegria e na segurança que está sentindo. Escolha uma cor para a sensação de felicidade, como se ela pudesse se transformar numa fumaça que tem essa cor.

D.J.: A felicidade é azul

Terapeuta: Fique em contato com essa sensação e expanda essa fumaça de felicidade azul, de maneira que ela vá preenchendo todo o seu corpo. Sinta a felicidade entrando em cada uma das suas células e deixe que ela tome conta de todo o seu corpo. Agora que a felicidade já preencheu seu corpo, escolha uma cor para a segurança que você está sentindo.

D.J.: A segurança é verde.

Terapeuta: Entre em contato com essa segurança e perceba-a preenchendo todo o seu corpo, ocupando cada uma das suas células. Permaneça em contato com a sensação dessa felicidade azul e dessa segurança verde que tomam todo o seu corpo e, aos poucos, volte para essa sala, trazendo essas sensações com você.

As experiências de prazer e espontaneidade podem ser criadas em trabalhos de imagem que levem o paciente a sentir as sensações da criança feliz, por exemplo, imagens de visitas a lojas cheias de guloseimas, sorveterias, lojas de brinquedo, nas quais o paciente poderá experimentar ou escolher o que quiser e se deliciar com essa visão. Atividades lúdicas, como jogos, marionetes e outras, podem ser exploradas nas sessões terapêuticas ou sugeridas ao paciente.

O objetivo do trabalho com a criança feliz é estimular e desenvolver o prazer da diversão, a curiosidade, a leveza, a autoconfiança e a segurança, trazendo bem-estar para a vida do paciente. A função da criança feliz é equilibrar o estresse na vida do paciente e vivenciar o prazer.

CONCLUSÃO

A Terapia Esquema é um modelo psicoterápico evolucionista, o que significa dizer que os problemas atuais trazidos pelo paciente estão relacionados aos esquemas iniciais desadaptativos desenvolvidos ao longo da infância e adolescência, a partir das suas relações com figuras parentais, do não atendimento das necessidades emocionais e/ou de situações traumáticas experienciadas nessas fases do desenvolvimento. A meta da psicoterapia é reparentalizar a(s) criança(s), vulnerável(eis) do paciente e fortalecer o seu adulto saudável, para que possa atuar, decidir e buscar suas necessidades emocionais de maneira assertiva.

O filme "Era uma vez um sonho" nos oferece a possibilidade de compreender, a partir da história de D.J., os diversos modos de criança vulnerável advindos da sua relação com uma mãe emocionalmente instável, em um contexto familiar disfuncional. O objetivo deste capítulo é, por meio das experiências do personagem principal, viabilizar o aprendizado do reconhecimento, da identificação e do trabalho com os diversos tipos de criança vulnerável.

A história de D.J. também nos oferece a oportunidade de observar a importância da sua avó como figura de apego seguro na sua infância e, posteriormente, o fortalecimento do seu adulto saudável por meio da sua relação com a figura de apego na sua vida adulta – disponível e reparentalizadora.

Precisei ser salvo duas vezes. A primeira foi minha avó que me salvou. Na segunda, foi ela quem mencionou que nós somos nossas raízes, mas todo dia escolhemos quem nos tornamos. Minha família não é perfeita, mas me tornou quem sou e me deu chances que nunca tiveram e que meu futuro, seja qual for, é nosso legado compartilhado.

Essas são as palavras de D.J., modo adulto saudável, ao final da sua história.

Indicação de músicas, filmes e séries que abordam direta e/ou indiretamente os conceitos explanados neste capítulo

Recurso	Nome	Conceitos abordados
Filmes	*Os irmãos Willoughby*	Criança Zangada e Criança Impulsiva/indisciplinada
	Duas vidas	Criança Vulnerável
	Tal pai, tal filha	Criança Zangada e Criança Vulnerável
Livros	*Querido menino –* David Sheff	Criança Impulsiva/indisciplinada
Séries	*Mare of Eastown*	Todos os Modos Criança
	This is us	Todos os Modos Criança
	Anne with an E	Criança Vulnerável

REFERÊNCIAS

Alexander, F., French, T. (1965). *Terapêutica psicanalítica*. Buenos Aires: Paidós.

Arntz, A., Rijkeboer, M., Chan, E. et al. (2021). Towards a reformulated theoy underlying schema therapy: position paper of an international workgroup. *Cognitive Therapy and Research*, 45, 1007-1020.

Ascari, A. (2021). *New concepts of schema therapy* (the 6 coping styles). TelAviv: Amir Ascari.

Farrell, J., Reiss, N., & Shaw, I. (2014). *The schema therapy clinician's guide, a complete resource for building and delivering individual, group and integrated schema mode treatment programs*. New York: Wiley Blackwell.

Jacob, G., Van Genderen, H., Seebauer, L. (2011). *Breaking negative thinking patterns. Sussex: Wiley Blackwell.*

Leão. J. (2020). *Baralho de necessidades básicas.* Maceió: Jacqueline Nobre Farias Editora.

Kellogg, S. (2015). *Transformational chairwork, using psychotherapeutic dialogs in clinical practice.* Rowman & Littlefield Publishers.

Rafaeli, E., Bernstein D. P., & Young J. (2011). *Schema therapy: the CBT distinctive features series.* New York: Routled.

Reubsaet, R. (2021). *Schema therapy: a phase-oriented approach.* Sussex: Pavilion Plublishing & media ltda.

Simpson, S., Smith, E. (2020). *Schema Therapy for eating disorders, theory and practice for individual and group settings.* New York: Routledge.

Stern, S. (2010). *Needed relationships and repeated relationships: an integrated relational perspective in psychoanalytic dialogues* 4, 317-346.

Stevens, B., & Roedger, E. (2017). *Breaking negative relationship patterns: a schema therapy self-help and support book.* Sussex: Wiley Blackwell.

Young, J., Klosko, J., & Weishaar, M. (2008). *Terapia do esquema: guia de técnicas cognitivo-comportamentais inovadoras.* Porto Alegre, Artmed.

Capítulo 10
A PRISÃO DA SUBMISSÃO: ANALISANDO O MODO CAPITULADOR COMPLACENTE EM "BOM DIA, VERÔNICA"

Luisa Zamagna Maciel

> *"[Já parou para pensar] o quanto é difícil acordar todo dia e encarar a própria vida? Mesmo na beira do precipício, a gente hesita. Nosso instinto é sobreviver"*
> (Verônica Torres).

OBJETIVOS DE APRENDIZAGEM

Ao final da leitura deste capítulo, é esperado que você seja capaz de:

- Entender a construção do modo capitulador complacente e as consequências do uso excessivo desse modo na vida do indivíduo;
- Compreender como os comportamentos de submissão e resignação influenciaram na escolha amorosa da personagem Janete;
- Reconhecer os comportamentos da personagem principal que foram perpetuadores do ciclo esquemático do casal, que mantiveram uma relação abusiva e disfuncional para ela.

A Terapia do Esquema propõe que os modos de enfrentamento são correspondentes ao sistema de luta, fuga e congelamento (Young et al., 2008). A resignação equivale ao congelamento. Na prática, congelar significa não reagir, não lutar, não fugir. Ausência de resposta comportamental. E que, independentemente do quão nocivo é estar onde se está, não se pode sair. Não se deve sair. Não se consegue reagir (Young & Klosko, 2020).

Resignar-se é aceitar que as dores, por suas ativações esquemáticas ou vivências em seu contexto de vida, são dores que fazem parte da vida. Não há o que possa ser feito para mudar essa "profecia" (Arntz & Jacob, 2017). Quando esse modo ativa, a sensação é de que não existe alternativa a não ser aceitar a situação como ela se apresenta. O modo de resignação, chamado de capitulador complacente, quando ativado, faz com que o indivíduo acredite que as mensagens que os esquemas iniciais desadaptativos (EIDs) passam são verdadeiras.

A principal função da resignação é evitar que o passado se repita. Que as dores dos maus tratos, das privações vividas, das críticas escutadas e do abandono sentido durante a infância, não voltem a ocorrer. Porém, infelizmente, o que acontece, na maior parte das vezes, é exatamente a mesma coisa na vida adulta. Para compreender esse modo e o porquê essa história se perpetua, é preciso analisar as origens desenvolvimentais típicas para a construção dessa estratégia de submissão e resignação.

É comum identificar famílias extremamente críticas e punitivas, nas quais a criança não era ouvida (Farrel et al., 2014) e/ou não havia espaço para expressar suas opiniões, necessidades e contestações. Questionar e discordar não eram opções factíveis, tampouco livres de consequências para aquela criança. Por isso, quando se manifestava, a resposta normalmente era marcada por retaliação e invalidação (Arntz & Jacob, 2017). Ainda, é possível que outra origem do modo ocorra de famílias nos quais se incentivou a criança a ser o filho que "não incomoda" e essa ser a fonte de validação e atenção, principalmente quando existem outros irmãos com comportamentos demandantes.

A criança passa, pouco a pouco, a entender que seus sentimentos não são dignos de serem escutados e que suas opiniões não importam e não devem ser consideradas. Assim, com o passar dos anos, a criança desiste de tentar expor suas necessidades, ou melhor, busca atenção por meio da não expressão de desconforto. Tornar-se obediente, pois desse jeito se sente mais segura e possui menos chance de ser machucada. É possível compreender que, durante muitos anos da vida desse indivíduo, não havia outra saída que não se resignar. Em suma, a resignação garantiu a proteção e a sobrevivência da criança ao longo de seu desenvolvimento (Farrell et al., 2014). Porém, percebe-se que as marcas deixadas por essa história de vida marcam muitos dos comportamentos que o indivíduo apresenta em suas escolhas relacionais e em seus comportamentos nessa dinâmica na vida adulta (Arntz & Jacob, 2017).

Pacientes com esse modo demonstram mais passividade, dependência e obediência. Eles são considerados extremamente prestativos e disponíveis pelo mundo externo, enquanto em seu mundo interno, o custo emocional de manter se nessa estratégia é muito dolorido. São adultos que seguem sentindo que não possuem outra escolha a não ser agradar as pessoas para evitar conflitos, abusos, retaliações ou mesmo abandono. Por causa dessa postura submissa, são potenciais vítimas de abuso e negligência (Young et al., 2008). A consequência é continuar revivendo o funcionamento de sua infância. Se houver abuso ou negligência na infância, esse contexto torna-se familiar. E quando algo é familiar para o indivíduo, ele sabe como agir para se proteger. Por essa razão, na vida adulta, as pessoas são atraídas por ambientes, relações e situações similares a essa familiaridade (Arntz & Jacob, 2017). Exatamente o caso da personagem Janete, que será analisada na sequência.

Ao analisar os EIDs envolvidos, nota-se que o autossacrifício e a subjugação são EIDs significativos para explicar esse modo, porém, não são os únicos EIDs responsáveis pela manutenção desse modo na vida do indivíduo (Paim et al., 2012). Por tratar-se se uma estratégia de resignação, todo e qualquer esquema pode corroborar para o funcionamento mais passivo e submisso. Por exemplo, resignar-se a qualquer EID do primeiro domínio esquemático é aceitar abusos, privações, instabilidade, críticas e rejeição por parte da parceria ou amigos para não estar sozinho, desamparado ou abandonado. Já resignando-se aos EIDs do segundo domínio, os maus-tratos, críticas e abusos são aceitos, porque o indivíduo acredita que não será capaz de tornar-se autônomo (Arntz & Jacob, 2017).

No que diz respeito ao processo de psicoterapia, é comum o terapeuta ter uma contratransferência de ansiedade, angústia e, até mesmo, raiva pela passividade dos comportamentos do indivíduo com o modo capitulador complacente muito presente. Acompanhar os abusos perpetrados pelas pessoas ao redor do paciente pode ser desafiador para o terapeuta. Portanto, adequar às expectativas de evolução do tratamento de indivíduos com esse modo muito ativado é essencial para evitar o abandono do tratamento por parte do paciente. É importante compreender que pressionar esse paciente não o ajudará a modificar essa estratégia, pois ele não consegue se visualizar agindo de forma distinta (Jacob et al., 2015).

Sinopse da série "Bom dia, Verônica"

> A série policial "Bom dia, Verônica", baseada no livro de Ilana Casoy e Raphael Montes, começa com um misterioso caso de suicídio. Uma mulher chega à delegacia de homicídios de São Paulo e denuncia ao delegado Wilson Carvana sobre um homem que a dopou e a abusou sexualmente. Logo após, ela tira a própria vida durante uma confusão que acontece na delegacia. É a partir disso que Verônica, a escrivã da delegacia e afilhada do delegado, começa a trabalhar no caso. No meio disso, a escrivã também inicia a investigação em um caso de violência doméstica de um *serial killer*, que envolve o coronel Brandão e sua mulher, Janete. A mulher do coronel, vítima de violência doméstica, sofre um intenso abuso psicológico e a trama apresenta o ciclo da violência de forma visceral.

Conhecendo a Personagem Janete e Seu Marido, O Coronel Brandão

Janete é uma mulher de origem humilde e que foge de sua cidade e de sua família para se casar com o coronel Brandão. Ela é uma mulher sensível, ingênua e amorosa, sonhando com um casamento ideal e feliz. Durante os episódios, Janete relembra que Brandão era um homem gentil, carinhoso e parecia ser "o homem perfeito". Para ser uma mulher "a altura" desse homem, ela se torna uma mulher do lar, que busca atender a todos os caprichos e demandas de seu marido. Porém, rapidamente, é possível identificar a dinâmica da violência no casal e os sentimentos de culpa, vergonha e responsabilidade que Janete sente quando Brandão se comporta de maneira hostil e agressiva para com ela.

Seu perfil é buscar formas de ser ainda mais agradável, gentil, carinhosa e solícita. Porém, pouco a pouco, percebe que seus esforços não surtem o efeito desejado; a diminuição da hostilidade do marido. É possível perceber que Janete, ao longo da trama, alterna entre sentimento de culpa e sensação de autorresponsabilidade pelos acontecimentos em seu casamento e, em outros, vislumbra que há algo de errado. Porém, sente-se muito assustada de reconhecer que existe uma relação abusiva e uma sensação de incapacidade de como agir perante a isso.

Possíveis origens do modo capitulador complacente em Janete

Durante a série, não é possível a identificação de muitos elementos da história de vida de Janete. No entanto, será feita uma compilação de todas as informações disponibilizadas pela série e inferências sobre alguns possíveis contextos que podem estar associados ao desenvolvimento desse modo com o intuito de tornar a análise mais completa para a compreensão do leitor.

A família de Janete é de origem humilde e de uma cidade no interior. Ainda, é possível perceber no funcionamento de Janice (sua irmã) que há uma dinâmica familiar na qual os filhos devem cuidar de seus pais e estar próximos a eles, o que pode indicar também um estilo de criação patriarcal, voltada ao cuidado com o outro, cumprimento das regras e obediência aos pais. Essa inferência torna-se possível quando Janete fugiu de casa para se casar com coronel Brandão. Ainda que não seja possível saber o real motivo pelo qual ela fez isso e que existe uma grande possibilidade de que esse comportamento já se apresentasse como parte da dinâmica conjugal entre Janete e Brandão. Também pode-se inferir que a família de Janete possui regras mais rígidas e pouco diálogo. pois não somente Janete precisou fugir, como também, durante muitos anos, não teve contato com sua família. Sabe-se também que o pai ficou muito brabo com esse comportamento da filha e cortou relações com ela. Janete não os procurou por conta de Brandão, porém, sua família também não buscou o contato. Ainda, Janete revela que a mãe rompeu relações com ela quando esta não foi para o enterro do pai, o que pode indicar uma postura punitiva em relação ao seu comportamento.

Em um dado momento da série, Janice, sua irmã mais nova, faz uma visita de surpresa para passar uns dias com a irmã. Na convivência do dia a dia, é possível perceber que tanto Janete quanto Janice são mulheres com postura mais passiva. Ambas são retraídas e mantêm-se cabisbaixas, ombros para dentro, falam em tom baixo e temem retaliação, ainda que Janice seja mais extrovertida que Janete e consiga se expressar de forma um pouco mais espontânea. Na mesa de jantar, é possível perceber os olhares de ansiedade de Janete e sua postura mudando na utilização do modo capitulador complacente, acompanhando a postura da irmã.

Optou-se por dividir a análise em três momentos distintos da ativação do modo capitulador complacente em Janete. O primeiro, no qual ela se sente realmente sem saída, refém e responsável por grande parte dos acontecimentos que ocorrem com ela. O segundo, no qual seu modo ainda está bastante ativado, porém, percebe-se, pouco a pouco, uma ambivalência em relação ao seu discernimento em relação ao que lhe acontece. Por fim, mostra Janete consciente de seu modo capitulador complacente e reagindo de forma mais confrontativa, buscando impor limites nessa relação e nos comportamentos do marido.

Ao fim de cada um desses três momentos distintos da série, será contextualizadas possíveis intervenções nas quais o terapeuta do esquema poderia atuar, compreendendo quais estratégias são indicadas para momentos específicos da ativação desse modo e respeitando o tempo de tratamento e *insight* da paciente com relação ao modo em si, bem como as origens infantis e o papel desse modo nas escolhas de vida e de relações.

Modo Capitulador Complacente com Baixo Insight sobre A Dinâmica de Violência na qual Janete se Encontrava

Em uma das primeiras cenas do casal, Janete e coronel Brandão aparecem voltando do hospital após um aborto espontâneo que Janete sofrera. O coronel Brandão deseja um filho e Janete sente-se culpada por não conseguir engravidar. Ela sente-se responsável pelo "fracasso" da interrupção da gestação. Pede desculpas por ter abortado e coronel Brandão responde: *"Eu sou sua família. Você é a mulher da minha vida"*.

Nessa cena, é possível ver Janete mais tranquila ao ouvir de Brandão essa resposta. A busca por "penitência" é evidente e, até o presente momento, não é possível identificar se há alguma dinâmica abusiva na relação. No entanto, é possível perceber o alívio da criança vulnerável de Janete, quando o mesmo a "inocenta" da responsabilidade pelo aborto.

Em outra cena, Janete pergunta para Brandão se poderia ligar para sua irmã, pois é aniversário dela. Brandão mostra descontentamento com o pedido e rapidamente Janete passa a explicar-se, seguido de desistência. Nesse momento, é possível observar a dinâmica de submissão do modo capitulador complacente, pois ela não consegue posicionar-se a respeito de um comportamento bastante saudável, que é manter o contato com a irmã. Percebe-se ainda que Janete não consegue sustentar seu pedido, como também não conseguiu posicionar-se contrariamente ao descontentamento e, antes de Brandão emitir alguma resposta ao seu pedido, ela apresenta desistência. Nota-se medo durante toda a cena, bem como o comportamento submisso, seguido de uma postura de não desejar indispor-se com Brandão.

Nessa mesma cena, depois que Brandão sai para trabalhar, Janete tenta ligar para a irmã. No entanto, quando a sua irmã atende, Janete fica muda, não consegue falar nada. Começa a chorar, e é possível observar o sofrimento entre o que deseja fazer *versus* o que consegue fazer. O modo capitulador complacente causa exatamente esse efeito; muitas vezes, o indivíduo consegue conectar-se com o seu desejo, no entanto, não consegue colocá-lo em prática e legitimá-lo por causa do medo extremo das consequências. Ainda, o movimento de fazer escondido é uma forma que o indivíduo encontra para evitar o confronto e uma possível retaliação.

Em outra cena, Janete e Brandão estão jantando. Ao servir mais comida para Brandão, Janete suja a camisa dele com o molho da carne. Sua reação imediata é de extremo pavor pelo seu comportamento, que passa a limpar a camisa imediatamente. O medo é aparente e, novamente, seu modo criança vulnerável (ver mais sobre este modo nos *Capítulos 8* e *9*) se mostra rapidamente assustada com seu erro. A resposta de Brandão evidencia novamente a dinâmica conjugal: *"Na vida a gente tem que tentar fazer as coisas direito, se é para fazer, faz direito. Se é para fazer merda, Janete, faz direito"*. Nesse momento, ele começa a jogar mais molho de carne em si mesmo, sujando-se ainda mais. Ainda, rasga a própria camisa e segue falando. *"Contou para sua irmã que você fracassou de novo? Que nem para mãe você serve?"*.

Nessa hora, pode-se perceber a distinção de percepções de Brandão a respeito do aborto de Janete em relação à primeira cena descrita. Janete não apresenta nenhuma reação e fica completamente congelada. seu modo criança vulnerável está tão ativado que o modo capitulador complacente se apresenta como uma estratégia para lidar com tamanho sofrimento. ao ficar quieta e com muita expressão de medo, Janete busca que esse confronto termine o mais rápido possível. Ao afastar-se do marido, Brandão retoma o ciclo da violência e fala: "*Tá gostosa essa janta*".

Estratégias de tratamento para a fase de baixo insight a respeito do modo capitulador complacente

Nessa fase do tratamento do paciente com o modo capitulador complacente, a primeira intervenção é a psicoeducação do modo. Nessa psicoeducação, busca-se resgatar as vivências infantis e as experiências que fizeram a criança precisar agir de forma obediente, submissa e congelando em situações de abuso, criticidade e punição. O paciente precisa compreender que, sem essas experiências vivenciadas, provavelmente não estaria vivenciando a experiência do relacionamento abusivo no qual se encontra. Na dinâmica das relações abusivas, grande parte das vezes há uma das partes com o modo capitulador complacente atuando na dinâmica. Ainda, pode ser necessário realizar uma psicoeducação a respeito do que é um relacionamento abusivo e auxiliar o paciente a identificar quais comportamentos são abusivos em seu relacionamento.

É importante que o terapeuta seja empático nesse processo e compreenda que a leitura feita a respeito da dinâmica abusiva, na qual o paciente com o modo capitulador complacente pode se encontrar, como no caso de Janete, não é a mesma que enxergamos. Ao longo da série, espera-se em muitos momentos que Janete perceba o que está acontecendo e se defenda. Para nós terapeutas, pode ser desafiador acompanhar o funcionamento desadaptativos do modo capitulador complacente, causando muita ansiedade e angústia no terapeuta, assim como um desejo de uma reação de defesa e um posicionamento maior de Janete ou de pacientes com esse perfil. Porém, é preciso cautela, pois muitas vezes tais expectativas podem ser tão abusivas quanto os demais conflitos da vida do paciente. Encorajar e acolher a dificuldade estão no cerne do tratamento desse modo.

Portanto, um dos focos iniciais do início do tratamento, além da psicoeducação, será a relação terapêutica. O modo capitulador complacente poderá ser enfraquecido por meio de muitas intervenções baseadas na relação terapêutica, nas quais o terapeuta mostra ao paciente uma forma distinta de se relacionar, por meio do respeito, da empatia, da compaixão e do acolhimento. A reparação principal buscará atender as necessidades emocionais não supridas, para que, pouco a pouco, o modo criança vulnerável possa ser sentido e validado e, posteriormente, o modo criança zangada também possa legitimar seu desconforto pelo abuso vivido.

> *Janete precisa mudar seu horário de terapia e está com medo de desapontar seu terapeuta*
>
> **Janete:** Luisa, eu infelizmente vou precisar mudar o horário da sessão, se não for te incomodar... desculpe, eu tentei manter esse horário, mas me surgiu um outro compromisso...
>
> **Terapeuta:** Janete, é lógico que podemos mudar teu horário, se ele não está bom para ti. Fiquei feliz que você me trouxe sua necessidade de troca de horário. Como se sentiu fazendo isso?
>
> **Janete:** Com medo de que você se zangasse comigo...
>
> **Terapeuta:** Pois saiba que não só eu não me zanguei com você, como eu fiquei feliz em te ver me trazendo esse ponto. É um aspecto essencial para nós, que possamos falar sobre questões que estão incomodando. O horário é só uma possibilidade, poderia ser algo que eu te falei ou fiz e eu quero que você saiba que você pode me dizer e eu sempre irei acolher e tentar pensar em formas de resolver contigo o que te incomoda.
>
> **Janete:** É estranho ver você não estando zangada comigo.
>
> **Terapeuta:** Não há nada de errado no que você me pediu e não há nada de errado em precisarmos revisar o nosso horário para ficar bom para você também. O horário precisa ficar bom para nós duas, certo? Então, é isso que vamos fazer!

Ambivalência Frente Ao Modo: Quando O Paciente Consegue Conectar-se com Sentimentos para Além do Medo

Há um momento da vida do indivíduo com o modo capitulador complacente em que ele consegue, seja por meio da terapia ou por meio de *insight* próprio, desenvolver consciência a respeito de sua história de vida, padrão de escolhas abusivas ou mesmo seu comportamento mais submisso. A partir disso, outros sentimentos emergirão, e o modo criança abusada, que se conecta com o ciclo da violência, juntamente ao seu modo adulto saudável, decidirá repensar seus comportamentos e suas relações, até mesmo, cogitando rompê-las. Assim, no segundo bloco dessa análise, encontra-se Janete. Pode-se dizer que a primeira virada de chave de Janete aconteceu após o ocorrido na cena seguinte. Janete está na sala de estar, assistindo TV, quando escuta a detetive Verônica (escrivã da polícia e a principal personagem da série) solicitando que mulheres que estejam passando por alguma situação de violência liguem para ela e peçam por ajuda. Janete, rapidamente, anota o número de Verônica em uma revista de palavras cruzadas para que Brandão não descubra.

Não é a primeira vez que a série mostra Janete tentando fazer algo para sair dessa relação. Em cenas anteriores, é possível ver Janete guardando o troco do supermercado em um pote e colocando-o no fundo do armário de panelas para esconder de Brandão que ela guardava dinheiro, pois ele não a deixava ter seu próprio dinheiro. Porém, anotar o número da detetive Verônica foi o primeiro ato de Janete relacionado a se enxergar em uma dinâmica abusiva. Ela tenta fazer contato com Verônica, mas a detetive não estava disponível na delegacia. Então, Janete desliga sem deixar seu telefone com medo de ser descoberta por Brandão. Novamente, a ambivalência do reconhecer o abuso e querer a ajuda *versus* o medo das consequências aparecem presentes.

Nessa cena destacada, é possível observar o modo hipercompensatório predador do coronel Brandão e uma dinâmica de abuso ainda mais séria do que, até então, estava sendo mostrado na série. Brandão pede para que Janete se arrume e vá com ele na rodoviária. Ao chegar nesse local, Brandão pede que Janete alicie uma garota, mentindo precisar de uma empregada doméstica para trabalhar em sua casa. Ao longo da cena, Janete, Brandão e a garota aliciada, agora presa no porta-malas do carro, dirigem-se até um sítio, no qual Brandão abusa fisicamente e sexualmente dessa garota, enquanto Janete fica sentada na frente da menina, coberta por uma caixa de madeira em sua cabeça, com apenas alguns furos que permitem que ela veja parcialmente o que ocorre. Durante toda essa cena, percebe-se que não é a primeira vez que isso acontece e que Janete é obrigada a participar desse ato de violência.

Nesse momento da série, percebe-se que Brandão é um *serial killer*, ainda que ele afirme para Janete que *"sempre solta todas as passarinhas"* dele, ou seja, machuca-as, mas não as mata. Nesse momento, é importante compreender que, para além do modo capitulador complacente, o sentimento de medo e o congelamento de Janete seriam naturais, dado a situação extrema como essa.

Na sequência, Verônica consegue rastrear o telefone de Janete, invade a casa dela e observa de longe a relação entre ela e Brandão. No outro dia, a detetive visita Janete em um horário no qual ela sabia que Brandão não estaria em casa. Verônica insiste para falar com Janete e afirma que sabe que há uma relação abusiva em seu casamento e que gostaria de ouvi-la e ajudá-la. Novamente, é possível observar a ambivalência de Janete, pois ela fala: "*A culpa é minha. Eu não consigo engravidar, eu sou seca, sou imperfeita. Seria diferente com a criança em casa*" (referindo-se ao fato de ter sofrido um aborto espontâneo). É possível ver, novamente, o modo criança vulnerável presente, no qual se sente culpada pelos comportamentos abusivos do marido e pelo aborto espontâneo que sofrera. Nota-se, aqui, sentimentos e pensamentos que influenciam na manutenção do modo capitulador complacente, que sente que "merece" os abusos sofridos devido aos seus defeitos e falhas.

Ainda nessa mesma cena, Janete acaba falando para Verônica sobre o comportamento predatório do marido, quando conta do aborto que sofrera: "*É um castigo pelas coisas que ele faz*". Verônica insiste para saber que coisas são essas, e Janete conta o que ele faz com as mulheres e que ela é a pessoa que alicia essas meninas. Verônica promete ajudá-la e pede ajuda para Janete conseguir mais informações, provas ou qualquer material que possa ser usado para montar um caso contra Brandão.

Nessa cena, Janice (irmã de Janete) faz uma surpresa para a irmã e a visita. Pede para passar dois dias (o que visivelmente incomoda Brandão e deixa Janete apreensiva). Janice tenta conversar com a irmã e saber mais sobre sua vida, e Janete se esquiva algumas vezes. Ainda, nesse mesmo período, no qual Janice está hospedada na casa de Janete, ela convida Janete para ir a lojas comprar roupas. Após muita insistência, Janete decide ir. Sente-se insegura com sua roupa e visivelmente desconfortável de deixar sua casa. Quando está fora de casa, começa a sentir-se mal e tonta, pedindo para retornar a casa. Ainda que essa cena também demonstre a dinâmica abusiva da relação entre Janete e Brandão, também se observa o modo capitulador complacente agindo, pois na eminência de "quebrar as regras", ela passa a se sentir mal e não consegue efetivamente sair de casa, mesmo sendo o seu desejo. Em termos práticos, o comportamento de congelamento tornou-se evidente.

Durante a estadia da irmã, é possível analisar a ambivalência de Janete, pois se sentia responsável por não incomodar Brandão com a irmã, passando, inclusive, a criticar certos comportamentos da irmã quando julgava que esses "fugiam das regras" da casa. Nesse momento, pode-se compreender que a represália de Brandão é tão intensa que, mesmo não sendo ela a agente do comportamento "inadequado" aos olhos do marido, Janete sentia medo e ansiedade com a possibilidade de os comportamentos da irmã trazerem consequências para ela.

Novamente, Brandão pede para Janete ir à rodoviária com ele. Com medo de Brandão e desconfiada que ele tenha matado sua irmã, ela vai e novamente alicia outra menina. Porém, dessa vez, ela decide tirar a caixa de madeira que envolve sua cabeça e tenta descobrir informações sobre o sítio para ajudar Verônica no caso contra seu marido.

Brandão descobre que Janete havia tirado a caixa da cabeça e andado pelo sítio e agride fisicamente Janete. Essa foi a primeira vez que Janete sofrera agressão física do seu marido. No dia seguinte, ela acorda com muitas marcas e hematomas no corpo todo. Seguindo a dinâmica do ciclo de violência (Observatório da Mulher Contra a Violência, 2018), Brandão leva café na cama de Janete e promete cuidar bem dela, sendo gentil e carinhoso após a agressão física que cometera. Aqui, percebe-se Janete saindo de seu estado ambivalente e tornando-se mais consciente de seu abuso, pois mesmo sofrendo retaliações e consequências físicas, o grande medo do modo criança vulnerável, ela decide continuar ajudando Verônica no caso contra Brandão.

Estratégias de tratamento para a fase ambivalente a respeito do modo capitulador complacente

Uma vez que a relação terapêutica já apresenta sinais de fortalecimento e a psicoeducação foi realizada, inicia-se o processo de tratamento propriamente dito do modo capitulador complacente. É importante lembrar que, por trás deste modo, tem-se a resignação de quase todos os EIDs, pois o paciente acredita que deve aceitar uma vida de privações, falta de empatia, compreensão e cuidados, como ocorre com Janete. Ainda, por familiaridade com sua história de vida, o paciente se acomoda em relações instáveis marcadas por sinais ambíguos, como também se percebe na série, por exemplo, quando, após cometer um crime e/ou agredir Janete, Brandão age de forma doce e cuidadosa com ela, elogiando e cuidando dela. Associar a dificuldade de renunciar ao modo capitulador complacente devido a história de vida e da familiaridade dos eventos da relação é essencial para iniciar o processo de confrontação empática a respeito desse modo na vida de Janete. A instabilidade também é um gancho importante na ativação do modo criança vulnerável, pois a fase da "lua de mel" do ciclo da violência possibilita a criança construir uma expectativa de que as coisas poderiam mudar. É importante o terapeuta acompanhar a resistência e validar o desejo de que as coisas mudassem, ainda que siga apresentando evidências da própria relação de que, na prática, essa mudança não está ocorrendo.

Um dos grandes desafios do terapeuta do esquema ao trabalhar com pacientes com esse modo é justamente confrontá-lo. Para isso, é importante que a confrontação seja direcionada ao modo e não ao paciente, afirmando que não se trata do paciente em si, mas de uma estratégia desenvolvida para lidar com os abusos sofridos ao longo da vida. Imagens vivenciais da infância diante de situações abusivas, porém suportáveis de lembrar, ajudam, pois trazem à tona a criança vulnerável, que precisava de proteção e de uma figura externa que a defendesse de seus cuidadores abusivos.

Auxiliar o paciente a se conectar com a raiva do modo criança zangada e permitir que seja ventilada e sentida como algo lógico de ser sentido por causa das experiências vivenciadas na infância e na vida adulta é um grande objetivo terapêutico. Ainda, uma parte importante do tratamento é fortalecer o modo adulto saudável para que, gradualmente, ele possa proteger seu modo criança vulnerável. No entanto, romper o modo adulto saudável e desenvolver um comportamento hábil para que ele seja capaz de impedir os abusos é uma tarefa árdua, gradual e com muitas recaídas nesse processo, que precisam de acolhimento, validação da dificuldade, seguida de uma análise cuidadosa dos elementos que corroboraram a recaída de comportamento.

A técnica da carta aos pais se apresenta como uma estratégia bastante importante nessa etapa do tratamento, pois possui diferentes formas de aplicação e pode ser adaptada a diferentes momentos. Nessa etapa, o paciente deve conseguir legitimar que, de fato, os abusos ou invalidações ocorreram e que isso não era apropriado e justo para uma criança vivenciar e sentir. O ato da escrita, bem como o ato de ler a carta em voz alta, junto ao terapeuta, possibilitam gradativamente construir a convicção necessária de que comportamentos abusivos, negligentes e autoritários vivenciados ao longo da vida foram injustos e disfuncionais e que assim como não merecia ter vivido durante a infância, tampouco merece vivenciar novamente na vida adulta. Posteriormente, a carta de manifestação de direitos, a qual auxilia o paciente a legitimar quais são os direitos universais, afirmados pela Constituição, e que ele, portanto, possui todos esses direitos, pode ser estratégia complementar ao processo da carta para o desenvolvimento e manutenção do modo adulto saudável.

Outro ponto bastante importante é a antecipação, junto ao paciente, da possibilidade de que o modo pais internalizados pode ser ativado diante do comportamento de estabelecimento de limites ou quando o paciente decide terminar uma relação abusiva. Frases como *"você está falhando nessa relação"*, *"você não é capaz de fazer o que é certo para uma relação funcionar"*, *"a culpa é sua"* poderão surgir a partir do instante em que o paciente se percebe ambivalente à relação e a se manter ou não em um relacionamento com características abusivas. Para isso, será necessário utilizar de estratégias vivenciais para dar limites para esse modo e proteger o modo criança vulnerável. Ainda que se esteja combatendo o modo pais internalizados em uma técnica de imagem que visa a proteger a criança do abuso ou da retaliação, a forma como o terapeuta se posiciona com os pais e, posteriormente, como afirma para a criança que vai cuidar dela e protegê-la servirá de modelo para o paciente sobre como dar limites ao modo pais internalizados, bem como de como acolher de forma efetiva e afetiva o modo criança vulnerável. Portanto, o terapeuta precisa estar com a conceitualização do paciente completa para entender os outros modos do paciente e compreender quais outras intervenções serão necessárias em paralelo ao tratamento do modo capitulador complacente.

Exemplo de carta possível de ser construída ao longo do processo de psicoterapia:

Carta aos Pais indutores de culpa abusivos

"Mãe, durante toda a minha vida você me disse que mulheres foram feitas para sofrer. Quando eu comecei a me interessar por garotos, você me dizia que não cabe a mim escolher, que não cabe a nós mulheres decidirmos as coisas dentro de uma relação. Quando eu tentava me impor com as regras extremamente rígidas do meu pai, você nunca me apoiava ou me defendia. Pelo contrário, você me chamava de ingrata! Eu precisava de você, precisava que você tivesse me apoiado e percebido que as regras que o pai me impunha eram absurdas! Mas não, você me ensinou a obedecer, a baixar a cabeça, a me sentir culpada por pensar diferente. Hoje, eu me relaciono com um homem que não cuida de mim, que faz eu me sentir mal e tudo porque eu acreditei durante muito tempo que era isso que eu merecia. Que eu seria ingrata, uma namorada ruim, se eu reclamasse. Exatamente a mesma coisa que eu sentia quando eu era criança! Mas eu estou me fortalecendo, eu estou aprendendo que eu tenho sim direitos, que eu mereço alguém que me trate bem, que se importe comigo e que ouça o que eu tenho a dizer. Minha voz importa! Minhas opiniões têm valor! Eu posso e mereço escolher um homem que eu ame e que me ame também! Eu não vou mais deixar tua voz dentro de mim me guiar. Eu não vou mais acreditar que mulheres não possuem voz. Eu não vou mais me calar quando eu estiver sendo desrespeitada. Você não manda mais em mim. Nunca mais."

Janete Mais Consciente do Modo Capitulador Complacente e Buscando Romper A Relação e Ajudar Verônica a Encontrar Provas para Os Crimes de Brandão

Quando o indivíduo se conecta com o modo criança vulnerável e com as dores sentidas pela situação abusiva, o modo criança zangada pode emergir para legitimar o abuso e reivindicar por respeito, por cuidado e por amparo. Nessa fase, o modo adulto saudável também se apresenta de forma mais frequente e fortalecida, e o paciente consegue permanecer nesse modo por mais tempo. Assim, na última parte dessa análise, encontra-se Janete. A vivência da violência física que Janete sofrera de Brandão fez com que ela criasse mais consciência sobre o seu funcionamento.

Brandão pede que Janete vá novamente à rodoviária com ele para aliciar uma nova menina. Janete, dessa vez, está disposta a impedir que isso aconteça e confronta o Brandão pelas suas promessas não cumpridas:

Eu não vou. Eu sempre fiz tudo certo. Eu sempre me esforcei, por que só dá errado? Você fala que é a última vez, mas sempre tem a próxima vez. Eu não vou, eu não aguento mais, eu não posso mais, eu não quero.

Nessa cena, é possível perceber que Janete legitimou sua dor, deu limite a Brandão e dá limite ao comportamento do marido. Pode-se ver nesse diálogo que ela legitima as dores do modo criança vulnerável, que sentia que era culpa dela, que ela que estava fazendo coisas erradas. Nessa fala, ela coloca a responsabilidade nele, o que torna essa cena tão importante e tão determinante para mostrar a diferença de *insight* dela comparativamente com as primeiras cenas.

Ainda, Janete revela nessa cena que está grávida, o que faz Brandão desistir de ir até a rodoviária. Fica claro nessa cena que parte do comportamento dela decorre da necessidade de proteger esse bebê.

Verônica encontra com Janete na rua e tenta conversar com ela, segue tentando ajudar Janete a sair do seu casamento. No entanto, Janete não confia mais em Verônica e em sua ajuda: *"Desde que você chegou na minha vida, as coisas só ficaram piores pra mim"*. É possível perceber nesse diálogo que: (1) o esforço que foi para Janete ter pedido por ajuda e a quebra de confiança em Verônica quando ela não conseguiu ajudá-la; (2) o quanto Janete quer que as coisas sejam diferentes por meio do seu posicionamento com Brandão, mas não está pronta para sair do casamento e desistir da ideia de "família feliz", junto ao bebê. Aqui percebe-se que, ainda que ela tenha se dado conta do seu funcionamento e de Brandão, ainda existe um modo criança vulnerável que espera que possa ser amada e cuidada nessa relação, se conseguir se posicionar mais. A consciência aqui é de que ela precisa se posicionar, porém, nem sempre esse *insight* será acompanhado da decisão de sair da relação.

Em uma outra cena, Brandão obriga Janete a ir novamente à rodoviária. Dessa vez, Janete compreende que o marido nunca irá mudar e decide que vai acabar com essa relação, mesmo que isso custe a vida dele. Portanto, ela abre a caixa que envolve sua cabeça e coloca veneno na água de Brandão e depois tenta libertar a mulher sequestrada.

No entanto, ele não bebe o líquido e, portanto, não morre. Quando Brandão se encontra com Janete tentando libertar a mulher que eles haviam pegado na rodoviária, ele se enfurece e a cena termina com Brandão queimando Janete viva, mesmo grávida.

Estratégias de tratamento para a fase de mudança a respeito do modo capitulador complacente

Quando o paciente chega nessa fase de consciência a respeito de seu funcionamento e de que existem consequências negativas no uso excessivo desse modo, pode-se investir mais em intervenções vivenciais e comportamentais. Alinhar sessões com técnicas vivenciais, nas quais se combate os modos pais internalizados e, pouco a pouco, o paciente passa a entrar na cena e pode ele mesmo combater esses pais e proteger a sua criança, será um passo essencial no tratamento.

Para que isso aconteça, pode-se entrar na cena com o paciente, e, inicialmente, os dois falarem (terapeuta sempre servindo de modelo de adulto saudável) e se pode utilizar das técnicas de cadeira transformacional para ventilar a raiva do modo criança zangada, pois a emoção da raiva será necessária para o paciente desenvolver a competência de defender sua criança vulnerável. Outra possibilidade é realizar *role-plays*, no qual o terapeuta pode auxiliar o paciente na construção de repertório de enfrentamento e esse ensaio poderá ser usado tanto para as técnicas vivenciais quanto para impor limites em situações do presente. As tarefas de casa possuem um papel fundamental no tratamento, pois será por meio delas que será realizado, gradativamente, combinações a respeito de enfrentamentos do dia a dia, manifestações de suas opiniões, expressar insatisfações e impor limite nas relações.

Outro ponto importante é que o terapeuta siga com uma postura de empatia e compreensão das dificuldades de mudança do paciente, aceitando e respeitando a possibilidade de o paciente retornar à fase da ambivalência. O risco de o paciente impor a sua opinião é causar uma quebra de confiança na relação, correndo o risco de o paciente sentir-se invalidado. Buscando uma analogia desse ponto com a série, quando Janete encontra-se com Verônica é perceptível a quebra de confiança que houve entre as duas e o rompimento do diálogo entre elas. No atendimento terapêutico, a quebra de confiança também poderá promover uma ruptura precoce do tratamento.

Por fim, na última cena relatada, pode-se fazer uma metáfora da vida real, do quanto pode ser tarde demais quando finalmente o modo capitulador complacente percebe que, em muitas situações, posicionar-se apenas não será suficiente. É importante lembrar que nós terapeutas possuímos a obrigação legal de fazer uma denúncia perante situações de violência, principalmente em situações como as vivenciadas por Janete na série. No entanto, embora nem todos os pacientes com o modo capitulador complacente, necessariamente, envolver-se-ão em um relacionamento abusivo ou mesmo colocarão suas vidas em risco, a metáfora da morte de Janete, na grande parte dos nossos pacientes da vida real, representa a "morte" da autoestima, da autoeficácia, da capacidade de confiar em um(a) parceiro(a), podendo levar a sentimentos de desesperança e, até mesmo, o aparecimento de sintomas depressivos. Quando o nosso paciente chega à terapia nesse estágio de sofrimento e violência, precisa-se não só avaliar a dinâmica abusiva da relação em que ele se encontra (seja conjugal e/ou outras mais), como também avaliar sintomas depressivos e risco de suicídio.

Orientação em cenários nos quais a paciente precisa buscar ajuda e proteção

Terapeuta: Janete, estou identificando que você está se sentindo em ameaça ao pensar em terminar a relação com seu companheiro e você também possui indícios de que esse risco é real. Seu companheiro já lhe agrediu em outros momentos e te ameaçou verbalmente que te mataria se você terminasse com ele. Precisamos compreender que, embora ele já tenha ameaçado em outros momentos, será a primeira vez que você irá terminar com ele. E isso me parece uma situação nova, potencialmente mais perigosa e que seria negligente de minha parte não considerar esse cenário perigoso. Por isso, preciso que revisemos todas as alternativas e medidas necessárias para que você esteja segura. Precisamos revisitar tua rede de proteção familiar e de amigos, precisamos falar sobre a possibilidade de registrar um Boletim de Ocorrência e pedir uma medida protetiva, e eu preciso saber como você se sente em relação a esses procedimentos, pois entendo que meu papel nesse momento é orientá-la e garantir tua segurança e integridade física. Podemos falar sobre isso?

CONCLUSÃO

No modo capitulador complacente, o paciente se submete, aceita, "veste a carapuça" do esquema ativado. O comportamento é passivo, submisso, obediente. O paciente demonstra clara resignação, medo e ansiedade, nutrindo uma sensação de desamparo e desesperança: *"Não tem mais jeito. Meu destino é ser infeliz nos relacionamentos"*. Apresentam uma postura obediente e subserviente, fazendo o possível para não contrariar seja quem for, incluindo, muitas vezes, o próprio terapeuta. Acreditam que não possuem alternativas a não ser agradar as pessoas para evitar conflito, crítica ou rejeição. Sujeitam-se, até mesmo, a críticas, a humilhações e a desvalorizações apenas para manter a conexão.

Não obstante a série escolhida para análise trate de uma dinâmica de violência conjugal e de um *serial killer*, o modo capitulador complacente pode ser identificado de forma bastante característica pela personagem Janete. Sabe-se que pessoas que possuem esse modo apresentam maiores chances de se envolver em dinâmicas abusivas, sejam elas de amizades, de relacionamentos amorosos e/ou de trabalho.

Ainda que existam muitas dinâmicas possíveis dentro dos ciclos de violência, o modo capitulador complacente é um modo bastante frequente nesse tipo de dinâmica. Portanto, o presente capítulo teve como intenção avaliar os comportamentos do modo de resignação por meio da personagem Janete da série "Bom dia Verônica" e foi organizado em três blocos distintos, que também representam três momentos importantes do tratamento em Terapia do Esquema com pacientes que possuem esse modo.

Indicação de músicas, filmes e séries que abordam direta e/ou indiretamente os conceitos explanados neste capítulo

Recurso	Nome	Conceitos abordados
Filmes	Mãe!	A personagem principal do filme apresenta o Modo Capitulador Complacente
	Laço Materno	Modo Capitulador Complacente no personagem Shuhei
Série	Please Like Me	Modo Capitulador Complacente no personagem principal Josh
Música	Simple Plan – "Never Should Have Let You Go"	Modo Capitulador Complacente

REFERÊNCIAS

Arntz, A., & Jacob, G. (2017). *Schema therapy in practice: An introduction guide to the schema mode approach.* Sussex Ocidental, Inglaterra: Wiley-Blackwell.

Farrel, J. M., Reiss, N., & Shaw, I. A. (2014). *The Schema Therapy clinician's guide.* Sussex Ocidental, Inglaterra: John Wiley & Sons.

Jacob, G., Genderen, H. V., & Seebauer, L. (2015). *Breaking negative thinking patterns: A schema therapy self-help and support book.* Sussex Ocidental, Inglaterra: Wiley-Blackwell.

Observatório da Mulher contra a Violência. (2020). *Serviços Especializados de Atendimento à Mulher.* https://www12.senado.leg.br/institucional/omv/acoes-contra-violencia/servicos-especializados-de-atendimento-a--mulher

Paim, K., Madalena, M., & Falcke, D. (2012). Esquemas Iniciais Desadaptativos na Violência Conjugal. *Revista Brasileira de Terapias Cognitivas, 8*(1), 31-39.

Young J., Klosko J. S., & Weishaar M. E. (2008). *Terapia do esquema: Guia de técnicas cognitivo-comportamentais inovadoras.* Porto Alegre: Artmed.

Young, J., Klosko, J. S. (2020). *Reinvente sua vida: Um guia para mudança de comportamentos.* Porto Alegre: Artmed.

Capítulo 11
OS MODOS DE *COPING* EVITATIVOS: UMA ANÁLISE DE "WANDAVISION" E "THE DIRT: CONFISSÕES DO MÖTLEY CRÜE"

Leonardo Wainer

> *"O que é o luto, senão o amor que perdura?"*
> (Wanda Maximoff)

OBJETIVOS DE APRENDIZAGEM

Ao final da leitura deste capítulo, é esperado que você seja capaz de:

- Compreender as diferentes expressões dos modos de enfrentamento evitativos;
- Identificar como os modos de enfrentamento evitativos são expressos nos personagens analisados;
- Identificar possíveis intervenções clínicas para os personagens principais das séries apresentadas.

A Terapia do Esquema (TE) é uma psicoterapia com evidências empíricas (Bernstein et al., 2021; Farrell et al., 2009; Giesen-Bloo et al., 2006) que foi, inicialmente, desenvolvida para endereçar indivíduos com transtornos refratários e de personalidade (Young et al., 2008). A TE inovou ao introduzir novos conceitos ao modelo cognitivo tradicional e construir uma abordagem terapêutica com ênfase na relação terapêutica e nos aspectos emocionais dos indivíduos (Edwards & Arntz, 2012). Dentre os conceitos que foram introduzidos pela abordagem em esquemas se destacam os de esquemas iniciais desadaptativos (EIDs), modos esquemáticos (ME's), reparentalização limitada, confrontação empática e necessidades emocionais básicas (Young et al., 2008).

Se compreende que os objetivos terapêuticos da TE envolvem fazer com que o paciente tenha suas necessidades emocionais básicas atendidas de forma adequada, que haja redução da ativação de EIDs e que novas estratégias de enfrentamento sejam desenvolvidas (Young et al., 2008). Dessa maneira, o processo psicoterápico em TE foi direcionado, inicialmente, ao trabalho específico com os EIDs dos indivíduos. Contudo, ainda que o processo terapêutico focado em esquemas apresente mudanças na estruturação esquemática e na sintomatologia clínica de indivíduos (Taylor et al., 2017), a concepção do trabalho modal (ênfase em modos esquemáticos) se destaca como uma possibilidade de intervenção importante dentro dessa abordagem psicoterápica.

Os ME's são como estados momentâneos que agrupam um cluster de cognições, emoções e comportamentos acionados(as) frente a um gatilho do não suprimento de uma necessidade emocional básica. Em cada ME, que podem ser adaptativos ou desadaptativos, são alocados EIDs específicos e estilos de enfrentamento (Bamelis et al., 2011). O racional para intervenções com ME's em detrimento de EIDs pode ser descrito por algumas razões. Dentre esses motivos, destacam-se que os EIDs podem estar conectados a uma gama de padrões comportamentais e experienciais, que indivíduos com transtornos de personalidade costumam apresentar e que o trabalho modal facilita o processo terapêutico e psicoeducativo desses pacientes (Arntz & Jacob, 2013; Wainer & Rijo, 2016; Young et al., 2008).

De forma similar aos EIDs, os ME's são estruturas que são desenvolvidas para adaptação a um determinado momento histórico da vida dos indivíduos. Contudo, com a mudança de contextos, a estereotipia de respostas costuma se mostrar disfuncional (Wainer & Rijo, 2016). Na postulação original de Young e colaboradores (2008), essas estruturas são divididas em 4 grupos: modos criança, modos de enfrentamento disfuncionais, modos de pais/vozes disfuncionais e modo adulto (ver mais sobre as especificidades destes modos *na Parte III deste livro*). Entre esses grupos, modos de enfrentamento evitativos recebem destaque devido à disfuncionalidade de suas respostas, o que performa entre diversos quadros psicopatológicos e prevalência no *setting* clínico.

Os modos de enfrentamento são respostas de enfrentamento dos indivíduos perante ativações esquemáticas. Essas respostas podem ser de evitação (como será abordado neste capítulo), hipercompensação *(ver Capítulo 12)* ou de resignação *(ver Capítulo 10)*. Quando ativados, esses ME's impossibilitam o acesso aos modos criança e ao contato emocional com os pacientes (Fassbinder et al., 2014).

Os modos de enfrentamento evitativos (MEEs) inibem, com diferentes possibilidades de respostas (p. ex. uso de substâncias, autolesões e até dissociações), o contato emocional e/ou com experiências internas (Arntz & Jacob, 2013). Dentre essas respostas evitativas se caracterizam diferentes estruturas, tais como: protetor desligado, protetor evitativo, protetor de autoalívio e o protetor zangado. A *Tabela 11.1* apresenta exemplos desses ME's e expressões típicas dessas estruturas.

Salientando a importância dos MEEs, no contexto psicoterápico, estudos têm apontado grandes índices desses modos na população clínica (Bamelis et al., 2011; Bersntein et al., 2021; Fassbinder et al., 2014), especialmente em indivíduos com Transtorno de Personalidade Borderline que, comumente, apresentam o Protetor Desligado como uma importante estratégia em seu funcionamento (Farrell et al., 2009; Giesen-Bloo et al., 2006; Nadort et al., 2009). Levando em consideração esse cenário, assim como a importância da produção de materiais psicoeducativos dentro da TE, este capítulo analisará as expressões de MEE's na série "WandaVision" e no filme "The Dirt: Confissões do Mötley Crüe". Assim, serão discutidas reflexões e possíveis intervenções da TE para as estratégias evitativas dos personagens das obras.

Tabela 11.1. Tipologia e expressão dos modos esquemáticos

Modo Esquemático	Expressões dos Modos Esquemáticos
Protetor Desligado	Sentimentos de vazio, tédio, despersonalizações e queixas psicossomáticas.
Protetor de Autoalívio	Workhalismo, compras compulsivas, adições, práticas de esportes radicais (sem os cuidados necessários), compulsões alimentares e atividades sexuais de risco.
Protetor Evitativo	Fuga de situações em que alguma emoção possa ser acionada, incluindo: conflitos, desafios e contextos sociais no geral.
Protetor Zangado	Pacientes utilizam de respostas zangadas e irritadas para com os outros para evitarem maior contato (similar a uma "parede" entre os indivíduos").

Nota: Fonte: Adaptado de Arntz e Jacob (2013).

Sinopse da série "WandaVision"

> "WandaVision" (2021) é uma série do universo Marvel em que Wanda Maximoff e Visão vivem uma vida suburbana idílica. A série se passa em diferentes décadas, e os personagens parecem viver dentro de famosas "*sitcoms*". No decorrer da trama, torna-se evidente que esse mundo idealizado não é o que parece e que os personagens estão dentro de uma realidade paralela criada pela própria Wanda, como forma de lidar com as suas dores emocionais, após a perda de seu parceiro, Visão, no confronto contra Thanos (*em Vingadores: Ultimato*). Ao longo dos episódios, Wanda e Visão começam a ter atritos em sua relação, ainda outras dificuldades são ocasionadas nas interações com outros personagens da série.

Os Modos Evitativos em "WandaVision"

"WandaVision" é retratada três semanas após os eventos de "Vingadores: Ultimato", em que apenas metade do universo foi salva pelos heróis. Contudo, nessa batalha, Visão, parceiro de Wanda, acaba falecendo em um confronto contra Thanos. Após a batalha, Wanda se direciona à sede dos Vingadores, recupera o corpo de Visão e sequestra uma cidade, controlando a mente das pessoas que vivem por lá e construindo uma realidade paralela na qual o casal pode viver de forma idealizada a sua relação.

A série inicia com o casal Wanda e Visão vivendo dentro de uma *sitcom*[4] dos anos 50. Nesse período, o casal vive, aparentemente, uma vida utópica em um subúrbio americano, mas, com o passar dos episódios, começa a ficar evidente que existem elementos que não são congruentes com essa realidade.

Wanda, também conhecida como a Feiticeira Escarlate, é uma heroína que pode invocar a magia do caos, usar telepatia, telecinesia e alterar a realidade. No decorrer dos episódios, evidencia-se que a personagem

---

[4] Sitcom: abreviatura da expressão inglesa *situation comedy* são séries de televisão com personagens comuns onde existem uma ou mais histórias de humor encenadas em ambientes comuns como família, grupo de amigos, local de trabalho.

está manipulando a realidade em que vive com seu companheiro, principalmente, nos momentos de estresse do casal, nos quais Wanda utiliza de seus poderes em busca da manutenção do seu estilo de vida. Exemplos dessa manipulação podem ser vistos no avanço do tempo para não precisar lidar com o estresse dos seus filhos quando bebês.

Criar uma realidade paralela para viver com o companheiro que já tinha falecido pode ser compreendida, a partir da perspectiva da TE, como uma estratégia da heroína para não entrar em contato com as emoções disfóricas, caracterizando uma expressão extremamente potente de um MEE. Essa expressão de evitação pode ser interpretada como uma estratégia da heroína para não entrar em contato com as emoções disfóricas e com a dor da perda de seu companheiro (dor emocional poderia estar relacionada a um modo criança vulnerável). Esse tipo de estratégia evitativa de despersonalizações e dissociações já são descritas na literatura em TE (Bortolon et al., 2017; Johnston et al., 2009). Há estudos que apontam as relações entre indivíduos sobreviventes de traumas e a presença de processos dissociativos (Van der Hart et al., 2004; Vermetten & Spiegel, 2014), o que é condizente com a história de Wanda.

No decorrer da trama, a protagonista apresenta posturas que propagam a manutenção das suas estratégias de desconexão de emoções percebidas como desconfortáveis. No episódio 8 da série, Wanda expressa por meio de uma fala *"O que é o luto, senão o amor que perdura?"*, esse trecho destaca a dificuldade da personagem em processar o luto de seu companheiro amoroso. Ao analisar tais comportamentos sob a lente dos estágios de luto de Kübler-Ross (1973), é cabível pensar que Wanda se encontra no estágio de negação. Esse momento é caracterizado como um mecanismo de defesa em que há uma recusa por parte do sujeito em se confrontar com a situação de perda.

Ao conceitualizar o estágio de negação e os comportamentos de Wanda pela TE, se faz possível deduzir que a heroína passa grande parte da série entre os modo protetor desligado e protetor evitativo. o modo protetor desligado se retira psicologicamente da "dor emocional" associados aos EIDs e no caso de Wanda podemos perceber o comportamento da construção da "sua" realidade como sinal desse. Já no Protetor Evitativo, podemos perceber que Wanda se afasta de situações nos episódios finais, ficando mais tempo em casa e não endereçando os apontamentos de Visão sobre a realidade. Com essas estruturas, a personagem acaba impedindo o acesso emocional, o que culmina em um processo de alívio temporário, mas as necessidades emocionais básicas de Wanda não são atendidas de forma saudável.

Sinopse do filme "The Dirt: Confissões do Mötley Crüe"

> *The Dirt: Confissões do Mötley Crüe* (2019) é um filme que conta a história do Mötley Crüe, uma das bandas mais importantes do Glam Metal. O filme é narrado por Nikki Sixx, baixista da banda, e retrata a ascensão e progressão da sua banda e de seus companheiros: Mick Mars, Vice Neil e Tommy Lee. Durante o filme, é possível ver a cena do rock nas décadas dos anos 80 e 90, juntamente às dificuldades causadas pelo uso de substâncias nessa banda tão importante.

Os Modos Evitativos de Nikki Sixx em "The Dirt : Confissões do Mötley Crüe"

O filme "The Dirt: Confissões do Mötley Crüe" é uma adaptação do livro "The Dirt- Confessions Of The World's Most Notorious Rock Band" e narra de forma autobiográfica a história do *Mötley Crüe*. A produção, baseada em fatos, apresenta aspectos pessoais da vida dos integrantes do grupo. No caso do baixista, Nikki Sixx (Frank Carlton Ferrana Jr), o enredo desprende um tempo importante esmiuçando aspectos do desenvolvimento infantil do personagem e de seu transtorno por uso de substâncias, sendo ele o foco de análise nessa parte.

A história de Nikki é marcada pelo abandono do pai, por negligências, criticismo, uso de substâncias da mãe e pelos diversos abusos físicos que sofreu de seus padrastos. Nesse contexto disfuncional, repleto de fatores de risco para desenvolvimentos de psicopatologias, percebem-se faltas significativas no suprimento das necessidades emocionais básicas do futuro baixista. Nesse ambiente em que o pequeno Nikki viveu, pode-se pensar que diversos EIDs poderiam estar sendo desenvolvidos. EIDs, como os de abandono/instabilidade, desconfiança/abuso, defectividade/ vergonha entre outros, seriam congruentes nessa história de vida, e não é difícil de teorizar que esse indivíduo também apresentaria alguns modos de enfrentamento para lidar com as ativações emocionais e esquemáticas.

Ao decorrer do filme, diversos modos esquemáticos são expostos, e esse fato não é diferente para os modos de enfrentamento de Nikki. Ele apresenta tanto modos hipercompensatórios quanto evitativos. Entretanto, os MEE são mais proeminentes e denotam uma sintomatologia mais grave ao roqueiro, sendo o principal foco dessa análise. Um exemplo da presença desses modos está quando ele diz: *"Se há um buraco enorme no seu coração, você tem que preenchê-lo de alguma forma, e ele estava preenchendo com US$ 1000,00 de heroína por dia."*.

No início do longa-metragem, a cena de Nikki (Frank), ainda adolescente, discutindo e brigando com a mãe, exemplifica a estratégia de evitação que o jovem utilizava em seu meio familiar. Nikki se trancava no quarto, colocava música alto e tocava seu baixo se distanciando das discussões familiares e de possíveis situações de abuso com outros indivíduos. Ainda que esses comportamentos do adolescente possam ser conceitualizados como um MEE e que não são estratégias que buscam suprir as necessidades emocionais dele, é importante salientar o aspecto adaptativo dessas ações no cenário do sujeito. Os ME são respostas de sobrevivência do indivíduo em um contexto (Wainer & Rijo, 2016), e no ambiente de Nikki, evitar abusos e negligências por meio da música poderia ser uma das únicas possibilidades do jovem nesse meio.

Com o passar dos anos, o adolescente que tocava baixo como forma de "fuga" se tornou um dos músicos mais proeminentes do mundo. Nikki era famoso, talentoso e rico, contudo, ainda apresentava resquícios dos eventos ocorridos em seu passado, e isso ficava em maior evidência no relacionamento com sua mãe. Nesse período, o baixista iniciou seu uso mais intenso de substâncias ilícitas, sendo a heroína a droga de escolha do artista. A ingestão da heroína serviu para diferentes funções na vida de Nikki: foi um prazer, uma forma de se vincular a outras pessoas, mas, a mais importante, foi uma forma de evitar o contato com suas ativações esquemáticas e emocionais derivadas de uma vida marcada por faltas de suas figuras de apego.

O intenso uso da heroína por parte de Nikki pode ser interpretado como um extremo da expressão do modo protetor de autoalívio. O modo protetor de autoalívio é um MEE que é caracterizado pela inibição do contato emocional do indivíduo por meio de atividades que acalmam, estimulam ou distraem a pessoa, o que pode ser exemplificado pelo uso de substâncias (Arntz & Jacob, 2013). Talvez a cena que melhor retrate a expressão do Protetor de Autoalívio por parte de Nikki se dá quando o artista acorda com a ligação da mãe. A mãe, repetindo seu padrão de engajamento com o filho, mantém-se criticando-o de forma dura e punitiva. O roqueiro, por sua vez, ao escutar todas as falas da mãe, fica deitado, chorando em posição fetal na sua cama, o que pode ser descrito com um *modo criança vulnerável*. Em consequência, Nikki pega uma seringa com heroína para se distanciar de toda a dor emocional causada pelo evento.

Mesmo que a cena citada anteriormente seja uma das expressões mais claras do modo protetor de autoalívio em "The Dirt : Confissões do Mötley Crüe", é possível presenciar esse MEE em outras situações. Pode-se citar, quando Nikki relata que a heroína fornecia o calor e afeto que ele nunca teve quando criança: "*Eu tinha me apaixonado loucamente. Ela era a coisa mais deliciosa que eu já tinha conhecido. Ela me fazia sentir todo o afeto e felicidade que nunca conheci quando criança. O nome dela era heroína*". Essa fala do artista mostra como a substância possuía uma função de evitação e estimulação ao mesmo tempo. Por mais que a estratégia desenvolvida pelo baixista tenha trazido alívios, também trouxe muitos problemas legais, monetários, de saúde e relacionais. Intervenções para com o MEE e os EIDs subjacentes seriam de grande valia para esse indivíduo.

Intervenções: Wanda e Nikki Buscam Terapia do Esquema

Com objetivo de entrar em contato com os modos criança e buscar a Reparentalização Limitada dos indivíduos, é necessário que o profissional transponha os modos de enfrentamento desses indivíduos (Young et al., 2008). A seguir, estarão dispostas algumas intervenções que poderiam ser implementadas nos casos de Wanda (*WandaVision*) e de Nikki Sixx (*The Dirt: Confissões do Mötley Crüe*) ao trabalhar com seus respectivos MEEs.

Estratégias de intervenção em terapia do esquema para Wanda

As estratégias de enfrentamento evitativas de Wanda se mostram como respostas complexas para suas ativações altamente emocionais. No intuito de propor intervenções para a transposição e manejo dos

ME's da heroína, faz-se necessário trabalhar com o luto da protagonista por seu companheiro Visão e no estabelecimento de estratégias mais adaptativas em seu contexto.

A construção da realidade alternativa foi realizada por Wanda em uma derivação da ativação emocional perante a perda de seu parceiro. Vivendo nesse contexto, a heroína foi capaz de viver em uma trama idílica, contudo distante do que realmente ocorria. Almejando trabalhar com esse protetor evitativo e com o luto complexo de Wanda, intervenções terapêuticas como a cadeira transformacional (Kellogg, 2015) e a escrita de cartas se mostram como possibilidades no processo psicoterápico.

A cadeira transformacional é uma técnica derivada da Gestalt e do Psicodrama, que foi cunhada na TE por Kellogg (2015). Há diferentes aplicações da técnica, contudo é descrito que, por meio de diálogos externos, os pacientes podem trabalhar com o luto (Kellogg, 2015). Nesses casos, o indivíduo é convidado a se direcionar a uma cadeira vazia (por vezes, fotos podem estar dispostas na cadeira) na qual o parceiro (ou outra pessoa) estará sentado. O paciente é requisitado para conversar e expressar suas emoções ao ente querido. O terapeuta se senta ao lado do sujeito e o auxilia a explorar suas emoções. Abaixo está exposta uma vinheta clínica da técnica com a heroína.

Vinheta Clínica

> **Terapeuta:** Wanda, percebo que a questão do Visão ainda é muito emocional e difícil para ti, o que é completamente compreensível. Assim, gostaria de te propor uma técnica para trabalhar com essa temática. O que achas?
>
> **Wanda:** Sim... Acho que sim.
>
> **Terapeuta:** Ótimo! Sei que o exercício pode mexer um pouco..., mas, como falamos, isso é importante para o teu processo.
>
> **Wanda:** Ok...
>
> **Terapeuta:** Certo. Wanda, o exercício consiste em um diálogo, Estás vendo aquela cadeira? Eu vou puxar ela para tua frente e vou pedir para que imagines o Visão sentado ali. Imaginando-o, quero que tu expresses como estás te sentindo e o que gostaria de falar para ele. Pode ser?

> Terapeuta puxa a cadeira.
>
> **Terapeuta:** Wanda, podemos começar?
>
> **Wanda:** Sim.
>
> **Terapeuta:** Certo, então imagine o Visão na tua frente e sigas com o exercício.
>
> **Wanda:** Visão... (paciente se emociona). Eu queria te dizer que te amo, sinto muito tua falta e queria você comigo. Eu faria e faço de tudo para ainda te ter comigo. Não é justo! Merecíamos mais tempo juntos. O que o Thanos fez com a joia do tempo foi demais! Foi demais!
>
> **Terapeuta:** Ótimo, Wanda. O Visão quer responder? Se sim, podes trocar de cadeira e ir ao lugar dele.
>
> Wanda muda de assento.
>
> **Wanda:** Wanda, meu amor. Sim, não é justo. Também te amo e sinto falta. Eu sempre vou estar contigo, mas tu precisas seguir. Não é justo contigo agir dessa forma. Tu podes e mereces mais.
>
> **Terapeuta:** Muito bom! Pode trocar de cadeira.
>
> **Wanda:** Eu sei. Mas é muito doloroso. Muito!
>
> Wanda muda de cadeira.
>
> **Wanda:** Mas você precisa sentir e eu vou estar contigo.
>
> **Terapeuta:** Wanda, desejas responder?
>
> **Wanda:** Eu sei! Te amo.
>
> **Terapeuta:** O Visão deseja responder?
>
> **Wanda:** Não, ele só sorriu.
>
> Sessão prosseguirá a partir da técnica.

Ainda, no trabalho com o luto da protagonista, a escrita de cartas pode se mostrar como uma intervenção terapêutica de alta eficácia. A utilização de cartas dentro da TE possuí diversas funções para diferentes contextos: cartas aos cuidadores, ao modo criança (van den Kieboom & Jonker, 2012; Young et al., 2008), à Sociedade (Cardoso, et al., 2022; *Capítulo 14*), entre outros. Estudos apontam que a escrita pode ter efeitos terapêuticos para os pacientes, ainda que esses indiquem que a psicoterapia se faz necessária para mudanças significativas em níveis de afeto e cognição (Pennebaker, 1997; Murray et al., 2011). Dessa forma, ao escrever para Visão, Wanda poderia entrar em contato com suas emoções e promover o processamento de sua perda. Assim, transpondo seu MEE e, possivelmente, entrando em contato com seu Adulto Saudável.

Avançando no processo terapêutico de Wanda, o profissional buscará entrar em contato com os modos crianças da heroína, almejando suprir as necessidades emocionais de maneira limitada ao *setting* terapêutico. Para tal, o psicoterapeuta poderá utilizar de imagens mentais de reparentalização limitada, imagens de combate aos modos de vozes/pais disfuncionais e promover diálogo de modos. Essas técnicas somadas à relação terapêutica buscarão desenvolver experiências emocionais corretivas para a protagonista, o que, idealmente, promoverá a melhora sintomatológica.

Estratégias de intervenção em terapia do esquema para Nikki Sixx

O trabalho terapêutico com Nikki Sixx poderia ser dividido em dois momentos históricos, o do "Adolescente Frank" e do "Roqueiro famoso". A distinção desses períodos se faz importante pelas propostas de intervenção ao sujeito. Levando em consideração o contexto familiar e de desenvolvimento do jovem Frank, uma proposta psicoterapêutica seria da TE para crianças e adolescentes (Loose et al., 2020a). Já na fase adulta, as intervenções deveriam ser baseadas na TE (Young et al., 2008) e na Terapia do Esquema de Duplo Foco (Ball, 1998).

Considerando o contexto de Frank, inicialmente, seria necessário trabalhar o *Coach* de Esquema para os cuidadores (Loose et al., 2020c), a fim de engajá-los no tratamento do jovem, definir limites sobre posturas desses cuidadores e, ainda, sobre possíveis encaminhamentos que pudessem ser realizados aos familiares. O *Coach* de Esquemas é como um acompanhamento psicoeducativo e terapêutico com os cuidadores da criança/adolescente que está em terapia. Nesse processo, os cuidadores são instruídos sobre conceitos da TE, reconhecem seus esquemas e podem perceber os conflitos entre seus EIDs e ME's com os de seus filhos. Por mais que tenha um cunho terapêutico, esse processo não é uma psicoterapia para os cuidadores e é proposto que abusos sejam interrompidos para que haja o processo (Loose et al., 2020c). Assim sendo, no caso de Frank, o primeiro passo seria o encerramento dos abusos sofridos dos cuidadores e possíveis encaminhamentos terapêuticos, em especial, para a sua mãe. Ocorrendo isso, a mãe poderia suprir de forma mais saudável as necessidades emocionais básicas de seu filho.

Referente ao MEE de Frank, é possível perceber uma ligação direta com a qualidade dos comportamentos de seus cuidadores. Os comportamentos de isolamento e colocar a música alto são maneiras de sobrevivência do menino. Ainda assim, trabalhar com a conexão emocional de Frank e o desenvolvimento de novas estratégias de enfrentamento do jovem são importantes objetivos terapêuticos. Para isso, o foco no fortalecimento do modo adolescente sábio, ME que compreende suas necessidades e lida de forma adequada com seu contexto, faz-se extremamente importante.

Dessa forma, o primeiro passo terapêutico consistiria na conceitualização de caso de Frank. Na TE para crianças e adolescentes, a utilização de desenhos para conceitualização do Mapa de Modos auxilia na compreensão e Psicoeducação do funcionamento do paciente (Loose et al., 2020d). A *Figura 11.1* apresenta uma possível representação de um Mapa de Modos de Frank. Após o processo psicoeducativo dos ME's do paciente, o psicoterapeuta poderia propor diálogos entre os modos. O diálogo entre essas estruturas almeja a "negociação" entre o modo sábio e o modo evitativo, buscando a proposição de estratégias de enfrentamento mais adaptativas e a conexão emocional do sujeito com suas necessidades (Kellogg, 2012). No trabalho com jovens, compreende-se que buscando facilitar a aplicação da técnica, a utilização de bonecos e personagens são possibilidades viáveis (Loose et al., 2020d).

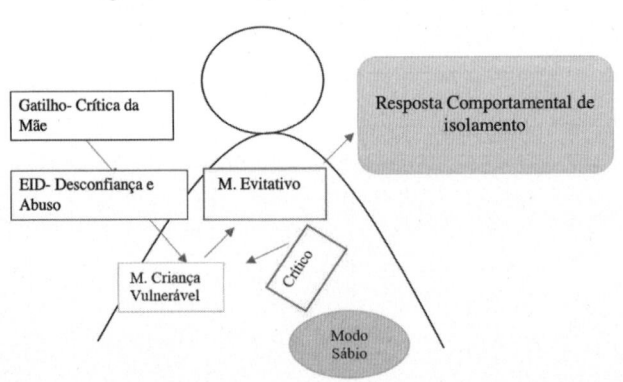

Figura 11.1. Mapa de Modos de Frank

Nota. Fonte: Desenvolvido pelo autor, adaptado de Loose, Zarbock, Graaf e Holt (2020).

Redirecionando as intervenções do adolescente Frank para Nikki Sixx, é significativo apontar o Transtorno por Uso de Substâncias (Heroína) que acomete o artista. Como citado anteriormente, os comportamentos do uso da substância podem ser conceitualizados como a expressão do modo protetor de autoalívio. Para endereçar esse ME e as outras estruturas esquemáticas, a utilização da Terapia do Esquema de Duplo Foco se mostra como uma possibilidade. Essa abordagem busca combinar intervenções de prevenção de recaída, treino de habilidades e técnicas focadas em esquemas (Kersten, 2012). Por mais que, na concepção original de Ball (1998), o autor não aborde os ME's, visto que ainda não haviam sido desenvolvidos dentro da teoria de TE, há argumentos para a integração desse conceito para a teoria de Duplo Foco (Lee & Arntz, 2013).

Analisando trechos do filme em que há o aparecimento do modo protetor de autoalívio, fica evidente as ativações prévias de modos crianças. Intervenções direcionadas ao MEE de Nikki envolveriam, inicialmente, o trabalho na redução do uso de heroína por outras estratégias de enfrentamento. Essa redução se mostra como fator crucial, uma vez que o uso de substâncias psicoativas tende a aumentar a expressão de EIDs e ME's pelos seus efeitos psicotrópicos e é necessário para que haja acolhimento e suprimento das necessidades emocionais do roqueiro (Kersten, 2012).

Dessa forma, o primeiro passo no trabalho com o MEE de Nikki Sixx seria a conceitualização e psicoeducação das funções do modo protetor de autoalívio em relação à ingesta da substância (Kersten, 2012). Contudo, devido ao prejuízo à saúde de Nikki, intervenções de internação para desintoxicação podem ser necessárias devido aos sintomas de retirada e à fissura (NIDA, 2000), para que posteriormente as intervenções terapêuticas sejam continuadas.

Após o período de desintoxicação, o trabalho terapêutico almeja o fortalecimento da relação terapêutica, buscando a reparentalização limitada do paciente. Visto o prejuízo acometido pelo protetor de autoalívio de Nikki, técnicas de autocontrole cognitivas e comportamentais são indicadas para lidar com a fissura e uso da substância (Kersten, 2012). Ainda, no intuito de transpor o MEE e entrar em contato com os modos crianças, o profissional poderá utilizar de técnicas cognitivas e experiências. Buscas de evidências e vantagens/desvantagens se destacam como intervenções cognitivas para o manejo desse ME

(Young et al., 2008). Abaixo a vinheta apresenta a técnica de vantagens e desvantagens dos comportamentos de Nikki.

Vinheta Clínica

Terapeuta: Nikki, quero te propor uma técnica sobre o teu uso de heroína. A ideia é fazer uma análise do teu uso. Pode ser?

Nikki: Tá, pode ser.

Terapeuta: Certo! Nikki, agora quero que tu me listes quais são as vantagens de utilizar a heroína?

Nikki: Ah, não tem!

Terapeuta: Mesmo!? Nikki, uma coisa que sabemos na psicoterapia é que só mantemos um comportamento se ele é de alguma forma reforçador. Ou seja, traz algum tipo de "vantagem". Quais poderiam ser as vantagens da heroína?

Nikki: Hm... Acho que me faz esquecer das coisas, não tenho sintomas de abstinência. Acho que isso.

Terapeuta: Ok. Boa! Seria uma vantagem o jeito que tu te sentes usando?

Nikki: Sim, pode ser. Também é o que estou acostumado.

Terapeuta: Ótimo. Mais algum?

Nikki: Não.

Terapeuta: Ok, e quais são as desvantagens?

Nikki: O dia seguinte é ruim, eu tenho que falar disso em terapia, e as pessoas que eu gosto ficam preocupadas.

Terapeuta: Prejuízo a tua saúde?

Nikki: *Sim, também. Ainda, não resolve os problemas e cria outro problema.*

Terapeuta: *Muito bom! Tem mais alguma?*

Nikki: *Não, acho que é isso.*

Terapeuta: *Excelente. Então percebemos que esse comportamento, que faz parte do seu modo de alívio, possui vantagens e desvantagens. O que isso te faz pensar?*

Nikki: *Que tem mais desvantagens.*

Terapeuta: *Ótimo, e não é apenas uma questão matemática, mas da importância desses pontos. Quando tu pensas na importância, o que te passas na cabeça?*

Nikki: *Preciso tentar trabalhar nisso.*

Sessão prosseguiria depois da técnica.

Ademais, no que tange ao canal vivencial, o profissional possuirá um rol de técnicas que poderão ser utilizadas no trabalho com Nikki. A proposição de diálogos de modos entre o protetor de autoalívio e o adulto saudável e a entrevista de modos esquemáticos (Heath & Startup, 2020) são opções do trabalho de cadeiras com o MEE do artista. Em relação às técnicas de imagens mentais que poderiam ser implementadas no caso de Sixx, destacam-se as imagens mentais de situações do presente (van Vreeswijk et al., 2012). Essa intervenção almeja fazer com que o paciente se imagine em uma situação disfórica, em que teve o comportamento disfuncional e que o indivíduo haja de maneira adaptativa no trabalho mental. Ainda, a confrontação empática se mostra como uma possibilidade no trabalho com essa estratégia de enfrentamento do roqueiro. A confrontação empática (Young et al., 2008) consistiria no apontamento da inadequação do comportamento do indivíduo, mas ainda validando a expressão emocional da pessoa.

Dessa forma, pode-se perceber que existem diversas intervenções possíveis no caso de Nikki Sixx. Faz-se importante salientar que as diferentes técnicas e posturas serão implementadas mediante a evolução do processo terapêutico da TE.

CONCLUSÃO

Os MEE's se mostram como complexas estruturas que estão comumente presentes no contexto clínico. Essas estratégias evitativas estão associadas a desfechos negativos na vida dos indivíduos e com a maior prevalência de transtornos mentais. Utilizando das obras "WandaVison" e "The Dirt: Confissões do Mötley Crue" foi possível perceber como a utilização estereotipada desses enfrentamentos apresentaram resultados disfuncionais. Dessa forma, foram indicadas intervenções cognitivas e vivenciais derivadas da TE, que possibilitariam a transposição desses MEE's e o tratamento psicoterápico desses personagens.

Para o estabelecimento de intervenções e posturas terapêuticas dentro TE, faz-se necessário a análise específica de cada pessoa, o que não é diferente nos casos de Wanda e Nikki Sixx. Assim sendo, o capítulo propõe possibilidades, dentro do campo da TE, que poderiam ser efetuadas. Contudo, para aplicações adequadas com outros públicos, a avaliação clínica é fundamental.

Indicação de músicas, filmes e séries que abordam direta e/ou indiretamente os conceitos explanados neste capítulo

Recurso	Nome	Conceitos abordados
Livro	*O cavaleiro preso na armadura: Uma fábula para quem busca a Trilha da Verdade (Robert Fisher)*	Modo Protetor Desligado
Séries	Normal People	Modo Protetor Desligado
	Euphoria	Modos Protetor Desligado e Protetor de Autoalívio
Músicas	Numb (Linkin Park)	Modo Protetor Desligado
Filmes	Frozen (Demi Lovato)	Modos Protetor Desligado e Evitativo
	Escapism (070 Shake and Raye)	Modos Protetor Desligado e Protetor de Autoalívio
	Eu Sinto Muito	Modos Protetor Desligado e Protetor de Autoalívio
	Druk: Mais uma Rodada	Modo Protetor de Autoalívio

REFERÊNCIAS

Arntz, A., & Jacob, G. (2013). *Schema therapy in practice: An introductory guide to the schema mode approach.* John Wiley & Sons.

Arntz, A., & Jacob, G. (2013). The Mode Concept. In: A. Arntz, & G. Jacob (Eds), *Schema Therapy in Practice: An Introductory Guide to the Schema Mode Approach* (pp. 41-90). Inglaterra: John Wiley & Sons.

Ball, S. A. (1998). Manualized treatment for substance abusers with personality disorders: Dual focus schema therapy. *Addictive behaviors,* 23(6), 883-891.

Bamelis, L. L., Renner, F., Heidkamp, D., & Arntz, A. (2011). Extended schema mode conceptualizations for specific personality disorders: An empirical study. *Journal of Personality Disorders,* 25(1), 41-58.

Bernstein, D. P., Keulen-de Vos, M., Clercx, M., de Vogel, V., Kersten, G. C., Lancel, M., ... & Arntz, A. (2021). Schema therapy for violent PD offenders: a randomized clinical trial. *Psychological medicine*, 1-15.

Bortolon, C., Seillé, J., & Raffard, S. (2017). Exploration of trauma, dissociation, maladaptive schemas and auditory hallucinations in a French sample. *Cognitive neuropsychiatry*, 22(6), 468-485.

Cardoso, B. L. A., Paim, K., Catelan, R. F., & Liebross, E. (2022). Minority stress and the inner critic/oppressive sociocultural schema mode among sexual and gender minorities. *Current Psychology*, 1-9.

Edwards, D., & Arntz, A. (2012). Schema therapy in historical perspective. In Van vreeswijk, M, Broersen, J & Nadort, M (Eds), *The Wiley-Blackwell Handbook of Schema Therapy: Theory, Research, and Practice* (p. 3-26). Inglaterra: John Wiley & Sons.

Farrell, J. M., Shaw, I. A., & Webber, M. A. (2009). A schema-focused approach to group psychotherapy for outpatients with borderline personality disorder: a randomized controlled trial. *Journal of behavior therapy and experimental psychiatry*, 40(2), 317-328.

Fassbinder, E., Schweiger, U., Jacob, G., & Arntz, A. (2014). The schema mode model for personality disorders. *Die Psychiatrie*, 11(2), 78-86.

Giesen-Bloo, J., Van Dyck, R., Spinhoven, P., Van Tilburg, W., Dirksen, C., Van Asselt, T., ... & Arntz, A. (2006). Outpatient psychotherapy for borderline personality disorder: randomized trial of schema-focused therapy vs transference-focused psychotherapy. *Archives of general psychiatry*, 63(6), 649-658.

Heath, G., & Startup, H. (2020). Creative Methods with coping modes and chairworks. In: G. Heath, & H. Startup (Eds), *Creative Methods in Schema Therapy: Advances and Innovation in Clinical Practice* (pp. 178-194). Inglaterra: Routledge.

Johnston, C., Dorahy, M. J., Courtney, D., Bayles, T., & O'Kane, M. (2009). Dysfunctional schema modes, childhood trauma and dissociation in borderline personality disorder. *Journal of behavior therapy and experimental psychiatry*, 40(2), 248-255.

Kellogg, S. (2012). On Speaking One's Mind: Using Chairwork Dialogues in Schema Therapy. In: M. Van Vreeswijk, J. Broersen, J & M. Nadort (Eds*), The Wiley-Blackwell Handbook of Schema Therapy: Theory, Research, and Practice* (pp. 198- 207). Inglaterra: John Wiley & Sons.

Kellogg, S. (2015). *Transformational Chairwork: Using psychotherapeutic dialogues in clinical practice*. Rowman & Littlefield. New York.

Kersten, T. (2012). Schema Therapy for Personality Disorders and Addiction. In: M. Van Vreeswijk, J. Broersen, & M. Nadort (Eds), *The Wiley-Blackwell Handbook of Schema Therapy: Theory, Research, and Practice* (pp. 415- 424). Inglaterra: John Wiley & Sons.

Kübler-Ross, E. (1973). *On death and dying.* Routledge. Londres.

Lee, C. W., & Arntz, A. (2013). A commentary on the study on dual-focused vs. single-focused therapy for personality disorders and substance dependence by Ball et al. (2011): what can we really conclude?. *The Journal of nervous and mental disease,* 201(8), 712-713.

Loose, C., Graaf, P., & Holt, R. (2020a). Schema Therapy-Using Inner House and Imagery. In C. Loose, P. Graaf, & Zarbock, G. (Eds*). Schema Therapy for Children and Adolescents: A Practitioner's Guide* (pp. 351-373). Pavilion Publishing and Media Ltd.

Loose, C., Graaf, P., Zarbock, G., & Holt, R. (2020b). Key theories and concepts in Schema Therapy. In Loose, C., Graaf, P., & Zarbock, G. (Eds). *Schema Therapy for Children and Adolescents: A Practitioner's Guide* (p. 30-64). Pavilion Publishing and Media Ltd.

Loose, C., Graaf, P., Zarbock, G., & Holt, R. (2020c). *Schema Therapy for Children and Adolescents: A Practitioner's Guide.* Pavilion Publishing and Media Ltd.

Loose, C., Zarbock, G., Graaf, P., & Holt, R. (2020d). Case conceptualization and treatment. In Loose, C., Graaf, P., & G. Zarbock (Eds). *Schema Therapy for Children and Adolescents: A Practitioner's Guide* (pp. 65-85). Pavilion Publishing and Media Ltd.

Murray, E. J., Lamnin, A. D., & Carver, C. S. (1989). Emotional expression in written essays and psychotherapy. *Journal of Social and Clinical Psychology,* 8(4), 414-429.

Nadort, M., Arntz, A., Smit, J. H., Giesen-Bloo, J., Eikelenboom, M., Spinhoven, P., ... & van Dyck, R. (2009). *Implementation of outpatient schema therapy for borderline personality disorder with versus without crisis support by the therapist outside office hours: A randomized trial. Behaviour research and therapy,* 47(11), 961-973.

National Institute on Drug Abuse. (2000). *Principles of drug addiction treatment: A research-based guide.* National Institute on Drug Abuse, National Institutes of Health.

Pennebaker, J. W. (1997). Writing about emotional experiences as a therapeutic process. *Psychological science,* 8(3), 162-166.

Taylor, C. D., Bee, P., & Haddock, G. (2017). Does schema therapy change schemas and symptoms? A systematic review across mental health disorders. *Psychology and Psychotherapy: Theory, Research and Practice,* 90(3), 456-479.

Van der Hart, O., Nijenhuis, E., Steele, K., & Brown, D. (2004). Trauma-related dissociation: Conceptual clarity lost and found. *Australian & New Zealand Journal of Psychiatry,* 38(11-12), 906-914.

Van den Kieboom, P., & Jonker, D. (2012). Individual Schema Therapy: Practical Experience with Adults. In: M. Van Vreeswijk, J. Broersen, & M. Nadort (Eds), *The Wiley-Blackwell Handbook of Schema Therapy: Theory, Research, and Practice* (pp. 311- 322). Inglaterra: John Wiley & Sons.

Van Vreeswijk, M., Broersen, J., Bloo, J., & Haeyen, S. (2012). Techniques within Schema Therapy. In: M. Van Vreeswijk, J. Broersen, & M. Nadort (Eds), *The Wiley-Blackwell Handbook of Schema Therapy: Theory, Research, and Practice* (p. 185- 196). Inglaterra: John Wiley & Sons.

Vermetten, E., & Spiegel, D. (2014). Trauma and dissociation: implications for borderline personality disorder. *Current psychiatry reports,* 16(2), 434.

Wainer, R. & Rijo, D. (2016). O modelo teórico: esquemas iniciais desadaptativos, estilos de enfrentamento e modos esquemáticos. In: R. Wainer, K. Paim, R. Andriola, & R. Erdos (Eds), *Terapia cognitiva focada em esquemas: integração em psicoterapia* (pp. 47- 66). Porto Alegre: Artmed.

Young, J. E., Klosko, J. S., & Weishaar, M. E. (2008). *Terapia do esquema: guia de técnicas cognitivo-comportamentais inovadoras.* Porto Alegre: Artmed.

Capítulo 12

"HOUSE" E "LÚCIFER": DEUS E O DIABO NA TERRA DA HIPERCOMPENSAÇÃO

Rodrigo Trapp

> *"Sei como é sofrer e querer machucar alguém, mas a pessoa que sai mais machucada é sempre você mesmo"*
> (Lúcifer Morningstar)

OBJETIVOS DE APRENDIZAGEM

Ao final da leitura deste capítulo, é esperado que você seja capaz de:

- Compreender os modos de hipercompensação a partir dos personagens Lúcifer e House;
- Compreender a conceitualização de caso desses personagens;
- Construir seus mapas de modos;
- Identificar possíveis estratégias de intervenção a partir de vinhetas clínicas.

No modelo teórico da Terapia do Esquema, a hipercompensação consiste na reação a uma ativação emocional intensa, em que o indivíduo tenta convencer a si mesmo e aos outros de que sente o oposto do que está sentindo de fato (Young & Klosko, 2020). Ao hipercompensar, o indivíduo pensa, sente, comporta-se e se relaciona como se o oposto do esquema fosse verdade. Caso tenha se sentido sem valor na infância, quando adulto tenta ser perfeito. Se foi subjugado, pode tornar-se dominante e controlador (Flanagan et al., 2020), e assim sucessivamente.

Existem três dimensões em que a hipercompensação pode ocorrer. Nos pensamentos, é como se o indivíduo negasse ativamente que possui um determinado esquema ativando crenças opostas ao conteúdo esquemático. Em relação às emoções, o paciente encobre com sentimentos opostos o desconforto relacionado ao esquema, por exemplo, utiliza o perfeccionismo para esconder os sentimentos de incompetência ou a superioridade para lidar com a defectividade. Estes, porém, retornam sempre que a hipercompensação falha. Por fim, os comportamentos também são opostos ao esquema, na maioria das vezes, apresentados em uma intensidade desproporcional e exagerada. O paciente pode, por exemplo, atacar, agredir e ameaçar alguém quando se sente intimidado ou com medo (Van Genderen et al., 2012).

Os modos de hipercompensação surgem na infância, cumprindo o papel adaptativo de proteger o indivíduo de ativações emocionais extremas e, consequentemente, da dor e do sofrimento causados pela conexão direta com a criança vulnerável ou com os modos críticos internalizados. O aprendizado da hipercompensação acontece a partir de questões relacionadas ao temperamento e à aprendizagem vicária, um mecanismo poderoso a partir do qual as crianças assimilam e internalizam modos de enfrentamento similares aos dos pais e cuidadores que também hipercompensavam (Arntz et al., 2013). Além disso, geralmente, envolve ambientes em que a vulnerabilidade da criança é inaceitável ou torna-se muito inseguro demonstrá-la (Heath & Startup, 2020). Então, a criança aprende a proteger-se tomando atitudes, impressionando ou demonstrando força e controle, para garantir a sobrevivência emocional e direcionar tanto a sua atenção quanto a dos outros para longe de sua dor (Heath & Startup, 2020). Ou seja, esforça-se de forma intensa e excessiva para se sentir o mais diferente possível da criança abandonada, privada, abusada, defectiva ou isolada e da dor que sentia por isso, tentando afastar-se ao máximo do que sentiu ao longo de sua infância (Jacob et al., 2015). Para isso, pode engajar-se em comportamentos disfuncionais, como atacar, tornar-se extremamente crítica, controladora, exibida e/ou agressiva com outras pessoas. Enquanto os modos ligados à resignação *(ver Capítulo 10)* e à evitação *(ver Capítulo 11)* podem levar a uma vida infeliz, solitária e exaustiva, os modos de hipercompensação, como o provocativo e ataque, podem levar a desfechos mais extremos, como passar a vida na cadeia (Farrell et al., 2014).

Apesar de úteis e adaptativos na infância, protegendo a criança da dor causada por abusos, negligência ou traumas e adaptando a criança da melhor forma possível a um ambiente no qual muitas de suas necessidades não eram atendidas, na vida adulta, a utilização desses mesmos modos pode mostrar-se disfuncional. Apesar de aparentar ser uma estratégia saudável por fazer com que o indivíduo se sinta mais esperto, mais forte do que os outros ou no controle total da situação (Jacob et al., 2015), continuar preso aos modos de hipercompensação o impede de desenvolver outros recursos ou formas mais saudáveis de lidar com as ativações emocionais por perder a capacidade de se vulnerabilizar e de se conectar de forma profunda e genuína aos outros e às próprias emoções. As experiências corretivas tornam-se impossíveis, e o esquema subjacente segue sendo reforçado (Fassbinder & Arntz, 2021). Consequentemente, os hipercompensadores podem estar menos conscientes de suas estratégias disfuncionais, pois, na maior parte das vezes, sentem-se bem em relação a si mesmos.

Indivíduos que têm a hipercompensação como a principal estratégia de enfrentamento, no fundo, são muito frágeis, sentindo-se defeituosos, fracassados, fracos e pequenos, dificilmente estando em paz e tranquilos consigo mesmos (Young & Klosko, 2020). Quando não conseguem utilizar as estratégias que estão acostumados, colapsam, podendo, até mesmo, entrar em depressão. Quando a armadura se quebra e a hipercompensação não se sustenta, o mundo "acaba" para essas pessoas, pois entram em contato diretamente com a dor de seus esquemas de forma extremamente intensa, visto que nunca desenvolveram outros recursos para lidar com essas ativações de forma mais saudável. Seus sentimentos de abandono, defectividade, vergonha e privação, bem como seus medos de fracasso e abuso retornam e se confirmam (Young, 2008). Na *Tabela 12.1*, são descritos seis modos de hipercompensação, conforme o modelo de Arntz e Jacob (2017).

Tabela 12.1. Modos de hipercompensação

Modo de hipercompensação	Características
Autoengrandecedor	Acredita que é superior às outras pessoas e exige tratamento especial. Busca status, admiração e procura formas de conseguir o que quer, comportando-se de forma egoísta, controladora e abusiva. Não acredita que deve seguir as regras que se aplicam às outras pessoas e pode ser completamente voltado a si mesmo, mostrando pouca ou nenhuma empatia pelas necessidades e sentimentos dos outros.
Provocativo e Ataque	Utiliza ameaças, agressões e intimidações para conseguir o quer ou para se proteger de outras ameaças, sejam elas percebidas ou reais. Tenta controlar as pessoas ou a situação a partir de violência física, verbal, insultos ou acusações e busca a retaliação causando dor aos outros. Pode ainda usar a violência como forma de vingança.
Busca de Atenção e Aprovação	A validação externa é o mais importante. Receber atenção e aprovação dos outros é essencial e necessário, mesmo que às custas de suas próprias necessidades e que para isso precise se comportar de forma extravagante, inapropriada, exagerada ou extremamente obediente. Busca sempre estar no centro das atenções em contextos que representam *status*, relacionando-se apenas com pessoas referência nos padrões estéticos e sociais.
Supercontrolador	Protege-se de ameaças (percebidas ou reais), a partir do controle extremo, da ruminação e do foco excessivo em detalhes. Duas subformas podem existir: *Perfeccionista/Obsessivo:* Foca na alta performance, nos altos níveis de desempenho e no perfeccionismo para manter o controle e prevenir críticas. *Paranoide:* Foca em vigilância. Está sempre atento às outras pessoas, buscando sinais de maldade ou comportamentos suspeitos, sempre desconfiado. Acredita que precisa proteger-se desses ataques, culpando e controlando os outros.

Modo de hiper-compensação	Características
Enganador e Manipulador	Mente, engana e manipula para atingir alguma meta específica. Utiliza a vitimização de si mesmo e a culpabilização dos outros, a fim de livrar-se de possíveis consequências e punições e/ou garantia de que suas necessidades ou desejos sejam atendidos.
Predador	Foca em eliminar ameaças e inimigos de forma fria, impiedosa e calculista. É um modo raro na população clínica geral, mas bastante prevalente em psicopatas.

Ao longo do processo terapêutico, é importante que o terapeuta possa negociar com os modos de enfrentamento, incluindo os de hipercompensação. É necessário mostrar ao paciente que, apesar de terem sido modos que protegeram a criança na infância, são eles também os responsáveis pela manutenção de seus esquemas e, consequentemente, pelo não atendimento de suas necessidades emocionais. O trabalho mais significativo com os modos ocorre justamente quando consegue-se ultrapassar a evitação, a resignação e a hipercompensação, acessar a criança vulnerável e possibilitar, então, a reparentalização limitada (Wainer & Wainer, 2016).

Do Céu ao Inferno

O psicanalista Ernest Jones (1923), em seu livro *Essays in Applied Psycho-Analysis*, cunhou o termo "Complexo de Deus" para descrever pessoas que se consideram superiores e especiais e que têm uma crença rígida de serem infalíveis e perfeitos. Jones os descreve como indivíduos que demandam privilégios ou tratamento especial e não se importam com convenções, regras ou leis da sociedade. Podem ser extremamente dogmáticos, moralistas e rígidos em suas opiniões, considerando qualquer ponto de vista diferente ou discordante como algo errado e inaceitável, além de se considerarem incapazes de cometer erros e não assumirem a responsabilidade por nada de errado que aconteça. Apesar do "Complexo de Deus" não ser um termo clínico ou um diagnóstico identificado no DSM-5, seu funcionamento envolve comportamentos bastante semelhantes ao Transtorno de Personalidade Narcisista (APA, 2012).

Dr. Gregory House, um dos personagens analisados neste capítulo, não acredita em Deus. É a ciência que o sustenta. A sua definição de fé é baseada na ausência de lógica e, para ele, considerar Deus como uma hipótese plausível é algo *"alucinatório ou patológico"*. Apesar disso, pode-se dizer que House sofre de um grave complexo de Deus. Apesar de conhecer suas vulnerabilidades, o personagem coloca-se nas relações interpessoais como um verdadeiro ser divino, representado principalmente por seus modos de hipercompensação, apresentando-se como um ser onipotente e onisciente, que tudo sabe e tudo vê e que está acima do bem e do mal. E o poder que acredita ter sobre as vidas das pessoas, por ser médico, reforça ainda mais seu funcionamento. A ironia está no fato de que House odeia a Deus. Assim como Lúcifer.

Lúcifer, o segundo personagem trabalhado neste capítulo, não tem um complexo, muito menos de Deus. Ele é o próprio diabo, literalmente, como seu nome já deixa bem claro. Porém, Lúcifer também se encaixaria perfeitamente na descrição de Jones de um indivíduo com "Complexo de Deus", por ter um funcionamento parecido, que se alimenta de admiração, devoção e controle. No entanto, assim como House, Lúcifer também odeia a Deus, seu pai, que o expulsou de casa ainda muito jovem.

House e Lúcifer são duas faces da mesma moeda, em duas séries de proporções bíblicas. O importante aqui é a perspectiva: House é um Deus distante do perdão e da santidade. Lúcifer é o diabo distante da vingança e da maldade. Sendo Deus ou o Diabo, o funcionamento dos dois personagens é bastante semelhante. O presente capítulo irá analisar dois indivíduos extremamente vulneráveis, com histórias de vida cruéis, carregando dores excruciantes e com modos de hipercompensação guiando seus julgamentos, suas escolhas e seus relacionamentos.

"Todo Mundo Mente": Desconfiança, Abuso, Controle e Manipulação em *House*

"Seria arrogante pensar que sou melhor que Deus"

House, de forma irônica, criticando um paciente que rezava por sua vida no hospital.

Sinopse da série "House"

> Dr. Gregory House é um dos médicos mais brilhantes e bem-conceituados dos Estados Unidos, que trabalha como chefe do departamento de diagnósticos do hospital Princeton-Plainsboro Teaching. A série acompanha o dia a dia de House e sua equipe diagnosticando e tratando pacientes com doenças extremamente raras e misteriosas, ao mesmo tempo em que se aprofunda cada vez mais na vida, dramas e conflitos do personagem principal. House possui um quadro de dor crônica na perna e com o uso contínuo de medicação, tornou-se dependente de analgésicos. O médico é extremamente mal-humorado, sarcástico e nada sociável, além de ser bastante arrogante e controlador, não se aproximando de seus pacientes a não ser que seja a última opção. É rude, desconfiado e brutalmente honesto, o que fez com que se tornasse uma pessoa solitária, com graves dificuldades de relacionamento com seus colegas de trabalho do hospital.

Doutor em hipercompensar

Poucas informações sobre a infância de House e a relação com seus cuidadores são reveladas ao espectador. Sabe-se que seu pai, John, era alguém frio, distante, crítico e abusivo. Isso fica claro em momentos em que House admite, por exemplo, que o pai o fazia dormir sozinho no jardim ou entrar em uma banheira de gelo a cada vez que se comportava mal. Além disso, o menino logo percebeu que seu pai dava mais atenção ao trabalho do que às suas relações. Preocupava-se somente em bajular seus superiores e não fazia questão de estar com a família. Ainda, aos 12 anos, House descobriu que John não era seu pai biológico.

Apesar de poucos dados sobre a história de vida do personagem, a série traz um importante paralelo entre a dores emocionais e físicas de House, a partir da dor crônica em sua perna causada por um coágulo mal diagnosticado, que lhe trouxe sérias consequências, como a necessidade de utilização de uma bengala para sua locomoção, além de contribuir para que se tornasse dependente de analgésicos. Em diversos momentos fica claro o drástico impacto que a dor intensa e contínua que sente na perna tem em seu funcionamento emocional: *"Eu tenho dor todos os dias. Isso me mudou, me fez uma pessoa mais dura. Uma pessoa pior. E eu estou completamente sozinho" (House).*

Essa frase resume parte do vasto repertório de modos de hipercompensação que House possui. São raras as vezes em que, ao longo das oito temporadas da série, o personagem interage com alguém sem a utilização de algum modo de enfrentamento. Suas dores e feridas físicas e emocionais são tão grandes, que a utilização da hipercompensação se faz necessária de forma quase permanente.

Esses fatores podem criar uma linha tênue entre quais aspectos de suas dores emocionais fazem parte de um ambiente infantil tóxico, em que suas necessidades não eram atendidas, e quais podem ter sido consequência de seu acidente. É provável que House possua marcas e faltas emocionais profundas que o acompanham desde a infância e que foram intensificadas a partir de seu estado de dor crônica. A combinação desses fatores faz com que o médico seja uma pessoa que se apresenta e se relaciona a partir de seu "Complexo de Deus": de forma arrogante, controladora, agressiva e manipuladora, além de ser incapaz de reconhecer os seus erros, todos comportamentos característicos dos modos de hipercompensação.

Para explicitar melhor o funcionamento de House, serão demonstradas na *Tabela* 12.2, situações bastante comuns ao longo dos episódios da série, em que seus modos de hipercompensação se manifestam. Os principais modos utilizados são: o autoengrandecedor, os supercontroladores (paranoide e obsessivo), o provocativo e ataque e o enganador/manipulador.

Tabela 12.2. Modos utilizados por House

MODOS HOUSE	
Modo	Manifestação
AutoEngrandecedor	House seguidamente se compara a Deus. Por vezes, considera-se maior que Ele, já que em sua concepção, Deus sequer existe. Além disso, tem uma grande dificuldade de respeitar os limites entre ele e o outro. Utiliza esse modo para mostrar-se como alguém superior às outras pessoas em todos os aspectos. É mais inteligente, tem as melhores ideias e suas necessidades e vontades importam mais. Para manter-se nessa posição, diminui e critica os outros o tempo todo, principalmente seus superiores e colegas de trabalho, utilizando frases ríspidas, duras, carregadas de críticas e punições. Não aceita ser contrariado, pois, segundo ele, "está sempre certo e nunca comete erros".
Provocativo e Ataque	Em momentos em que os outros tentam se aproximar de seu lado mais vulnerável, House certifica-se de os fazer se arrependerem. Nas tentativas dos colegas de comemorar seu aniversário ou falar de forma honesta sobre a sua perna, House torna-se uma pessoa extremamente cruel e punitiva, que faz questão de machucar, para que nunca mais tentem se aproximar novamente de seu lado vulnerável. O fato de conhecer o histórico de vida de cada um de seus subordinados (a partir de seu modo Perfeccionista Supercontrolador) faz com que saiba o que falar ou fazer para machucar ainda mais seus companheiros. Nesses momentos, House faz questão de ir ao limite da dor do outro, com ataques diretos ou ironias extremamente agressivas.
Paranoide Supercontrolador	Acredita que todas as pessoas mentem, enganam, manipulam e têm intenções maldosas. House desconfia de tudo e de todos e sempre conduz paralelamente suas próprias investigações. É de seu modo Paranoide que vem a clássica frase da série, que se tornou o *slogan* de divulgação das primeiras temporadas: "*Everybody Lies*" ("Todo mundo mente", em tradução livre).

MODOS HOUSE	
Modo	Manifestação
Obsessivo/ Perfeccionista Supercontrolador	Pesquisa e investiga obsessivamente tudo sobre o histórico pessoal e profissional de cada um dos seus funcionários. Posteriormente, seu modo manipulador, utiliza essas informações para colocá-lo em vantagem. House também não aceita nenhuma opinião contrária à sua, a não ser que esteja muito bem embasada, pois, ao se cobrar tanto ao longo da vida (estudou tanto que se tornou uma espécie de gênio, famoso na escola e na faculdade), não admite cometer erros, dificilmente se engana.
Enganador e Manipulador	Faz o que achar necessário para atingir seus objetivos. Mente, engana e manipula (mesmo as pessoas mais próximas), caso seja necessário, para conseguir o que deseja. Por vezes, utiliza as informações do histórico de seus funcionários e pacientes para intimidá-los ou chantageá-los a fazer algo para seu benefício próprio. Frauda prontuários e receitas no hospital, tanto para si (para comprar mais Vicodin, seu remédio para dor), quanto para conseguir a liberação de tratamentos e medicamentos para seus pacientes, que foram previamente negados pela administração.

Mapa de modos: Dr. Gregory House

A construção do mapa de modos é um recurso importante da primeira fase do tratamento. A partir das informações coletadas, terapeuta e paciente constroem de forma colaborativa um mapa, em que os diferentes modos do paciente, com os pensamentos, emoções e comportamentos relacionados, são descritos. O paciente pode identificar o quanto cada modo influencia a sua vida, desenhando círculos e retângulos de diferentes tamanhos (Van Genderen et. al., 2012).

Em relação ao mapa de modos de House (Figura 12.1), os sentimentos de medo, ansiedade, desconfiança, solidão e privação têm origem em sua infância e estão relacionados à sua criança vulnerável. As mensagens internalizadas, a partir de relações disfuncionais com seus cuidadores e outras figuras de apego, são representadas pelos modos disfuncionais internalizados. Já seus padrões dominantes de interação estão divididos entre cada um de seus modos de enfrentamento.

Importante salientar que, além da hipercompensação, House também utiliza um modo de evitação, o protetor autoaliviador, de forma bastante frequente (como visto na *Figura* 12.1). Esse modo tem a função de desconectar o indivíduo de suas emoções, a partir do engajamento em outras atividades. São comportamentos realizados, muitas vezes, de forma compulsiva ou adicta. No caso de House, o uso de álcool e de altas doses de analgésicos funcionam como comportamentos autoaliviadores. Esse modo aparece principalmente quando House está sozinho em casa, visto que seus modos de hipercompensação dependem da relação com outras pessoas para que sua função de proteção a partir da intimidação, controle ou manipulação tenha êxito.

***Figura 12.1.** Mapa de modos de House*

MODOS DE ENFRENTAMENTO
(comportamento)

MODOS DISFUNCIONAIS INTERNALIZADOS
(cognição)

Adulto Saudável

Paranoide Supercontrolador
Sua frase característica "Todo mundo mente" vem de seu lado paranoide. Não confia em ninguém, conduzindo sempre suas próprias investigações.

Obsessivo Supercontrolador
Faz o levantamento do histórico de vida e ficha profissional de todos os que trabalham com ele. Exige que tudo seja feito do seu jeito, pois é sempre "o jeito correto".

Lado Crítico
"Você precisa ser o melhor. Só assim será respeitado". "Estude mais, faça mais". "Se esforce mais".

Lado Punitivo
"Você é defeituoso, um deficiente "Não há nada de bom em você, exceto seu cérebro."

Criança Feliz

Enganador e Manipulador
Manipula as pessoas para que tenha seus desejos e vontades atendidas. Para provar seus argumentos ,mente, engana e manipula sem demonstrar nenhum tipo de remorso.

MODOS CRIANÇA
(emoção)

Provocativo e Ataque
Quando briga com os colegas, age de forma extremamente agressiva, atacando, humilhando e agredindo todos que tentam se aproximar.

Auto Engrandecedor
Critica e diminui os outros praticamente o tempo todo, tem a necessidade de reforçar o fato de que é o melhor em tudo, que não comete erros e que os outros são inferiores a ele em todos os aspectos.

Criança Vulnerável
(solitária, defectiva) abusada, privada)

Tem medo. Sente-se completamente sozinha, privada e desconectada. Desconfiada de tudo e de todos. Sente-se defectiva por causa da perna.

A seguir, será descrita a vinheta de uma possível primeira consulta com House, em que é possível identificar desde as interações iniciais aos indícios de modos de hipercompensação que precisarão ser identificados e trabalhados ao longo do processo terapêutico:

Vinheta Clínica

Dr. House chega à terapia

Terapeuta: Bom dia, Gregory. Tudo bem? Você me contou por telefone que, para que seus superiores permitam que você mantenha sua posição de chefe de departamento no hospital, deveria fazer terapia. É isso mesmo? Quer me contar um pouco do que vêm acontecendo?

House: Eu não preciso estar aqui. Isso tudo é uma grande bobagem. Já falei para aqueles idiotas que não preciso de terapia, que terapia não funciona, mas insistiram mesmo assim. Não tem nada de errado comigo. Não tenho culpa se todos são uns incompetentes.

Terapeuta: Mas, quem sabe, já que estamos aqui, você possa me contar um pouco mais sobre o motivo de os seus colegas acharem importante você fazer terapia. O que acha?

House: Eles dizem que é muito difícil conviver comigo. Que não aceito opiniões contrárias à minha opinião, que não respeito as regras do hospital e que faço o que bem entendo. Mas é claro que eu faço o que bem entendo. Faço, porque dá certo. Sei o que estou fazendo e faço sempre do meu jeito, pois é o melhor jeito. Ao contrário daqueles medrosos.

Terapeuta: Gregory, poderia me dar um exemplo de alguma situação em que você fez o que julgava ser o melhor, o certo, e depois teve problemas com seus colegas?

House: Por que faria isso? Não vá me dizer que agora você simplesmente se preocupa comigo e quer me ajudar a ser uma pessoa melhor e a ter amiguinhos (em tom de deboche). Eu não preciso dessas bobagens. Eu nem deveria estar aqui.

Terapeuta: Mas, é exatamente isso, Gregory! Por mais que talvez você não acredite, a minha única preocupação aqui é ajudar você. E se você não precisar da minha ajuda, que ao menos possamos tentar encontrar uma forma de resolver essa situação desagradável com seus colegas em um primeiro momento. Imagino que também seja desagradável para você quando isso acontece. E já que estamos aqui...

> **House:** [interrompendo] Está bem, "doutor" (novamente em tom de deboche). Já que estamos aqui vou lhe dar o que quer. Deixe-me contar uma das situações com o idiota do Dr. Chase, meu funcionário. Estávamos atendendo uma paciente que se encontrava entre a vida e a morte. Eu tinha certeza de que a paciente estava mentindo sobre o seu histórico de doenças e sua história de vida. Todo mundo mente. Sempre. Então, para evitar surpresas posteriores e um possível agravamento do quadro, enganei o Dr. Chase e falsifiquei uma autorização da paciente. Pedi que Chase invadisse a sua casa e procurasse por pistas que confirmassem o meu diagnóstico e provassem que ela estava mentindo. É claro que eu fiz isso. A paciente poderia morrer e mesmo assim estava mentindo. Quando descobriram o que fiz, começaram a falar um monte de asneiras.
>
> **Terapeuta:** E o que você acha que...
>
> **House:** [novamente interrompendo] Doutor, eu já sei o que você vai dizer. Aliás, já sei bastante coisa sobre você. Sei que você se tornou psicólogo em 2010 e fez alguns cursos de pós-graduação, inclusive no exterior. Um currículo impressionante. Mas, infelizmente, uma total perda de tempo. Você não irá conseguir me ajudar.

A partir dessa vinheta, pode-se perceber a manifestação de diversos modos de hipercompensação nas interações de House e o autoengrandecedor aparece inferiorizando os colegas, o paranoide supercontrolador surge quando House traz sua certeza sobre o fato de que todos os pacientes mentem. Já o modo manipulador/enganador aparece quando House falsifica a autorização e mente para o Dr. Chase, fazendo com que seu colega invada a casa do paciente para que possa confirmar sua teoria, burlando regras e leis, tanto civis quanto do hospital. Percebemos também o modo perfeccionista/obsessivo supercontrolador em frases como: "somente eu sei fazer o certo" e "eu faço melhor". Esse modo também é um dos responsáveis pela investigação da toda a vida e currículo de seu terapeuta antes mesmo da primeira consulta, juntando o máximo de informações possíveis sobre ele. Nesse último também temos a participação do autoengrandecedor, que utiliza essas informações para minimizar o terapeuta, ao afirmar que nada do que estudou é suficiente para conseguir ajudá-lo.

Processo terapêutico

No início do processo terapêutico, quando ainda não existe um vínculo afetivo seguro e estável formado entre o paciente e o terapeuta, os modos de hipercompensação podem ser bastante intimidadores. Com House, é importante ter bastante cuidado com as intervenções terapêuticas iniciais, pois provavelmente será um paciente extremamente questionador que, ao perceber alguma fraqueza ou vulnerabilidade do terapeuta, poderá aproveitá-la para tentar controlá-lo, diminuí-lo ou provar o que seria, talvez, o seu principal ponto: o de que não precisa de terapia.

Inicialmente, é necessário demonstrar para o paciente, a partir do processo de psicoeducação, que seu sofrimento atual está sendo causado e reforçado por comportamentos disfuncionais provenientes dos modos de hipercompensação, justamente por reforçarem o não atendimento de suas necessidades emocionais básicas e a dor emocional de não conseguir construir relações saudáveis com outras pessoas e sentir-se cada vez mais sozinho, por exemplo. Caso o terapeuta não consiga acessar a criança vulnerável do paciente, mantendo-o conectado a suas dores e faltas, House não encontrará motivos para se manter em terapia.

Paralelamente a isso, construir colaborativamente um modelo de funcionamento, também como parte da psicoeducação, focado na explicação do modelo teórico, do modelo de modos e da relação dos problemas atuais com seus modos de hipercompensação, torna-se essencial. Também pode ser necessário demonstrar evidências empíricas dos resultados obtidos a partir do trabalho com a Terapia do Esquema. Apesar da possibilidade de, em um primeiro momento, essa atitude reforçar o lado perfeccionista/obsessivo supercontrolador (racional), essas informações poderão ser utilizadas a favor do processo terapêutico em um momento posterior. Além disso, é importante identificar a intensidade e a influência dos lados crítico e punitivo do paciente, bem como as mensagens que esses lados transmitem aos seus modos criança.

Para que isso seja possível, será necessário transpor os modos de hipercompensação de House na sessão, a partir da confrontação empática e da utilização do diálogo entre modos (por exemplo, com as técnicas de cadeiras), buscando a conexão com a dor de sua criança vulnerável desconfiada, sozinha, privada e defectiva, para que, assim, o terapeuta possa reparentalizá-la. Será necessário identificar as origens dos modos, suas funções na infância e seus gatilhos atuais. Na teoria, os modos de enfrentamento possuem força igual ou maior à dor da criança vulnerável ou à intensidade do lado crítico/punitivo. Portanto, pode-se imaginar que a dor da criança de House é imensa, visto a força de seus modos de hipercompensação.

O paradoxo é que somente o espectador da série tem acesso direto aos raros momentos em que House mostra-se vulnerável, que normalmente acontecem quando o médico está sozinho em casa. Essas cenas são suficientes para que se possa conhecer algumas das verdadeiras dores e vulnerabilidades do personagem, como sua solidão, fazendo com que o espectador se conecte profundamente e consiga ultrapassar os sentimentos de raiva e desconexão despertados pela hipercompensação, possibilitando o vínculo afetivo, com amor, aceitação, compreensão e empatia genuínos. Esse é exatamente o trabalho do terapeuta.

Da mesma forma, o terapeuta deve estar atento aos seus próprios sentimentos em relação a House. Pode sentir-se ameaçado, irritado, desconectado, cansado ou frustrado com o paciente enquanto estiver lidando com seus modos de enfrentamento. É parte importante do processo terapêutico que o terapeuta consiga driblar a hipercompensação, acessando a dor da vulnerabilidade para, então, empatizar com o sofrimento do paciente. Assim que o terapeuta conseguir acessar a criança vulnerável, poderá se conectar com as dores mais profundas e bem protegidas de seu paciente, oferecendo um caminho de cura, cuidado e compaixão. É como se o terapeuta fosse uma espécie de "espectador-ativo", que, ao invés de ter acesso livre ao lado vulnerável de House, como os espectadores da série, irá ativamente construir, de forma colaborativa, um ambiente em que seu paciente se sinta seguro o suficiente para expor o seu lado mais vulnerável, permitindo a conexão verdadeira.

A Eterna Busca por Aceitação: Sedução, Punição e Grandiosidade em Lúcifer

> *"Eu tenho camadas, sou como uma cebola.*
> *Uma cebola irresistível"*

Lúcifer, ao falar de si mesmo para definir a profundidade de seus conflitos internos.

Sinopse da série "Lúcifer"

> Lúcifer Morningstar, o senhor do inferno, entediado e infeliz em seu habitat natural, busca um novo sentido para sua existência, abandonando seu trono e assumindo a forma humana para tirar férias em Los Angeles. Já na terra, em companhia de sua aliada Mazikeen, torna-se dono de uma requintada casa noturna. Ao testemunhar um assassinato, passa a se envolver cada vez mais de perto com a detetive Chloe Decker e com as investigações, tornando-se consultor especial da polícia. A grande motivação de Lúcifer está em compreender melhor os humanos. Como parte disso, aproveita a vida com muito dinheiro e luxo, enquanto ajuda Chloe a encontrar os responsáveis por crimes e puni-los segundo sua própria justiça.

Um anjo caído

Lúcifer tem uma característica que torna a série bastante especial: uma "dupla metáfora" que faz com que o espectador tenha a possibilidade de compreender os personagens de duas perspectivas completamente distintas. No início da série, os personagens humanos (ou seja, aqueles que não são seres celestiais), como a detetive Chloe ou a terapeuta Linda, veem Lúcifer como alguém que utiliza metáforas o tempo todo. Lúcifer fala sobre o céu, o inferno, Deus e anjos e sobre como cada uma dessas criaturas, lugares ou conceitos relacionam-se diretamente com sua vida. Sua terapeuta e sua parceira de trabalho entendem isso como parte do funcionamento mais autocentrado e narcisista de Lúcifer, que se compara o tempo todo com criaturas celestiais extremamente poderosas. Os espectadores da série, por outro lado, sabem, desde o início, que tudo o que Lúcifer está falando é verdade e que o personagem trata o tema não de forma metafórica, mas essencialmente literal, pois é realmente o anjo caído, filho de Deus. Isso possibilita a reflexão a partir da junção das duas perspectivas e da compreensão da série como uma linda metáfora sobre a vulnerabilidade humana, os medos e dores que carregamos ao longo da vida, a rejeição, a solidão, a punição, a vingança, a construção de relações de apego seguro e de modos de enfrentamento.

Sabendo da verdade desde o início, o espectador tem uma ótima oportunidade de relacionar o funcionamento de Lúcifer com as informações que o personagem traz sobre sua infância, sobre sua família e sobre como isso influenciou em quem ele se tornou na vida adulta. De forma gradual, a série revela que, durante a sua infância, Lúcifer viveu em um ambiente muito frio, rejeitador e competitivo, em que grandes demonstrações de poder eram comuns, acompanhadas de punições e castigos. Como se ser filho de Deus já não fosse pressão o suficiente, Lúcifer não era o filho mais forte, o mais poderoso ou o mais amado por seus pais. Isso contribuiu para a construção de um ambiente propício para o desenvolvimento de estratégias hipercompensatórias. Em dado momento, Lúcifer explica como via o seu ambiente familiar durante a infância. Aqui, já é possível perceber a utilização de uma estratégia de hipercompensação com sua mãe:

Papai foi trabalhar em um projeto que ele chamou de 'humanidade'. Mamãe foi tornando-se cada vez mais fria e distante. Quando um de seus filhos se rebelou [aqui Lúcifer está falando dele próprio], papai ficou chateado e o expulsou de casa. Mamãe não fez nada quanto a isso, só deixou acontecer. Quando papai a expulsou de casa também, trancou-a em uma cela. Então, fiz por ela o que ela fez por mim: nada.

Apesar de compartilhar modos de hipercompensação com House, como o autoengrandecedor e os modos supercontroladores, eles se manifestam de forma diferente em Lúcifer. Apenas o modo manipulador se apresenta de forma semelhante e, por isso, não será apresentado novamente aqui. Além disso, Lúcifer possui um modo de Busca de Aprovação e Reconhecimento mais explícito (apresentados da *Tabela* 12.3), trazendo diferenças marcantes entre o funcionamento dos dois personagens.

Tabela 12.3. Modos de Lúcifer

\	MODOS LÚCIFER
Modo	Descrição
Busca de Atenção/ Aprovação	Lúcifer tem o desejo de ser gostado e admirado por todos. Para isso, esforça-se para manter boa aparência e *status,* investindo muito tempo e dinheiro para colocar-se nessa posição. Veste-se com as melhores roupas, tem o melhor carro e é dono de uma boate de luxo em um dos locais mais caros dos Estados Unidos. Todo esse investimento é direcionado a buscar a aceitação e a devoção alheia, tal qual recebia quando era o senhor do inferno. Quando isso não acontece, Lúcifer se desorganiza e passa a intensificar sua forma sedutora e conquistadora de agir, procurando recuperar sua posição.
Autoengrandecedor	O modo autoengrandecedor de Lúcifer não é agressivo e cruel como o de House: poucas vezes, precisa criticar o outro para se sobressair. Nos momentos em que o faz, utiliza ironias, como com Dan, por exemplo, quando o chama de Detevive Douch ("Detetive Babaca"). Lúcifer, porém, acredita plenamente ser alguém superior, que tem o direito de fazer o que quiser, quando e com quem quiser. Para ele, essa é a ordem natural das coisas. Torna-se estranho para o personagem quando outras pessoas o veem como alguém que está no mesmo patamar, sem o *status* de especial ou superior. Aqui o autoengrandecedor é mais focado no "autoelogio" e não na diminuição e crítica ao outro, como no caso de House. Essa foi a forma como Lúcifer foi tratado durante todo o seu tempo no inferno: como um rei. Sabe-se, porém, que funciona como compensação de toda a privação e rejeição que sentiu em relação á sua família.

MODOS LÚCIFER	
Modo	Descrição
Obsessivo Supercontrolador	Lúcifer considera extremamente importante que a justiça seja feita. Porém, a única justiça que considera correta é a pessoal. O personagem tem um forte caráter punitivo, mas sua punição não é baseada em vingança, mas em justiça. Tem internalizada a ideia de que se alguém faz algo errado, deve ser punido. Porém, quem define o que é certo e o que é errado é ele próprio. E normalmente isso é definido de forma categórica: se não está certo de acordo com os seus parâmetros, está errado. E se está errado, merece punição. Além disso, Lúcifer concede favores a outras pessoas, para que depois possa tê-los "na mão", sob seu controle, podendo cobrá-los da forma que quiser. Possui também uma certa ingenuidade, como se sequer conseguisse considerar que outras formas de pensar e outros pontos de vista existem para além do seu. Desorganiza-se e não sabe como agir quando não tem controle total sobre alguma situação ou sobre alguém, como Maze ou Chloe, por exemplo.

Mapa de modos: Lúcifer

Existem diferenças importantes entre os mapas de modos dos dois personagens. A criança impulsiva/indisciplinada apresenta-se como parte importante do funcionamento de Lúcifer, que não lida bem com a frustração e o tédio, tomando decisões e atitudes prejudiciais para si mesmo ou para os outros, devido a sua impulsividade. Além disso, seus modos de hipercompensação diferem em alguns aspectos. Lúcifer possui um modo de Busca de Aprovação/Atenção constantemente presente em suas relações e seu modo autoengrandecedor não é tão focado em humilhar o outro, mas sim em elogiar e engrandecer a si mesmo. A *Figura* 12.2 apresenta o mapa de modos de Lúcifer.

Figura 12.2. *Mapa de Modos de Lúcifer*

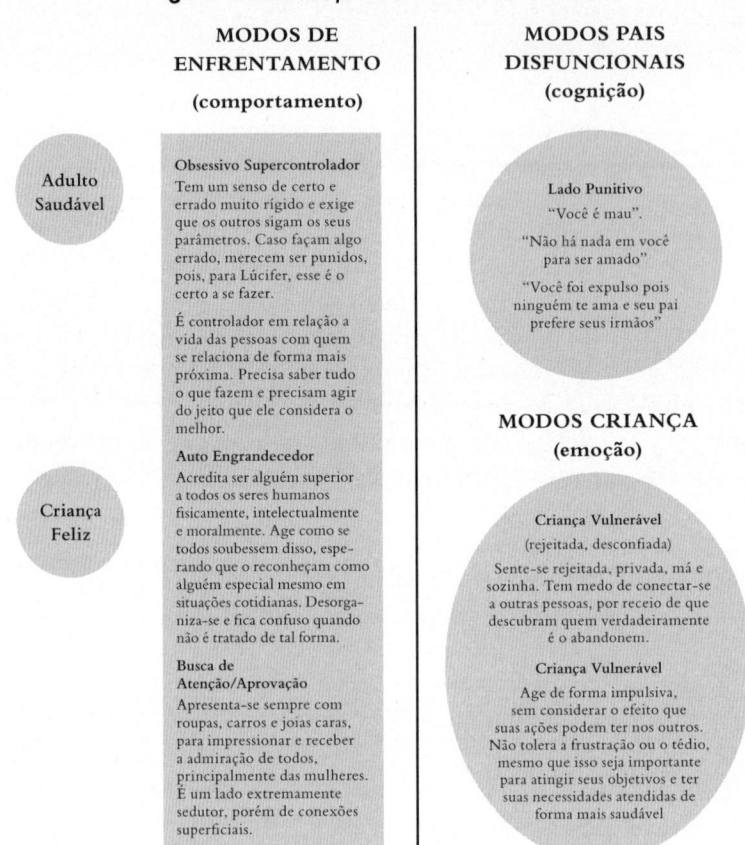

MODOS DE ENFRENTAMENTO (comportamento)	MODOS PAIS DISFUNCIONAIS (cognição)
Adulto Saudável	**Lado Punitivo** "Você é mau". "Não há nada em você para ser amado". "Você foi expulso pois ninguém te ama e seu pai prefere seus irmãos"
Obsessivo Supercontrolador Tem um senso de certo e errado muito rígido e exige que os outros sigam os seus parâmetros. Caso façam algo errado, merecem ser punidos, pois, para Lúcifer, esse é o certo a se fazer. É controlador em relação à vida das pessoas com quem se relaciona de forma mais próxima. Precisa saber tudo o que fazem e precisam agir do jeito que ele considera o melhor.	
	MODOS CRIANÇA (emoção)
Auto Engrandecedor Acredita ser alguém superior a todos os seres humanos fisicamente, intelectualmente e moralmente. Age como se todos soubessem disso, esperando que o reconheçam como alguém especial mesmo em situações cotidianas. Desorganiza-se e fica confuso quando não é tratado de tal forma.	**Criança Vulnerável** (rejeitada, desconfiada) Sente-se rejeitada, privada, má e sozinha. Tem medo de conectar-se a outras pessoas, por receio de que descubram quem verdadeiramente é o abandonem.
Criança Feliz	
Busca de Atenção/Aprovação Apresenta-se sempre com roupas, carros e joias caras, para impressionar e receber a admiração de todos, principalmente das mulheres. É um lado extremamente sedutor, porém de conexões superficiais.	**Criança Vulnerável** Age de forma impulsiva, sem considerar o efeito que suas ações podem ter nos outros. Não tolera a frustração ou o tédio, mesmo que isso seja importante para atingir seus objetivos e ter suas necessidades atendidas de forma mais saudável

Processo terapêutico

Lúcifer faz terapia desde a primeira temporada da série. No início, busca a terapeuta para ter uma "aliada", alguém que mostre que ele está certo em suas decisões e que aqueles que discordam dele (nesse ponto da série, a detetive Chloe e seu irmão Amenadiel) estão errados. Esse é um funcionamento comum nos modos de hipercompensação. Aos poucos, porém, Lúcifer vai criando uma importante consciência sobre seu lado vulnerável e as falhas de seus pais em relação ao atendimento de suas necessidades emocionais. Em alguns momentos, conecta-se com sentimentos de abuso e rejeição em relação ao pai, por ser o único de seus irmãos a ter sido expulso do paraíso. Ao mesmo tempo, enxerga sua mãe como alguém extremamente negligente, que não fez nada para impedir o pai, ampliando o sentimento de desamparo.

Como Lúcifer desenvolve uma boa capacidade de *insight* ao longo do tempo, é possível reforçar a importância da identificação de quais outras necessidades emocionais não foram atendidas, bem como quais os modos de enfrentamento desenvolvidos para se proteger da dor causada pelas faltas. É essencial que Lúcifer esteja ciente de que seus modos de enfrentamento surgiram para protegê-lo do medo que tem de ser rejeitado e abandonado, caso descubram quem ele realmente é.

A aproximação de Lúcifer em relação ao terapeuta (como foi com Linda na série), provavelmente, não seria tão agressiva quanto a de House, mas sedutora. Cabe ao terapeuta mostrar ao paciente como isso faz parte de um funcionamento ligado à hipercompensação, que acaba mantendo sua criança vulnerável sozinha e rejeitada. A seguir, a vinheta de um possível diálogo entre modos, feito a partir do trabalho com cadeiras, em que podemos identificar os modos de busca de aprovação/reconhecimento e autoengrandecedor. O terapeuta busca transpor os dois modos para que consiga chegar na criança vulnerável:

Vinheta Clínica

Lúcifer nas Cadeiras

Terapeuta: Lúcifer, eu gostaria de propor um exercício de cadeiras para conversar com o lado que identificamos nas últimas sessões e chamamos de "Lúcifer Perfeito". O que você acha?

Lúcifer: Claro, doutor. O que eu não faço por você, hein? [pisca com um olho]

Terapeuta: Vou pedir para que você se sente naquela outra cadeira, então. Agora, gostaria que você mudasse completamente a sua perspectiva. Quando eu falar com você, quero que você seja o seu lado Lúcifer Perfeito. E essa cadeira aqui [coloca uma cadeira vazia ao lado de Lúcifer] é para o Lúcifer Anjinho, nome que você deu para a sua criança vulnerável, ok? Então, vamos lá. Lúcifer Perfeito, você pode me falar um pouco mais sobre você? Qual é a sua função aqui?

Lúcifer: Essa é muito fácil. Minha função é ser o melhor. Ser superior, perfeito e invencível. Ter tudo sob controle. Inclusive, acho que deveria ter sido recebido com um trono igual ao que tenho no inferno e não com uma cadeirinha dessas...

Terapeuta: E você poderia me dizer de que forma isso afeta o Lúcifer Anjinho? Você o ajuda?

Lúcifer: Ah, fácil também. Eu o protejo, obviamente. Nada acontece com ele enquanto estou por perto.

Terapeuta: Ok. E se você não existisse para protegê-lo, o que você acha que aconteceria?

Lúcifer: Ele ficaria desprotegido e vulnerável. E é aí que os outros o machucariam, se aproveitariam dele e fariam com ele o que bem entendessem. E eu estou aqui para não deixar isso acontecer jamais.

Terapeuta: E como você acha que o Lúcifer Anjinho se sente quando você aparece?

Lúcifer: Ora, sente-se muito grato. Ele adora quando estou por perto. Já falei, doutor. Sou incrível, sou invencível.

Terapeuta: Por favor, sente-se ali [aponta para a cadeira do Lúcifer Anjinho] e tente senti-lo por um momento. [Lúcifer troca de cadeira]. Lúcifer Anjinho, como você se sente quando o Lúcifer Perfeito aparece e toma conta, controlando tudo e todos?

Lúcifer: Na verdade, eu me sinto bastante sozinho e rejeitado. Sinto-me distante de todos.

Terapeuta: Sim, imagino. [volta-se para a cadeira do Lúcifer Perfeito, agora vazia]. Lúcifer Perfeito, acho que é importante que possamos perceber que o Lúcifer Anjinho não se sente bem como você disse nos momentos em que você aparece. Na verdade, ele se sente sozinho, distante e rejeitado. Ele se sente rejeitado quando os outros rejeitam você, por exemplo, pois as pessoas não querem ser tratadas como você as trata. É importante que o Lúcifer Anjinho possa se aproximar das pessoas, que se conecte com elas, que possa ser cuidado e acolhido.

Nos poucos momentos em que realmente se conecta com sua criança vulnerável, Lúcifer logo é atacado por mensagens punitivas, sentindo que é mau em sua essência e que não há nada que possa ser feito em relação a isso. Nesses casos, o combate ao lado punitivo é essencial. Em um primeiro momento, ensinando-o que esse é um lado internalizado a partir de todas as coisas ruins que já ouviu e sentiu sobre si mesmo, principalmente em sua infância e, posteriormente, combatendo-o, por meio do trabalho com cadeiras e imagens mentais. É importante que, nas primeiras vezes, o terapeuta represente o adulto saudável, que aos poucos vai sendo substituído pelo adulto saudável de Lúcifer, construindo juntos o papel de bom cuidador e acolhendo a criança vulnerável.

Na Terapia do Esquema, é necessário estar atento ao conteúdo esquemático das mensagens, histórias e frases dos pacientes. Lúcifer, assim como House, apresenta uma grande coleção de frases de efeito que ilustram muito bem seus modos de enfrentamento e que poderiam ser aproveitadas nas sessões para apontar a sua ativação. É importante a atenção ao conteúdo de frases como essas, pois podem auxiliar a identificar o modo atual presente e, consequentemente, possibilitar as melhores intervenções terapêuticas para o momento. A seguir, alguns exemplos de frases ditas quando o personagem estava em seu modo autoengrandecedor:

> **Frases Autoengrandecedor**
> "Eu não entendo essa coisa de ciúmes. Por que alguém deseja algo que o outro tem? Por que não simplesmente ir lá e pegar?"
> "Vamos começar pelo mais importante, pode ser? Eu."
> "Porque eu mexeria com a perfeição?"
> "Eu não tenho inseguranças"
> *Terapeuta:* "Acho que ela gosta de você".
> *Lúcifer:* "Claro, o que teria pra não gostar?"

Rir para Não Chorar

A utilização de humor e ironia são comportamentos comuns no funcionamento de Lúcifer e House, servindo como exemplo para ilustrar a importância de se identificar corretamente a função de cada comportamento hipercompensatório. É a partir do conhecimento da função que se torna possível a identificação do modo de hipercompensação ao qual aquele comportamento está relacionado. Por exemplo, comportamentos que têm a função de evitar a dor do abandono a partir de agressões verbais, ferindo emocionalmente o outro, provavelmente estão relacionados ao modo provocativo e ataque. Já comportamentos que têm a função de evitar a dor da defectividade, fazendo tudo da forma mais perfeita possível e criticando os outros por seus próprios defeitos, provavelmente, estarão relacionados ao modo obsessivo supercontrolador.

Uma mesma emoção ou comportamento pode ter diferentes funções e, consequentemente, fazer parte de diferentes modos. No campo das emoções, a raiva pode fazer parte de diversos modos de enfrentamento, como o modo provocativo e ataque, o autoengrandecedor ou o protetor zangado. Pode vir do modo punitivo, quando a raiva do indivíduo é direcionada a si mesmo. Também pode ser a raiva da criança zangada, quando relacionada ao sentimento de injustiça de não ter tido a sua necessidade atendida. O que vai determinar a qual modo pertence essa emoção é justamente a sua função. Da mesma forma os comportamentos, por exemplo, a autolesão em pacientes borderline, que pode fazer parte do modo punitivo, quando o indivíduo pune a si mesmo a partir da culpa que sente por algum erro que julga ter cometido, do modo criança zangada, quando demanda cuidado sob a ameaça de se cortar, caso não seja atendido, ou do protetor desligado, quando a dor física é mais suportável que a dor emocional, dentre outros.

Tanto em Lúcifer quanto em House, o humor e a ironia, bem como os diversos comportamentos associados, exigem atenção em relação à sua função, pois podem fazer referência a diferentes modos de hipercompensação e evitação. Os personagens usam o humor tanto em tom de arrogância, diminuindo seus pares enquanto engrandecem a si mesmos (autoengrandecedor), quanto de forma ácida para desmerecer, criticar e atacar (provocativo e ataque). Também respondem de forma sarcástica para desviar de perguntas mais íntimas (evitação) com a função de se proteger quando alguém tenta se aproximar de suas vulnerabilidades.

O Papel da Relação Terapêutica

A relação terapêutica é uma das ferramentas mais importantes que o terapeuta possui para identificar os modos de enfrentamento disfuncionais. Ao sentir-se dominado, controlado, diminuído ou ameaçado pelo paciente, é muito provável que o terapeuta esteja na presença de um modo de hipercompensação (Arntz, 2013). House, em seu modo autoengrandecedor, tenta diminuir o terapeuta, minimizando a importância de suas intervenções e ridicularizando o processo terapêutico. Já Lúcifer, em seu modo de busca de atenção/aprovação, pode desejar a admiração do terapeuta, mostrando suas roupas e joias caras durante as sessões, além de contar histórias que envolvam *status* e fama, com a intenção de impressioná-lo. Nesse modo, Lúcifer comporta-se de forma extremamente sedutora na sessão. Um terapeuta que não esteja ciente de seu esquema de defectividade, por exemplo, pode sentir-se fortemente atraído pela aparente perfeição de seu paciente. Um terapeuta com esquema de arrogo também poderia sentir-se esquematicamente atraído por Lúcifer, pois este representaria uma figura "à altura" de se relacionar com ele. É também a partir da relação terapêutica que o terapeuta pode identificar comportamentos disfuncionais e sentir-se da mesma forma que outras pessoas que convivem com o paciente também se sentem, incluindo a percepção de sutilezas que poderiam não ser notadas, caso o paciente simplesmente estivesse relatando seus relacionamentos com terceiros (Young, 2003).

Para uma reparentalização limitada efetiva, o terapeuta deve ser afetivo, compreensivo e acolhedor com as emoções e a função histórica dos modos do paciente, mas também deve dar limites aos seus comportamentos disfuncionais, assim como pais saudáveis fariam com seus filhos (Arntz, 2013). A construção de limites saudáveis é uma atitude particularmente importante no trabalho com modos de hipercompensação e com a criança impulsiva/indisciplinada. Esse aspecto da relação terapêutica é retomado e explicado sempre que necessário, pois é importante que o paciente entenda o motivo de o terapeuta estar colocando limites em seus modos, mesmo que isso signifique deixar de ser amigável e afetivo por alguns momentos. Na maioria dos casos de hipercompensação é necessário que isso seja feito repetidamente, pois assim como com as crianças, não será suficiente colocar limites apenas uma vez (Arntz, 2013).

Definindo Limites Saudáveis

Quando House está em seu modo Provocativo e Ataque, passa grande parte da sessão insultando outras pessoas (e muitas vezes o próprio terapeuta) de "babacas", "idiotas" e "incompetentes". Nesses momentos, House altera o tom de voz e, por vezes, aos gritos, levanta-se de sua poltrona e ameaça ir embora. O terapeuta sente-se afastado, ofendido, intimidado, ameaçado e com medo, pois teme que qualquer tentativa de intervenção possa deixar House ainda mais furioso. É necessário que o terapeuta coloque limites no modo Provocativo e Ataque do paciente.

Terapeuta [interrompendo em tom assertivo, porém firme]: "House, me deixe falar algumas coisas agora, por favor. Eu não vou tolerar que você continue utilizando essas palavras comigo e quero poder explicar como me sinto quando você age e fala dessa forma durante a sessão. Consigo perceber que você tem raiva de muitas coisas e problemas com muitas pessoas de seu convívio."

Nesse momento, House tenta interromper e, em seguida, caminha em direção à porta, ameaçando ir embora.

Terapeuta: "House, por favor, me deixe falar. Se você preferir, pode ir embora da mesma forma quando eu terminar. O problema é que, se eu não interromper, a sessão inteira será sobre insultos a outras pessoas e não sobrará tempo para falarmos sobre você. Eu não vou ter a oportunidade de conhecer você a fundo ou entender mais sobre as emoções dolorosas e difíceis que você sente, principalmente quando está sozinho. Eu gostaria muito que você e suas emoções tivessem espaço aqui na terapia e só estou interrompendo, pois não quero que as coisas continuem assim. Eu quero poder ajudar você. Mas, para isso, eu também preciso que você me dê a chance de falar e de ser ouvido. Em uma relação, é importante que todas as pessoas envolvidas possam ter as suas necessidades atendidas. Todos têm o direito de receber cuidado, atenção, carinho e validação. Quem sabe podemos começar aqui mesmo na sessão a pensar e treinar formas de você expressar suas necessidades de forma mais saudável?".

A confrontação empática também é uma postura essencial no trabalho com os modos de hipercompensação, em que os indivíduos precisam ser confrontados sobre a disfuncionalidade de seus padrões interpessoais, a partir da relação terapêutica. A confrontação é empática, pois o terapeuta explica e valida as questões biográficas e históricas dos padrões de interação dos pacientes, interpretando-as como uma tentativa disfuncional de cuidar de suas necessidades.

> **Exemplo Confrontação Empática**
> *Terapeuta:* "House, hoje gostaria de falar um pouco sobre como eu me sinto em relação a você e a nós durante as sessões. Muitas vezes, não consigo participar ou contribuir em nada, além de considerar difícil interromper você em alguns momentos. Sinto que sempre que tento intervir, você me corrige ou discorda das coisas que digo. É como se fosse importante para você ter o controle da sessão ou mesmo ser a única pessoa certa aqui, sabe? Fico pensando em como essa maneira de se relacionar pode ter sido importante em sua vida de alguma forma, talvez como proteção. Ao estar no controle das situações ou se sentir superior, você pode se proteger de situações difíceis e dolorosas, principalmente na infância e na adolescência. Isso faz algum sentido para você?"
> "Essa forma de interagir pode ter sido bastante importante e protetiva para você quando criança. Porém, no momento, talvez também seja responsável por grande parte de seus problemas com seus colegas de trabalho no hospital e relacionamentos interpessoais em geral. Quando você está nesse modo, sinto que para você é quase impossível compartilhar contato íntimo e positivo comigo. E creio que isso também acontece em suas outras relações, certo? O que você acha disso?".

Caso já tenham sido coletadas informações suficientes da história do paciente que corroborem a função adaptativa do modo de enfrentamento na infância, podemos apontar diretamente para essas situações, facilitando a compreensão por parte do paciente: *[Terapeuta]:* "Imagino que esse modo tenha sido muito protetivo para você em todas as vezes em que precisou se defender das agressões de seu pai". Ou ainda, "imagino que seu lado perfeccionista tenha sido importante para que você conseguisse lidar com todas as cobranças e exigências de sua família".

A relação e o *setting* terapêutico ainda devem possibilitar segurança suficiente para que o paciente exercite formas mais adequadas de expressar suas necessidades. O terapeuta deve explicitamente encorajá-lo a isso, reforçando-o verbalmente a cada vez em que conseguir expressar suas necessidades de forma adequada na relação terapêutica: "Você percebeu que você expressou o que precisa de mim de uma forma muito assertiva? Isso é maravilhoso".

Ensinando Lúcifer a Comunicar Suas Necessidades

Terapeuta: "Seria ótimo se você pudesse aprender a expressar suas necessidades de forma que outras pessoas entendam o que você precisa delas. É importante que você seja assertivo e amigável, porém também verdadeiro e empático com os outros. Você irá perceber que eles ficarão muito mais motivados a acolher e atender você. E parece que essas duas coisas têm sido complicadas para você até aqui, você concorda?

Eu percebo que dificilmente você expressa suas reais necessidades. Ao invés disso, você utiliza modos de hipercompensação, como o seu lado mais sedutor ou "superior", tentando parecer inabalável, como se não precisasse de ninguém. Esses modos fazem com que as pessoas se afastem de você e, consequentemente, você se sinta sozinho. E então, cada vez mais sente que é melhor não expressar novamente suas emoções, não é?

Eu ficaria muito feliz se pudéssemos utilizar as sessões também como uma oportunidade de aprender mais sobre a expressão adequada das emoções. Eu vou sempre tentar atender às suas necessidades, mas precisamos procurar oportunidades de você expressá-las abertamente também em sua vida lá fora".

Expressar as necessidades de forma assertiva é uma experiência essencial para que o paciente possa ter suas necessidades emocionais atendidas de forma saudável. Porém, é importante que ele saiba que isso também pode exigir algum grau de tolerância à frustração, pois o terapeuta ou outras pessoas da vida do paciente podem não conseguir satisfazê-las completamente. Portanto, é importante discutir limites realistas com o paciente, para que ele compreenda que nem sempre suas necessidades serão perfeitamente atendidas e que desenvolver sua tolerância à frustração também será necessário (Arntz, 2013).

CONCLUSÃO

House e Lúcifer contam jornadas de reconciliação. De reconciliação consigo mesmo e de reconciliação com os seus. Jornadas de conquistas, de perdas, de encontros e de reencontros. Lúcifer, ao longo do tempo, parece aprender a ser mais vulnerável e compassivo consigo. House também, ainda que limitado por sua rigidez.

House é apresentado desde o início a partir de seu Complexo de Deus. Lúcifer, o próprio diabo, inicialmente sequer sabe o que é ser vulnerável, aprendendo sobre o conceito ao longo dos episódios, juntamente ao espectador. Com House, temos a sensação constante de que mesmo com tantos mecanismos de hipercompensação, eles não são fortes o suficiente para dar conta de dores e faltas tão intensas. A dor está sempre presente, excruciante, pulsante, em cada decisão, ato ou palavra. House, talvez devido a sua inteligência extraordinária, parece ter maior consciência (apesar de quase nunca admitir) de sua vulnerabilidade e parece usar sua hipercompensação conscientemente, para que possa ter maior controle da distância que mantém em relação aos outros. Lúcifer, por outro lado, em muitos momentos beira a ingenuidade. É tão certo de sua superioridade e perfeição, que é genuinamente difícil acreditar em algo contrário a isso. Lúcifer é praticamente um analfabeto emocional. House é a dor em sua forma mais pura. Lúcifer faz terapia e faz uso abusivo de álcool. House é abusivo com o outro e com o uso de medicamentos.

Os modos de hipercompensação protegem, mas também distanciam o paciente de ter suas necessidades emocionais atendidas de forma saudável. A correta compreensão do funcionamento do paciente envolve a identificação dos modos de enfrentamento, sua origem, os esquemas associados, gatilhos e, principalmente, a função do comportamento, para que seja possível construir a conceitualização do caso e o plano de tratamento mais adequado e correto. Quando deuses, diabos e outros funcionamentos celestiais estiverem presentes nas sessões de terapia, que seus terapeutas possam estar de coração aberto, dispostos a acolher a imensa dor da criança escondida por trás da dureza da hipercompensação.

Indicação de músicas, filmes e séries que abordam direta e/ou indiretamente os conceitos explanados neste capítulo

Recurso	Nome	Exemplos de Modos Presentes
Séries	*This is Us*	Obsessivo/Perfeccionista Supercontrolador, Auto-engrandecedor, Protetor Autoaliviador, Busca de Atenção/Aprovação.
	Bates Motel	Enganador e Manipulador, Predador
	Segura a Onda	Provocativo e Ataque, Obsessivo/Perfeccionista Supercontrolador, Auto-Engrandecedor
	Afterlife	Provocativo e Ataque, Protetor Autoaliviador

REFERÊNCIAS

APA. (2014). Manual diagnóstico e estatístico de transtornos mentais: *DSM-5*. 5. ed. Porto Alegre: Artmed.

Arntz, A. (2012). Schema therapy for cluster C personality disorders. In M. V. Vreeswijk, J. Broersen, & M. Nadort (Eds.) *The Willey-Blackwell handbook of schema therapy: Theory, research and practice* (pp. 397-414). Malden: Wiley-Blackwell.

Arntz, A. & Jacob, G. (2013). *Schema therapy in practice: An introduction guide to the schema mode approach*. Sussex Ocidental, Inglaterra: Wiley-Blackwell.

Farrel, J. M., Reiss, N., & Shaw, I. A. (2014). *The SchemaTherapy clinician's guide*. Sussex Ocidental, Inglaterra: John Wiley & Sons.

Fassbinder, E., & Arntz, A. (2021). Schema therapy. In A. Wenzel (Ed.), *Handbook of cognitive behavioral therapy: Overview and approaches* (pp. 493–537). American Psychological Association.

Flanagan, C., Atkinson, T. & Young, J. (2020). An introduction to Schema Therapy: Origins, overview, research status and future directions. In G. Health & H. Startup (Eds.), *Creative Methods in Schema Therapy: Advances and Innovation in Clinical Practice* (pp. 30-45). New York, NY: Routledge.

Health, G. & Startup, H. (2020). Creative Methods with Coping Modes and Chairwork. In G. Health, & H. Startup. (Eds.), *Creative Methods in*

Schema Therapy: Advances and Innovation in Clinical Practice (pp. 178-194). New York, NY: Routledge.

Jacob, G., Genderen, H. V., Seebauer, L. (2015*).* *Breaking Negative Thinking Patterns: A Schema Therapy Self-Help and Support Book.* Sussex Ocidental: Wiley-Blackwell.

Jones, E. (1923). *Essays in applied psychoanalysis.* The International Psycho--analytical Press. London, Vienna.

Van Genderen, H., Rijkeboer, M. & Arntz, A. (2012). Theoretical Model: Schemas, Coping Styles, and Modes. In M. V. Vreeswijk, J. Broersen & M. Nadort (Eds.), *The Wiley-Blackwell Handbook of Schema Therapy* (pp. 27-40). West Sussex, UK: Wiley-Blackwell.

Vreeswijk, M. V., Broersen, J., Nadort, M. (2012). *The Wiley-Blackwell Handbook of Schema Therapy: Theory, Research, and Practice.* Malden: Wiley Blackwell.

Wainer, R., & Wainer G. (2016). O trabalho com modos esquemáticos. In R. Wainer, K. Paim, R. Erdos, & R. Andriola. (Orgs.), *Terapia cognitiva focada em esquemas: Integração em psicoterapia* (pp. 147-168). Porto Alegre: Artmed.

Young J., Klosko J. S., Weishaar M. E. (2008). *Terapia do esquema: Guia de técnicas cognitivo-comportamentais inovadoras.* Porto Alegre: Artmed.

Young, J., Klosko, J. S. (2020). *Reinvente sua vida: Um programa avançado para ajudá-lo a acabar com os comportamentos negativos… e sentir-se bem novamente.* Porto Alegre: Sinopsys.

Capítulo 13
O CRÍTICO INTERNO DE UM REI: MODOS CRÍTICOS INTERNALIZADOS

Renata Campos Moreira de Souza Coelho
Marta Becker Engel de Melo Almeida
Rodrigo Trapp
Bruno Luiz Avelino Cardoso

> *"Meu castelo, minhas regras"*
> (Rei George V)

OBJETIVOS DE APRENDIZAGEM

Ao final da leitura deste capítulo, é esperado que você seja capaz de:

- Compreender a origem, a função e as manifestações dos modos críticos internalizados a partir da análise do filme "O Discurso do Rei";
- Explorar aspectos importantes na compreensão de como os modos críticos internalizados interferem no funcionamento do indivíduo;
- Identificar e executar possíveis estratégias de intervenção para lidar com os modos críticos na prática clínica.

A maneira como a criança experiencia o mundo está intimamente relacionada à forma como os pais ou cuidadores tratam, respondem e atendem às suas necessidades. Os modos críticos são representações internalizadas das vozes de pais, cuidadores ou outras pessoas importantes do convívio da criança, que a criticaram ou puniram por demonstrar suas necessidades emocionais (Farrell & Shaw, 2018). O tom dessas vozes é duro, crítico e implacável, fazendo com que o indivíduo muitas vezes tenha raiva de si mesmo. A sua origem está na infância e na adolescência, em que as crianças aprendem a sentir que são más, insuficientes ou indignas de serem amadas, a partir da internalização da visão de outros sobre si (Arntz & Jacob, 2013).

Na vida adulta, essas mensagens convergem em uma voz interna, que repete constantemente que o indivíduo não é bom suficiente para atingir seus objetivos ou merecer o amor de outras pessoas (Jacob et al., 2015). Essas afirmações tornam-se parte de seu diálogo interno e autoconceito, sejam elas precisas ou não, sendo reforçadas ao longo do tempo a partir da introjeção seletiva de informações que as confirmem (Farrell & Shaw, 2018).

As vozes críticas são aceitas como verdadeiras e suas mensagens nunca são questionadas, tornando-se crenças centrais do indivíduo sobre si mesmo, o mundo e os outros. Ou seja, referem-se aos aspectos cognitivos dos esquemas. Diante da ativação dos modos críticos internalizados, o sujeito torna-se as próprias pessoas responsáveis pelo conteúdo negativo das mensagens introjetadas e trata a si mesmo como fora tratado na sua infância e/ou adolescência (Young et al., 2003), conectando-se a mensagens que causam intenso sofrimento para o indivíduo e que estão diretamente relacionadas aos esquemas iniciais desadaptativos (ver Tabela 13.1).

Destaca-se que Farrell e Shaw (2018) sugeriram uma mudança na nomenclatura original de Young et al. (2003), modificando o termo "modos pais", para "modos críticos". As autoras sugerem essa alteração, visto que os modos críticos refletem a internalização de aspectos negativos não só a partir dos pais, mas de diversos outros pares também, como amigos, cuidadores, professores ou outras figuras de apego. Além disso, a não utilização do nome "pais" na definição do modo pode auxiliar a evitar a ativação das defesas do paciente e de conflitos de lealdade para com a família, assim como facilitar a participação dos pais no tratamento com crianças e adolescentes (Farrell & Shaw, 2018). Vale ressaltar ainda que os estudos sobre os modos críticos internalizados tem sido aprofundados, sendo compreendidas outras formas de internalizações, além das vozes "críticas/exigentes" e "punitivas", por exemplo, o modo "indutor de culpa" (Hayes & van der Wijngaart, 2020; Jacob et al., 2015); e o modo sociocultural opressor internalizado (*ver Capítulo 14*; Cardoso et al., 2022).

Tabela 13.1. Exemplos de mensagens dos modos críticos e os esquemas que eles refletem

Modo	Mensagens Comuns	Esquema Relacionado
Modo exigente	"Você deve ser perfeito" "Diversão é perda de tempo. Você precisa produzir" "Você não pode errar"	Padrões Inflexíveis
	"Você nunca será bom o suficiente"	Fracasso
Modo punitivo	"Ninguém nunca vai te amar" "Você é mau" "Teria sido melhor se você nunca tivesse nascido"	Defectividade/ Vergonha
	"Você é um chorão, um fracote"	Inibição Emocional
	"Você merece ser punido"	Postura Punitiva
Modo indutor de culpa	"As necessidades dos outros são muito mais importantes do que as suas"	Autossacrifício
	"Será culpa sua se ficarem magoados ou doentes. Você tem o dever de cuidar deles."	Emaranhamento

Fonte: Adaptado de Farrell e Shaw (2018) e Jacob et al. (2015)

Modo exigente internalizado

O modo exigente internalizado pressiona continuamente a criança, cobrando que ela atinja padrões e metas excessivamente altas. Para esse modo, a única forma aceitável de existir é buscando a perfeição, mantendo-se no controle das situações, sendo eficiente e evitando a perda de tempo. Quando esses padrões não são atingidos, os sentimentos de fracasso tomam conta. A pressão constante por conquistas é vivenciada de forma contínua, pois sempre há algo mais a ser conquistado (Farrel & Shaw, 2018). Quando este modo está ativado, o indivíduo sente que é errado expressar suas emoções ou ser espontâneo, não havendo espaço para a diversão e para o prazer (Arntz & Jacob, 2013).

Em relação a sua origem, a criança pode ter recebido afeto e validação de forma condicional, ou seja, restritos apenas à obtenção de conquistas, em que as demonstrações de amor e aceitação são retiradas quando a criança não atinge bons resultados. Com isso, internaliza a mensagem de que o amor que ela merece está relacionado ao seu desempenho. Como consequência, ela buscará fazer qualquer coisa para evitar o mau desempenho, porém não sentirá prazer ou alegria em conquistar algo, somente a decepção e o sentimento de não ser digna de amor e aceitação quando falhar (Jacob et al., 2015). As pessoas responsáveis pela construção do modo exigente na vida da criança poderiam ter boas intenções. No entanto, não havia equilíbrio entre reconhecimento e demandas (Jacob et al., 2015).

Modo punitivo internalizado

O modo punitivo não está relacionado a exigências, mas a uma voz interna que desvaloriza e odeia o *self* (Jacob et al., 2015). Quando os pensamentos e emoções relacionadas a si são caracterizadas por culpa, humilhação e ódio de si mesmo, o modo punitivo está presente (Arntz & Jacob, 2013). Nesse modo, o indivíduo sente que é mau e merece ser punido e que não é digno ou merecedor de receber amor. Pode envolver também sentimentos de vergonha ou nojo de si mesmo. Pessoas com um modo punitivo intenso dificilmente conseguem ver a importância de suas próprias necessidades e direitos (Jacob et al., 2015). Na infância, geralmente experienciaram abuso emocional, físico ou sexual.

Um aspecto extremamente importante na compreensão dos modos de vozes internalizadas é o fato de que eles exigem, culpam e punem a si mesmos e aos outros em *pensamentos*. Quando as mensagens do modo punitivo são verbalizadas, elas se tornam ações interpessoais e tornam-se um modo de enfrentamento, como o provocativo e ataque, por exemplo, com função e ativação emocional diferentes (Farrell & Shaw, 2018).

Modo indutor de culpa

O modo indutor de culpa está relacionado ao sentimento de que o indivíduo deve atender sempre as necessidades dos outros, colocando-as acima das suas próprias e se responsabilizando pelo bem-estar de todos. Quando não consegue, sente-se extremamente culpado. Nesse modo, atender incondicionalmente ao outro é a única forma de evitar conflitos ou rejeição. Os indivíduos sentem-se egoístas, maus e culpados caso atentem para as próprias necessidades ou fiquem zangados com as demandas alheias (Jacob et al., 2015).

Na infância, a criança provavelmente foi obrigada a atender aos pais e cuidadores, sendo excessivamente responsabilizada ou culpabilizada por situações que eram de responsabilidade dos adultos. Podem ter sido culpadas por transtornos mentais existentes na família, como a depressão da mãe ou o alcoolismo do pai, ou mesmo por separações e dissoluções de casamentos, ou ter desenvolvido um senso de cuidado excessivo com os outros, inibindo sua expressão emocional genuína e legítima para "não dar trabalho". Além disso, suas figuras de apego podem ter comunicado indiretamente e de forma constante sentimentos de desapontamento, frustração, tristeza e afastamento, normalmente desencorajando a autoexpressão, a autonomia, a diversão e a espontaneidade (Hayes & van der Wijngaart, 2020).

A percepção das vozes críticas internalizadas ao longo da vida precisa ser modificada. Elas devem deixar de ser vistas como verdades absolutas sobre o indivíduo, sendo reconhecidas como mensagens seletivas internalizadas ao longo da infância e/ou adolescência. Essa lente traz flexibilidade, facilitando sua correção e/ou substituição na idade adulta. Para implementar essa transformação rumo à saúde emocional, é preciso identificar qual modo "senta na cadeira do rei".

Sinopse do filme "O discurso do rei"

> O Príncipe Albert deve ascender ao trono da Inglaterra como Rei George VI. Porém, ele tem um problema de fala: Desde os 4 anos, Albert é gago. Para um integrante da realiza britânica, que frequentemente precisa fazer discursos, este é um sério problema. O príncipe procurou diversos médicos, mas nenhum deles trouxe resultados eficazes. Sabendo que o país precisa que seu marido seja capaz de se comunicar perfeitamente, Elizabeth contrata Lionel Logue, um ator e um terapeuta de fala de método pouco convencional, para ajudar o desesperançoso príncipe a superar a gagueira. Uma linda amizade desenvolve-se entre os dois homens, enquanto os exercícios e métodos de Logue fazem com que Albert adquira autoconfiança para cumprir o maior de seus desafios: assumir a coroa, após a abdicação de seu irmão David.

Que Rei Sou Eu?

Albert Frederick Arthur George, ou Bertie para os íntimos, nasceu em 1895 na cidade de Nortfolk, Inglaterra. É o filho do meio do Rei George V e da rainha Maria de Teck e foi criado seguindo regras e protocolos rígidos que deveriam ser cumpridos por todos os membros da família real Britânica. Albert serviu à marinha e à força aérea durante a Primeira Guerra Mundial, retomando seus compromissos com a aristocracia após o término do conflito. Tem um casamento estável com sua esposa Elisabeth e uma relação amorosa com ela e com as duas filhas: Margaret e Elizabeth. Em 1936, com o falecimento de seu pai, seu irmão David ascende ao trono. Pouco tempo depois, porém, David decide se casar com uma mulher divorciada, o que o impossibilita de continuar à frente da coroa de acordo com as leis da época, e decide abdicar do trono em favor de Albert, que recebeu o título de terceiro monarca da casa Windsor. Com isso, "Bertie" torna-se rei do maior império da sua época. Sua posição cômoda à sombra do irmão desvanece com a dura realidade que terá pela frente: vencer os próprios limites e lidar com um dos maiores desafios do século XX, a segunda guerra mundial. O rei se tornaria o porta voz do povo Britânico, incumbido de discursos de acolhimento e união transmitidos pelo rádio. Para isso, precisa enfrentar sua gagueira e confrontar seus "demônios internalizados".

Experiências de crítica, punição e não suprimento das necessidades emocionais, perpassam a história de Bertie e sua criação rígida. O menino era castigado por ser canhoto, o que o fez aprender à força a ser destro, e criticado por ter "pernas tortas", sendo obrigado a utilizar talas de metal para corrigi-las, mesmo que o fizessem sentir muita dor. Além disso, Bertie era o segundo filho, sendo que o filho mais novo era considerado o mais amável e o filho mais velho era considerado o mais competente. Bertie não era nada.

Os cuidados de Bertie e seus irmãos eram delegados às suas babás. As crianças precisavam se apresentar aos pais para uma "inspeção diária" e Bertie novamente era exposto à rigidez e a necessidade de atender expectativas alheias. A babá o beliscava nesses momentos, fazendo-o chorar. Os pais, então, o devolviam para ela, que o castigava deixando de alimentá-lo. Além disso, Albert tinha fortes dores de estômago, provavelmente por somatização de aspectos emocionais aliada aos maus tratos que recebia. Os pais levaram três anos para perceber esse ciclo de punições, demonstrando uma total desconexão afetiva em relação a Bertie.

Seu irmão mais novo tinha epilepsia, recebendo atenção especial da família e sendo mantido isolado do convívio de todos (por ser "diferente") até o seu falecimento, aos treze anos de idade. Seu irmão mais velho o provocava por causa de sua gagueira. Seu pai o diminuía, exigindo em tom áspero: "Fale de uma vez rapaz! Pare de gaguejar!". O Rei George gabava-se ao dizer que o medo que sentia de seu pai era um recurso que ele imprimia em sua relação com os filhos.

Durante sua infância e adolescência, Bertie foi impedido de experimentar o lazer e a espontaneidade. A família real o incumbia de servir ao povo e de representá-los, seguindo protocolos rígidos previamente estipulados. Para ser amado e respeitado por seus pais, Albert adquiriu uma postura de subjugação, autossacrifício e padrões inflexíveis. Assumiu a conduta de cobrar de si e de outros tal qual seu pai, repetindo o padrão da transgeracionalidade. Falhar ou descumprir regras e expectativas da família real era vergonhoso e sujeito a punições. Outro aspecto relevante na formação do funcionamento esquemático do protagonista reside no fato de ter passado parte de sua vida sentindo-se obrigado a agir contra a sua vontade. Entre esses atos coercitivos está o fato de Albert ser submetido a tratamentos vexatórios ou que lhe causavam dor, para que fosse "consertado" de seus "defeitos", induzindo culpa no menino, por ser imperfeito. O filme narra a história deste personagem que, frente a tantas situações aversivas, consolidou os modos críticos internalizados exigente, punitivo e indutor de culpa.

De Pai para Filho: Coroa, Modos Críticos e Transgeracionalidade

Diante da história de Albert, é possível observar possíveis origens para seus conflitos. A psicopatologia, vista sob a ótica da Terapia do Esquema (TE), deve-se à ativação dos esquemas iniciais desadaptativos (EIDs) e o consequente uso de modos e estilos de enfrentamento desadaptativos. Os EIDs são acionados como respostas automáticas à dor das necessidades básicas da infância não atendidas que encontram situações ativadoras no hoje (Young et al., 2003). Em situações em que essas dores são acionadas, os EIDs se ativam, eliciando reações de respostas rápidas, compostas por pensamentos, sensações, emoções, e imagens que se configuram como padrões de funcionamento (Farrell & Shaw, 2018; Wainer & Rijo, 2016). Identificar os esquemas e tornar consciente a ativação de modos e estilos de enfrentamentos é uma das propostas da TE (Callegaro, 2005). A compreensão do funcionamento esquemático revela ao cliente seu entendimento sobre o mundo, sobre suas relações e sobre quem ele é (Dobson, 2001; Stevens & Roediger, 2017). A *Tabela 13.2* sintetiza os esquemas de Albert e as experiências vivenciadas tanto na família, quanto com pessoas importantes em seu desenvolvimento. A partir do pouco que é mostrado ao espectador sobre a infância de Bertie, pode-se presumir que ele tenha desenvolvido esquemas de defectividade, privação emocional, fracasso, arrogo, subjugação, autossacrifício, postura punitiva, padrões inflexíveis e inibição emocional (ver *Tabela 13.2*). Em relação aos modos, Bertie apresenta principalmente a criança vulnerável, o protetor zangado, o protetor evitativo, o autoengrandecedor e as vozes críticas, exigentes e indutoras de culpa internalizadas, conforme ilustrado no mapa de modos do personagem (ver *Figura 13.1*).

Tabela 13.2. Domínios esquemáticos, experiências relevantes e esquemas de Albert

Domínios Esquemáticos	Experiências relevantes	Esquemas de Albert
1º Domínio (Vínculo Seguro)	Foi criticado por sua gagueira, por usar talas e por ser canhoto. Sua babá lhe dava beliscões e o privava de alimento. A família era desconectada dos afetos e das necessidades emocionais de Bertie. A infância foi isolada do contato com outras crianças "comuns", sem amigos. Tinha medo do pai.	Abuso e desconfiança, privação emocional, defectividade, isolamento social.
2º Domínio (Autonomia e Competência)	Família crítica, prejudicou o desenvolvimento da confiança de Bertie.	Fracasso

Domínios Esquemáticos	Experiências relevantes	Esquemas de Albert
3º Domínio (Limites Realistas e Autocontrole)	Família com direitos especiais.	Arrogo/ grandiosidade
4º Domínio (Validação das Necessidades e Emoções)	Supressão das necessidades, emoções, preferências e desejos: pai autoritário e monarquia. O rei faz o que o povo espera que ele faça.	Autossacrifício, subjugação
5º Domínio (Espontaneidade e Lazer)	Família punitiva, perfeccionista. Não é permitido falhar.	Padrões inflexíveis, inibição emocional, postura punitiva

O Trabalho Com Modos Críticos Internalizados

O foco do trabalho clínico com Bertie está na redução da influência das vozes críticas internalizadas, na construção e no fortalecimento do adulto saudável e de bons pais internalizados e do acolhimento da criança vulnerável ansiosa, defectiva, subjugada, privada e inibida. É necessário identificar as mensagens internalizadas ao longo da vida a partir de figuras de apego e confrontar empaticamente Bertie em relação à utilização de seus modos de enfrentamento evitativos e hipercompensatórios, que surgem para proteger a criança vulnerável.

Figura 13.1. **Mapa de Modos de Bertie**

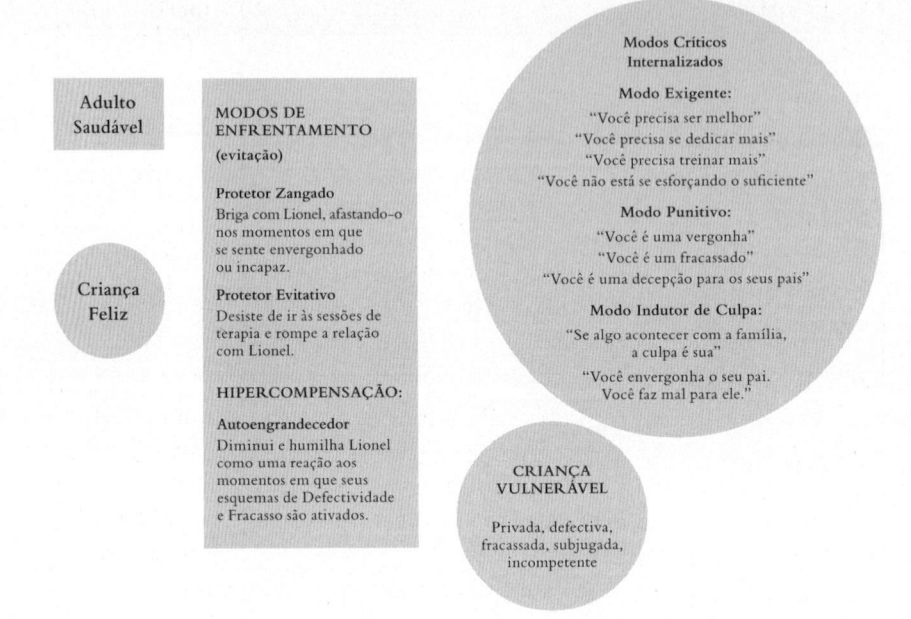

Adulto Saudável

Criança Feliz

MODOS DE ENFRENTAMENTO
(evitação)

Protetor Zangado
Briga com Lionel, afastando-o nos momentos em que se sente envergonhado ou incapaz.

Protetor Evitativo
Desiste de ir às sessões de terapia e rompe a relação com Lionel.

HIPERCOMPENSAÇÃO:

Autoengrandecedor
Diminui e humilha Lionel como uma reação aos momentos em que seus esquemas de Defectividade e Fracasso são ativados.

Modos Críticos Internalizados

Modo Exigente:
"Você precisa ser melhor"
"Você precisa se dedicar mais"
"Você precisa treinar mais"
"Você não está se esforçando o suficiente"

Modo Punitivo:
"Você é uma vergonha"
"Você é um fracassado"
"Você é uma decepção para os seus pais"

Modo Indutor de Culpa:
"Se algo acontecer com a família, a culpa é sua"
"Você envergonha o seu pai. Você faz mal para ele."

CRIANÇA VULNERÁVEL

Privada, defectiva, fracassada, subjugada, incompetente

A psicoeducação será importante para que, ao longo do processo terapêutico, possam ser construídas estratégias específicas para cada um desses modos, reduzindo a influência que exercem em seu funcionamento. Para os pacientes no início do tratamento em TE, a ideia de que crenças centrais negativas são o resultado de experiências de necessidades não atendidas em suas relações é um conceito desconhecido. O conceito de esquemas que distorcem a nossa percepção, agindo como filtros para nossas experiências são informações novas. As crenças centrais são encaradas como fatos e determinam como enxergamos a nós mesmos, o mundo e outras pessoas. É necessário a possibilidade de questionar essas crenças para, então, modificá-las (Farrell & Shaw, 2018). Nas últimas décadas, as técnicas para se trabalhar com os modos críticos internalizados foram ampliadas, trazendo para os dias atuais um arsenal robusto de intervenções baseadas na TE (Early, 2018; Hendrix & Hunt, 2018; Schaub, 2018), sejam em etapas cognitivas e/ou vivenciais.

Etapa cognitiva

A primeira etapa para o trabalho com os modos críticos está relacionada a apresentar a Bertie o modelo de modos, identificando, rotulando e explorando suas origens, manifestações e consequências. No caso dos modos críticos internalizados, é fundamental relacioná-los com as experiências de exigência, crítica, abuso, negligência ou maus-tratos que ele viveu na infância a partir da relação com sua família, babás e outros cuidadores. O olhar clínico e atento do terapeuta é essencial para a coleta de dados e construção dessa compreensão. Lionel auxiliaria Bertie a questionar as suas verdades esquemáticas e a reconhecer os pensamentos automáticos que partem das crenças centrais negativas sobre si mesmo, com suas respectivas distorções cognitivas, considerando alternativas saudáveis e escrevendo-as em um cartão de enfrentamento, por exemplo. Isso pode auxiliar o paciente a manter-se conectado com vozes mais saudáveis entre as sessões e nos momentos em que precisa discursar. Assim, Bertie pode aprender a construir autoestima e autoavaliações mais saudáveis e equilibradas, reduzindo o ódio e as desvalorizações em relação a si mesmo e permitindo que tanto os lados positivos quanto negativos de seu *self* sejam aceitos (Arntz & Jacob, 2013).

Etapa vivencial

Na etapa vivencial, serão utilizadas, principalmente, as imagens mentais e o diálogo entre modos (utilizando as cadeiras) com o intuito de reescrever e ressignificar situações do passado de Bertie, ensinando-o a se posicionarem de forma diferente nas situações inseguras e negativas na infância (Arntz & Jacob, 2013). Além disso, o trabalho vivencial permitirá que a criança de Bertie seja acolhida, validada e protegida, criando um registro emocional diferente das experiências tóxicas originais. Situações em que ele se sentiu insuficiente ou incapaz, podem ser substituídas por cenas em que é validado, aceito, e pode expressar suas necessidades e emoções de forma saudável. Em um primeiro momento, Lionel, adotando uma postura reparentalizadora, irá agir como um bom pai, que atende as necessidades da criança vulnerável. Ao longo do processo terapêutico, com o adulto saudável do paciente mais fortalecido, Bertie irá assumir esse papel.

Hayes e van der Wijngaart (2020) sugerem algumas diretrizes específicas para o trabalho vivencial com cada um dos modos críticos. Para o *modo exigente*, a aproximação do terapeuta é orientada para a negociação com esse modo. Os argumentos serão direcionados para a explicação dos motivos pelos quais o descanso, a espontaneidade e o relaxamento são necessidades básicas de uma criança. No *modo punitivo*, o terapeuta precisa tomar atitudes mais firmes e diretas, que garantam a segurança da criança vulnerável. O terapeuta se posiciona entre a criança e o modo punitivo, fazendo o que for necessário para criar a sensação de segurança e acolhimento, respondendo de forma determinada e confiante e demonstrando que é ele quem está no comando da situação e não o lado punitivo. Já para o *modo indutor de culpa*, o terapeuta deve identificar a punição/culpabilização indireta e sutil, chamando a atenção para o impacto que isso tem na criança. O paciente precisa ser educado sobre a diferença entre a relação saudável e o senso de responsabilidade não-saudável. O terapeuta também precisa prover suporte ao modo/indivíduo indutor de culpa, auxiliando-o a buscar ajuda de serviços de saúde mental ou de outros adultos, ao invés da criança, por exemplo.

O trabalho com imagens mentais

O objetivo principal do trabalho com imagens mentais é o de estabelecer novos padrões emocionais. Bertie precisará acessar a memória de um evento traumático ou negativo, revivendo-o parcialmente, como se estivesse acontecendo aqui e agora. Lionel, por sua vez, deverá intervir identificando e atendendo as necessidades emocionais subjacentes aos esquemas de Bertie, auxiliando-o a expressá-las durante a revivência.

Pacientes que experienciaram situações recorrentes de abuso ou negligência na infância têm dificuldades de vivenciar experiências emocionais de apego seguro. Eles se sentem ameaçados, envergonhados e desamparados, mesmo em situações que não são perigosas (Arntz & Jacob, 2013). No trabalho com imagens mentais, as memórias ameaçadoras são processadas e modificadas. O paciente é auxiliado a reprocessar as memórias, experienciando o sentimento de estar sendo cuidado, com as emoções negativas sendo substituídas por emoções positivas (Schaich et al., 2020). Com isso, o significado da representação do evento negativo é alterado de forma a ser mais funcional e o enfraquecimento das representações mantenedoras dos sintomas tornam as verdades esquemáticas menos coerentes ou relevantes, além de encorajar mudanças saudáveis na visão de si e do mundo (Strachan et al., 2020). Com Bertie, é importante ressignificar as cenas com o pai que contribuíram para a construção de seus modos críticos internalizados (ver *Quadro 13.1*). Para o presente capítulo, foram selecionadas cenas nas quais o principal modo presente é o modo punitivo internalizado.

Vinheta Clínica

Quadro 13.1. Combatendo os modos críticos e validando a criança por meio das imagens mentais

Bertie chega em sua oitava sessão de terapia com raiva de si mesmo, sentindo-se incapaz de assumir o trono do irmão:

Bertie: "Eu não consigo nem fa-falar sem gaguejar! Que rei não consegue falar uma frase sem ga-ga-gaguejar? Quem eu penso que sou para assumir essa responsabilidade? Sou uma fraude, sou incompetente, um defeituoso e fracassado!"

Terapeuta: "Bertie, você consegue me dizer o que está sentindo? Qual o sentimento presente nesse momento?"

Bertie: "Eu sinto raiva".

Terapeuta: "E onde você sente essa raiva? Em qual parte do seu corpo?"

Bertie: "Sinto uma onda de calor no meu corpo inteiro".

Terapeuta: "O que mais você está sentindo?"

Bertie: "Tenho vontade de chorar. Odeio ser assim, odeio ser defeituoso desse jeito. Sou uma vergonha, uma decepção para todos".

Terapeuta: "Bertie, vou propor que façamos um exercício de imagem para entender melhor esses sentimentos, que estão presentes de forma tão intensa e tão recorrente. Tudo bem por você?"

Bertie: "Sim"

Terapeuta: "Ótimo! Vou pedir então que você feche os olhos e se conecte com o que está sentindo. A raiva, a vergonha, o calor que toma conta do seu corpo. Agora, vou pedir que você deixe sua mente vagar livremente e volte até a sua infância, conectando-se com algum momento em que você se sentiu da mesma forma. Essa mesma raiva, a mesma vergonha. Quando alguma imagem aparecer para você, por favor, descreva-a para mim".

Bertie: "Lembrei de uma cena de quando eu era pequeno, devia ter uns 6 ou 7 anos, em que estamos eu e meu pai em seu escritório. Ele está me dando ordens, dizendo quais são os meus deveres na família e me criticando muito a cada vez que tento falar alguma coisa."

O terapeuta correlaciona as emoções atuais de Bertie com as lembranças do seu passado. Através dessas lembranças infantis, identificou-se uma das vozes críticas de seu passado.

Terapeuta: "O que ele está dizendo?"

Bertie: "Ele diz: 'Fale direito menino! Que vergonha, com essa idade e ainda não sabe sequer falar direito'".

Terapeuta: "Por que ele está lhe criticando?".

Bertie: "Porque estou gaguejando muito".

Terapeuta: "Bertie, como você está se sentindo nesse momento?"

Bertie: "Eu estou extremamente ansioso, pois preciso falar e não consigo. Me sinto uma aberração. Tenho muita vergonha de estar ali. Tenho muita raiva dele pelo que está fazendo comigo, mas tenho muita raiva de mim também, por ser do jeito que sou. Estou decepcionando meu pai."

Terapeuta: "George, tudo bem se eu entrar nessa cena agora e falar com o seu pai?"

Bertie: "Pode entrar, mas ele não vai te ouvir".

Terapeuta: "Tudo bem, quero conversar com ele mesmo assim. Quero que você me veja falando com ele e preste atenção em como vai se sentir, ok? Estou falando com ele agora: 'Escute aqui George, é comigo que você vai falar agora. Você não pode falar assim com o Bertie, eu não vou permitir que você fale dessa maneira com ele. Você não vê que ele está tentando ao máximo fazer o seu melhor? Ele sempre se esforçou para agradá-lo e você só reclama e só o critica. E isso o deixa ansioso e triste. Isso tem que acabar agora. O pequeno Bertie é um menino lindo exatamente do jeitinho que é. Ele merece receber todo o amor e cuidado do mundo. Você não está sendo um bom pai nesse momento'. Pequeno Bertie, como seu pai está reagindo?

Bertie [ainda na imagem]: "Ele fica furioso com você. Diz que ele é o rei e que vai ordenar que você seja preso por falar dessa forma com ele".

Terapeuta: "Bertie, eu vou responder para ele, ok? 'George, você não vai fazer nada disso. Eu estou aqui para cuidar do pequeno Bertie, dar a ele todo o carinho que ele merece e que você não o dá. Eu vou ficar aqui com ele e quem vai se retirar é você. Eu vou usar um pouco de mágica, estou ficando gigante e vou tirar você da sala'. Bertie, você consegue me imaginar gigante, pegando seu pai pelo colarinho da roupa e tirando-o da sala?"

> **Bertie:** "Sim".
>
> **Terapeuta:** "Ótimo! Bertie, não tem absolutamente nada de errado com você. Você é um menino maravilhoso, dedicado e extremamente carinhoso. Eu teria muito orgulho de ser pai de um menino exatamente como você. Como você está se sentindo agora?".
>
> **Bertie:** Melhor, me sinto mais leve, como se um peso enorme tivesse sido tirado das minhas costas.
>
> *Quando George e o terapeuta saem da imagem, o terapeuta pode perguntar a George "Que nova mensagem podemos aprender a partir desse trabalho de imagem?"*
>
> **George:** "Que não era culpa minha. Que eu estava tentando, que eu estava me esforçando muito para agradá-lo, mas ele precisava ter sido paciente e compreensivo comigo. O jeito que ele me tratava só me fazia sentir ainda pior e gaguejar ainda mais. Ele devia ter cuidado de mim".

O trabalho com cadeiras

O trabalho com cadeiras é uma das principais intervenções experienciais na Terapia do Esquema para o trabalho com os modos críticos internalizados. No modelo clássico da TE, representa um diálogo de modos, em que cada cadeira indica um modo do paciente. Pacientes como Bertie apresentam vozes críticas ou punitivas muito intensas, ao mesmo tempo em que apresentam um adulto saudável ainda pouco desenvolvido. As cadeiras podem ser utilizadas tanto para auxiliar o paciente a dar limites/reduzir a influência do modo crítico e extinguir o modo punitivo, quanto para auxiliar o paciente a expressar melhor suas emoções e desenvolver maior consciência de seus modos criança, modos de enfrentamento e o modo adulto saudável (ver modelo de aplicação da técnica no Quadro 13.2)

Vinheta Clínica

> ***Quadro 13.2.*** *Trabalho com cadeiras: terapeuta combate a figura parental crítica*

Ao longo da sessão, o terapeuta percebe que o modo punitivo de Bertie é ativado.

Bertie: "Não adianta. Isso nunca vai funcionar comigo. Eu sou mesmo um fracassado, um inútil, que nunca vai conseguir fazer nada direito, muito menos ser rei. Eu mereço sofrer dessa forma. Para que serve um homem que não consegue nem falar?"

Terapeuta: "Bertie, parece que novamente sua voz punitiva está ativada. Esse tom de voz, as palavras que você está usando. Elas nos lembram alguém, certo?"

Bertie: "Sim, meu pai".

Terapeuta: "Exato. O modo que aparece nesses momentos fala da mesma forma que seu pai falava com você. Ele representa a internalização de todas as coisas negativas que ele dizia sobre você. Eu gostaria de propor um exercício diferente, Bertie. Gostaria de colocar essa voz que tanto lhe critica e pune nessa cadeira aqui ao lado, para ouvi-la e tentar entender melhor o que ela está dizendo. Tudo bem por você?"

Bertie: "Sim, eu acho que sim".

Terapeuta: "Ótimo. Gostaria de pedir para que você trocasse de cadeira, então. Sente-se ali, na cadeira que está à sua frente. E quando se sentar lá, quero que você seja essa voz por alguns momentos. Pode ser?"

Bertie: "Pode ser" [o paciente troca de cadeira]

Terapeuta: [agora dirigindo-se para o paciente na segunda cadeira] "Ok. Eu gostaria que você me falasse o que acha do Bertie, como você o vê, o que acha dele".

Bertie: "Eu o acho um completo idiota, um completo fracassado, um inútil. Veja, é um coitado que não consegue nem falar direito. Ele..."

Terapeuta: [interrompendo] "Ok, ok. Vou te interromper, chega. Vou te pedir para trocar de cadeira novamente agora, ok? Bertie, sente-se aqui ao meu lado. E quando se sentar, quero que deixe essa voz punitiva, essa voz que representa o seu pai, presa a essa cadeira, que ela fique aí e não saia. Pode ser? Sente-se aqui ao meu lado então, por favor. [Bertie volta para a cadeira inicial]. Como você se sente quando ouve ele falando assim com você?"

Bertie: "Fico triste, fico com medo de nunca conseguir ser um rei decente. Mas é normal, me senti assim a vida inteira. Ele sempre me falou essas coisas".

Terapeuta: "Bertie, eu quero falar com o seu pai agora. E quero que você preste atenção em como vai se sentir enquanto isso, pode ser?"

Bertie: "Sim".

O terapeuta confronta o lado crítico e defende a criança vulnerável.

Terapeuta: [Falando com a cadeira vazia] "George, eu quero que você me escute com muita atenção agora. Eu não vou permitir que você faça isso com o Bertie. Não vou permitir que você fale assim com ele. Bertie é um menino extremamente esforçado, amoroso e que merece ser amado e cuidado por todos, principalmente por você. Não há nada de errado com ele, absolutamente nada de errado. [voltando-se para a cadeira de Bertie] Bertie, quero que saiba que não há nada de errado com você. Você é uma criança incrível e eu tenho muito orgulho de você. [voltando-se novamente para a cadeira vazia]. Você está sendo um péssimo pai nesse momento, George. Isso tem que acabar agora. [novamente voltando-se para Bertie] Como ele está reagindo, Bertie?"

Bertie: "Ele disse que vai mandar prender você. Que você não é ninguém e não tem o direito de falar assim com o rei".

Terapeuta: "Ah, ok. Vou falar com ele novamente, ok? [voltando-se para a cadeira vazia] 'George, vou lhe dizer uma coisa. Eu sou alguém sim, sou alguém que gosta muito do Bertie, que tem muito orgulho dele e que vai cuidá-lo e protegê-lo como você deveria ter feito. Eu não vou permitir que você o trate assim. Não queremos mais você aqui' [o terapeuta afasta a cadeira vazia, tirando-a de vista]. Você consegue me imaginar tirando-o da sala, Bertie? Quero que esse espaço aqui seja só seu. Como você se sente?"

Bertie: "É bom ouvir. Nunca ninguém fez isso por mim".

Terapeuta: "Bertie, eu sinto muito. Você deveria ter sido protegido assim sempre".

Etapa comportamental

Arntz e Jacob (2013) sugerem que atividades direcionadas à redução do perfeccionismo e ao aumento de atividades prazerosas são importantes no trabalho com os modos críticos internalizados. O treinamento de habilidades sociais direcionado a construção de relacionamentos que favoreçam essas atividades também pode ser importante. A utilização de áudios e mensagens do terapeuta, bem como a gravação do áudio dos próprios exercícios de imagens e cadeiras, para que sejam ouvidos novamente em outros momentos, auxiliando o paciente a continuar conectado com o adulto saudável do terapeuta entre as sessões também é recomendado. Da mesma forma que Bertie conseguia falar perfeitamente enquanto ouvia música nos fones de Lionel, o que impedia que ouvisse a si mesmo gaguejando, ouvir o adulto saudável do terapeuta também pode auxiliar o paciente a silenciar o lado crítico, permitindo que fale consigo mesmo de forma amorosa e saudável.

"... Lá Sou Amigo Do Rei": Lionel, Bertie e A Relação Terapêutica

A relação terapêutica é como o palco no qual a real mudança dos esquemas irá acontecer (Farrell & Shaw, 2018; Masley et al., 2012; Young et al., 2003). No enlace da relação, um componente vital é a formação de um vínculo seguro, empático e afetivo, no qual se constrói um ambiente oportuno para as experiências emocionais corretivas (Alexander & French, 1946).

Lionel e Bertie permaneceram amigos até o final de suas vidas, mas não foi assim desde o início. Quando Bertie busca a ajuda de Lionel para curar a sua gagueira, comparece à primeira sessão acompanhado pela esposa, que intermediou seu primeiro contato com o profissional. Bertie procura um tratamento rápido e eficaz para o seu problema. No início, não se sente seguro o suficiente para se vulnerabilizar, sendo pouco empático, bastante crítico e exigente com o Lionel, mostrando-se bastante desconfortável em expressar suas emoções e utilizando constantemente seus modos de enfrentamento. Lionel fora orientado a não se sentar muito perto do príncipe, não tocar em assuntos pessoais e a manter os encontros entre eles em total sigilo, além de diversos outros protocolos que dificultavam a construção de um vínculo genuíno e seguro.

Dentro dos limites adequados da relação terapêutica, espera-se que o terapeuta aja com o paciente como um antídoto para déficits primitivos estabelecidos nos cuidados com os primeiros cuidadores (Young et al., 2003). Caso estivesse em um atendimento em Terapia do Esquema, Lionel, como se assumisse essa função, logo perceberia que quaisquer comentários feitos por ele poderiam ser interpretados por Bertie da perspectiva de seu lado exigente, punitivo ou indutor de culpa. Ou seja, além de confrontar empaticamente os modos de enfrentamento do paciente (principalmente o autoengrandecedor e o provocativo e ataque), seria necessário limitar e combater os modos críticos sempre que estivessem presentes, oferecendo um modelo saudável, de autoavaliação realista e positiva. Ao tratar as mensagens críticas de Bertie sobre si mesmo, como "Eu sou um idiota" ou "Eu não mereço ser rei", como vozes internalizadas e não como algo de sua essência, o terapeuta modela o adulto saudável, curativo e reparentalizador de Bertie. A reparentalização limitada é, por si só, um antagonista para os modos críticos.

Vinheta Clínica

[Bertie não conseguiu concluir o exercício proposto pelo terapeuta, de fazer um discurso para a sua esposa ao longo da semana].
Bertie: "Eu sou tão incompetente que sequer consegui fazer o discurso para ela. Nem para ela! Eu não mereço melhorar, sou um completo idiota".
[O terapeuta coloca limites no lado punitivo, ao mesmo tempo em que reforça a importância do exercício proposto]
Terapeuta: Bertie, sinto muito por você não ter conseguido concluir o exercício. Ele é bem importante e teremos que pensar sobre o que aconteceu e o que podemos fazer diferente, para que você consiga concluí-lo. Porém, não é verdade que você é incompetente ou um idiota. Esse é o seu lado punitivo falando. Você já fez tantas outras coisas que propusemos aqui, já deu tantos outros passos aqui na terapia. E fez tudo muito bem. Se o seu lado punitivo aparecer todas as vezes que você cometer um erro ou não concluir uma tarefa, você ficará desmotivado e sem ânimo para tentar novas coisas desafiadoras.

Não existe momento perfeito para reparentalizar ou investir na relação: o modelo da TE sugere que a reparentalização limitada ocorre a todo momento. Assim como um pai amoroso atende as necessidades emocionais do filho, o terapeuta de esquemas também está atento às necessidades de seus pacientes, produzindo um "quadro terapêutico" ideal para seu atendimento (Liu, 2019). Ao longo do processo com Bertie, Lionel, como se fosse um terapeuta do esquema, auxiliou a silenciar as vozes críticas, dando espaço à criança e ao adulto saudável. Diversas falas do futuro rei ilustram essa construção do vínculo seguro, que foi se fortalecendo ao longo dos encontros. Sempre que necessário, Lionel reparentaliza Bertie, oferecendo palavras de segurança e encorajamento, como no diálogo a seguir:

> *Lionel:* "Seu pai não está mais aqui."
>
> *[referindo-se às mensagens críticas internalizadas que agora são antigas, que não precisam mais ser ouvidas]*
>
> *Bertie:* "Está sim no 'xelim' que lhe dei".
>
> *[Bertie mostra o rosto do pai cunhado nas moedas inglesas da época, dando a entender que as vozes foram internalizadas de tal forma que ainda estão presentes, mesmo com a morte do pai].*
>
> *Lionel:* "Você não precisa mais carregar no seu pai no bolso, ele não está mais aqui e você não precisa mais temer as coisas que temia aos 5 anos. Você é um homem muito forte, Bertie"
>
> *[tentando diminuir a influência das vozes críticas, acolhendo a criança e fortalecendo o adulto saudável de Bertie]*

A importância da relação terapêutica é tamanha que, na ausência dela, a qualidade das intervenções técnicas é prejudicada, assim como todo o sucesso do tratamento (Horvath et al., 2011). Considera-se que a relação terapêutica é segura quando o terapeuta e o paciente demonstram sentimentos recíprocos, como confiança, respeito, colaboração e reciprocidade. Nesse cenário, entende-se que o paciente assumirá sua responsabilidade, sentindo-se ativo no processo terapêutico (Horvath & Bedi, 2002).

No Fim do Jogo, O Rei e O Peão Voltam para A Mesma Caixa

Quando seu irmão David o confronta em sua casa, alegando que Bertie está fazendo terapia, pois quer destroná-lo e assumir seu lugar, o irmão mais novo congela e não consegue responder. Posteriormente, na consulta com Lionel, diz que todo o trabalho que eles vêm fazendo foi em vão, pois sequer consegue reagir quando sente-se intimidado. Essa cena pode ser vista como um paralelo para a própria voz crítica. Quando ela toma conta, muitas vezes sentimos como se não fosse possível reagir, como se todo o nosso trabalho tivesse sido em vão.

É preciso ter clareza de que, na maioria das vezes, os indivíduos não percebem que estão utilizando estratégias de enfrentamento ou mesmo que seus esquemas estão no "trono" da sua vida. Mesmo que tragam prejuízos com consequências negativas e conflitantes, é comum a sensação de aprisionamento em tais padrões. O papel do terapeuta se torna essencial para o rompimento dos padrões disfuncionais e para o desenvolvimento de padrões saudáveis e atualizados (Andriola, 2016). A "cura" dos esquemas viabiliza uma vida com mais satisfação, qualidade e sentido. Nessa jornada, o adulto saudável busca relações e atividades positivas para si e lida de forma saudável com pensamentos e sentimentos desconfortáveis. Já o modo criança feliz expressa suas emoções e afetos espontaneamente, sentindo-se amada, conectada, contente e satisfeita em suas necessidades.

CONCLUSÃO

No trabalho com modos críticos internalizados, tem-se, como propósito final, uma colaboração mútua de esforços da dupla terapêutica em salvaguardar a saúde mental do paciente, indo ao encontro do adulto saudável e da criança feliz. A TE é uma forma altamente eficaz de conquistar esse fim (Masley et al., 2012; Young et al., 2003), pois promove uma maior compreensão de como estratégias de enfrentamentos e modos podem ser prejudiciais, assim como traz esperança e ilumina o caminho para mudança.

Bertie repete diversas vezes uma frase para si mesmo no final do filme: "Eu tenho o direito de ser ouvido". Essa mensagem é importante para que os pacientes possam confrontar seus próprios modos críticos internalizados. O modo adulto saudável tem direito de ser ouvido. As vozes positivas, acolhedoras, amorosas, tranquilas e validantes ao redor do paciente têm direito de ser ouvidas. O processo terapêutico deve fornecer aos pacientes a oportunidade de aprender cada vez mais que eles não precisam dessa voz crítica e que ela não lhes pertence. É apenas a representação de pensamentos e comportamentos internalizados a partir de alguém que não soube lhes cuidar ou amar como mereciam. Que suas crianças e seus adultos possam sentir raiva dos maus-tratos dos modos críticos, combatendo-os com a força necessária. E que o adulto saudável seja cada vez mais carinhoso, afetivo, acolhedor e que valide e aceite o paciente exatamente como ele é.

A gagueira de Bertie funciona como uma linda metáfora para seus modos críticos internalizados. Lionel, seu terapeuta da voz e da alma, afirma que nunca viu uma criança aprender a falar gaguejando, apontando para o fato de que a gagueira de Bertie não é de nascença. A prova: quando ele fala consigo mesmo, não gagueja. Assim também é com os lados críticos internalizados. Nenhuma criança aprendeu sozinha a falar assim consigo mesma. Quando o indivíduo for falar, que seja a partir de seu adulto saudável, de seu bom cuidador. Que Bertie possa tratar a si mesmo com a gentileza que trata todos ao seu redor quando se sente protegido. E que, seja no final do jogo, seja no final do dia, todos sintam que há em cada um uma caixa amorosa, tranquila, acolhedora e segura para a qual sempre é possível retornar. Seu nome é compaixão.

Indicação de músicas, filmes e séries que abordam direta e/ou indiretamente os conceitos explanados neste capítulo

Recurso	Nome	Conceitos abordados
Músicas	*I'm a mess (Bebe Rexha)*	Modo Punitivo Internalizado
Filmes	*Era uma vez um sonho (2020)*	Modo indutor de culpa
Séries	*Pacificador (2022)*	Modo Crítico/Punitivo e Indutor de culpa
Livros	*Carta ao pai – Franz Kafka*	Modos Críticos Internalizados

REFERÊNCIAS

Alexander, F., & French, T. M. (1946). *Psychoanalytic therapy; principles and application*. Ronald Press.

Andriola, R. (2016). Estratégias terapêuticas: reparentalização limitada e confrontação empática. In: R. Wainer, K. Paim, R. Erdos, & R. Andriola (Orgs.). *Terapia cognitiva focada em esquemas: integração em psicoterapia* (pp. 67-84). Porto Alegre: Artmed.

Arntz, A., & Jacob, G. (2013). *Schema therapy in practice: an introductory guide to the schema mode approach*. Wiley-Blackwell.

Callegaro M. M. (2005). A neurobiologia da terapia do esquema e o processamento inconsciente. *Revista Brasileira de Terapias Cognitivas, 1*(1), p. 9-20.

Cardoso, B. L. A., Paim, K., Catelan, R. F., & Liebross, E. H. (2022). Minority stress and the inner critic/oppressive sociocultural schema mode among sexual and gender minorities. *Current Psychology*.

Dobson, D. (2001). *A terapia cognitivo-comportamental baseada em evidências*. Porto Alegre: Artmed.

Farrell, J. M., & Shaw, I. A. (2018). *Experiencing Schema Therapy from the Inside Out: A Self-Practice/Self-Reflection Workbook for Therapists*. New York: The Guilford Press.

Hayes, C., & van der van der Wijngaart, R. (2020). Imagery Rescripting for Childhood Memories. In Heath, G & Startup, H (Eds), *Creative Methods in Schema Therapy: Advances and Innovation in Clinical Practice* (p.108-123). Inglaterra: Routledge.

Horvath, A. O., & Bedi, R. P. (2002). *The alliance. In J. C. Norcross (Ed.), Psychotherapy relationships that work*. New York: Oxford University Press.

Horvath, A. O., Del Re, A. C., Flückiger, C., & Symonds, D. (2011). *Alliance in individual psychotherapy*.

Jacob, G., Genderen, H. V., Seebauer, L. (2015). *Breaking Negative Thinking Patterns: A Schema Therapy Self-Help and Support Book*. Sussex Ocidental: Wiley-Blackwell.

Lobbestael, J., van Vreeswijk, M., & Arntz, A. (2007). Shedding light on schema modes: a clarification of the mode concept and its current research status. *Netherlands Journal of Psychology, 63*(3), 69-78.

Masley, S. A., Gillanders, D. T., Simpson, S. G., & Taylor, M. A. (2012). A Systematic Review of the Evidence Base for Schema Therapy. *Cognitive Behaviour Therapy, 41*(3), 185–202.

Nadort, M., van Genderen, H., & Behary, W. (2012). Training and supervision in schema therapy. In: M. van Vreeswijk, J. Broersen, & M. Nardot (Orgs.). *The Wiley-Blackwell handbook of schema therapy: theory, research, and practice* (pp. 453-462). Wiley-Blackwell: John Wiley & Sons, Ltd.

Norcross, J. C., & Wampold, B. E. (2011). Evidence-based therapy relationships: Research conclusions and clinical practices. *Psychotherapy, 48*(1), 98–102.

Roediger. E., Stevens, B. A., & Brockman, R. (2018). *Contextual Schema Therapy: An Integrative Approach to Personality Disorders, Emotional Dysregulation, and Interpersonal Functioning.* Context Press.

Schaich, A., Braakmann, D., Richter, A., Meine, C., Assmann, N., Köhne, S., ... & Fassbinder, E. (2020). Experiences of patients with borderline personality disorder with imagery rescripting in the context of schema therapy—A qualitative study. *Frontiers in Psychiatry*, 1358.

Stevens, B. A., & Roediger, E. (2017). *Breaking negative relationship patterns: a schema therapy self-help and support book.* Wiley-Blackwell: John Wiley & Sons, Ltd.

Strachan, L. P., Hyett, M. P., & McEvoy, P. M. (2020). Imagery rescripting for anxiety disorders and obsessive-compulsive disorder: recent advances and future directions. *Current Psychiatry Reports, 22*(4), 1-8.

Vasconcellos, M. J. E. (2002). *Pensamento sistêmico: O novo paradigma da ciência.* Campinas, SP: Papirus.

Wainer, R., & Rijo, D. (2016). O modelo teórico: esquemas iniciais desadaptativos, estilos de enfrentamento e modos esquemáticos. In: R. Wainer, K. Paim, R. Erdos, & R. Andriola (Orgs.). *Terapia cognitiva focada em esquemas: integração em Psicoterapia* (pp. 47-63). Porto Alegre: Artmed.

Young, J. E., Klosko, J. S., & Weishaar, M. E. (2003). *Schema therapy: a practitioner's guide.* New York: Guilford Press.

Capítulo 14
LUCA E O MODO CRÍTICO (SOCIOCULTURAL OPRESSOR) INTERNALIZADO: CONTRIBUIÇÕES DA TERAPIA DO ESQUEMA PARA INTERVENÇÃO COM MINORIAS SOCIAIS

Bruno Luiz Avelino Cardoso
João Guilherme de Figueredo Campos

> *"Algumas pessoas nunca vão aceitá-lo, mas outras vão e parece que ele sabe encontrar as pessoas boas"*
> (Vovó Paguro)

OBJETIVOS DE APRENDIZAGEM

Ao final da leitura deste capítulo, é esperado que você seja capaz de:

- Identificar os processos de rejeição experienciados por grupos sociais minoritários e como eles contribuem para o modo crítico (sociocultural opressor) internalizado;
- Compreender algumas variáveis socioculturais que contribuem para a constante sensação de ameaça em grupos sociais minoritários frente ao grupo privilegiado/dominante;
- Reconhecer estratégias de intervenção para combate ao modo crítico (sociocultural opressor) internalizado.

A Terapia do Esquema (TE) tem demonstrado aplicabilidade no trabalho com populações diversas. É possível acessar na literatura aplicações desse modelo com adultos (Young et al., 2003), casais (Paim & Cardoso, 2019; Simeone-DiFrancesco et al., Roediger & Stevens, 2015), e crianças e adolescentes (Loose et al., 2020; Loose & Pietrowsky, 2016;

Reis, 2019). Há também resultados significativos dessa abordagem para múltiplos quadros clínicos, incluindo transtornos de personalidade (Bamelis et al., 2014), transtornos de humor (Renner et al., 2013) e outros quadros diagnósticos. Entretanto, pouco se tem abordado sobre sua aplicação em pessoas pertencentes aos grupos sociais minoritários (GSM), ou seja, aquelas que fazem parte de determinados contextos que, por destoarem da norma, tendem a ser marginalizados e/ou excluídos da sociedade.

Pensar na concepção de minorias envolve atentar-se às dinâmicas referentes aos determinantes sociais que atravessam os indivíduos em sua socialização e compreender os múltiplos estressores ambientais que afetam a saúde mental desses sujeitos. A exemplo, pertencente aos GSM, encontram-se: mulheres, pessoas LGBTQIA+, negros/pretos e pessoas com deficiências. Destaca-se que o termo "minoria social" não se refere ao número da população minoritária, pois, em alguns casos, um grupo minoritário pode ser maior que um grupo de classe dominante, mas é relativo aos processos de exclusão social aos quais essas pessoas são submetidas. Assim, discutir sobre essa temática demanda compreender os conceitos interseccionais e refletir sobre suas influências nas diferentes identidades sociais, estando elas sobrepostas ou não, em sistemas de discriminação e/ou opressão na sociedade. Gênero, raça, classe socioeconômica, capacidade, orientação sexual e religião são exemplos de categorias que pautam discussões interseccionais.

Quanto mais marcadores de minorias se acumulam em uma identidade, mais frequentes serão os estressores específicos, somado aos rotineiros, aos quais esse indivíduo está submetido ao longo de sua história de vida. Sabe-se que os indivíduos estão expostos ao estresse cotidiano, fatores ou eventos que tiram o organismo de seu estado de equilíbrio. Entretanto, algumas pessoas são submetidas a uma série de estressores que dizem respeito especificamente a sua identidade, de maneira crônica, por exemplo, sexismo, racismo, capacitismo, xenofobia, entre outros, que exigem um maior esforço desse grupo para adaptar-se ao contexto inserido (Meyer, 2003).

A exposição contínua aos fatores estressores está diretamente associada a uma variedade de condições psicopatológicas. No que diz respeito às minorias, uma grande quantidade de pesquisas sugere que esses grupos possuem uma maior tendência aos desfechos negativos em saúde mental (Russel & Fish, 2016; Valdiserri et al., 2018). Depressão, ansiedade, abuso de substâncias, automutilação e tentativas de suicídio são mais prevalentes em grupos sociais minoritários, quando comparados com classes normativas (Chinazzo et al., 2020; Gonzales et al., 2020). Esse contexto está relacionado, principalmente, à discriminação, a estigmas e a violências que esse grupo enfrenta rotineiramente, inserindo-o em um contexto de vulnerabilidade social (Paveltchuck & Borsa, 2020).

A Teoria do Estresse de Minorias, proposta por Meyer (1995; 2003), busca explicar os desfechos positivos e negativos na saúde mental de sujeitos pertencentes aos GSM, diante de uma exposição crônica aos estressores ambientais específicos. Dentre esses, podemos dividi-los em três categorias: percebido, antecipado e internalizado. O primeiro diz respeito às experiências de vitimização, devido ao preconceito; à violência; à rejeição ou à agressão relacionadas a sua identidade. O antecipado refere-se as expectativas de rejeição e discriminação por ser parte de um GSM. Por fim, o internalizado diz respeito à introjeção de atitudes preconceituosas derivadas do ambiente social (Meyer, 2003).

Em relação aos estressores específicos, cada grupo minoritário enfrentará diferentes desafios de acordo com sua identidade social. Por exemplo, mulheres sofrem diariamente assédio, são questionadas sobre sua competência ou silenciadas diante de discussões. Homens negros com frequência são rejeitados ou hipersexualizados. Pessoas bissexuais são vistas por grupos de héteros e gays/lésbicas como indecisas ou promíscuas; entre outros.

Diante desse contexto, estruturar intervenções para as minorias sociais envolve a compreensão de que alguns pacientes carregam as marcas de uma série de estressores ambientais, aliados aos eventos cotidianos e às experiências do não atendimento das suas necessidades emocionais básicas. O somatório desses fatores origina os Esquemas Iniciais Desadaptativos (EIDs), aos quais, junto aos seus estilos de enfrentamento e memórias emocionais, originam os Modos Esquemáticos.

Pensando especificamente sobre GSM, Cardoso et al. (2022) propõem uma expansão da compreensão do modo crítico internalizado, destacando os aspectos socioculturais aos quais minorias sexuais e de gênero são submetidas no cotidiano. Nesse modo crítico (sociocultural opressor) internalizado, há a internalização de falas discriminatórias, regras e estereótipos socioculturais que refletem de forma negativa em

GSM. Por se tratar de internalizações difusas que não são, necessariamente, vinculadas às pessoas em específico, mas a um preconceito sociocultural internalizado e enraizado por séculos, há especificidades que diferem dos modos pais críticos/punitivos internalizados. Esses autores destacam que esse modo também pode ser compreendido em demais GSM, além de minorias sexuais e de gênero, abrindo o debate para estudos futuros sobre essa temática.

No filme "Luca", é possível identificar um funcionamento desse modo nos personagens. Durante o enredo, fica evidente algumas das sensações que pessoas pertencentes aos GSM vivenciam por serem diferentes da sociedade dominante, por exemplo, a constante sensação de ameaça, a tentativa diária de esconder atributos que fazem referência ao seu grupo minoritário ou a crença de inadequação, inferioridade e/ou defectividade por destoar dos demais. Neste capítulo, serão levantadas algumas reflexões sobre as contribuições da Terapia do Esquema no trabalho com os grupos sociais minoritários, por meio do filme "Luca". Destaca-se que esse filme facilita a análise para diferentes GSM. Então, aqui, será analisado o funcionamento do modo sem limitar a apenas um grupo, mas abrindo possibilidades novas de compreensão para diferentes variáveis contextuais as quais os GSM estão submetidos.

Sinopse do filme "Luca"

> Luca é um jovem monstro marinho que sempre foi proibido de conhecer o que há na superfície do oceano, até o momento que conhece Alberto, seu novo melhor amigo que vive uma vida livre fora d'água. A partir disso, eles vivem histórias de muitas aventuras em uma cidade até então desconhecida por eles. Só tem um problema: nesta cidade muitos pescadores caçam monstros marinhos. Os dois adotam uma série de estratégias para esconder quem realmente são e se enquadrar nas normativas da superfície. Até que um imprevisto acontece e as reais identidades de Luca e Alberto são mostradas para todos da cidade. Neste momento, algumas pessoas tentam capturá-los, enquanto outras os aceitam como são e até se autorrevelam também como monstros marinhos. Uma narrativa instigante que nos proporciona reflexões profundas sobre os impactos que grupos sociais minoritários podem sofrer das classes dominantes.

"Que Monstro! Que Horrível": A Rejeição Vivida por Ser Diferente e O Modo Crítico (Sociocultural Opressor) Internalizado

O preconceito contra minorias e a sua estigmatização é um processo histórico, perpetuado de geração em geração. Mesmo com os avanços políticos, sociais e econômicos conquistados por esses grupos, suas marcas ainda estão presentes atualmente. Muitas pessoas com identidades minoritárias ainda são vítimas das diversas formas de violência, de maneira crônica, não sendo incomum estas pessoas ouvirem frases depreciativas como as que são ditas por Ercole Visconti: *"Todo mundo é apavorado e enojado de vocês. Porque vocês são monstros!"* (Ercole Visconti) e os pescadores no início do filme: *"Que monstro! Que horrível!"* (Pescadores).

De maneira geral, pertencer a um grupo minoritário envolve ter suas atribuições subjetivas, físicas e comportamentais rejeitadas ou estigmatizadas por seus pares e por outros membros da sociedade (Tavares & Kuratani, 2019). Independente do(s) marcador(es) social(is), pessoas pertencentes a esses grupos tendem a experienciar eventos de discriminação, estigmatização, rejeição e (micro)agressões ao longo da vida. Cada uma dessas experiências aversivas transmite informações que são introjetadas pelos sujeitos e podem ser reproduzidas direcionadas a si mesmo e/ou aos seus semelhantes.

A exposição a eventos como esses se contrapõe ao que Young et al. (2003) propõem para o desenvolvimento saudável e amadurecido da personalidade, corroborando com as pesquisas que evidenciam que GSM possuem indicadores inferiores de saúde mental, quando comparados com o grupo "dominante" (Gonzales et al., 2020). É possível notar que, desde o início do filme, Luca vive em um ambiente no qual as suas necessidades emocionais básicas não são suficientemente atendidas, principalmente, pelo temor constante sobre a vivência na superfície. Em determinada cena, quando Luca demonstra curiosidade em conhecer um mundo diferente do que ele está habituado a viver, Daniela "mamãe" Paguro responde: *"Não, não! Chega! Calado, Luca! Os curiosos são assados! A gente não fala, pensa, discute, admira ou chega perto da superfície [aquele lugar horrível]! Entendeu?"*.

Este "medo", plenamente propagado para os habitantes do fundo do mar, não está distante das realidades que já ocorreram historicamente. Os monstros marinhos do filme sempre foram perseguidos e caçados pela classe dominante (moradores da superfície). Nota-se, durante algumas cenas, que há retratos de caçadas aos monstros marinhos, indicando como eles foram capturados e em como as pessoas que os capturaram foram ovacionadas pela comunidade dominante.

Vivências como estas retratadas no filme não estão distantes do histórico de opressão que diversos GSM enfrentam ao longo dos séculos. Por décadas, o racismo, por exemplo, tem se demonstrado em diversos contextos. Pessoas negras/pretas são rejeitadas e/ou inferiorizadas em ambientes de trabalho. Ademais, o período de escravização, ocorrido há séculos, ainda tem marcas atuais na saúde de pessoas pertencentes a esse grupo. Caso semelhante pode ser observado com a população LGBTQIA+. Além de, por um longo tempo, as identidades de gênero e orientações sexuais diferentes das cisgênero e heterossexuais serem consideradas quadros psicopatológicos via manuais diagnósticos e classificação internacional de doenças (p. ex. versões anteriores ao DSM-IV e CID-10), ainda hoje há um viés estigmatizante para a população não heterossexual e transgênero. Diversas (micro)agressões são institucionalizadas no cotidiano relativas as pessoas LGBTQIA+: LGBTfobia disfarçada de piadas, agressões físicas e perseguição resultando em assassinato dessa comunidade ainda são dados prevalentes na sociedade.

Nesse contexto, diante de tantas situações aversivas, como as que já foram apresentadas e as que serão indicadas no *Quadro 14.1*, o modo crítico internalizado e seus aspectos socioculturais são consolidados. A introjeção de falas negativas e das experiências discriminatórias, aos quais os esquemas iniciais desadaptativos também são originados e retroalimentados de forma sistemática, originam esse modo (Cardoso et al., 2022). A reprodução do auto-ódio, LGBTfobia internalizada, concepções sexistas, capacitistas e racistas são exemplos da perpetuação dessas mensagens.

A partir da compreensão desse modo e da prática clínica dos autores, no *Quadro 14.1*. são descritos alguns dos esquemas frequentemente apresentados por GSM, associando-os às cenas presentes no filme "Luca". Destaca-se que nem todos os esquemas apresentados no quadro estão presentes no filme, mas eles são notados com certa frequência no trabalho clínico com esses grupos.

Quadro 14.1. Domínios esquemáticos, esquemas relacionados e exemplos a partir do filme "Luca"

Domínio Esquemático	Esquemas Relacionados	Exemplos a partir do filme "Luca"
1º Domínio Desconexão e Rejeição	Abandono Desconfiança/Abuso Defectividade/Vergonha Isolamento Social Privação Emocional	Cena A. "Eu só sou um garoto que estraga tudo" (Alberto) Cena B. Luca veste seu traje de mergulho para disputar a competição de natação.
2º Domínio Autonomia e Desempenho Prejudicados	Emaranhamento Fracasso Vulnerabilidade a Dano/Doença	Cena C. Luca cuidando dos peixes e escuta o som de um barco na superfície: "Monstros terrestres! Todo mundo se esconde!" (Luca) Cena D. Luca conhecendo a superfície pela primeira vez: "Eu não posso subir aqui. Então, xau!" (Luca para Alberto). Cena E. "Eu te conheço e eu conheço o que é melhor pra você, Luca" (Daniela Paguro)
3º Domínio Limites Prejudicados	Arrogo e Grandiosidade	Cena F. "Viu? você só precisa me seguir" (Alberto) Cena G. "Minha vida é perfeita. Eu só estou ajudando ele" (Alberto) Cena H. "Meu pai me contou tudo sobre lá, então eu sou quase um especialista" (Alberto)
4º Domínio Orientação para o Outro	Autossacrifício Subjugação	Cena I. "É claro que é a primeira vez na superfície, eu sou um bom garoto!" (Luca)
5º Domínio Supervigilância e Inibição	Inibição Emocional Padrões Inflexíveis Postura Punitiva	Cena J. "Peixe fora do celeiro! Mamãe vai me matar!" (Luca) Cena K. Os monstros marinhos, ao acessar a superfície, mantêm-se hipervigilantes para que a sua real identidade não seja revelada.

Como notado na *Parte II* deste livro, os cinco domínios esquemáticos podem estar relacionados à frustração do atendimento de determinadas necessidades básicas emocionais. Estas seguem as tarefas evolutivas de cada período do desenvolvimento (Wainer et al., 2016). No primeiro domínio, a importância do estabelecimento de vínculos seguros se faz presente, isto envolve ter uma figura de cuidado que esteja conectado de maneira empática e afetiva, proporcionando segurança, aceitação incondicional e cuidado. A ausência de um cuidador ou o abandono dele, como ocorreu com Alberto diante da saída de seu pai, pode originar os esquemas desse domínio, como explicitado em sua fala *"eu sou um garoto que estraga tudo"*. Outra cena clássica que pode ser compreendida nesse domínio é quando Luca veste um traje submarino antigo para poder participar de uma competição, escondendo a sua real identidade.

A autonomia e o senso de competência estão relacionados ao segundo domínio. Envolve a percepção de que se é capaz de fazer escolhas assertivas, alcançar objetivos e lidar com problemas. Entretanto, a percepção de vulnerabilidade diante de um outro "dominante" juntamente com a sensação de não ter recursos para lidar com situações ameaçadoras podem ser explicitadas em algumas falas, não apenas de Luca, como de sua mãe e a sua preocupação diante dos "monstros terrestres".

O terceiro domínio é marcado pela necessidade de limites realistas, fornecendo uma sensação de previsibilidade ao ambiente e de que se é capaz de lidar com frustrações. Quando observado o comportamento de Alberto, nota-se uma postura grandiosa, sobretudo na relação com Luca, em que se espera que se comporte e tome atitudes de acordo com as suas próprias necessidades e expectativas, ou mesmo em falas de autossuficiência, como explicitada no *Quadro 14.1*

O quarto domínio relaciona-se com a ausência de expressar necessidades e emoções, a fim de manter-se vinculado com a figura de cuidado. Young et al. (2003) define como esquemas secundários, ou seja, auxiliam na adaptação diante de esquemas do primeiro domínio. Pode-se relacionar a postura obediente e preocupada de Luca com os esquemas demonstrados no *Quadro 14.1*, principalmente quando se observa o seu funcionamento no início do filme ligado ao seu medo em desagradar sua mãe.

Por fim, a necessidade de espontaneidade e lazer, que de maneira geral são suprimidas para demonstrar um senso de competência. Durante o filme, pode-se observar a constante autocobrança que Luca se faz no cuidado com os peixes do celeiro e a expectativa em ser punido pelos possíveis erros que possa cometer. Ademais, expressar-se livremente por meio do seu verdadeiro *"self"* é inibido tanto por Luca quanto por grande parte dos moradores do fundo do mar que são hipervigilantes ao acessar a superfície, como será abordado no próximo tópico deste capítulo.

"Se Eles Te Virem, Ainda que de Relance, Eles Não Vão Ter A Menor Dó": A Constante Sensação de Ameaça Frente ao Grupo Privilegiado/Dominante

A vivência de uma pessoa pertencente a um grupo social minoritário é atravessada também pela experiência de medo, temor ou vitimização diante de figuras dominantes e, de maneira geral, essas sensações também são internalizadas e passadas transgeracionalmente. Esse tipo de transmissão transgeracional também pode ser vista no filme por meio das falas de Daniela "Mamãe" Paguro para Luca:

> *(1) "Você está 2 minutos atrasado. Viu um barco? Você se escondeu? Porque se eles te virem, ainda que de relance, eles não vão ter a menor dó! Acha que eles vêm aqui para fazer amigos? Não! Eles vêm querendo matar! Eu espero que você já tenha entendido!", (2) "[...] quando eu era criança eu vivia assustada, fugindo dos barcos, e o pior, filho, é que eles não tinham motor. Era só um monstro terrestre remando".*

Pensando em recortes interseccionais, nota-se que as mulheres recebem, desde cedo, referências de que não podem andar nas ruas de forma livre, seja usando as roupas que queiram ou transitar em determinados horários do dia, sem o medo de serem assediadas ou violentadas. Pessoas LGBTQIA+, logo cedo, percebem que serem autênticas e genuínas é ameaçador, sobretudo por se depararem com ideais religiosos conservadores ou experiências de *bullying* escolar. Assim como pessoas pretas que, ocasionalmente, sofrem abordagens truculentas e agressivas injustamente por policiais, inesperadamente. Todas essas experiências são exemplos de ameaças que podem ser observadas diariamente no cotidiano e que, mesmo sem necessariamente ocorrer com o indivíduo ou com algum de seus familiares, estão marcadas na cultura e são introjetadas por essas pessoas, fomentando o modo crítico (sociocultural opressor) internalizado.

Essas mensagens contribuem para a internalização de expectativas que são difusas, vinculadas a um preconceito internalizado, estereótipos de gênero e experiências estruturais de violências (Cardoso et al., 2022). Entretanto, ao contrário das vozes críticas ou exigentes internalizadas de cuidadores, essas nem sempre podem ser identificadas em uma só figura, como um pai ou mãe. No caso de Luca, podemos observar esse processo de forma explícita, pois mesmo sem ter pisado na terra ou ter tido contato com um "monstro terrestre", seu pavor de ter contato com a superfície, assim como a sensação de estar fazendo algo proibido, estão muito bem-marcados. Não obstante o pavor da superfície esteja consolidado pelos seus pais, não só os pais de Luca vivem sob as opressões socioculturais da sociedade dominante. Os demais monstros marinhos também são afetados por essas vivências e temem o contato com o desconhecido.

Pensando na prática clínica, muitos pacientes que compõem GSM chegam aos consultórios manifestando as mensagens do modo crítico (sociocultural opressor) internalizado, sentindo seus efeitos negativos e sofrendo por eles. entretanto, por serem difusas e nem sempre muito explícitas, têm dificuldade de compreender suas origens. Por isso, para além do levantamento do histórico de vida e avaliação de esquemas, é fundamental estar atento se a identidade do paciente é atravessada por algum dos recortes interseccionais mencionados anteriormente, pois fica evidente que seu processo é subliminar e naturalizado pela cultura. As estratégias de intervenção em Terapia do Esquema, nesse caso, visam a uma prática culturalmente sensível, entendendo as internalizações socioculturais negativas e a afirmação das identidades dos GSM.

"Silêncio, Bruno!": Estratégias de Intervenção para Combater O Modo Crítico (Sociocultural Opressor) Internalizado

A Terapia do Esquema apresenta uma ampla variedade de técnicas, mas cabem aos terapeutas selecionar, dentre as variadas estratégias, aquelas mais assertivas para seu paciente, sobretudo quando ele pertence a um grupo social minoritário. De forma geral, a prática adotada na intervenção com GSM tem como base a afirmação e empoderamento dessas populações para enfrentamento de estruturas socioculturais opressoras. Nessa seção, serão indicadas algumas estratégias que poderiam ter sido utilizadas com os personagens do filme Luca.

Psicoeducação sobre os modos esquemáticos saudável e crítico (sociocultural opressor) internalizado

Em determinada cena do filme, é possível identificar a transição entre dois modos esquemáticos com características bem específicas em Luca: (a) um modo crítico (sociocultural opressor) internalizado (Lado A) e (b) um modo adulto saudável/afirmativo (Lado B). Enquanto Luca está procurando um dos peixes perdidos, logo no início do filme, ele fala: *"Giuseppe, vem para cá! Quer fugir como seu amiguinho Enrico? Porque olha o que aconteceu: ou ele morreu* (Lado A), *ou ele está conhecendo o mundo... viajando...* (Lado B), *mas pode ser que já era!"* (Lado B). É interessante notar nessa cena a troca emocional e posturas em cada um desses modos. No Lado A (modo crítico/sociocultural opressor internalizado), Luca mantém-se com medo, assustado e temeroso do que pode ocorrer de negativo por ele ser quem é e alcançar os seus sonhos (de conhecer o novo e a superfície). No Lado B (saudável/afirmativo), Luca demonstra-se curioso e esperançoso de um dia poder alcançar o seu sonho, sendo quem realmente é. No quadro 14.2, pode ser observado um exemplo de como essa estratégia pode ser utilizada no contato com o cliente.

Por serem muitas vezes automáticos, esses modos podem não ser percebidos imediatamente pelos pacientes. É provável que Luca, nessa cena, não tenha percebido essa alteração entre características desses dois modos em seu funcionamento. O terapeuta, a partir de exemplos da história de vida do cliente, deve auxiliá-lo na identificação de seus modos, bem como demonstrar seus conteúdos cognitivos, emocionais e comportamentais, para que, então, possa nomeá-lo, assim como previsto para o trabalho com os modos esquemáticos. Nesse sentido, estar atento aos atravessamentos e psicoeducá-los ao seu paciente dos processos sociais que o afeta é crucial para o tratamento, sobretudo pelo fato de alguns conteúdos terem um caráter cultural e social, que transcendem à dinâmica intrafamiliar e muitas vezes não são percebidos, identificados ou refletidos por essas pessoas.

Vinheta Clínica

Quadro 14.2

> **Terapeuta:** "Luca, durante a semana passada você me falou sobre o momento em que o Giuseppe estava tentando sair do seu rebanho. Percebi que você, ao falar sobre esse momento, esteve entre duas grandes partes: uma que te dava medo, te assustava ... e outra que te trazia curiosidade e proximidade dos sonhos que você já teve. Você percebeu isso?".
>
> **Luca:** "É... principalmente a parte do medo e do receio. Pode acontecer algo de ruim com ele ou até comigo mesmo se eu me aproximar da superfície...".
>
> **Terapeuta:** "Entendo, Luca... Hoje vamos falar um pouco mais sobre esse lado que te dá medo? Já vimos ele em ação em outros momentos aqui na terapia...
>
> **Luca:** "É verdade, parece que ele está bem frequente por aqui..."
>
> **Terapeuta:** "Gostaria que você se conectasse com esse seu lado que as vezes surge e de tá medo, o que ele costuma falar para você?"
>
> **Luca:** "Cuidado com monstros terrestres, se eles te virem, vão querer pegar você!" e às vezes fala pra mim também "coisas ruins vão acontecer com você se não prestar atenção!"
>
> **Terapeuta:** "Então parece que esse seu lado fica falando coisas muito duras com você... Luca, essas falas desse lado que te deixa com medo podem vir tanto de alguma das nossas figuras de cuidado, como sua mãe, quanto de mensagens negativas que ouvimos, quando fazemos parte de algum grupo social que sofre ataques cotidianamente, como no seu caso, diante de monstros terrestres. E muitas vezes, sem perceber, nós acabamos por temer que algo de ruim também ocorra com a gente, baseado naquilo que já ouvimos falar ou vemos com os outros".
>
> [Terapeuta segue a psicoeducação com o cliente]

Ainda como estratégia de psicoeducação, o terapeuta pode recomendar filmes, séries, livros e/ou outros recursos que facilite a compreensão do cliente sobre os modos que estão sendo abordados nas sessões. Uma postura aberta e validante do terapeuta é fundamental para que o cliente possa se sentir confortável para expressar-se livremente e fazer as perguntas que tiver, em seu processo de autoconhecimento e empoderamento.

Normalização da sua identidade e apoio social

Uma das estratégias que podem ser utilizadas com os clientes de GSM é a normalização em ser quem se é. Isso envolve conhecer outras pessoas que também façam parte do GSM e que estejam em diferentes cenários e contextos. Durante o filme, embora Luca esteja em um contexto com outros monstros marinhos, não aparece outros monstros marinhos com a mesma idade de Luca. Os demais moradores do fundo mar, aparentam ter idade superior a dele. O contato de Luca com Alberto mostra uma conexão com uma outra pessoa que compartilha de uma vivência similar à sua, enquanto monstro marinho jovem. Alberto fala para Luca: "Relaxa! Eu também não sou humano!". Luca responde: "Ainda bem!". O contato com a comunidade a qual a pessoa faz parte é um dos indicadores que facilitam melhorias na saúde mental de GSM (Burris et al., 2020). Sabendo disso, um dos objetivos no tratamento pode se dar por meio do fortalecimento dos vínculos dessa pessoa com a sua comunidade, como demonstrado no Quadro 14.3. Ao longo do filme, pode-se observar a importância da relação de Luca e Alberto, de forma recíproca, no favorecimento de bons momentos de descontração, na companhia um do outro e no apoio em momentos difíceis.

Vinheta Clínica

Quadro 14.3

Luca: "Hoje eu conheci um garoto da mesma idade que eu e ele também é monstro marinho! É bom conhecer pessoas que sejam assim como eu, parece que não sou tão estranho quando estou com elas!".
Terapeuta: "Isso é muito bom, Luca! Realmente, quando estamos com pessoas do mesmo grupo que nós, nos sentimos pertencentes e conectados. Fico feliz em saber que está encontrando seus pares".

Além do contato com a comunidade a qual a pessoa é parte, é importante o contato com pessoas aliadas e que, mesmo que não façam parte de terminado GSM, auxiliam no combate às estruturas de discriminação, preconceito e estigma. Por exemplo, em um episódio de violência, Giulia Marcovaldo surge para proteger os dois de seu maior opressor, Ercole Visconti, uma figura arrogante que amedronta também outras crianças da cidade. A partir desse momento, nasce a amizade do que eles denominaram como os "excluídos" (*underdogs*).

> – Nos 'excluídos' temos que cuidar um dos outros! – disse Giulia
> – O que são 'excluídos'? – Alberto
> – Crianças que são diferentes – Giulia

Mesmo trazendo a fala de maneira cômica, Giulia levanta uma pauta importante quando fala dos "excluídos": o papel do suporte social em populações vulneráveis. Por terem identidades que fogem do padrão privilegiado da sociedade, pessoas pertencentes às minorias sociais tendem a ser e sentir-se rejeitadas ou marginalizadas nos diversos níveis e contextos sociais. Tais processos podem ser observados desde a preferência de pessoas pretas ocupando cargos técnicos/operacionais (ao invés de cargos de diretoria e gerência), nos processos de exclusão e *bullying* entre os colegas da escola, até mesmo, as críticas severas às expressões de gênero e etnia dentro do núcleo familiar. Ou seja, a vivência de uma pessoa pertencente aos GSM pode ser marcada pela exclusão.

Luca e Alberto também encontram apoio social de pessoas aliadas ao final do filme, quando são defendidos por Massimo Marcovaldo, pai de Giulia. Enquanto Ercoli Visconti quer caçá-los, Massimo e outras pessoas da comunidade posicionam-se de forma tanto a defender Luca e Alberto, quanto a mostrar as suas reais identidades.

Combate ao modo crítico (sociocultural opressor) internalizado

Uma das principais estratégias no trabalho com GSM é o combate ao modo crítico (sociocultural opressor) internalizado. Compreende-se que as internalizações de preconceito não são funcionais e trazem prejuízos significativos na saúde mental e física das pessoas. Então, ao abordar esse modo, deve-se posicionar-se contra ele, facilitando o empoderamento do cliente e despertando o senso crítico sobre tais atitudes. No filme, é possível identificar um momento em que esse modo é abordado. Nota-se que, na cena descrita no *Quadro 14.4*, há tanto internalizações socioculturais, quanto aspectos críticos mais internalizados por figuras chave na vivência de Alberto.

Quadro 14.4

Luca está construindo uma vespa com o Alberto.

"Olha, a gente tem que ir juntos! É só sentar atrás e segurar bem para não desmontar". – Alberto

"E quem vai segurar a rampa?" – Luca

"A tartaruga! Vamos! É mais veloz do que parece." – Alberto

"Tudo bem. Vamos nessa!" – Luca

"Você vem?" – Alberto

"Não. Não consigo. Nem em um milhão de anos!" – Luca

"Ei, ei, ei... Eu sei qual é o problema. Tem um 'Bruno' na sua cabeça" – Alberto

"Um Bruno?" – Luca

"É. Acontece comigo, às vezes. 'Alberto, você não consegue', 'você vai morrer', 'Alberto, tire isso da boca'... Luca, é simples! Não dê ouvidos ao estúpido do Bruno." – Alberto

"Por que deste nome Bruno?" – Luca

"Não sei. Não importa. Você pode chamar como você quiser. Cale a boca dele! Diga: 'Silenzio, Bruno!'" – Alberto

"Silenzio, Bruno" – Luca

"Mais alto! SILENZIO, BRUNO!" – Alberto

"SILENZIO, BRUNO!" – Luca

"Ainda ouve a voz dele?" – Alberto

"Não! Só a sua!" – Luca

"Ótimo! Agora, segura firme!" – Alberto

Luca com medo de andar na vespa enquanto está nela repete várias vezes: "Silenzio, Bruno!".

Quando eles conseguem se divertir. Alberto diz: "Toma essa, Bruno!".

O foco da intervenção no combate ao modo crítico (sociocultural opressor) internalizado é identificá-lo e separá-lo enquanto uma parte diferente de si. Ou seja, não é o cliente, mas um de seus lados que é crítico e opressor quanto a sua existência. No contexto clínico, é possível identificar que pacientes pertencentes aos GSM carregam muitas dessas vozes que foram introjetadas de maneira implícita ou explícita: *"Você é um erro"*, *"Você é um pecador"*, *"Sua cor/seu cabelo é feia/o"*, *"Você não é normal"*, entre outras. Combater essas vozes é fundamental para que o paciente consiga viver de forma livre e autêntica frente a sua identidade.

Diversas formas podem ser utilizadas para o combate dessas vozes. Entre elas, (1) o uso de cadeiras (técnica da cadeira vazia) e as (2) técnicas de imagens mentais. Na utilização de cadeiras no *setting* clínico, é possível que em uma cadeira sente-se o lado afirmativo (Adulto Saudável) e a outra cadeira represente o lado crítico (sociocultural opressor). O terapeuta auxilia ao cliente a falar diretamente para a cadeira do lado crítico, combatendo-o e afirmando a identidade do cliente. Nas técnicas de imagens, o terapeuta guia o cliente em uma imagem mental sobre uma situação de preconceito que tenha vivenciado, identifica as sensações emocionais presentes e o que o contexto está falando para a pessoa. Então, pode pedir autorização para fazer parte da imagem mental do cliente para ajudar a defendê-lo, combatendo a situação de preconceito que está ocorrendo e afirmando a identidade da pessoa (Cardoso et al., 2022).

No filme, é possível ver o empoderamento de Luca no combate à parte crítica, quando ele fala para Ercole Visconti: *"Nós não temos medo de você!"*. Nesse momento, ele amplia as suas áreas de resiliência e afirma-se enquanto GSM, superando as ameaças e provocações feitas por aquele personagem.

Carta ao contexto sociocultural opressor

Outra estratégia que pode ser utilizada é a produção da carta ao contexto sociocultural opressor. O cliente pode escrever diretamente a esse contexto, por exemplo: Cultura Religiosa X, Sociedade Racista, Sociedade Capacitista, entre outras, expressando as suas necessidades e afirmando a sua identidade para aquele contexto, enfatizando que não há nada de errado em ser quem se é e/ou ter as características que se tem. Um possível exemplo de carta à sociedade pode ser visto abaixo, caso Luca escrevesse uma carta à Sociedade de Monstros Terrestres.

Para muitos pacientes escrever essa carta pode ser um grande desafio. Se deparar com as emoções desagradáveis, como tristeza ou raiva, experimentada pela criança de nossos pacientes, ao longo dos anos, pode ativar seus modos de enfrentamento disfuncionais, como o protetor desligado ou mesmo o capitulador complacente. Na experiência dos autores, uma alternativa para transpor esses modos nessa técnica é reescrevê-la algumas vezes ou favorecer aproximação dos pacientes às suas emoções logo antes do exercício da leitura, como demonstrado no *Quadro 14.5*.

Quadro 14.5

Terapeuta: "Luca, agora que fizemos essa carta, eu gostaria de você fechasse seus olhos um pouquinho, respirasse fundo, e lembrasse de alguns dos momentos que teve que você sentiu medo por ser quem você é, das experiências de se sentir ameaçado quando transitava em outros espaços... E enquanto vai lembrando disso, observa seu corpo, observa as sensações que surgem... Agora, gostaria que abrisse o olho e lesse a carta que fizemos juntos".

Luca: "Sociedade de Monstros Terrestres, desde cedo tenho ouvido que eu não posso alcançar meus sonhos, pois a minha vivência é ameaçada por vocês. Eu aprendi que devo esconder quem eu realmente sou, se eu quiser alcançar a superfície. Isso já me machucou profundamente, pois eu só queria ser eu mesmo e viver livremente. Aprendi que não há nada de errado em ser quem eu sou, um monstro marinho. Assim como não há nada de errado em vocês serem monstros terrestres. O respeito é algo que deve acontecer entre todos nós que vivemos em sociedade. Eu mereço e tenho o direito de ser respeitado nas minhas características. Peço que respeitem isso e parem de atacar a minha existência".

Trabalho com modos e o fortalecimento do modo adulto saudável (afirmativo)

A relação terapêutica exerce um papel central no processo em Terapia do Esquema, sobretudo quando diante de pessoas pertencentes aos grupos minoritários. A escuta deverá ser ampliada, isto é, compreendendo os atravessamentos de uma identidade marcada por estigmas e repressão, seus processos discriminatórios, assim como suas necessidades emocionais básicas não atendidas. É importante destacar que o fortalecimento do lado saudável afirmativo se inicia desde o primeiro contato com o cliente, sendo o terapeuta e sua postura afirmativa (p. ex. validação da identidade do cliente), um modelo de adulto saudável.

Tendo em vista que a ativação esquemática na relação terapêutica ocorre naturalmente e muitas vezes de forma espontânea, os modos esquemáticos também surgirão. Cada modo ativado requer uma postura específica do terapeuta (ver mais detalhes nos demais capítulos da *Parte III* deste livro). O modo criança vulnerável pode ser acessado frequentemente no trabalho clínico, principalmente, quando os clientes mostram as suas dores emocionais e suas necessidades. Nesse momento, o objetivo é acolher e validar as emoções dessa criança. Para isso, o terapeuta pode utilizar tanto a técnica da cadeira transformacional (*Figura 14.1*), quanto as técnicas de imagens mentais. Os objetivos são, basicamente, cuidar da necessidade do cliente através da validação emocional, compreensão, afeto e/ou vínculo seguro.

Figura 14.1. Posição das Cadeiras – Técnica Cadeira Transformacional

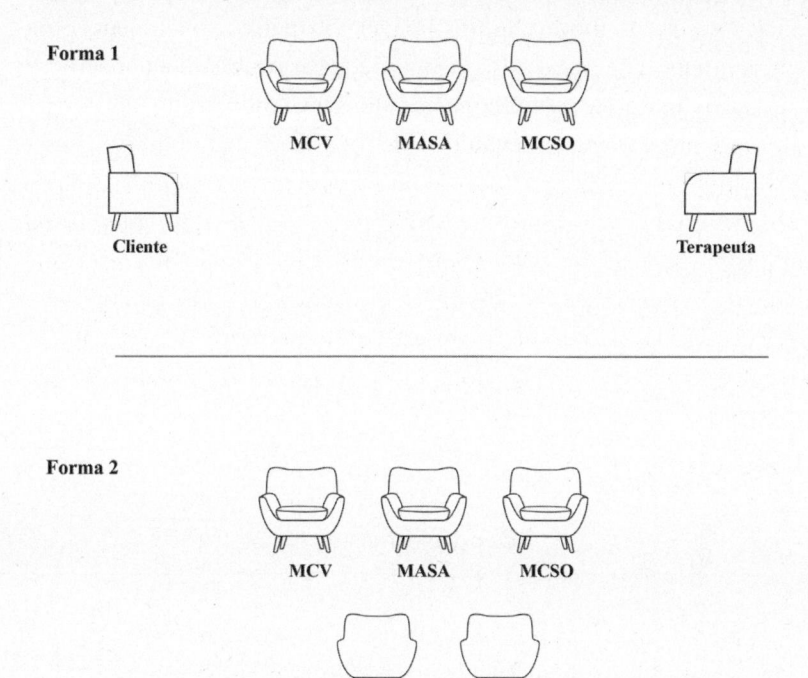

Forma 1

| MCV | MASA | MCSO |

Cliente — Terapeuta

Forma 2

| MCV | MASA | MCSO |

Cliente   Terapeuta

Nota. Legenda: **MCV - Modo Criança Vulnerável:** Necessidades: validação, contato, vínculos seguros, sensação de pertencimento, afeto. **MASA – Modo Adulto Saudável (Afirmativo):** Objetivo: Validar as necessidades, afirmar a identidade, empoderar, fornecer vínculo seguro. **MCSO - Modo Crítico (Sociocultural Opressor):** Invalidação da identidade, preconceito internalizado, senso de desconexão. **Terapeuta:** Objetivo: modelo de adulto saudável, auxilia no fortalecimento do modo afirmativo do cliente, suprimento das necessidades da criança e combate ao modo crítico.

Durante o momento da técnica das cadeiras, o terapeuta precisa estar atento para que em cada cadeira sente os modos adequados. A posição do modo Adulto Saudável pode ficar entre o modo criança vulnerável e o modo crítico (sociocultural opressor) ou de frente para ele, estando o terapeuta ao lado do cliente. O objetivo nessa técnica é acolher as necessidades da criança vulnerável, fortalecer o modo adulto saudável (afirmativo) e combater o modo crítico (sociocultural opressor).

No que concerne ao uso da técnica de imagens mentais com foco no fortalecimento do modo adulto saudável (afirmativo), o terapeuta guia o cliente a um local seguro e na sequência pede para que o cliente relembre uma situação em que se sentiu conectado, pertencente e validado por ser quem é. Nesse momento, o terapeuta pede para que o cliente aproveite essa sensação durante a imagem e guarde este momento na memória. Após isso, retoma para a sessão, pede o feedback para o cliente e adota uma postura afirmativa que esteja compatível à imagem mental vivenciada pelo cliente (ver exemplo no Quadro 14.6). Por serem técnicas experienciais e acessar muitos conteúdos do paciente, sugere-se que o terapeuta se coloque disponível para contatos fora do horário da sessão, caso necessário.

Vinheta Clínica

Quadro 14.6.

Terapeuta: "Luca, lembra que temos conversado durante as nossas sessões sobre aquelas duas grandes partes que podem aparecer constantemente no nosso dia a dia?".

Luca: "Aquela saudável e a da crítica?".

Terapeuta: "Isso... Eu gostaria de te propor um trabalho de imagem, para deixar aquela parte saudável mais forte. O que você acha?".

Luca: "Ah, eu acho muito bom. Às vezes, não sei como lidar com esse lado crítico. Ele parece ser muito forte".

Terapeuta: "Entendo, Luca... Muitas vezes, por ele ser muito antigo, ele realmente exige muita força nossa. Eu lhe vejo como uma pessoa muito forte! Você já enfrentou muita coisa!".

Luca: "Obrigado!".

Terapeuta: "Então, vamos fazer o exercício?".

Luca: "Vamos!".

Terapeuta: "Vou pedir, então, que você feche os seus olhos e sente em uma posição bem confortável para você. Respire fundo, algumas vezes. Agora, quero que você traga à sua memória, sem precisar forçar, uma imagem de um lugar em que você se sinta seguro e tranquilo... Quando você lembrar deste lugar e/ou situação, peço que você me conte... Onde você está?".

Luca: "Eu estou na torre do Alberto... No local em que estamos construindo a nossa vespa".

Terapeuta: "Que legal, Luca! Quem está com você? Como é este lugar?".

Luca: "O Alberto está comigo. O lugar é muito legal, eu consigo ver o céu, os pássaros voando, as diversas peças e as possibilidades do que podemos fazer com elas...".

Terapeuta: "Como você está se sentindo? O que está passando dentro de você neste momento?".

Luca: "Estou me sentindo muito bem. Parece que os problemas nem existem. Eu consigo ser quem eu sou sem me sentir ameaçado.

Terapeuta: "Como é experimentar esse lugar onde pode ser quem é?"

Luca: ah.. é muito bom! Estou me sentindo amado e seguro. Sensação muito boa, queria ficar aqui...".

Terapeuta: "Muito bom, Luca... Então, inspira essa sensação de segurança, cuidado e amor que você está tendo nesse momento... Agora, gostaria que você ainda sentado em uma posição confortável para você, repetisse comigo "aqui, eu estou seguro".

Luca: "Aqui, eu estou seguro".

Terapeuta: "Eu posso ser amado por quem eu sou".

Luca: "Eu posso ser amado por quem eu sou".

Terapeuta: "Eu não vou permitir que ninguém me trate diferente por quem eu sou!" - Repita mais uma vez, com firmeza e confiança!

Luca: "Eu não vou permitir que ninguém me trate diferente por quem eu sou!!!".

Terapeuta: "Luca, agora gostaria que você observasse seu corpo, depois de falar isso, o que está se passando aí dentro?"

Luca: "Me sinto mais forte e mais seguro"

[O Terapeuta deixa o cliente por um tempo aproveitando a sensação agradável e, depois, com bastante cuidado, finaliza a imagem pedindo para que o cliente guarde aquela sensação]

Terapeuta: "Como foi participar deste exercício, Luca?"

[O Terapeuta solicita feedback e escuta com atenção o que o cliente menciona, validando as emoções e afirmando a sensação do cliente].

> **Luca:** "Foi muito bom. Me senti muito bem. Foi uma sensação que nem sempre eu sinto. Eu gostei bastante de fazer esse exercício. Estou me sentindo mais fortalecido".
>
> **Terapeuta:** "Que bom, Luca! Fico feliz que tenha gostado do exercício e que você tenha se sentido bem. Esta é uma sensação que você merece sentir várias vezes. Não há nada de errado em você ser quem você é e você merece se sentir seguro sendo você mesmo. Conte comigo!".

CONCLUSÃO

Um dos objetivos principais deste capítulo foi abrir a discussão sobre os aspectos socioculturais que, por vezes, são esquecidos no contexto terapêutico. A Terapia do Esquema é um modelo de intervenção que tem crescido nos últimos anos, todavia, há limitações nos estudos desta abordagem sobre a compreensão de variáveis socioculturais que interferem no funcionamento de GSM. O filme "Luca" permite o debate para diversas perspectivas e não foi objetivo deste capítulo abarcar todas elas, mas fornecer uma visão geral sobre GSM e em como eles podem ser afetados pelo preconceito e estigma. Os terapeutas podem utilizá-lo com facilidade no *setting* clínico para abarcar questões como racismo, LGBTfobia, capacitismo, sexismo e outras formas de preconceito.

As reflexões proporcionadas pelo filme envolvem: (a) um processo de aceitação por ser quem se é, (b) conexão com o grupo de origem, (c) identificação de áreas de resiliência e (d) possibilidade de alcançar seus sonhos mesmo em meio a um contexto de opressão. Luca consegue alcançar o seu objetivo de ir à escola e conhecer mais sobre as constelações e diferentes planetas. Alberto consegue um trabalho, no qual ele pode praticar as suas habilidades junto ao pai de Giulia. Ambos têm o desfecho que gostariam e, da melhor forma, sendo quem realmente são. Isso não significa que eles não terão os desafios sociais. A construção de uma sociedade acolhedora, validante e distante do estigma é um processo gradativo. Imagina-se que Luca e Alberto precisarão de muita paciência e afirmação nessa jornada. Porém, parafraseando, com licença poética, a fala da Vovó Paguro sobre Luca: "ele sabe se conectar com as pessoas certas".

Indicação de músicas, filmes e séries que abordam direta e/ou indiretamente os conceitos explanados neste capítulo

Recurso	Nome	Conceitos abordados
Músicas	*Flutua* – Johnny Hooker	Modo adulto saudável (afirmativo)
	This is Me – Keala Settle	
	Born this way – Lady Gaga	
Filme	*Amarelo* – Emicida	
Série	*Special*	Modo Crítico (Sociocultural Opressor) Internalizado
	Elite	Modo Crítico (Sociocultural Opressor) Internalizado
	Euphoria	Modo Crítico (Sociocultural Opressor) Internalizado

REFERÊNCIAS

Bamelis, L. L., Evers, S. M., Spinhoven, P., & Arntz, A. (2014). Results of a multicenter randomized controlled trial of the clinical effectiveness of schema therapy for personality disorders. *The American journal of psychiatry*, 171(3), 305–322.

Burris, S., de Guia, S., Gable, L., Levin, D.E., Parmet, W.E., Terry, N.P. (Eds.) (2020). *Assessing Legal Responses to COVID-19*. Boston: Public Health Law Watch, U of Colorado Law Legal Studies Research Paper No. 20-47, Available at SSRN: https://ssrn.com/abstract=3675915.

Cardoso, B. L. A., Paim, K., Catelan, R. F., & Liebross, E. (2022). Minority stress and the inner critic/sociocultural oppressive schema mode among sexual and gender minorities. *Current Psychology*.

Chinazzo. I. R., Lobato. M. I. R., Nardi, H. C., Koller, S. H., Saadeh, A., & Costa, A. B. (2020). Impacto do estresse de minoria em sintomas depressivos, ideação suicida e tentativa de suicídio em pessoas trans. *Ciência & Saúde Coletiva*.

Gonzales, G., Loret de Mola, E., Gavulic, K.A., McKay, T., Purcell, C. (2020). Mental Health Needs Among Lesbian, Gay, Bisexual, and Transgender College Students During the COVID-19 Pandemic. *The Journal of Adolescent Health*.

Loose, C., & Pietrowsky, R. (2016). Schema therapy with children and adolescents - a conceptual and evidence-based overview. *Z Kinder Jugendpsychiatr Psychother, 44*(6), 432-442.

Meyer, I. H. (2003). Prejudice, social stress, and mental health in lesbian, gay, and bisexual populations: Conceptual issues and research evidence. *Psychological Bulletin, 129*(5), 674-697.

Meyer, I. H. (1995). Minority stress and mental health in gay men. *Journal of Health and Social Behavior*, 38-56.

Paim, K., & Cardoso, B. L. A. (Orgs.). (2019). *Terapia do esquema para casais: base teórica e intervenção*. Porto Alegre: Artmed.

Paveltchuk, F. de O., & Borsa, J. C. (2020). A teoria do estresse de minoria em lésbicas, gays e bissexuais. *Revista da SPAGESP, 21*(2), 41-54.

Renner, F., Arntz, A., Leeuw, I., & Huibers, M. (2013). Treatment for chronic depression using schema therapy. *Clinical Psychology: Science and Practice*, 20(2), 166–180.

Russell, S. T., & Fish, J. N. (2016). Mental Health in Lesbian, Gay, Bisexual, and Transgender (LGBT) Youth. *Annual Review of Clinical Psychology*, 12(1), 465–487. doi:10.1146/annurev-clinpsy-021815-093153

Simeone-DiFrancesco, C., Roediger, E., & Stevens, B. (2015). *Schema therapy with couples: a practitioner's guide to healing relationships*. Oxford: Wiley-Blackwell.

Tavares, J. S. C. & Kuratani, S. M. A. (2019). Manejo Clínico das Repercussões do Racismo entre Mulheres que se "Tornaram Negras". *Psicologia: Ciência e Profissão, 39*.

Valdiserri, R. O., Holtgrave, D. R., Poteat, T. C., & Beyrer, C. (2018). Unraveling health disparities among sexual and gender minorities: A commentary on the persistent impact of stigma. *Journal of Homosexuality, 66*(5), 571-589.

Young, J. E. (1990). *Cognitive therapy for personality disorders: A schema-focused approach*. Sarasota, FL: Professional Resource Press.

Young, J. E., & Behary, W. T. (1998). Schema-focused therapy for personality disorders. In: N. Tarrier, A. Wells, & G. Haddock (Eds.). *Treating complex cases: The cognitive behavioural approach* (pp. 340-376). New York: John Wiley & Sons.

Young, J. E., Klosko, J. S., & Weishaar, M. E. (2003). *Schema therapy: A practitioner's guide*. New York: Guilford Press.

Capítulo 15
DESENVOLVENDO O MODO ADULTO SAUDÁVEL COM TOM KIRKMAN EM "DESIGNATED SURVIVOR"

João Guilherme de Figueredo Campos
Joana-D´ark Chaves Monteiro
Bruno Luiz Avelino Cardoso

> *"Mudar não significa que abandonamos os nossos princípios"*
> (Tom Kirkman)

OBJETIVOS DE APRENDIZAGEM

Ao final da leitura deste capítulo, é esperado que você seja capaz de:

- Compreender as características, dimensões e forças do modo adulto saudável;
- Identificar as funções do modo adulto saudável de acordo com o personagem Tom Kirkman da série "Designated Survivor";
- Reconhecer estratégias e técnicas de Terapia do Esquema para desenvolvimento do modo adulto saudável, por meio de Tom Kirkman.

O modo Adulto Saudável é a parte do *self* que busca a satisfação das necessidades emocionais básicas do indivíduo de maneira saudável e adaptativa. Ele é um estado capaz de manter a autorregulação emocional frente às situações estressoras, utilizando de recursos cognitivos, emocionais e comportamentais para encontrar soluções que levem em consideração as suas próprias necessidades e as daqueles ao seu redor (Young et al., 2008).

Quando um indivíduo está agindo em seu adulto saudável[5], não há ativação dos esquemas iniciais desadaptativos (EIDs). Então, ele busca envolver-se em relações positivas e solucionar os problemas de forma racional; regular-se emocionalmente; adiar gratificações, quando necessário; apresentar tolerância a frustrações; e manter uma boa capacidade de planejamento (Wainer & Rijo, 2016; R. Wainer & G. Wainer, 2016). Dessa forma, fortalecer esse modo é um dos grandes objetivos da Terapia do Esquema (TE) e é por meio dele que há o manejo eficaz dos demais modos esquemáticos (Loose et al., 2020; Young et al., 2008).

Todos os indivíduos têm um modo adulto saudável disposto em seu funcionamento, sendo que a presença ou intensidade dele pode oscilar a depender de variáveis contextuais, como exemplo, o quanto esse lado foi incentivado durante o desenvolvimento da pessoa. Quanto mais recursos emocionais o indivíduo tiver, mais forte e presente este modo será (van Vreeswijk et al., 2012). Assim, é possível encontrar uma gama de manifestações do adulto saudável diferenciando-se de um indivíduo para o outro. Em contrapartida, pessoas com muitos comprometimentos emocionais, tais como aquelas com transtornos de personalidade, podem necessitar não apenas de intervenções terapêuticas para desenvolvê-lo, como também de um modelo para que possam se espelhar. Sendo assim, ao longo do processo terapêutico em TE, trabalha-se para que o paciente possa incorporar o modo saudável do terapeuta e experienciar o fortalecimento de seu próprio modo a partir de um "cuidador" suficientemente bom (Farrell et al., 2014; Young et al., 2008).

Por se tratar de um modo adulto, é dele que se espera a postura de um pai ou mãe suficientemente bons que atendam, satisfatoriamente, às necessidades emocionais básicas de seu filho. Então, inicialmente, terapeuta e paciente funcionarão como pai/mãe e filho, em que o primeiro fornece todo o suporte necessário até que a criança (nesse caso o paciente) se desenvolva e assuma o seu próprio adulto saudável ao longo do processo terapêutico, de forma independente e autônoma (Farrell et al., 2014).

---

[5] Não obstante o termo "adulto" saudável, esse lado saudável também é visto em crianças e adolescentes, sendo chamado de modo sábio/competente. Para acessar especificidades do modo sábio/competente em crianças e adolescentes, ver Loose, Zarbock, Graaf e Holt (2020)

Cabe ao adulto saudável mediar os outros modos esquemáticos, a fim de estabelecer um equilíbrio entre eles e garantir o atendimento das necessidades emocionais dos modos criança. As suas tarefas são: (1) fornecer carinho e proteger a criança vulnerável; (2) substituir estratégias desadaptativas por outras mais saudáveis, negociando com os modos de enfrentamento desadaptativos; (3) assegurar o princípio de reciprocidade e autodisciplina, fornecendo limites a criança zangada e impulsiva; (4) combater os modos críticos/exigentes internalizados; e (5) estimular e promover a criança feliz (Farrell et al., 2014; Young et al., 2008).

Por ser um modo que possui muitas tarefas, Bernstein (2020) desenvolveu um modelo dimensional para o seu trabalho e fortalecimento (*ver Tabela 15.1*). O autor propõe identificar, junto ao paciente, seus pontos fortes e qualidades com objetivo de ajudá-lo a reconhecê-las e fortalecê-las e, assim, ter as suas necessidades básicas atendidas. Nesse modelo, o adulto saudável apresenta 16 forças compreendidas em quatro dimensões: (a) autodirecionamento, refere-se ao estabelecimento e a busca dos próprios objetivos; (b) autorregulação, condiz com a capacidade de regular emoções e impulsos; (c) conexão, diz respeito ao estabelecimento de vínculos, e a (d) transcendência, relativa à busca de propósitos e significado de vida. O modelo de Bernstein (2020) corrobora com a ideia de que, durante o processo terapêutico, para além de reduzir a valência dos EIDs, para um tratamento eficaz é imprescindível fortalecer as potencialidades do paciente.

Tabela 15.1. Dimensões, forças e descrição do adulto saudável

Dimensões	Forças	Descrição
1. Autodirecionamento	Identidade	Compreensão de si e das qualidades que o tornam um indivíduo
	Autorreflexão	Capacidade de reflexão sobre seus sentimentos, crenças e comportamentos
	Autoconfiança	Acredita em si, suas habilidades e potencialidades
	Autoafirmação	Defende a si, seus direitos e crenças
	Imaginação	Utiliza da criatividade para solução de problemas e vislumbrar cenários futuros

Dimensões	Forças	Descrição
2. Autorregulação	Estabilidade Emocional	Mantém-se equilibrado e recupera rápido após uma ativação emocional
	Resiliência	Capacidade de lidar com estresse
	Autocontrole	Pensa antes de agir, conseguindo postergar reforço e lidar com frustração
	Autocuidado	Cuida dos aspectos emocionais, físicos e que proporcionam bem-estar
	Teste de Realidade	Verifica se ideias, sentimentos e percepções são reais ou racionais
3. Conexão	Empatia	Sente e compreende o que outras pessoas sentem e compreende o que outras pessoas estão sentindo
	Compaixão	Mostra bondade, carinho e disposição para ajudar os outros; direciona compaixão para si mesmo
	Senso de humor	Descontraído, engraçado, amante da diversão; compartilha piadas e risos, apreciando os absurdos de si mesmo, nas outras pessoas e na vida
	Responsabilidade	Digno de confiança, honesto, prestativo, responsável com seus compromissos e papéis
4. Transcendência	Gratidão	Grato e feliz pelo que se tem, aprecia e valoriza as coisas ao seu redor
	Sabedoria	Busca verdade, conhecimento, lições de vida; mostra bom senso; aprende com a experiência

Fonte: Modelo proposto por Bernstein (2020) disponível em i-Modes.com. Tradução realizada pelos autores deste capítulo.

Diante desse contexto, este capítulo tem como objetivo aprofundar a compreensão a respeito do modo adulto saudável, incluindo suas nuances e algumas estratégias a serem trabalhadas, a partir da análise do personagem Tom Kirkman da série Designated Survivor. Ao longo do enredo, o protagonista demonstra uma série de forças que favorecem seu funcionamento adaptativo e este capítulo terá como foco a apresentação de algumas delas.

Sinopse da série "Designated Survivor"

> "Designated Survivor" é uma série de TV norte-americana de 2016, com três temporadas, que conta a história de Tom Kirkman, um membro do baixo escalão do gabinete presidencial americano e ministro dos transportes que, após um ataque terrorista que destruiu o Capitólio e matou o presidente e todos à sua volta, tem que assumir a presidência da república. Sem ter tempo para pensar sobre o que aconteceu e preparar-se para tal posição, Kirkman assume o cargo máximo americano em meio ao caos da situação. A série demonstra as dificuldades frente ao turbulento mandato inicial de Tom Kirkman, enquanto busca ser aceito pelo povo e aprender as difíceis funções do cargo.

Conhecendo Um Pouco da História de Tom Kirkman

Tom Kirkman não foi preparado, muito menos apresentava interesse profissional em assumir o cargo mais alto de seu país, como presidente dos Estados Unidos da América (EUA). Porém, ao fazê-lo, procurou investir-se para realizá-lo da forma mais humana possível aos objetivos da posição.

Na família de Tom, sua mãe era professora de história e, na infância, ele a observava chegar repleta de trabalhos e provas para corrigir. Alguns dias esporádicos, ela fazia almoço para alguns de seus alunos que não tinham o que comer, e Kirkman lembra que chegou a questioná-la do porquê de agir assim, e ela apenas respondeu que é o que os professores fazem. Isso fez com que ele considerasse que a profissão de sua mãe era a mais nobre de todas. Tom cresceu com esse exemplo de sua mãe, internalizando e vivenciando um modelo que possuía as forças da empatia e responsabilidade.

Prestes à posse do atual presidente, Tom acaba sendo comunicado da sua demissão do ministério dos transportes e recebe, como uma certa bonificação, o cargo de embaixador, em uma jogada política por não ter compactuado com as mesmas ideias do governo em vigor. Nesse mesmo dia, ele é selecionado como sobrevivente designado - um membro do gabinete americano que é selecionado para permanecer fisicamente distante e em segurança, quando o presidente, junto aos outros líderes, estão reunidos em um mesmo lugar (por exemplo, cerimônias ou discursos públicos), a fim de manter o governo. Caso algum evento catastrófico aconteça durante o evento público, o sobrevivente designado do mais alto escalão é selecionado para ocupar o cargo de presidência.

Algumas horas depois, o Capitólio dos EUA é destruído por uma explosão terrorista, matando o então presidente e todos os vinte outros sobreviventes designados anteriores a ele. No meio do caos e do clima aterrorizante, Tom é incumbido de lidar com a situação da nação, que só contava com ele e uma única deputada (Kimble Hookstraten) no poder legislativo do país.

Tom recebeu comentários negativos a respeito de sua inexperiência, das mais variadas fontes de conhecimento da Casa Branca, incluindo sugestões e tentativas de manobra daqueles ao seu redor para abandonar o cargo. No entanto, por ser a única pessoa possível para a função no momento, procura manter-se em seu adulto saudável, utilizando-se da autorregulação para encontrar estratégias de soluções para o caos instaurado.

Logo em sua primeira atitude presidencial, após juramento e antes da posse oficial, ele é levado a enfrentar o embaixador iraniano, pois o país aproveita-se da fragilidade do momento para realizar manobras navais proibidas próximo aos EUA. Assim, Tom é fortemente aconselhado pelo exército e assessores a declarar guerra ao país, como forma de demonstrar força imediatamente após o desastre que enfrentam. Porém, Kirkman decide assumir um papel diplomático, contando apenas com o instinto natural de resolver os problemas por meio da negociação ou conversa. Esse é o momento em que o sobrevivente designado assume a postura presidencial, agindo com firmeza e assertividade com o embaixador iraniano, exigindo providências reais com a possibilidade de retaliação americana.

Tom estabelece limites claros a outra nação e demonstra ali a potência de seu adulto saudável frente às dificuldades que poderiam vir a enfrentar. Ao passo que também coloca para aqueles à sua volta que, enquanto presidente, irá defender suas crenças sobre como tomará suas decisões. Dessa forma, mesmo inexperiente, manteve-se regulado, consciente e determinado ao seu objetivo, resguardando-se em seus direitos, sem infringir o direito alheio, mas protegendo e assegurando o país que comandava de acordo com o que acreditava ser correto. É nesse contexto que Kirkman percebe o quanto sua vida estará modificada dali em diante.

Nesse clima de tensão que Tom assume definitivamente o poder americano. Dali em diante, seus dias se tornam extremamente estressantes, faltando-lhe tempo para dormir o suficiente, realizar atividades rotineiras de autocuidado, lazer e diversão, passar tempo com sua família e, muitas vezes, de alimentar-se com tranquilidade. Sendo esses momentos substituídos por tarefas conturbadas de resolução de conflitos estaduais, nacionais e mundiais. A Tabela 15.2. ilustra alguns dos momentos em que Kirkman, frente a situações potencialmente estressoras, conseguiu utilizar do funcionamento de seu modo adulto saudável, mediante as tarefas deste modo.

Fornecer Carinho e Proteger a Criança Vulnerável com Tom Kirkman

Acolher a criança vulnerável, como já destacado previamente, é uma tarefa esperada do adulto saudável. Espera-se que o indivíduo, funcionando no seu adulto saudável, possa estar presente e ativo para lidar com o medo, solidão, tristeza e/ou desamparo típicos do modo criança vulnerável. Quando ativado, esse último modo acredita que ninguém será capaz de satisfazer suas necessidades. Alguns exemplos dos conteúdos integrados a esse modo são as dores associadas ao abuso físico, emocional e sexual; desistências e perdas; e consequências derivadas dos estilos parentais autoritários ou negligentes (Farrell et al., 2014, ver mais sobre modos criança nos Capítulos 8 e 9).

No processo terapêutico em TE, busca-se manter essa criança assegurada, desenvolvendo o olhar do paciente para as suas necessidades emocionais ao longo de todo o percurso. Assim, estando suas crianças cuidadas, os modos de enfrentamento desadaptativos tornam-se menos influentes nas situações do cotidiano (Young et al., 2008).

Inicialmente, o foco do terapeuta está em mapear a rede de apoio do paciente e estimular a busca dessa regulação emocional, a partir das figuras de apego seguro presentes em sua vida, por exemplo, amigos, familiares, companheiros afetivos e, até mesmo, o terapeuta – a partir da reparentalização limitada. À medida que o paciente experimenta o atendimento de suas necessidades, ele internaliza as experiências emocionais corretivas e, consequentemente, seu adulto saudável é fortalecido gradativamente, até o momento que consiga realizá-lo de forma mais independente.

Tabela 15.2. As tarefas do adulto saudável e exemplos de situações em que Kirkman adota comportamentos que explanam um funcionamento saudável

Tarefas do adulto saudável	Situação	Comportamento adotado na cena	Explanação do funcionamento saudável
Fornecer carinho e proteger a criança vulnerável	Poucas horas após ser empossado, ele está frente às decisões imprevisíveis que é forçado a ter inesperadamente.	– Eu sei que não é a coisa certa a dizer, mas a minha vontade.... – Alex complementa afetuosamente – É sair correndo daqui – acolhendo a vulnerabilidade em que o marido se encontra e demonstrando a forte conexão que possuem.	Diante de uma situação ativadora, assumir seu medo e compartilhar com a figura de apego seguro ou validar seu medo, de maneira afetuosa e compassiva consigo, acolhendo sua criança vulnerável.
Substituir estratégias desadaptativas por outras mais saudáveis, negociando com os modos de enfrentamento desadaptativos	Kirkman e os funcionários da Casa Branca envolvidos numa situação de guerra estão tensos e assustados.	Diante do medo da guerra, o presidente toma as decisões necessárias para resolver o conflito e cooperar com a sua equipe.	Reconhece as dificuldades da situação enquanto líder da situação, utiliza-se da estabilidade emocional para se manter calmo frente ao estresse e, então, partindo da autoconfiança, toma decisões maduras e sábias, de forma a cooperar com sua equipe.
Assegurar o princípio de reciprocidade e autodisciplina, fornecendo limites à criança zangada e impulsiva	A assessora de campanha descobre através de atitude escusa que o concorrente Moss, à frente nas pesquisas, está desenvolvendo Alzheimer, e pretende usar essa informação para prejudicar sua campanha.	O presidente diz: "Eu não gostaria que fizéssemos isso comigo", "Não seremos nós a tomar essa decisão por ele."	Utiliza-se da empatia e autoafirmação para defender o que julga ser correto e limitar a criança impulsiva.
	Sua equipe permite validar suas próprias emoções e sugere liberar a raiva com a atitude maldosa de seus oponentes.	Esbraveja sobre o tema por estar em luto, tendo sua privacidade invadida e sua moral questionada. Queixa-se e demonstra todo seu incômodo, sem que com isso invada ou maltrate qualquer um à sua volta.	Dá vazão legítima a sua criança zangada acolhendo e validando, genuinamente, o que sente, e afirma que não se pronunciará a respeito. Acolhe sua dor, mas coloca limites em sua criança zangada.
Combater os modos críticos/exigentes internalizados	A esposa de Tom, Alex, reivindica que o presidente use de seu poder para retirar um processo contra sua mãe, questionando sobre seu real amor por ela.	Kirkman sente o peso da culpa perante a esposa e se sente inclinado a resolver a situação	Kirkman utiliza-se da autoafirmação, defendendo seus princípios e recusa usar o poder para resolver a questão pessoal da sogra, mesmo que isso lhe cause danos no casamento. Ao optar por não utilizar o poder em uma questão pessoal, Tom consegue calar as vozes internalizadas e acolher-se na decisão tomada.
Estimular e promover a criança feliz	Treina Hóquei no gelo com a filha	Diverte-se com ela	Assegura a filha e à sua criança feliz a necessidade básica de diversão e brincadeiras livres de críticas ou exigências

Na *Tabela 15.2*, é possível encontrar situações em que o presidente é capaz de recorrer a sua rede de apoio, buscando sentir-se assegurado e protegido. A partir do cuidado de suas figuras de apego, que envolvem sua esposa – Alex – e outros funcionários que trabalham ao seu redor na Casa Branca (Seth, Emily, Aaron, Mike e Hannah), Tom é capaz de se reconectar com seu adulto saudável nos momentos desafiadores em que sua criança vulnerável está ativada.

Um outro exemplo, além dos expostos na *Tabela 15.2*, pode-se observar as situações em que o presidente é pressionado a tomar decisões difíceis, como enviar bombas para um país suspeito pelo atentado e sente-se inseguro, preocupado e culpado, questionando se havia tomado a decisão correta. Algum tempo depois, ainda ativado por ter agido ao encontro da guerra, Kirkman mantém sua decisão e acolhe sua criança vulnerável, buscando usar da compaixão, por meio de afirmações positivas, com carinho e segurança, assegurando-a de que tudo ficará bem. Tal atitude acalma, valida o medo e insatisfação da criança, garantindo-lhe se regular frente a ativação emocional.

Substituir Enfrentamentos Desadaptativos por Atitudes Mais Saudáveis em Tom Kirkman

Os modos de enfrentamento desadaptativos são padrões de funcionamento que englobam um ou mais EIDs e que ficam em evidência quando há uma ativação emocional/esquemática. Em uma perspectiva evolutiva, eles surgiram para auxiliar aos pacientes a terem, mesmo que minimamente, suas necessidades atendidas por seus cuidadores e/ou pares (Wainer & Rijo, 2016; R. Wainer & G. Wainer, 2016). Dessa forma, tornam-se desadaptativos quando, mesmo diante de outras contingências, acabam por utilizar das mesmas estratégias e, como consequência, há um prejuízo emocional, social e funcional. Assim, a tarefa do terapeuta frente a esses lados é conduzir o paciente a identificá-los, compreender sua função quando surgiram na infância ou adolescência e seu papel ainda hoje, bem como avaliar a funcionalidade desses lados na atualidade para que possam traçar estratégias de funcionamento mais saudáveis (ver mais sobre modos de enfrentamento nos *Capítulos 10, 11 e 12*).

Evidentemente, sabe-se que nem sempre é fácil agir de forma sábia e equilibrada, sobretudo quando as estratégias disfuncionais compõem o escopo adaptativo dos pacientes, mas humanizar os lados desadaptativos quando eles entram em ação ao longo do tratamento é uma postura fundamental do terapeuta do esquema. A mudança e o fortalecimento do adulto saudável se darão de forma progressiva e constante no tratamento, então, aos poucos, os pacientes passam a diminuir os impactos negativos dos lados disfuncionais, sendo substituídos por mais maduros. Entretanto, é importante destacar que quando as estratégias de funcionamento disfuncionais estão sendo utilizadas, as necessidades da criança não estão sendo atendidas, ocorrendo o processo de perpetuação esquemática (Young et al., 2008).

Em um determinado momento da série, Tom Kirkman se depara com uma situação em que notícias falsas que mencionam um plano de assassinato para sua esposa estão sendo divulgadas. Frente a essa situação, o presidente escolhe permanecer calado diante dos repórteres a fim de não gerar ainda mais comoção. Contudo, em um momento de tensão, Seth – seu redator – sai em sua defesa, respondendo aos jornalistas a favor do presidente. Embora suas intenções tenham sido as melhores, Kirkman sente-se invadido e contrariado, usando de seu poder para demitir o funcionário imediatamente de maneira ríspida. Pouco tempo depois, em um momento que consegue refletir melhor sobre o ocorrido, usa da autorreflexão para identificar sua raiva e a tristeza que estava sentindo diante da situação e, de forma equilibrada e saudável, procura Seth, e lhe pede desculpas pela forma rude com a qual havia agido. Tom reforça, inclusive, ter ciência de que o funcionário é um bom homem e da sua importância ao seu lado, dando-lhe um abraço acolhedor.

Diante dessa situação, é importante destacar que o objetivo da TE não é que o modo adulto saudável seja perfeito e absoluto no funcionamento do cliente. Na verdade, parte do objetivo no tratamento é que o paciente consiga reconhecer suas necessidades, seus modos desadaptativos, os gatilhos associados e busque funcionar de uma maneira mais saudável diante de situações estressoras. Porém, isso não implica que o paciente não sinta ou abandone completamente seus outros lados, mas sim que tenha uma consciência maior do seu funcionamento e os gerencie de maneira assertiva.

Assegurar Os Princípios de Reciprocidade e Colocar Limites à Criança Impulsiva do Presidente em Designated Survivor

Lidar com os modos criança zangada e impulsiva estão no escopo das tarefas do adulto saudável (Farrell et al., 2014; Young et al., 2008). A criança zangada refere ao lado que busca ventilar a raiva no momento de uma injustiça ou em que sua necessidade emocional não está sendo atendida. Ela pode se manifestar de maneira agressiva, birrenta ou, até mesmo, intolerante. Diante disso, cabe ao terapeuta criar um espaço para que essa raiva seja manifestada de maneira segura, estabelecendo limites que previnam consequências desastrosas na vida do paciente e garantindo um modelo de autoexpressão (Farrell et al., 2014; R. Wainer & G. Wainer, 2016). Ao passo que cabe ao adulto, solicitar suas necessidades de maneira assertiva e expressar sua raiva de forma igualmente madura.

Já a criança impulsiva age em busca do seu desejo e do seu prazer de forma descontrolada, sem necessariamente levar em consideração as consequências para si ou para aqueles ao seu redor. É objetivo do terapeuta estabelecer limites de maneira empática a esse lado e orientar das consequências envolvidas. O adulto saudável também deve estabelecer limites, utilizando do autocontrole e da autorreflexão para controlar seus impulsos e avaliar as consequências dos seus atos, pautados no princípio da reciprocidade (Farrell et al., 2014).

Um exemplo desse limite aos modos criança raivosa e impulsiva também pode ser vista na cena em que a sua filha acaba por ver manchetes que sugerem que ele seria o responsável pela morte de sua esposa. Ele procura a sua filha para conversar sobre as manchetes no jornal e a aconselha a não ler noticiais voltadas a sua mãe, mencionando que como presidente, ele pode ser atacado por comentários maldosos. Ele assegura que, sabendo da verdade, não precisa se preocupar ou sentir raiva da situação. Mesmo frente a uma notícia falsa, Tom valida a vulnerabilidade e acolhe a raiva da criança zangada, de forma regulada emocionalmente.

Kirkman em seus muitos papéis – presidente, esposo e pai –, procura encontrar um equilíbrio em suas relações. No decorrer dos episódios, é possível perceber que mesmo de encontro aos seus desejos e pensando no bem coletivo, Tom assegura que os direitos civis sejam preservados. Fica notável a renúncia de privilégios, confortos e benefícios que poderiam ser prazerosos, não por submissão, mas por responsabilidade a sua função, são feitas, com base, principalmente, na empatia àqueles ao seu redor e por escolher tomar decisões pensando em um bem comum.

Tom Kirkman Sendo Reparentalizado para O Combate às Vozes Internalizadas

As vozes internalizadas são introjeções que a criança faz das falas exigentes, críticas, punitivas, opressoras e/ou indutoras de culpa dos cuidadores e/ou de contextos socioculturais opressores (ver Capítulos 13 e 14). Essas vozes são, basicamente, reproduções de como seus cuidadores pensavam, sentiam e agiam com eles quando criança, resultando em cognições que interferem significativamente no funcionamento do indivíduo e trazem prejuízos importantes à sua saúde.

Por serem intensas e profundas, geralmente vinculadas a crenças centrais, o indivíduo pode se fundir a essas vozes, não conseguindo diferenciar o verdadeiro *self* do conteúdo das vozes que internalizou do contexto. É comum nesse modo haver uma cobrança excessiva, pressão para alcançar altos padrões, criticismo exagerado, autopunições, entre outros. Quando a criança experimenta invalidações e críticas constantes, sem receber empatia, pode ser gerada a sensação de culpa ou defeito. Ela cresce sem perceber qualidades em si e vendo-se incapaz de fazer diferente – características também clássicas dos modos críticos internalizados (Farrell & Shaw, 2018; Jacob et al., 2015).

Uma das funções do modo adulto saudável é dissociar essas vozes e confrontá-las quando necessário. Isso proporciona ao indivíduo diferenciar-se dessas mensagens, entendendo suas origens e questionando sua validade, isto é, se de fato fazem sentido ou não (Bach & Bernstein, 2019).

Durante a série, Tom Kirkman enfrenta muitos momentos em que está sendo alvo de críticas ou demandas externas e internas (das suas próprias vozes internalizadas). No entanto, com a presença de um adulto saudável fortalecido, Tom consegue combater as mensagens desse lado internalizado e garantir os direitos e necessidades da sua criança internalizada.

Um dos momentos que exemplifica isso é quando o presidente está sob uma ameaça de biossegurança, já na terceira temporada, e então compartilha seu medo diante da situação com Aaron. Seu chefe de gabinete reage comentando que ele seria um tolo se estivesse amedrontado. Nessa cena, podemos perceber que mesmo diante de toda exigência e pressões (internas e externas) para que se mantenha forte, Tom reconhece seu medo, aceita e compartilha com seu parceiro, sem permitir que vozes internalizadas possam assumir.

Ainda nesse contexto, conforme o problema de biossegurança piorava, a sensação de medo e de insegurança de Tom aumentam, assim como a influência de suas vozes exigentes. O presidente recorre ao seu assessor Mars para perguntar a respeito de seu desempenho enquanto representante do país:

Tom: O que estou fazendo aqui?

Mars: Está fazendo o melhor que pode, senhor.

Tom: Eu estava no sindicato e a Lorraine falou empolgada de uma matéria sobre opioides e eu só conseguia pensar nesse louco planejando um genocídio genético.

A conversa segue e ele complementa:

Tom: Estou fingindo saber o que estou fazendo. Na verdade, não tenho ideia. Decidir se notificamos ao público, se contamos à polícia... Estou às escuras. E se a poeira inteligente não funcionar? Ele poderia atacar quando e onde quisesse.

Mars: Está preocupado em tomar a decisão errada. Qualquer líder que preste estaria.

Tom: É mais do que uma preocupação. Se eu estiver errado, terei o sangue de milhares nas mãos.

Mars: Não há nada mais a fazer. No momento, descanse, senhor presidente.

É preciso destacar que, mesmo que o paciente possua um modo adulto saudável fortalecido, isso não significa que seus lados internalizados não sejam ativados em determinadas situações. Na prática, compõe as tarefas do adulto saudável combater, negociar ou manejar esses lados internalizados, quando eles aparecem, ou recorrer às figuras de apego que garantam as necessidades emocionais da sua criança.

A Necessidade de Estimular A Criança Feliz do Presidente em Designated Survivor

O modo criança feliz, ao lado do adulto saudável, compõem os modos adaptativos em TE, e ele é ativado quando as necessidades emocionais estão atendidas. Aqui o paciente sente-se amado, protegido, compreendido e validado. A espontaneidade, o espírito explorador e a diversão também fazem parte deste lado (Arntz & Jacob, 2013).

Nesse sentido, abrir espaço para a criança feliz do indivíduo também é uma tarefa esperada para o adulto saudável. Analisando o contexto da série, Tom ocupa um cargo que possui muitas demandas, sobretudo de tempo e responsabilidade. No decorrer dos episódios, são vistos poucos momentos de estimulação de sua criança feliz, mas, de maneira geral, esse lado aparece quando está junto de sua filha, Penny.

Diante da grande quantidade de responsabilidades que possui, o presidente queixa-se com sua esposa, logo após assumir seu cargo, que uma das coisas que mais gostava de fazer era passar tempo como sua filha, levando-a na escola e a vendo brincar com os coleguinhas, mas que, após tornar-se presidente, isso não era mais possível. Essa função do adulto saudável, de garantir à criança feliz momentos de lazer, diversão e brincadeiras, é o ponto mais carente de atenção ao personagem de Tom Kirkman. Algumas estratégias poderiam ser incrementadas para o desenvolvimento desse modo em Tom. Shaw (2020) afirma que atividades lúdicas contribuem para o desenvolvimento da criatividade, espontaneidade, resolução de problemas e comunicação de desejos e necessidades, sendo essas habilidades que favorecem o fortalecimento de um adulto saudável.

Tom Kirkman Vai à Terapia

Encorajado por seus assessores e contra sua vontade, Tom Kirkman inicia um processo psicoterápico após o falecimento de sua esposa, Alex. Mesmo com bastante resistência para engajar na terapia, seu psicólogo transpõe essas dificuldades e estabelece uma relação terapêutica segura com o presidente do país.

No dia das eleições presidenciais, em momento de extrema tensão, Tom já estava com dificuldades para dormir há dias e com sintomas ansiosos significativos, então, liga para seu terapeuta pedindo que o encontrasse no dia da apuração dos votos. O candidato estava apreensivo, sentindo-se desonesto e culpado por ter escondido uma prova de que seu adversário (Moss), que estava sendo acusado de um ataque de biossegurança, não tinha responsabilidade sobre o evento. Assim, no início da sessão, Tom utiliza-se de várias racionalizações para tentar justificar seu comportamento.

É importante destacar que a confusão entre adulto saudável e protetor desligado, em suas variações, pode ser comum no atendimento. Por isso, Rafaelli et al. (2011) ressaltam a importância de distinguir os modos evitativos do adulto saudável, pois, externamente, muitos pacientes podem aparentar equilibrados e conscientes diante de uma situação estressora, mas, na verdade, podem apenas estarem desconectados em seu modo desadaptativo. Assim, frente a um discurso racionalizado, o terapeuta pode confundir-se com a situação e, inclusive, reforçar a estratégia, quando deveria propor a conexão emocional com sua criança vulnerável. Para a diferenciação desses lados, é importante observar o tom de voz e a postura do paciente, ao passo que estar conectado com suas próprias reações diante do conteúdo manifestado, pois, quando no lado saudável, as emoções serão vivenciadas genuinamente.

Seguindo com o atendimento de Tom Kirkman, o terapeuta inicialmente, utiliza-se de intervenções cognitivas, como exemplo, o questionamento socrático, na tentativa de lidar com a evitação de seu paciente, mas Tom se manteve firme nessa postura. Então, à medida que a sessão foi ocorrendo, o profissional continuou tentando explorar as reais motivações do candidato ter escondido as provas que favoreciam seu oponente, mas, agora, de uma forma mais confrontadora. Tom permaneceu protegendo-se das vozes indutoras de culpa, utilizando do protetor racional. De maneira consistente, seu terapeuta continuou questionando suas reais intenções diante de seus comportamentos, até o momento que o paciente muda para o seu modo autoengrandecedor.

Pensando nesse momento da sessão, cabe ressaltar que o modo adulto saudável deve estar conectado com seus valores. Quando Tom reconhece isso, evidencia a dualidade de seu modo adaptativo e autoengrandecedor. Fica evidente que o psicólogo da série não é um terapeuta do esquema, mas, nesse momento da sessão, caberia a aplicação da técnica de cadeiras, com objetivo de explorar a experiência interna do cliente.

Alguns exemplos do que poderia ser realizado com essa técnica, seria (1) colocar de um lado a parte que se sente culpada e do outro suas vozes indutoras de culpa, finalizando com o adulto saudável em pé analisando essa interação ou (2) um diálogo entre seu lado "Tirano", que acredita que pode fazer qualquer coisa para vencer, e do outro, o terapeuta. Após isso, o adulto saudável do paciente fica em pé e observa a interação que ocorreu (na disposição das cadeiras) entre terapeuta e o modo (como pode ser ilustrado na vinheta clínica a seguir). Vale destacar que, nesses trabalhos, sempre a parte saudável deve vencer e caso o paciente tenha dificuldade, o terapeuta deve entrar para auxiliar.

Vinheta Clínica

[...]

Terapeuta: Parece que tem dois lados seus entrando em conflito neste momento, um que sente que pode tomar atitudes, por acreditar que os fins justificam os meios, e outro que reconhece que essas atitudes não estão de acordo com os seus valores e princípios, é isso mesmo?

Tom: Parece que sim...

Terapeuta: Então, queria convidar essa parte sua mais autoritária a sentar nesta cadeira [terapeuta aponta para a cadeira que está à sua frente] para que a gente possa entender o que aconteceu que essa parte sua precisou omitir essas informações. Como vamos chamar esse lado seu?

Tom: Lado Tirano

Terapeuta: Certo, então quero convidar o Lado Tirano a sentar nesta cadeira e se conectar com o momento que tomou a decisão de esconder essas informações [o paciente se senta na cadeira designada para o modo]. Agora, Lado Tirano, você pode me contar o que te motivou a fazer isso?

Lado Tirano: [em um tom raivoso] Eu não posso deixar o Moss (outro candidato) vencer, eu acredito que ele não tem competência para governar, eu realmente acredito que eu sou a melhor opção para este país!

Terapeuta: Então, Lado Tirano, eu estou entendendo que você quer vencer independente das consequências que isso tem para a vida do Tom. É isso?

> **Lado Tirano:** Eu realmente preciso vencer, isso vai ser melhor para todo mundo!
>
> **Terapeuta:** Entendo, agora, Tom, você pode se levantar para que a gente possa olhar juntos a partir de uma outra perspectiva o que aconteceu enquanto dialoguei com o Lado Tirano? [terapeuta e paciente se levantam e ficam em pé, olhando a disposição das cadeiras]
>
> **Terapeuta:** Tom, eu quero que você olhe a forma como o lado Tirano estava falando com seu terapeuta. O que você entende que está acontecendo?
>
> [*Neste momento, a partir de outra perspectiva, o terapeuta e paciente buscam entender o que está acontecendo, qual a emoção presente, qual a necessidade por trás que não está sendo atendida, qual as consequências desse funcionamento, como o Adulto Saudável está percebendo essa atitude e qual ação que gostaria de tomar*].
>
> [Terapeuta e Paciente voltam para seus lugares]
>
> **Terapeuta:** Então, Tom, o que ficou para você depois desse trabalho que fizemos?
>
> **Tom:** Realmente tem um lado meu que precisava ganhar a qualquer custo, fiquei muito angustiado em perceber que agi tomando atitudes que eu não concordo, mas que, de alguma forma, parece que eu precisava. Mas está claro para mim que eu preciso ter cuidado e limitar esse lado Tirano que eu tenho.

Convidar os pacientes a terem um olhar metacognitivo é uma proposta de Roediger et al. (2018) no processo de fortalecimento do adulto saudável. Estar em pé e observar a dinâmica do seu próprio funcionamento a partir de uma outra perspectiva favorece a compreensão de processos automáticos para o paciente e possibilita que terapeuta e paciente conversem sobre as situações a partir de seus lados maduros.

Um Modelo de Desenvolvimento do Adulto Saudável que Poderia Ser Aplicado a Tom Kirkman

Há vários caminhos que podem ser utilizados para o fortalecimento do adulto saudável. Farrell et al. (2014) indicam uma sequência de intervenções que favorecem a quebra do padrão comportamental voltado ao desenvolvimento desse modo, que está dividido em três etapas distintas, conforme o avanço dos atendimentos em TE.

Na fase comportamental, o terapeuta lê uma lista de comportamentos de adulto saudável para seu paciente. Depois, o paciente escolhe qual desses comportamentos gostaria de testar ao longo da sessão. Então, põe em prática, durante a semana, o comportamento escolhido e observa como se saiu. Ao retornar para a sessão, o paciente e terapeuta debatem sobre o desempenho do primeiro, frente a escolha feita: como se sentiu com o novo comportamento e quais as consequências dessa nova ação.

Após essa etapa, segue-se com intervenção cognitiva, a qual o paciente lista os pontos positivos, negativos ou neutros do seu adulto saudável e pergunta ao melhor amigo ou ao terapeuta, o quanto se assemelha ao que foi listado. Nesse momento, o paciente também lista as crenças que carrega sobre si e o como gostaria ou não de ser. Após todos os registros, terapeuta e paciente traçam um plano de ação para chegar no objetivo determinado.

Na etapa experiencial desse processo, Farrell et al. (2014) propõem o trabalho com imagens mentais que fortalecem o adulto saudável. Dentre as diversas possibilidades, está descrito um exemplo em que o terapeuta deve ajudar ao paciente a visualizar esse lado maduro em diferentes fases da vida, destacando suas melhores habilidades e capacidades, da forma que gostaria de ser e mantendo-se na vida que lhe faria feliz no futuro, baseando-se nas informações levantadas nas etapas anteriores. Para esse momento, em imagem mental, o terapeuta auxilia o paciente a criar um cenário futuro de uma vida que lhe faria feliz (5, 10 e 20 anos), abordando os temas mais variados de uma vida saudável, como família, vida profissional, lazer, entre outras. Depois, o terapeuta debate com o paciente os passos concretos que ele poderá desempenhar para chegar o mais próximo possível da vida que criou na imagem. Por fim, o terapeuta reparentaliza o paciente, firmando sua conexão ao seu lado, durante todo o processo.

Essa técnica faz um percurso completo entre os tipos de estratégias que a TE pode utilizar para o desenvolvimento de modos saudáveis e que poderiam ser reforçadas em Tom Kirkman. Outra forma de reparentalização do adulto saudável é o estímulo da criança feliz e, como foi visto durante o capítulo, Tom teve poucos momentos para desenvolver este lado. Nesse aspecto, o processo terapêutico com o personagem, precisará de estratégias mais assertivas para desenvolver. Algumas dicas úteis para a intervenção focada nesse modo podem ser: imagens mentais para a criança feliz, trabalho com fotos, curtograma, estabelecer tempo para conectar a criança feliz e flexibilizar tarefas, tarefas de casa de estímulo à espontaneidade e à ludicidade, por exemplo: contar piadas, jogos de tabuleiro, montar quebra cabeças, assistir comédias, andar de bicicleta, jogar hockey, entre outras – conforme interesses do paciente.

CONCLUSÃO

Ao longo da série, nota-se que Tom Kirkman se depara com muitas situações estressoras no cargo do presidente dos EUA, sobretudo por ter assumido a função de surpresa em um momento difícil para o país. O contexto que está inserido envolve muitos desafios desde o primeiro momento, mas, ainda assim, é possível observar que Tom está entrando em ativação esquemática devido aos estressores do ambiente. Ele sente medo, raiva, tristeza e outras emoções naturais, mas, na grande maioria das vezes, sua forma mais usual é a manutenção do equilíbrio emocional por intermédio do adulto saudável.

Tom consegue manter mais evidente o seu modo saudável, possivelmente, por ter um temperamento mais estável e uma rede de apoio acolhedora, representada, prioritariamente, por sua esposa (nas duas primeiras temporadas da série), com quem tem apego seguro, e ainda por seus funcionários que acreditam em seu desempenho e não medem esforços para lhe apoiar e fazer a manutenção do *status quo* e da regulação emocional.

Kirkman demonstrou, ao longo das temporadas, que, mesmo sob influência dos mais diversos pontos de vista, mantinha sua integridade ética, compadecendo-se do outro, sendo empático as singularidades de cada pessoa, mas ainda pensando prioritariamente no bem-estar coletivo inerente ao seu cargo e humanidade. Além disso, ele passou por muitas situações inesperadas, controversas e ímpares, algumas das quais sequer apresentava conhecimento a respeito. No entanto, mesmo diante de exposição às mais variadas vulnerabilidades, buscava acolher-se e acolher ao outro, com uma mente compassiva, na maioria das vezes, na tentativa de encontrar no seu modo adulto saudável, as melhores soluções.

Ao longo das três temporadas da série, Kirkman demonstra os modelos de reparentalização que o modo adulto saudável pode realizar a criança: fornece o carinho que ela necessita com a proteção necessária; assegura a reciprocidade e autodisciplina, dando limites reais para a criança zangada e criança impulsiva e combatendo as vozes internalizadas e as estratégias de enfrentamento desadaptativos. Conveniente lembrar que, mesmo ocupando qualquer posição, é esperado desse modo que empatize com os demais e respeite o direito à reciprocidade. Dessa forma, o modo adulto saudável está disponível para acolher qualquer dor da criança vulnerável e assegurá-la em seu colo, independente das circunstâncias da vida, e dos caminhos que se deve tomar. Afinal, como diria o presidente Kirkman: "*...fazer a coisa certa nem sempre faz a gente se sentir bem*".

Indicação de músicas, filmes e séries que abordam direta e/ou indiretamente os conceitos explanados neste capítulo

Recurso	Nome	Modo Relacionado
Filmes	*Forrest Gump*	Modo Adulto Saudável (Forças: Estabilidade Emocional, Resiliência e Responsabilidade)
	Rei Leão (personagem Simba)	Modo Adulto Saudável (Forças: Empatia, Sabedoria, Senso de Humor, Resiliência)

REFERÊNCIAS

Bach, B., & Bernstein, D. P. (2019). Schema therapy conceptualization of personality functioning and traits in ICD-11 and DSM-5. *Current Opinion in Psychiatry*, 32(1), 38–49.

Bernstein, D. (2020, in press). Building Strengths in Schema Therapy and Beyond. *A Guide to Using iModes, the Complete System*. Maastricht, The Netherlands. iModes Publications.

Farrell, J. M., Reiss, N., & Shaw, I. A. (2014). *The schema therapy clinician's guide: A complete resource for building and delivering individual, group and integrated schema mode treatment programs.* John Wiley & Sons.

Farrell, J. M., & Shaw, I. A. (2018). *Experiencing Schema Therapy from the Inside Out: A Self-Practice/Self-Reflection Workbook for Therapists.* New York: The Guilford Press.

Jacob, G., Genderen, H. V., Seebauer, L. (2015). *Breaking Negative Thinking Patterns: A Schema Therapy Self-Help and Support Book.* Sussex Ocidental: Wiley-Blackwell.

Loose, C., Zarbock, G., Graaf, P., & Holt, R. (2020). Key theories and concepts in schema therapy and ST-CA. In: C. Loose, P. Graaf, G. Zarbock, & R. Holt (Eds.). *Schema therapy for children and adolescents - ST-CA: a practitioner's guide (pp. 19-41).* Pavilion Publishing and Media Ltd.

Rafaeli, E., Bernstein, D. P., & Young, J. (2010*). Schema therapy: Distinctive features.* Routledge.

Roediger, E., Stevens, B. & Brockman, R. (2018). Contextual Schema Therapy. *An Integrative Approach to Personality Disorders, Emotional Dysregulation, and Interpersonal Functioning.* Oakland, CA: New Harbinger.

Shaw, I. (2020) Spontaneity and play in Schema Therapy. In, G. Heath & H. Startup. *Creative Methods in Schema Therapy: Advances and Innovation in Clinical Practice* (pp. 167 - 177). Routledge.

Van Genderen, H., Rijkeboer, M., & Arntz, A. (2012). Theoretical model: Schemas, coping styles and modes. In, J. Broersen, & M. van Vreeswijk (Eds.), *The Wiley-Blackwell handbook of schema therapy: Theory, research, and practice* (pp. 27–40). Wiley Blackwell.

Van Vreeswijk, M., Broersen, J., & Nadort, M. (2012). *The Wiley-Blackwell handbook of schema therapy: Theory, research, and practice.* John Wiley & Sons.

Wainer, R., & Rijo, D. (2016). O modelo teórico: esquemas iniciais desadaptativos, estilos de enfrentamento e modos esquemáticos. In: R. Wainer, K. Paim, R. Erdos, & R. Andriola (Orgs.). *Terapia cognitiva focada em esquemas: integração em psicoterapia* (pp.47-63). Porto Alegre: Artmed.

Wainer, R., & Wainer, G. (2016). O trabalho com modos esquemáticos. In: R. Wainer, K. Paim, R. Erdos, & R. Andriola (Orgs.). *Terapia cognitiva focada em esquemas: integração em psicoterapia* (pp.147-166). Porto Alegre: Artmed.

Yakın, D., Grasman, R., & Arntz, A. (2020). Schema modes as a common mechanism of change in personality pathology and functioning: Results from a randomized controlled trial. *Behaviour research and therapy*, 126, 103553.

Young, J. E., Klosko, J. S., & Weishaar, M. E. (2008). *Terapia do esquema: guia de técnicas cognitivo-comportamentais inovadoras*. Porto Alegre: Artmed.

Young, J. E., & Klosko, J. S. (2019). *Reinvente sua vida: um programa para ajudá-lo a acabar com comportamentos negativos – e sentir-se bem novamente!* Novo Hamburgo: Sinopsys.

Capítulo 16
ENTENDENDO O CASAL JACKSON MAINE E ALLY DE "NASCE UMA ESTRELA"

Kelly Paim
Betina Predebon

> *"A gente sente um fogo por dentro quando pesca um peixe grande. É algo que não se esquece. Foi como eu me senti quando te ouvi cantar"*
> (Jackson Maine)

OBJETIVOS DE APRENDIZAGEM

Ao final da leitura deste capítulo, é esperado que você seja capaz de:

- Entender os componentes da química esquemática do casal protagonista;
- Compreender os possíveis esquemas iniciais desadaptativos e modos esquemáticos de Jackson e Ally;
- Reconhecer o ciclo de modos desadaptativo estabelecido na relação;
- Identificar as possíveis intervenções que beneficiariam o casal.

Os modelos de como se relacionar estão em constante transformação. Contudo, a busca por um(a) parceiro(a) e as dificuldades para manter um relacionamento amoroso seguem imperando dentre as demandas identificadas nos processos psicoterápicos.

Os conflitos resultantes das interações amorosas aparecem como motivo de grande sofrimento e desgaste emocional para muitos indivíduos. Nesse sentido, pesquisadores e clínicos com foco nos relacionamentos têm se debruçado em aprimorar as abordagens que melhor possam embasar a compreensão e intervenção sobre a dinâmica relacional (Paim & Cardoso, 2019; Simeone-DiFrancesco et al., 2015).

Um dos modelos que tem demonstrado aplicabilidade e resultados positivos com os casais é a Terapia do Esquema (TE). Com forte influência da Teoria do Apego, a TE entende que a qualidade dos vínculos adultos é derivada da interação da criança com seus cuidadores (Becker & Crepaldi, 2019). A abordagem apresenta um modelo de avaliação e intervenção baseado nas necessidades emocionais básicas não supridas pelos cuidadores ao longo do desenvolvimento do indivíduo (Young et al., 2003). A TE também entende que as dificuldades relacionadas à vinculação interferem de forma significativa tanto nas escolhas amorosas quanto no modo como os indivíduos se relacionam com seus parceiros amorosos, quando adultos. De acordo com essa perspectiva teórica, assim como os relacionamentos podem acionar dores emocionais persistentes no casal, eles também podem desempenhar um papel fundamental para ajudar a curar os esquemas iniciais desadaptativos (EIDs), quando um parceiro se torna uma fonte segura de atendimento às necessidades emocionais básicas não supridas (Paim & Cardoso, 2019).

No filme "Nasce uma Estrela", é possível identificar os componentes esquemáticos se manifestando na relação entre Jackson e Ally, desde o encontro e apaixonamento, até o trágico final. Durante o enredo, fica evidente o ciclo de modos desadaptativos se formando e agindo na direção da manutenção esquemática dos dois personagens. Neste capítulo, serão apresentados alguns conceitos importantes para a compreensão dos relacionamentos e do trabalho com casais.

Sinopse do filme "Nasce uma Estrela"

> Jackson Maine é um cantor no auge da fama. Após um de seus shows, ele vai até um bar para beber e se encanta por Ally, que estava cantando no local. A atração ocorreu no primeiro instante. Ally é uma insegura cantora que ganha a vida trabalhando em um restaurante como garçonete. Jackson se apaixona por ela e por seu talento, assim, passa a investir na aproximação dos dois. Mais tarde, eles acabam se casando. Ao mesmo tempo em que Ally desponta para o estrelato, Jackson vive uma crise pessoal e profissional devido aos problemas com o álcool. As dificuldades no relacionamento ficam evidentes e o casal acaba por ter um fim trágico.

O Encontro de Jackson e Ally e A Química Esquemática

A química esquemática pode ser compreendida, basicamente, como a escolha de um(a) parceiro(a) íntimo(a) dirigida pelos EIDs (Paim, 2019). Entre os componentes da química esquemática estão a atração e a ilusão. Durante o enredo, a atração pode ser observada no momento que Jackson enxerga Ally pela primeira vez, quando ela está cantando e performando "*La Vie En Rose*". Ao som da canção e de uma breve troca de olhares entre eles, Jackson demonstra um alto nível de interesse por Ally. Destaca-se que, nesse primeiro momento, Jackson está sozinho com o seu motorista, saindo de um de seus shows. Ele estava bebendo e parecia cansado e solitário. Ally, por sua vez, tinha acabado um relacionamento naquela mesma noite, horas antes de encontrar Jackson, e parecia muito insatisfeita com o seu trabalho no restaurante. Pode-se inferir que ambos estão em ativação esquemática. Com isso, é importante destacar que, quanto mais os EIDs estão ativados no momento, mais facilmente eles atuarão no envolvimento desadaptativo com o outro (Paim & Cardoso, 2022).

O que fica evidente no encontro dos dois é a intensidade emocional do envolvimento. Isso pode ser explicado por outro componente da química esquemática, a ilusão. A ilusão consiste na expectativa irrealista e exagerada em relação ao outro e a relação, com isso, ao longo da relação, as frustrações vão acontecendo e mantendo as crenças esquemáticas (Paim, 2019). No caso do casal, Ally fica abalada emocionalmente ao perceber que um cantor famoso está interessado nela. Ela sente, desde o início, uma valorização intensa por parte de Jackson em relação ao seu talento, o que a faz vivenciar como um "antídoto" para o seu esquema de Defectividade/Vergonha. Ally chega a ver as dificuldades do cantor com as drogas como possíveis empecilhos para a relação, mas, logo, estimulada por seu pai, começa a enxergar a relação como uma espécie salvação, já que nunca foi reconhecida por seu talento. Ela entende que sua aparência sempre foi um impeditivo para buscar sucesso profissional. Jackson também parece sentir como, se ao encontrar Ally, não estivesse mais sozinho, mesmo que mal a conhecesse.

Os Esquemas Iniciais Desadaptativos

Os EIDs são formados a partir da falta da obtenção das necessidades emocionais básicas ao longo do desenvolvimento (vínculo seguro;

autonomia, competência e sentido de identidade; limites realistas e autocontrole; liberdade de expressão e emoções; espontaneidade e lazer). A seguir, serão identificados os principais EIDs de Jackson e Ally, considerando também as informações da história deles, disponibilizadas ao longo do filme. Também, serão identificadas estratégias utilizadas para cada esquema, bem como os principais modos esquemáticos dos personagens.

Jack perdeu sua mãe quando era criança e foi criado pelo pai, que era dependente de álcool e, provavelmente, deprimido. O rapaz também cresceu ao lado de um irmão bem mais velho e ausente. A única forma em que Jack conseguiu se aproximar do irmão foi pela música, na qual este foi seu empresário. O pai de Jack também era músico, o que parece reforçar a relação aprendida entre música e amor (o que volta a se repetir com Ally). Extremamente solitário, Jackson teve sucesso muito cedo e, com o sucesso, veio também o isolamento social, privações extremas e a dependência química, além de um sério problema de audição irreversível.

Durante o filme, é possível perceber que Jakson tem um forte esquema de privação emocional, os sinais desse esquema no personagem são: negligência das suas necessidades de autocuidado (alimentação, sono, cuidados médicos etc.) e sensação de solidão, desamparo, com crenças de que não pode contar com ninguém. As estratégias de enfrentamento de Jack estão na direção da resignação esquemática (com a autonegligência) e da evitação (principalmente, com o uso de drogas e trabalho excessivo). Jack também parece hipercompensar o esquema de privação emocional com Ally, querendo que ela foque totalmente na relação. O esquema de autossacrifício, combinação comum com a privação emocional, também aparece no funcionamento esquemático de Jackson. Sua postura mais orientada para o outro aparece na relação com o irmão, com Ally e com os fãs.

Já os possíveis EIDs que Ally apresenta são: defectividade/vergonha e subjugação. O primeiro pode ser percebido quando a personagem fala sobre sua aparência e sobre as rejeições vividas no decorrer da sua trajetória profissional. Já o segundo, pode ser percebido na relação com Jack, principalmente no início, e na relação com o seu pai, quando ela tende a agir na direção de agradá-lo ou cuidar dele, mesmo estando desconfortável com isso. A subjugação de Ally também ocorre com o seu produtor, do qual ela acaba aceitando todas as sugestões, mesmo sem concordar. Nesse momento, ela aparenta se perder da artista que realmente queria ser. Entretanto, em alguns momentos ela parece hipercompensar a subjugação, sendo bastante agressiva ao dar limites para as pessoas, por exemplo, no restaurante em que trabalhava e com os fãs de Jack, no início do filme.

O Ciclo de Modos do Casal

As situações vividas na relação conjugal podem desencadear uma interação esquemática que, por sua vez, reveste-se de um padrão destrutivo, envolvendo ciclos de respostas desadaptativas que podem tornar a relação cada vez mais prejudicial (Paim, 2016; Yoosefi et al., 2010; Young & Behary, 1998). Assim, é constituído um o círculo vicioso, ao passo que a utilização de modos desadaptativos se torna resposta ante as insatisfações emocionais sentidas, resultando em uma realidade de extremo sofrimento e caráter destrutivo. As fortes ativações emocionais geram modos de enfretamento com respostas defensivas que, geralmente, são gatilhos para ativação esquemática do outro parceiro.

Os ciclos de modos desadaptativos criam confrontos e parecem estar diretamente relacionados a separações e a divórcios, uma vez que a conexão entre os parceiros diminui. Já um ciclo de modo flexível e adaptativo pode promover a cura do esquema e fomentar a longevidade do relacionamento (Gottman, 1994). Os tipos de ciclos de modos nos casais, segundo Roediger (2014), são descritos como: 1) *Ciclos altamente instáveis*: quando os dois parceiros se encontram no modo hipercompensatório, caracterizados por instabilidade e escaladas de ataques; 2) *Ciclos moderadamente instáveis*: quando um parceiro se encontra no modo hipercompensatório e o outro no modo protetor desligado ou no modo protetor autoaliviador, caracterizados pela perseguição de conexão; 3) *Ciclos estáveis*: quando os dois se encontram no modo protetor desligado ou em outro tipo de evitação, caracterizados pela estagnação da relação e afastamento; 4) *Ciclo complementar*: quando um se encontra no modo hipercompensatório e o outro no modo capitulador complacente, que permanece em homeostase a menos que algum dos parceiros mude a sua posição na relação; e 5) *Ciclo funcional*: quando os dois se encontram no modo adulto saudável, levando ao crescimento da relação.

Analisando a dinâmica do casal Ally e Jack, eles, desde muito cedo na relação, passaram a ter modos disfuncionais. Jackson usava maciçamente o modo protetor autoaliviador nas diversas área de sua vida, mas, na relação, acabava por usar um modo mais dominante com Ally, absorvendo-a para as suas demandas de sua carreira e da vida, embora em alguns momentos viesse com um tom de ajuda para a carreira dela. Ally, por sua vez, na relação com Jack, acabava por usar o modo capitulador complacente. Com isso, estabeleciam um ciclo complementar.

Posteriormente na relação, eles iniciaram um ciclo altamente instável. Isso ocorre quando Ally começa a ter uma carreira mais independente, em que o seu produtor passa a ter poder nas decisões dela. Nesse momento, Jack ativa sua privação emocional e começa a atacar a esposa. Ally, por sua vez, ativa sua criança defectiva e o seu modo ataque. O casal passa a ter momentos de conflitos com escaladas destrutivas de ataques. Para ilustrar tal ciclo, é possível identificar a cena em que Ally está na banheira, e o casal tem uma discussão. Jack se aproxima de Ally, comentando que soube que ela foi indicada para três Grammys. Nesse momento, ele já está em modo ataque e começa a criticar as letras das músicas dela. Ally, prontamente, ativa o seu modo ataque também, provavelmente para se proteger da sensação de defectividade. Ela também passa a atacar de forma irônica Jack, falando coisas bem duras sobre a forma como ele bebe. A discussão tem uma escalada até o momento em que Jack chama Ally de feia, algo que a machuca muito, pois ela sempre foi criticada por sua aparência.

Diálogo da cena da banheira: escalada do ciclo de modos

Jack: Você está se envergonhado... (com suas músicas)

Ally: Estou me envergonhando? (aumentando o tom de voz) Você tem tanta vergonha de si mesmo que precisa me diminuir.

Jack: Está tão preocupada que seja feia que fica buscando aprovação das pessoas.

Ally: Quer que eu seja seu pai bêbado, Jack? (debochando)

Jack: Você não conseguiria ser meu pai mesmo que tentasse. Ele teria mais talento em um dedo do que você tem no corpo todo.

> Ally: Por que não toma mais uma bebida? (ironizando)
> Jack: Você é feia, só isso.
> Ally: Saia daqui (gritando).

Segundo Atkinson e Perris (2020), os modos (MEs) influenciam diretamente na satisfação conjugal, sendo de suma relevância intervenções que visem flexibilizá-los. Um objetivo fundamental para o terapeuta é ajudar o casal no desenvolvimento de interações adaptativas um com o outro, gerando respostas mais saudáveis e adaptativas. Ao enfraquecer os modos de enfrentamento desadaptativos e fortalecer modos saudáveis, o processo psicoterápico gerará sensação de esperança e segurança no relacionamento, garantindo a qualidade do vínculo (Van Genderen et al., 2012). Modos de enfrentamento são a engrenagem do ciclo. A relação do casal Ally e Jackson vai, ao longo do tempo, estabelecendo ciclos destrutivos e, com isso, a qualidade do vínculo e da satisfação conjugal vai diminuindo.

Possíveis Intervenções Terapêuticas

Uma das mais importantes metas para o terapeuta será ajudar os parceiros a desenvolverem respostas mais adaptativas do que as já automatizadas pela interação esquemática, criando um senso de segurança e esperança que possa fortalecer o vínculo da relação. Com seu modelo integrativo, a TE incorpora as evidências mais recentes que definem a natureza do sofrimento dos casais, oferecendo uma bússola para ajudar o terapeuta avaliar os principais gatilhos e questões disfuncionais. A terapia fornece estratégias detalhadas para orientá-los no suprimento das necessidades pessoais e do relacionamento (Simeone-DiFrancesco et al., 2015).

Na terapia individual, o terapeuta pratica a reparentalização limitada para tornar-se a "base segura" do cliente, ao passo que se torna o principal "porto seguro". Na terapia de casal, o terapeuta trabalha com o casal para ajudar cada parceiro a se tornar a "base segura" um do outro e para que o relacionamento se torne o "porto seguro" (Van Genderen et al., 2012). O processo de intervenção pode ser estruturado, didaticamente, em três partes: (a) fase inicial, (b) fase intermediária, e (c) fase final.

Intervenções na fase inicial

O processo terapêutico em TE para casais é uma experiência de profunda vulnerabilização que envolve frequente ativação emocional e, por esse motivo, pode gerar forte sensação de ameaça. Assim sendo, deve-se atentar para criação de um ambiente terapêutico que transmita segurança e acolhimento. As cadeiras dispostas na sala de atendimento devem formar um triângulo que permita com que todos se sintam incluídos e que a dinâmica flua de forma flexível. O tom de voz do terapeuta deve ser acolhedor e ameno. Inicialmente, o terapeuta se "encarrega" da sessão e o principal instrumento a focar neste momento, para dar estrutura a todo processo, é o contrato terapêutico (Simeone-DiFrancesco et al., 2015). Nele, o terapeuta, juntamente do casal, estabelecerá regras e limites, deixando claro que padrões abusivos não caberão nesse novo ambiente. O contrato terapêutico também põe em pauta o compromisso do casal. Tratando-se de casais monogâmicos, nesse momento, caberá verificar a existência de casos extraconjugais, esclarecendo que a dissolução dos mesmos se fará necessária para o prosseguimento da terapia (Paim & Cardoso, 2019).

Também, é objetivo da fase inicial, avaliação, identificar possíveis contraindicações para o atendimento conjugal, são elas: dependência química com prejuízo significativo e sem tratamento; violência conjugal que gere insegurança em pelo menos um dos cônjuges; relacionamento extraconjugal; indisponibilidade de um dos cônjuges ou de ambos (Young & Behary, 1998). O casal Jackson e Ally precisariam iniciar um tratamento especializado em dependência química antes de iniciarem a Terapia do Esquema conjugal.

A avaliação do casal acontece desde o primeiro contato e é uma tarefa imprescindível na fase inicial, visto que sua elaboração será base para toda proposta interventiva que se dará a seguir. O ponto de partida surgirá da demanda atual, ou seja, às queixas e insatisfações que motivaram o casal a buscar por auxílio (Paim, 2016). O terapeuta deve, desde esse momento, apresentar uma dinâmica em que ambos possam apresentar suas perspectivas e seus pontos de vista a respeito da problemática, despendendo muita atenção aos sentimentos gerados, às sensações ativadas, às interpretações criadas e aos comportamentos provocados.

A primeira parte da avaliação também pode consistir em sessões individuais em que cada cônjuge possa descrever de forma detalhada a história do relacionamento, já elencando aspectos tidos como positivos e negativos na relação, expectativas sobre a terapia e necessidades emocionais não atendidas na relação. Esse momento é de grande riqueza para coleta de informações do terapeuta que já poderá identificar possíveis esquemas envolvidos e hipotetizar sobre a química esquemática desenvolvida (Lev & McKay, 2017). Neste momento, os cônjuges também deverão ser questionados sobre os modelos de relacionamento que o indivíduo presenciou ao longo do seu desenvolvimento, o que põe os terapeutas atentos a possíveis dinâmicas familiares pregressas e seus efeitos transgeracionais.

A utilização de genograma pode ser uma estratégia bastante rica nesta etapa, possibilitando uma visão ampla e sistemática sobre temas disfuncionais presentes nas famílias de origem, analisando possíveis aprendizados de padrões emocionais, comportamentais e cognitivos que, hoje, possam se manifestar na relação (Paim & Cardoso, 2019). O compartilhamento das informações do genograma entre os parceiros promove conexão e empatia, buscando compreender como experiências dolorosas familiares possam se manifestar por meio da repetição de padrões e esquemas.

O objetivo da avalição é criar uma visão sistemática sobre os padrões disfuncionais, disponibilizando um mapa que torne visível os problemas do casal e as mudanças que precisam ser feitas, tendo em mente as necessidades infantis e adultas que precisam ser consideradas para tal. Algumas estratégias terapêuticas que podem ser utilizadas ao longo do processo de avalição são: a) exploração de situações prototípicas; b) técnicas de acesso por imagem; c) uso de questionários e inventários. Na vinheta clínica apresentada a seguir, é possível observar como poderia ser uma análise da exploração de uma situação prototípica do casal Ally e Jack.

Vinheta Clínica Sobre a Técnica de Acesso por Imagem

Terapeuta: "Jack, antes de entrar no banheiro para falar com Ally, tente voltar um pouco, como você se sentiu quando soube por outra pessoa que Ally tinha sido indica ao Grammy?"

Jack: "Eu não entendi o motivo pelo qual ela não me contou... fiquei chateado..."

Terapeuta: "Entendo, Jack... Nos fale um pouco mais dessa chateação. Pode ser? Era mais para tristeza, mais para raiva...?"

Jack: "Não sei bem, acho que tristeza..."

Terapeuta: "Tente nos falar o que a tristeza significava... feche os olhos um pouco, tente se colocar na situação, quando recebeu a notícia. Onde a tristeza aparecia no seu corpo?"

Jack: "Acho que no meu peito, na minha garganta..."

Terapeuta: "Que coisas passam na sua cabeça?"

Jack: "Nada, só sinto tristeza e agora um pouco de raiva."

Terapeuta: "O que essa tristeza diz sobre você?"

Jack: "Que eu estou sozinho, que eu sou sozinho e muito triste."

Terapeuta: "Você pode agora apagar essa imagem e buscar uma imagem da sua infância ou adolescência com essa mesma sensação de solidão e tristeza?"

[Jack lembra de uma situação em que estava sozinho em casa aos 5 anos e descreve ao terapeuta]

Terapeuta: "Jack, agora pode abrir os olhos, por favor? Você viu alguma relação entre os seus sentimentos nas duas situações?"

Jack: "Sim, a sensação de que eu sou sozinho no mundo."

Terapeuta: "sim, foi possível ver o Jack criança nas duas situações. A Terapia do Esquema entende que as memórias emocionais do passado são revividas na relação adulta, onde nossas feridas emocionais são revividas. É como se o Jack criança, que perdeu a mãe e não tivesse um pai em que pudesse se apoiar viesse à tona agora quando tu percebes um distanciamento de Ally, não é mesmo?"

Jack: "Sim, faz sentido."

Terapeuta: "Ally, e você? Como se sentiu quando Jack entrou no banheiro"

> **Ally:** "Eu já estava incomodada, pois sabia que ele iria me criticar."
>
> **Terapeuta:** "Ally, então você imaginou que seria criticada, e qual é a sensação de ser criticada?"
>
> **Ally:** "É horrível, fico frustrada, irritada e desesperançosa."
>
> **Terapeuta:** "Ally, e o que essa desesperança diz sobre você?"
>
> **Ally:** "Que eu nunca serei valorizada, que eu faço tudo errado sempre."
>
> **Terapeuta:** "Ally, você pode fechar os olhos e se conectar com a imagem do Jack no banheiro? foque na sua sensação..."
>
> [Ally também resgata memórias do passado com a mesma sensação de desvalor e desesperança em se sentir amada por quem é]

A vinheta clínica mostrou o terapeuta explorando uma situação que gerou um ciclo de modos no casal, com o objetivo de acessar padrões esquemáticos. Assim, o casal conseguiria se conectar com os esquemas ativados em cada um antes de ativarem os modos de enfrentamento.

Intervenções na fase intermediária

Na fase intermediária, os esforços são voltados à ação, à mudança. Nesse momento, o terapeuta auxilia no desenvolvimento de novas estratégias para aliviar o sofrimento dos parceiros, essencialmente, quebrando os ciclos de dinâmica disfuncionais do casal.

Para isso, o uso de técnicas cognitivas, experienciais e comportamentais são utilizadas para modificar os esquemas. O objetivo nessa fase é que pouco a pouco os parceiros aprendam a satisfazerem as necessidades emocionais um do outro, ao passo que a reparentalização evolui para além do papel do terapeuta, estendendo-se aos cônjuges. Nesse processo, é essencial que o terapeuta identifique as principais "situações gatilho" relacionadas aos esquemas, uma vez que sua ativação repercute também na ativação de um modo de enfrentamento, levando ao estabelecimento de ciclos de modos (Wainer & Rijo, 2016).

Ally e Jackson precisariam conhecer os seus próprios esquemas e os esquemas do outro, bem como as necessidades emocionais não atendidas. Eles também precisariam entender os seus modos de enfrentamento e os ciclos de modos estabelecidos. Essa compreensão forneceria ao casal uma perspectiva de identificação do problema como algo objetivo e não intrínseco aos parceiros. Tornar o ciclo de modos como um inimigo em comum torna mais evidente a necessidade de combatê-lo de forma engajada, envolvendo terapeuta e casal em um mesmo time.

Depois que o casal obtém a compreensão cognitiva do ciclo de modos, o terapeuta passa a incluir técnicas experienciais ao processo. Nesse sentido, o terapeuta pode ajudar os parceiros a fornecerem um antídoto para os esquemas do outro, como se fosse um treinamento de reparentalização. Um passo importante é promover um diálogo de conexão, ajudando os parceiros na expressão de suas vulnerabilidades e necessidades emocionais. A prática de diálogo de conexão incorpora três passos. Em primeiro lugar, os parceiros identificam e expressam emoções vulneráveis relacionadas ao seu modo criança vulnerável. Em segundo lugar, os parceiros identificam e compartilham os "impulsos" do modo de enfrentamento que surgem quando eles experimentam uma ameaça relacional, ajudando-os a assumirem a responsabilidade por seus modos de enfrentamento e dar sentido ao seu ciclo de modo. Terceiro, o terapeuta orienta cada parceiro a atender às suas necessidades essenciais (Atkinson & Perris, 2020).

O trabalho com imagens mentais é uma ferramenta que favorece a proximidade e sensação de inclusão no contexto terapêutico (Roediger, 2018). É possível solicitar que o casal, ao fechar os olhos, recordem de uma situação recente de conflito, prestando atenção às sensações despertadas. Logo após, o terapeuta questiona sobre o que gostariam que tivesse sido diferente, antecipando o que poderiam solicitar ao companheiro. Em seguida, ainda conectados com a emoção proveniente, solicita-se que se conectem a uma lembrança da infância em que algo semelhante foi sentido. Aqui o parceiro poderá ser guiado a fornecer a necessidade faltante, reparando não só o lapso recente, mas trabalhando na cura esquemática (Paim & Cardoso, 2019). Na vinheta clínica a seguir, será ilustrada como seria uma parte deste processo com Ally e Jack.

Vinheta Clínica

Terapeuta: "Jack, podemos voltar por um instante naquela situação em que o Jack criança está sozinho em casa?"

Jack: "Podemos..."

Terapeuta: "Ally, você pode se concentrar na cena que o Jack nos descrever, pode até mesmo fechar os olhos e imaginar a cena. Jack, agora feche os olhos, e imagine-se naquela situação, como estava sozinho? O que você está vendo na cena?"

Jack: "Estou com muito medo, sentindo que não tenho ninguém para chamar, estou muito triste também..."

Terapeuta: "Onde você está?"

Jack: "Estou no meu quarto sozinho..."

Terapeuta: "Jack, você pode colocar a Ally adulta nessa cena?"

Jack: "Posso."

Terapeuta: "Onde ela está?"

Jack: "Do meu lado, ao lado da cama."

Terapeuta: "Você consegue olhar no rosto dela agora?"

Jack: "Sim."

Terapeuta: "Ally, você consegue se imaginar na cena? Olhe para o Jack criança. O que você sente"

Ally: "Sim, sinto amor e vontade de abraçá-lo?"

Terapeuta: "Jack, você consegue enxergar a expressão amorosa de Ally? O que você sente?"

Jack: "Me sinto mais calmo."

Terapeuta: "Jack, o que você deseja na cena?"

Jack: "Um abraço."

Terapeuta: "Ally, você pode dar um abraço no Jack criança? E o que você tem vontade de dizer?"

Ally: "Eu estou contigo, querido."

Terapeuta: "Como é receber esse abraço, Jack?"

Jack: "Muito bom."

[O terapeuta também faz a reparentalização da Ally criança que precisa se sentir valorizada e amada]

Outra técnica presente na TE é o trabalho com cadeiras. As cadeiras representam modos, e ao sentar-se em cada uma delas, os respectivos modos designados se manifestam. Essa técnica permite que os parceiros realizem *role-play* a partir de seu mapa de modos, evidenciando suas dinâmicas internas e proporcionando a quebra no ciclo de embates de modos (Kellog, 2015). No caso de Ally e Jack, seria possível o uso de cadeiras para vivenciar a cena do banheiro, quando os modos ataque de Ally e Jack estavam se enfrentando, enquanto os modos criança ficam escondidos atrás.

Figura 16.1. Diálogo entre os modos de Ally e Jack

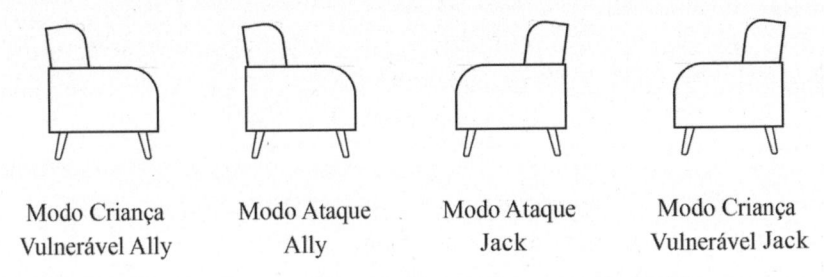

| Modo Criança Vulnerável Ally | Modo Ataque Ally | Modo Ataque Jack | Modo Criança Vulnerável Jack |

Nota. Fonte: Baseado em Simeone-DiFrancesco et al. (2015)

Intervenções na fase final

Após um denso período de intervenção sobre a disfuncionalidade do casal, a fase final pretende apresentar uma nova perspectiva de futuro, não só partindo da premissa de "eliminar" problemas, mas sim na de construir uma relação realmente satisfatória. Nesse sentido, pode-se identificar quatro metas terapêuticas como norteadores desse estágio: a) construção de amizade; b) comunicação assertiva; c) vivências positivas e d) reforçamento dos modos adulto saudável e criança feliz.

<u>Construção de amizade</u>: Muitos casais acreditam que o simples fato de identificarem gostos e interesses em comum nos primeiros encontros poderia trazer uma facilidade para a convivência com o parceiro, no entanto, talvez mais importante, seja a manutenção de momentos de conexão e descontração ao longo da vida a dois. Simeone-DiFrancesco e Simeone (2016) elencam algumas atitudes positivas que constroem amizade na vivência cotidiana, trocando posturas demandantes (frequentemente derivadas dos modos pais críticos ou

punitivos) por posturas respeitosas e afetuosas, como faríamos com um amigo querido (modo adulto saudável).

A TE para casais não apenas busca o desenvolvimento do adulto saudável para o ganho próprio do indivíduo, mas incentiva que, por vezes, o modo adulto saudável seja "emprestado" para o parceiro. A exemplo, seria indicado que quando Ally ou Jackson percebessem que um dos dois estivesse engatando em um confronto com um modo desadaptativo, um deles poderia dar um sinal (amoroso e cuidador) de que o modo de enfrentamento está ali e que estão correndo risco de entrarem em um ciclo. A ideia central é que eles cuidem da relação, interrompendo o ciclo que estava sendo engatilhado (Stevens & Roediger, 2017).

<u>Comunicação adequada</u>: é comum que, após o entendimento da interação disfuncional do casal, fique claro a forte influência que a comunicação tem sobre os estados emocionais compartilhados entre o casal. Frequentemente, os casais que buscam psicoterapia, de fato, possuem uma forma de se comunicar problemática. Assim sendo, significativa parte das intervenções serão voltadas ao treinamento de habilidades de comunicação de acordo com a demanda específica de cada realidade conjugal (Simeone-DiFrancesco et al., 2015; Van Genderen et al., 2012). A assertividade de Ally e Jackson, por exemplo, poderia ser treinada, ajudando com que o casal conseguisse expressar melhor os seus sentimentos e reais necessidades um para o outro. O terapeuta ensina os parceiros a comunicarem as suas inseguranças e necessidades, usando a primeira pessoa. Exemplos de frases assertivas: *"Ally, eu me sinto inseguro por você estar tão ocupada com a sua carreira, eu preciso me sentir menos sozinho"*, *"Jack, fico muito angustiada quando você está alcoolizado, sinto como se eu fosse perder você, eu preciso sentir que eu importo e tenho valor para você."*.

<u>Construindo positividade</u>: as vivências positivas do casal resultam, em grande parte, dos esforços obtidos nos dois tópicos anteriores. De forma a tornar isso ainda mais solidificado no dia a dia do casal, pode-se propor o estabelecimento de horários regulares para conversas e outros momentos prazerosos, como jantares, passeios e momentos de intimidade (Simeone-DiFrancesco et al., 2015; Wainer & Rijo, 2016). A prática de elogios entre o casal também deve ser estimulada, assim como outras ações comprometidas que resultem da identificação de qual linguagem de amor os parceiros identificam como estimadas (Chapman, 2010).

<u>Reforçamento dos modos adulto saudável e criança feliz</u>: o modo adulto saudável cumpre papel importantíssimo na administração dos modos por diferentes razões, sendo estas a) nutrir a criança vulnerável; b) estabelecer limites para a criança irritada e indisciplinada e c) combater e/ou moderar os modos de enfrentamento desadaptativos dos pais (Simeone-DiFrancesco et al., 2015). O modo adulto saudável deve ser a base para um relacionamento mais maduro do casal, ao passo que representa uma maneira assertiva de comunicar, impõe limites saudáveis e age de forma ponderada (Roediger, 2012). Apesar de sua relevância, o modo adulto saudável não será suficientemente bom se não der espaço para que o modo criança feliz possa se manifestar. Apesar de muitas vezes não ser dado o devido valor ao modo criança feliz, o entusiasmo e a vivacidade atados a este modo pode ser muitas vezes o elemento faltante para que o casal se sinta verdadeiramente feliz e satisfeito, revigorando o desejo de seguirem neste estado de alegria e, por conseguinte, nessa relação (Atkinson, 2012). Existirá um ciclo saudável em um relacionamento quando ambos os parceiros poderão alternar com flexibilidade entre o modo adulto saudável, a criança vulnerável e a criança feliz, mantendo o diálogo sobre as necessidades aberto, disponibilizando-se a novas vivências e desfrutando da plenitude oriunda da edificação de um vínculo seguro. O terapeuta poderia buscar em Ally e Jackson possíveis vivencias de relaxamento e diversão, que não envolvesse trabalho, já que os dois sempre foram vinculados por aspectos profissionais, o que intimidou muito a criança feliz. O objetivo seria ajudar os parceiros a incorporarem a relação atividades em que eles se divertiam juntos, um exemplo hipotético pode ser visto na vinheta a seguir.

Vinheta Clínica

> **Terapeuta:** "Vocês estão conseguindo desativar o ciclo de modos, não entrando mais em conflitos intensos e estão conseguindo uma maior conexão. Agora, podemos trazer para o dia a dia de vocês momentos de maior relaxamento, diversão, brincadeiras e espontaneidade. O que acham?"
> **Jack:** "Acho bom."

> **Ally:** "Ótimo."
>
> **Terapeuta:** "Ótimo. E vocês lembram o que vocês faziam no início da relação que os deixavam nesse modo alegre, descontraído e feliz? Coisas que não envolvesse trabalho"
>
> **Jack:** "Andávamos de moto..."
>
> **Ally:** "Também cantávamos por diversão e dançávamos juntos."
>
> **Terapeuta:** "Maravilha. Como seria trazer essas atividades para a vida de vocês novamente?"
>
> **Jack:** "Acho que seria bom"
>
> **Terapeuta:** "E quais seriam os principais obstáculos para isso?"
>
> **Jack:** "Trabalho."
>
> **Ally:** "Sim, trabalho excessivo"
>
> **Terapeuta:** "E como seria possível superar esse obstáculo?"
>
> **Jack:** "Tirando um dia de folga."
>
> **Ally:** "Boa ideia."
>
> **Terapeuta:** "o que vocês acham de uma tentativa?"
>
> **Ally:** "Podemos."
>
> **Jack:** "Podemos tentar sim."

CONCLUSÃO

Este capítulo abordou conceitos fundamentais da Terapia do Esquema para o entendimento da dinâmica conjugal. Com a compreensão do casal Ally e Jackson, foi possível refletir sobre a escolha amorosa dos personagens, baseada nos componentes da química esquemática: atração e ilusão. Também, foi possível entender os esquemas dos parceiros, bem como seus modos esquemáticos que agem como engrenagem para o ciclo de modos esquemáticos da relação.

No decorrer do capítulo, foi apresentada as fases do processo terapêutico conjugal, desde a fase de avaliação, passando pela fase intermediária, até a fase final, considerando os objetivos terapêuticos e as possíveis técnicas para cada fase. A TE para casais busca proporcionar o atendimento das necessidades emocionais de cada cônjuge.

A conceitualização dos esquemas é realizada para uma compreensão adequada e profunda da dinâmica conjugal. A partir disso, o terapeuta delineia uma proposta de intervenção que busque o desenvolvimento emocional do casal, visando ao rompimento dos ciclos de modos disfuncionais e buscando a conexão entre os parceiros.

Indicação de músicas, filmes e séries que abordam direta e/ou indiretamente os conceitos explanados neste capítulo

Recurso	Nome	Conceitos abordados
Filmes	*A História de um Casamento*	Ciclo de modos
	A História de Nós Dois	
	A Guerra dos Roses	
Série	Big Little Lies (casal Celeste e Perry)	
Música	Dedo Podre (Luiza e Maurílio)	Química esquemática

REFERÊNCIAS

Atkinson, T., & Perris, P. (2020). Schema Therapy for couples: Interventions to promote secure connections. In: G. Heath & H. Startup (Eds.). *Creative Methods in Schema Therapy: Advances and Innovation in Clinical Practice* (pp. 210-224). New York: Routledge.

Atkinson, T. (2012). Schema therapy four couples: Healing partners in a relationship. In M. Vreeswijk, J. Broersen, M. Nadort. (Orgs.), *The Wiley-Blackwell handbook of schema therapy* (pp. 323-339). Oxford: John Wilwy & Sons.

Becker, A. P. S., & Crepaldi, M. A. (2019). O apego desenvolvido na infância e o relacionamento conjugal e parental: Uma revisão da literatura. *Estudos e Pesquisas Em Psicologia, 19*(1), 238–260.

Chapman, G. (2010). *The five love languages: The secret to a love that lasts.* Chicago IL: Northfield Publishing.

Gottman, J. M. (1994). *What predicts divorce?: The relationship between marital processes and marital outcomes.* Hillsdale, N.J: Lawrence Erlbaum Associates.

Kazantzis, N., Dattilio, F. M., & Dobson, K. S. (2017). *The therapeutic relationship in cognitive-behavioral therapy: a clinician's guide.* New York: Guilford.

Kellog, S. (2015). *Transformational chairwork: using psychotherapeutic dialogues in clinical practice*. Maryland: Rowman & Littlefield.

Lev, A., & McKay, M. (2017). *Acceptance and commitment therapy for couples: a clinician's guide to using mindfulness, values e schema awareness to rebuild relationships*. Oakland: Context.

Paim, K. (2016). A terapia do esquema para casais. In R. Wainer, K. Paim, R. Erdos, & R. Andriola, *Terapia cognitiva focada em esquemas: Integração em psicoterapia* (pp. 205-220). Porto Alegre: Artmed.

Paim, K. (2019). A química esquemática e as escolhas amorosas. In: K Paim, & B. L. A. Cardoso, *Terapia do esquema para casais: Base teórica e intervenção* (pp.30-44). Porto Alegre: Artmed.

Paim, K., & Cardoso, B. L. A. (2019). Modos esquemáticos individuais e o ciclo de modos conjugal. In K Paim, & B. L. A. Cardoso, *Terapia do esquema para casais: Base teórica e intervenção* (pp.45-59). Porto Alegre: Artmed.

Paim, K., & Cardoso, B. L. A. (2022). *Sua história de amor: um guia baseado na terapia do esquema para entender os seus relacionamentos e romper padrões negativos*. Porto Alegre: Artmed.

Roediger, E. (2012). Why the mindfulness and acceptance central elements for therapeutic chance in schema therapy too? An integrative perspective. *The Wiley-Blackwell handbook of Schema Therapy: Theory, research and practive* (pp. 239-247). Oxford, UK.

Roediger, E. (2018). *Rebalancing relationships*. Workshop. International Congress of Schema Therapy, Amsterdã.

Simeone-DiFrancesco, C., Roediger, E., & Stevens, B. A. (2015). *Schema therapy with couples: A practitioner's guide to healing relationships*. John Wiley & Sons.

Simeone-DiFrancesco, C., & Simeone, R. (2016). *Jesus-centered schematherapy handbook for marriage & family*. Malibu, CA: Healing.

Stevens, B. A., & Roediger, E. (2017). *Breaking negative relationship patterns: a schema therapy self- help and support book*. Local: Editora.

Van Genderen, H., Rijkeboer, M., & Arntz, A. (2012). Theoretical Model: Schemas, Coping Styles, and Modes. In *The Wiley-Blackwell Handbook of Schema Therapy: Theory, Research, and Practice*. https://doi.org/10.1002/9781119962830.ch2.

Wainer, R., & Rijo, D. (2016). O modelo teórico: esquemas iniciais desadaptativos, estilos de enfrentamento e modos esquemáticos. In: R.

Wainer, K. Paim, R. Erdos, R. Andriola (Orgs.). *Terapia cognitiva focada em esquemas: integração em Psicoterapia* (pp. 49-63). Porto Alegre: Artmed

Young, J. E., Klosko, J. S., & Weishaar, M. E. (2003). *Schema therapy: A practitioner's guide.* New York: Guilford Press.

OS AUTORES

BRUNO LUIZ AVELINO CARDOSO (ORG.)
(E-mail: brunolacardoso@gmail.com)

Psicólogo. Terapeuta cognitivo certificado e membro do grupo de doutores da Federação Brasileira de Terapias Cognitivas (FBTC). Presidente da Associação de Terapias Cognitivas do Estado de Minas Gerais (ATC-Minas). Possui treinamento em Ensino e supervisão de Terapia Cognitivo-Comportamental (TCC), TCC para casais e TCC afirmativa para pessoas LGBT pelo *Beck Institute*. Doutor em psicologia pela Universidade Federal de São Carlos (UFSCar), com período sanduíche na *The Pennsylvania State University*. Mestre em Psicologia pela Universidade Federal do Maranhão com estágio de pesquisa sobre violências e habilidades sociais na UFSCar. Especialista em TCC pelo Instituto WP (IWP/Faccat) e em Sexualidade Humana pelo *Child Behavior Institute of Miami*. Formação em Terapia do Esquema pela *Wainer* Psicologia Cognitiva – NYC *Institute for Schema Therapy* e em Terapia do Esquema para Casais pelo Instituto de Teoria e Pesquisa em Psicoterapia Cognitivo-Comportamental (ITPC). Supervisor da prática clínica e professor Adjunto do Departamento de Psicologia da Universidade Federal de Minas Gerais (UFMG) e do Programa de Pós-Graduação em Psicologia: Cognição e Comportamento da UFMG. Autor de livros e recursos nas áreas das terapias cognitivo-comportamentais, relacionamentos e habilidades sociais.

KELLY PAIM (ORG.)
(E-mail: kelly@valenciapsicoterapia.com.br)

Psicóloga clínica. Terapeuta do esquema certificada pela *Internacional Society of Schema Therapy* (ISST). Formação em Terapia do Esquema pela *Wainer* Psicologia Cognitiva – NYC *Institute for Schema*

Therapy. Especialista em Terapia Cognitivo-Comportamental pela WP/Centro de Psicoterapia Cognitivo-Comportamental e em Psicoterapia de Casal e Família pela Universidade do Vale do Rio dos Sinos (Unisinos). Mestra em Psicologia Clínica pela Unisinos. Sócia-fundadora da Associação Brasileira de Terapia do Esquema (ABTE). Membro da ISST. Autora do livro "Sua História de Amor: Um Guia Baseado da Terapia do Esquema para Compreender seus Relacionamentos e Romper Padrões Negativos". Organizadora dos livros "Terapia Cognitiva Focada em Esquemas: Integração em Psicoterapia", "Terapia do Esquema para Casais: Base Teórica e Intervenção" e "Terapias Cognitivo-Comportamentais para Casais e Famílias: Bases Teóricas, Pesquisas e Intervenções".

ANA CAROLINA SILVEIRA E SILVA STREIT
(E-mail: anacstreit@gmail.com)

Psicóloga. Mestre em Psicologia e Saúde pela Universidade Federal de Ciências da Saúde de Porto Alegre (UFCSPA). Professora e Supervisora em Terapia do Esquema. Especialista em Terapia Cognitivo-Comportamental pela Pontifícia Universidade Católica do Rio Grande do Sul (PUCRS). Formação em Terapia do Esquema pela *Wainer* Psicologia e NYC *Institute for Schema Therapy*.

ANA RIZZON
(E-mail: psicoanarizzon@gmail.com)

Psicóloga. Pós-graduada em Psicoterapia Familiar (UNISINOS), em Terapia Cognitivo-Comportamental (UFRGS) e Formação em Terapia do Esquema pela *Wainer* (credenciado à *International Society of Schema Therapy* – ISST e ao *New Jersey / New York Institute of Schema Therapy* – USA). Terapeuta com formação básica em Terapia Focada nas Emoções - EFT (*Emotionally Focused Therapy*). Psicóloga clínica e terapeuta de casais há 22 anos. Coordenadora e docente de cursos de Terapia do Esquema. Supervisora da prática clínica e escritora.

BETINA PREDEBON
(E-mail: betinapredebon@gmail.com)

Psicóloga pela Pontifícia Universidade Católica do Rio Grande do Sul (PUCRS) com mobilidade acadêmica na Universidade de Barcelona.

Especialista em Terapias Cognitivo-Comportamentais (*Wainer*). Mestranda em Psicologia Clínica (PUCRS). Tem formação em Terapia do Esquema (*Wainer*/ISTT NYC) e formação clínica em Terapia Cognitivo Sexual. Atua como psicóloga clínica de adultos e casais, realizando atendimentos presenciais em Porto Alegre ou modalidade on-line.

CARMEM BEATRIZ NEUFELD
(E-mail: cbneufeld@usp.br)

Psicóloga. Professora Associada do Departamento de Psicologia da Faculdade de Filosofia, Ciências e Letras de Ribeirão Preto da Universidade de São Paulo (FFCLRP-USP). Fundadora e Coordenadora do Laboratório de Pesquisa e Intervenção Cognitivo-Comportamental da USP (LaPICC-USP). Livre Docente em Terapia Cognitivo-Comportamental (TCC) pela FFCLRP-USP. Doutora e Mestre em Psicologia pela Pontifícia Universidade Católica do Rio Grande do Sul (PUCRS). Bolsista produtividade do CNPq. Presidente da Federação Latinoamericana de Psicoterapias Cognitivas e Comportamentais (ALAPCCO, 2019-2022/2022-2025). Presidente fundadora da Associação de Ensino e Supervisão Baseados em Evidências (AESBE, 2020-2023).

DÉCIO ZANONI JÚNIOR
(E-mail: deciozanoni@gmail.com)

Psicólogo. Especialista em Terapia Comportamental e Cognitiva: teoria e prática pelo Instituto de Psicologia da Universidade de São Paulo (IP/USP). Mestre em Psicologia com ênfase em Infância e Adolescência pela Universidade Federal do Paraná (UFPR). Tem formação em Terapia do Esquema (IWP/*Institute for Schema Therapy*/NYC) e formação em Terapias Contextuais de Terceira Geração (CEFI/POA-CIPCO/AR). Também possui treinamento Básico e Avançado em Terapia Racional-Emotiva-Comportamental (*Sensoryum/PAR. Albert Ellis Institute/NY*). Em processo de certificação internacional em Terapia Focada nas Emoções pelo TFE Brasil / *International Society for Emotion Focused Therapy* (ISEFT). Em processo de certificação internacional em *Focusing* pelo Focalização/Brasil em conjunto com o Internacional *Focusing Institute*. Professor e supervisor na área de Psicologia Clínica em cursos de graduação e pós-graduação.

ISABELA PIZZARRO REBESSI
(E-mail: isabela.rebessi@hotmail.com)

Psicóloga. Mestre em Psicologia pela Faculdade de Filosofia, Ciências e Letras de Ribeirão Preto da Universidade de São Paulo (FFCLRP-USP). Especialista em Terapia Cognitivo-Comportamental pelo Centro de Estudos em Terapia Cognitivo-Comportamental (CETCC). Terapeuta Certificada pela Federação Brasileira de Terapias Cognitivas (FBTC). Membro do Laboratório de Pesquisa e Intervenção Cognitivo-Comportamental (LaPICC-USP).

JACQUELINE NOBRE FARIAS LEÃO
(E-mail: jacquenobreleao@hotmail.com)

Psicóloga. Mestre em Sociologia. Diretora do Insere Psicologia. Especialista em psicologia jurídica. Secretária geral da Associação Latinoamericana de Terapia do Esquema (ASLATES). Terapeuta *Advanced* certificada pela *International Society of Schema Therapy* (ISST). Supervisora com Formação em Terapia do Esquema. Formação em Gestalt Terapia; em Terapia Cognitiva-Comportamental; e em Teoria do Apego. Autora do Baralho de psicoeducação, Baralho de Necessidades Básicas, Baralho de Modos Esquemáticos, Baralho de Modos versão Negros, Baralho de Relacionamentos, Baralho de Relacionamentos homoafetivos, autora do livro "Testemunha de crime, a vítima do acaso".

JEANINE ROLIM DE MOURA MEIER
(E-mail: jeaninerolimm@yahoo.com.br)

Psicóloga especialista em Modificabilidade Estrutural Cognitiva. Mestranda em Psicologia Clínica e Saúde pela *Universidad Europea del Atlantico*. Possui formação em Terapia Cognitivo-Comportamental (Wainer Psicologia). É terapeuta do Esquema com certificação internacional junto à *International Society of Schema Therapy* (ISST). Também é terapeuta Focada nas Emoções em processo de certificação internacional pelo TFE Brasil/*International Society for Emotion Focused Therapy* (ISEFT). Atua como psicóloga clínica, palestrante e professora convidada em cursos de especialização na Pontifícia Universidade Católica do Paraná (PUCPR) e no Instituto Paranaense de Terapias Cognitivas (IPTC), entre outras instituições.

JOANA D'ARK CHAVES MONTEIRO
(E-mail: joanadarkchaves@gmail.com)

Psicóloga. Mestra em psicologia pela Universidade Federal de Alagoas. Especialista em neuropsicologia pelo Centro Universitário de João Pessoa (UNIPÊ), em psicopedagogia (UNIPÊ) e em Docência para o ensino superior pelo Centro Universitário CESMAC. Possui formação em Terapia do Esquema e em Relação Terapêutica e supervisão clínica pela Wainer Psicologia Cognitiva, formação em Terapia do Esquema para casais pelo Instituto de Teoria e Pesquisa em Psicoterapia Cognitivo-Comportamental (ITPC).

JOÃO GUILHERME DE FIGUEREDO CAMPOS
(E-mail: camposjgf@gmail.com)

Psicólogo. Formação em Gestalt Terapia (Instituto Mineiro de Gestalt Terapia). Formação em Terapia do Esquema (*Schema Therapy Institute of* NJ-NYC). Coordenador da Clínica-Escola Insere Social. Professor, escritor e pesquisador na área de minorias sexuais e de gênero e Terapia do Esquema.

LEONARDO WAINER
(E-mail: leonardo.wainer@wainerpsicologia.com.br)

Psicólogo. Formação em Terapia do Esquema pelo *New Jersey Schema Therapy Institute*. *Advanced Level Schema Therapist* (ISST). Especialista em Terapias Cognitivo-comportamentais pela *Wainer* Psicologia Cognitiva. Mestre em Psicologia Clínica na PUCRS. Doutorando em Psicologia Clínica na PUCRS. Membro da diretoria executiva *da International Society of Schema Therapy* (ISST).

LUISA ZAMAGNA MACIEL
(E-mail: luisazmaciel@gmail.com)

Psicóloga. Mestre em Psicologia Clínica pela PUCRS. Especialista em Terapia Cognitivo-Comportamental. Formação em Terapia do Esquema com Certificação *Advanced* em Terapia do Esquema pela Internacional *Society of Schema Therapy* (ISST). Formação em Terapia Cognitiva Sexual. Treinamento em Entrevista Motivacional. Treinamento em Terapia Cognitiva Processual. Terapeuta de adultos e casais. Sócia da Clínica "Ethos". Sócia do "Portal Formare" -

Escola de Terapeutas Cognitivos. Membro da Internacional *Society of Schema Therapy* (ISST). Membro da Federação Brasileira de Terapias Cognitivas (FBTC). Membro da primeira diretoria da Associação Brasileira de Terapia do Esquema (ABTE).

MARCELA MANSUR ALVES
(E-mail: marmansura@gmail.com)

Psicóloga. Mestra em Psicologia do Desenvolvimento Humano (UFMG). Doutora em Neurociências (UFMG). Professora do Departamento de Psicologia e do Programa de Pós-Graduação em Psicologia: Cognição e Comportamento da Universidade Federal de Minas Gerais. Coordenadora do Laboratório de Avaliação e Intervenção na Saúde (LAVIS/UFMG). Atua com pesquisas na área de personalidade e diferenças individuais; personalidade e saúde; avaliação psicológica; construção e adaptação de instrumentos psicológicos; desenvolvimento de programas de intervenção cognitiva para crianças e idosos.

MARTA BECKER ENGEL DE MELO ALMEIDA
(E-mail: martabckr@gmail.com)

Psicóloga clínica. Especialista em Terapia Sistêmico-Cognitivo de Famílias e Casais pelo Instituto de Terapias Cognitivo-Comportamentais (InTCC). Formação em Terapia do Esquema pela *Wainer* Psicologia Cognitiva- NYC *Institute for Schema Therapy* e em Relação Terapêutica, Supervisão e Autoterapia pela *Wainer* Psicologia Cognitiva.

RAFAELA PETROLI FRIZZO
(E-mail: rpfrizzo@gmail.com)

Psicóloga, supervisora e professora convidada para cursos de especialização e formação em Terapia do Esquema em todo Brasil. Coordenadora do primeiro curso do Brasil de Formação em Relação Terapêutica, Supervisão e Autoterapia. Coordenadora do curso de Formação em Supervisão Clínica, ambos em parceria com a *Wainer*. Certificação Avançada em Terapia do Esquema pela ISST, Mestre em Psicologia Clínica pela UNISINOS, Formação em Terapia do Esquema pela *Wainer* Psicologia Cognitiva.

RENATA CAMPOS MOREIRA DE SOUZA COELHO
(E-mail: renatacmoreira@hotmail.com)

Psicóloga, professora, supervisora e escritora. Atua com adultos, casais e famílias. Mestre em cognição e comportamento pela Universidade Federal de Minas Gerais, Especialista em Terapia Cognitivo-Comportamental pelo Instituto de Terapia Cognitiva (ITC/SP) e Formada em Terapia de Esquemas pela *Wainer* Psicologia Cognitiva. Certificada *pelo Gottman Institute Method of Couple's Therapy*; Instituto *Albert Ellis* (Estados Unidos) e pelo Instituto *Eckhard Roediger* (Alemanha). Diretora do Mentes Funcionais e *International Alliance Health-Therapy Center* (IAHTC). Atualmente, coordena os projetos "Segmente-se" e "Psilink".

RODRIGO TRAPP
(E-mail: rodrigotrapp2@gmail.com)

Psicólogo, supervisor e professor. Mestre e doutorando em psicologia pela Universidade Federal do Rio Grande do Sul (UFGRS). Formação avançada em Terapia do Esquema Individual e em Grupos pelo Schema Therapy Institute Midwest/International Society of Schema Therapy (STIM-ISST). Especialista em Terapia Cognitivo-Comportamental pelo Child Behavior Institute of Miami. Pesquisador no Núcleo de Estudos em Avaliação Psicológica e Psicopatologia (NEAPP-UFRGS) e no Programa de Transtornos de Humor do Hospital de Clínicas de Porto Alegre (PROTHUM-HCPA).

ROSSANA ANDRIOLA
(E-mail: rossanaandriola@gmail.com)

Psicóloga. Especialista em Terapia Cognitivo-Comportamental (WP). Formada em Terapia do Esquema pela *Wainer* Psicologia Cognitiva e ISST/NY. Terapeuta e Supervisora do Esquema certificada pela *International Society of Schema Therapy* (ISST). Sócia-fundadora da Valência Psicologia Cognitiva. Professora convidada de diversos cursos de formação, extensão e especialização em vários estados brasileiros. Organizadora do livro "Terapia Cognitiva Focada em Esquemas: Integração em Psicoterapia".

SAMILY NATANIA ALVES MEIRELES AQUINO
(E-mail: samilyaquino50@gmail.com)

Psicóloga. Delegada da Federação Brasileira de Terapias Cognitivas (FBTC) no Estado do Maranhão. Terapeuta cognitiva certificada pela FBTC. Mestre em Psicologia (Avaliação e Clínica Psicológica) pela Universidade Federal do Maranhão. Especialista em Psicoterapia Cognitivo-Comportamental pelo Instituto WP (IWP/FACCAT). Sócia Fundadora do Instituto de Teoria e Pesquisa em Psicoterapia Cognitivo-Comportamental (ITPC).

SUZANA PERON
(E-mail: peron.suzana@gmail.com)

Psicóloga. Mestre pelo Programa de Psicologia da Faculdade de Filosofia, Ciências e Letras de Ribeirão Preto da Universidade de São Paulo (FFCLRP-USP), com ênfase em Psicologia da Saúde e do Desenvolvimento. Especialista em Terapia Cognitivo-Comportamental pela Pontifícia Universidade Católica do Rio Grande do Sul (PUCRS). Possui formação em Terapia do Esquema pela *Wainer* Psicologia Cognitiva/*International Society of Schema Therapy* e Formação em Terapia do Esquema para Casais pelo Instituto de Teoria e Pesquisa em Psicoterapia Cognitivo-Comportamental (ITPC). É integrante e colaboradora de pesquisa do Laboratório de Pesquisa e Intervenção Cognitivo-Comportamental da Universidade de São Paulo (LaPICC-USP).

ANOTAÇÕES

Construindo ideias e conectando mentes

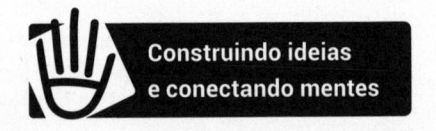

Este livro foi composto com tipografia Bembo Std
e impresso em papel Pólen Soft 80g.
na Promove Artes Gráficas em junho de 2023.